Die Arbeitswelt im 21. Jahrhundert

André Papmehl • Hans J. Tümmers
Herausgeber

Die Arbeitswelt im 21. Jahrhundert

Herausforderungen, Perspektiven,
Lösungsansätze

Springer Gabler

Herausgeber
André Papmehl
Waldachtal
Deutschland

Prof. Dr. Hans J. Tümmers
Stuttgart
Deutschland

ISBN 978-3-658-01415-5   ISBN 978-3-658-01416-2 (eBook)
DOI 10.1007/978-3-658-01416-2

Die Deutsche Nationalbibliothek verzeichnet diese Publikation in der Deutschen Nationalbibliografie;
detaillierte bibliografische Daten sind im Internet über http://dnb.d-nb.de abrufbar.

Springer Gabler
© Springer Fachmedien Wiesbaden 2013

Lektorat: Juliane Wagner, Sabine Bernatz

Pressekontakt: Abele@Vortrags-Redner.de

Gedruckt auf säurefreiem und chlorfrei gebleichtem Papier

Springer Gabler ist eine Marke von Springer DE.
Springer DE ist Teil der Fachverlagsgruppe Springer Science+Business Media.
www.springer-gabler.de

In Erinnerung an Thomas Urbach

Grußwort Prof. Dr. Dres. h.c. Knut Bleicher

Der von mir vor mehr als 30 Jahren beschriebene und vermutete Paradigmenwandel von Wirtschaft und Gesellschaft ist mittlerweile wohl an seinem Höhepunkt angelangt, und der damit verbundene Wandel hat viele Unternehmen aufgefordert, sich dieser Dynamik zu stellen, was nicht nur zu Krisen auf Mikro-, sondern auch auf Makroebene geführt hat. Für viele Unternehmen sind Wandel und damit verbundene Krisen somit zur Normalität geworden und sie arbeiten daran, ihre Führungssysteme dahingehend zu verändern, dass Änderungen und Ausnahmesituationen rasch begegnet werden kann.

Dies erfordert entsprechende Kompetenzen seitens aller Führungskräfte, aber auch seitens der Mitarbeitenden, die ja sowohl Systeme schaffen, kultivieren als auch mit Leben füllen.

Dem ökonomischen, aber auch sozialen und kulturellen Fortschritt entsprechend haben sich Arbeitswelten – insbesondere in den letzten 10 Jahren – somit ebenfalls radikal verändert. Soziale Medien sorgen für unentwegten Austausch, übermitteln Echtzeitinformationen in ununterbrochener Folge und nötigen zu permanentem Online-Status. Das „arbeitende Ich" als auch das „private Ich" verschmelzen zunehmend, und der daraus entstandene „Digital Native" ist heute praktisch gezwungen, jederzeit, rund um die Uhr und an jedem Ort unserer Welt seiner Führungstätigkeit nachzugehen und sein Unternehmen lebensfähig zu halten.

Als Handelnder in der Arbeitswelt fordert und fördert er, sich und sein Umfeld aus der Datenfülle die entscheidenden Informationen zu generieren, die letztlich zu unternehmerischen Resultaten führen. Als Suchender in der Freizeitwelt unserer Erlebnis- und Konsumgesellschaft wünscht er sich gleichzeitig stetige Unterhaltung.

Dieser virtuell omnipräsente und nur mehr schwer kategorisierbare Mitarbeitertypus stellt konsequenterweise ganz neue Anforderungen an unsere bisherigen Managementsysteme, Personalabteilungen, aber auch an Führung per se. Zeit also sich mit diesen Agenden eingehend zu beschäftigen.

André Papmehl und Hans Tümmers haben sich das ehrgeizige Ziel gesetzt, diese neue Arbeitswelt aus unterschiedlichen Perspektiven zu beleuchten. Dabei ist es ihnen gelungen, eine Reihe renommierter Autoren für sich zu gewinnen und einen interessanten Mix unterschiedlicher Hintergründe und Themengebiete zu vereinen. Aus dieser Komposition differenter Ansichten entstehen Einsichten, die an Aktualität und Relevanz für ein fundamentales Verständnis der heutigen Arbeitswelt unabdingbar sind. Im Fokus steht dabei konsequent die tragende Kraft sämtlicher wirtschaftlicher und sozialer Prozesse – der Mensch selbst.

Gerade die aktuelle Großwetterlage erfordert, neben einem sicher und vorausschauend konstruiertem Schiff vor allem eine routinierte Mannschaft, gute Mate und umsichtige Kapitäne – kurz hervorragend ausgebildetes, einsatzbereites und wettergeprüftes Personal.

In diesem Sinne wünsche ich bei der Lektüre des vorliegenden Werkes einen wachen Geist. Mögen Sie die notwendigen Anstöße erhalten und die richtigen Kenntnisse daraus ziehen.

Begründer des St. Galler   Herzlichst
Konzepts Integriertes Management   Ihr Prof. emer. Dr. Dres. h.c. Knut Bleicher

Vorwort zu einem Blick in die schöne neue Arbeitswelt

Ist unsere Arbeitswelt eine schöne neue Welt? Allein diese Frage regt zum Diskutieren an, vielleicht sogar dazu, sich das gleichnamige Buch von Aldous Huxley noch einmal anzuschauen, das bereits vor über 100 Jahren geschrieben wurde.

Ist die Arbeitswelt, die auf uns einfällt, wirklich „neu"?

Sicherlich hat sich die Arbeitswelt nicht schlagartig verändert. Doch seit über zehn Jahren gibt es Tendenzen, die viele tiefgreifend anders erleben, als das, was wir bisher gewohnt waren. Da ist zum einen ein immer heftiger werdender Wettbewerb zwischen Menschen, zwischen Unternehmen, zwischen Regionen, zwischen Ländern und zwischen Wirtschaftsräumen beziehungsweise Kontinenten. Egal ob es um seltene Erden, Finanzaktiva, Energie, Wasser, Lebensmittel oder um Mitarbeiter und Bildungssysteme geht: In allen diesen Fällen sehen wir immer marktradikalere Systeme mit unmittelbarem Bezug zur Arbeitswelt.

Bei keiner dieser Auseinandersetzungen geht es um Ideologien oder um Wertesysteme. Es geht um das Gewinnen auf Märkten, die inzwischen durch Informations- und Machtasymmetrien gekennzeichnet sind, welche keinerlei ethische Basis mehr haben. In diesem extremen Darwinismus setzen sich die durch, die am wenigsten an andere denken.

Übersetzt in die aktuelle Arbeitswelt stoßen wir dabei nicht nur auf Unternehmen, die sich auf ihren Kern reduziert haben: Am Ende von Outsourcing, Business Reengineering, Flexibilitätssteigerung, Ausgründungen und Ausgrenzungen, Unternehmensabspaltungen sowie Restrukturierungen steht eine Arbeitswelt, in der es immer weniger „reguläre" Arbeitsverhältnisse und immer weniger soziale Absicherung gibt.

Dafür haben wir fluktuierende Netzwerke aus Kernkompetenzträgern, die sich aufgabenbezogen zu Allianzen zusammenfinden. Wir haben Unternehmen, die sich für jede Aufgabe die optimalen Mitarbeiter auf dem Markt suchen können. Die Globalisierung führt zu Unternehmen, die derartig weltweit aufgestellt und finanziell ausgestattet sind, dass selbst Staatsoberhäupter darauf warten müssen, was diese Unternehmen ihnen ins Redemanuskript schreiben.

Warum aber ist diese „neue" Arbeitswelt eigentlich „schön"?

In diesem Wettbewerb gibt es Gewinner, die ihre Chancen konsequent suchen und nutzen. Für sie ist die Arbeitswelt wirklich schön. Da ist zum einen die Gruppe der Professionals. Sie wollen viel arbeiten, können viel arbeiten, bekommen extrem viel Geld dafür

– und sind auch jeden Cent dieses Geldes wert. Sie haben Kompetenzen, die gefragt sind und um ihre Marktmacht wissen. Ihnen macht die Arbeit auch Spaß: Burnout, Stress und Work-Life-Balance ist für sie kein Thema, denn ihre Arbeit ist ihr Leben und das wesentlich länger als die vertraglich geregelten 40 Stunden pro Woche.

Zum anderen gibt es einige wenige, für die ist diese Arbeitswelt noch schöner. Egal was passiert und geleistet wird: Die Vorstands- und Aufsichtsratsbezüge sowie Topmanagergehälter steigen rasant nach oben und erreichen Werte, die durch nichts mehr zu rechtfertigen sind. Trotzdem unterbleibt eine öffentliche Debatte. So konnte sich jüngst ein bekannter ehemaliger Personalvorstand medial-wirksam über die Absolventen von MBA-Schulen als „Barbies und Kens im Businesslook" beklagen, denen es an Loyalität fehle und primär um Macht sowie Geld gehe. Wenn man dann aber bedenkt, dass ein Vorstand pro Woche ungefähr so viel verdient wie andere im Unternehmen pro Jahr, wird klar, für wen die Arbeitswelt wirklich schön ist.

Spätestens jetzt liegt auf der Hand, dass der Zusatz „schön" entweder ironisch gemeint ist oder nur auf ganz wenige zutrifft: Für viele Menschen ist diese Arbeitswelt alles andere als schön.

Da kämpfen Langzeitarbeitslose und Jugendliche einen zermürbenden Kampf um Arbeitsplätze. Natürlich kommt reflexartig der Hinweis auf die „Aging Workforce" und die damit verbundenen Jobperspektiven für junge Menschen. Nur gilt auch das nicht für alle und wird beispielsweise in Spanien mit einer Jugendarbeitslosigkeit von 50 % nur schwer als „schöne Arbeitswelt" vermittelbar sein. Wenn man dann noch die Qualifizierungseinbrüche durch die so genannte Bologna-„Reform" anschaut, wird es noch trauriger.

Aber man sieht wieder den Unterschied zwischen „schön" für die einen und „problematisch" für die anderen: Da kämpfen die deutschen Universitäten mit ihrem Restanspruch an „Bildung" gegen die Windmühlen ausländischer Qualifizierungsfabriken, bei denen es nur um Studentenzahlen und die damit verbundenen finanziellen Vorteile gehen. Und sie kämpfen gegen duale Studienangebote, bei dem Unternehmen sich ihre eigenen Hochschulen „basteln" und sich passgenau ihren eigenen Nachwuchs backen, der sich aber durch die hohe Spezialisierung an ein Unternehmen kettet, das ihn jederzeit verstoßen kann. „Schön" für die einen – „problematisch" für die anderen.

Übrigens: Im Original heißt es bei Aldous Huxley nicht „schön" im Sinne von „beautiful", sondern „brave" im Sinne von „tapfer und mutig".

Zunächst bleibt festzuhalten, dass wir uns an das Zusammenspiel von kollektivem Darwinismus und individuellem Opportunismus gewöhnt haben. Den daraus resultierenden Darwiportunismus nehmen viele überhaupt nicht mehr wahr: Er ist zur Normalität geworden und mit ihm gilt es nun umzugehen. Das ist möglich und genau darin liegt das „schöne" sowie „neue" an unserer Arbeitswelt:

Zum einen kann sich jeder selber „tapfer und mutig" mit der Arbeitswelt auseinandersetzen. Jeder ist ein Unternehmer in eigener Sache. Die Angebote im Sinne von Chancen sind vielfältig und – wenn man akzeptiert, dass wir nicht mehr in der „guten alten Zeit" leben – auch ohne große Enttäuschungen nutzbar. Zusätzlich leben wir in einer informationsoffenen Welt – auch jenseits der Massenmedien mit ihrer „kundenorientierten"

Grundhaltung. Deshalb können Diskurse auch jenseits werbefinanzierter Tageszeitungen und Wirtschaftsmagazinen stattfinden.

Zum anderen können es Unternehmen „anders" machen: also vielleicht nicht nur am großen Rad der Subventionierung drehen, nicht nur über Mitarbeiterabbau nachdenken und vor allem einen ehrlichen psychologischen Vertrag mit den Mitarbeitern abschließen. Dabei geht es nicht um irgendeine verlogene Social Responsibility Kampagne, die im Regelfall nur von den Unternehmen praktiziert wird, die Probleme haben. Es geht um eine reale Gemeinsamkeit in der aktuellen Realität. Auch wenn es Darwinismus und Opportunismus gibt: Wechselseitiges Akzeptieren und optimierte Gemeinsamkeit sind zwar nicht leicht, aber machbar und werden – sofern sie nachhaltig realisiert sind – zum unmittelbaren und nicht kopierbaren Wettbewerbsvorteil.

Und damit hat unsere Arbeitswelt letztlich doch die Chance auf „schön" und „neu".

Christian Scholz

Inhaltsverzeichnis

Teil I
Wirtschaft

Agenda 2020: Ein neuer Sozialpakt für Deutschland

André Papmehl und Hans J. Tümmers

> *Ich zahle nicht gute Löhne, weil ich viel Geld habe, sondern ich habe viel Geld, weil ich gute Löhne bezahle.*
>
> Robert Bosch

Arbeit ist ein fundamentaler Bestandteil menschlicher Existenz. Seit der Vertreibung aus dem Paradiese muss der Mensch „im Schweiße seines Angesichts" sein Brot essen (1. Buch Moses, Genesis), also für seine Ernährung und die Befriedigung seiner materiellen Bedürfnisse selbst sorgen. Diese biblischen Charakterisierung von Arbeit ist aber längst, zumindest in den modernen Industrie- und Dienstleistungsgesellschaften, einer anderen Beurteilung gewichen. Arbeit ist vor allem Erwerbsarbeit und als solche zur „zentralen Säule der Gesellschaft"[1] geworden. Sie schafft über die reine Existenzsicherung hinaus auch Wohlstand und bestimmt die soziale Stellung. Sie ist „eine zentrale Voraussetzung sozialer Anerkennung und damit für Selbstwert, persönliche Identität und gesellschaftliche Teilhabe"[2] maßgeblich. Deshalb haben Veränderungen der Arbeitswelt über den reinen Broterwerb hinaus fundamentale Auswirkungen auf unsere Existenz.

Seit einigen Jahrzehnten erleben wir einen tiefgreifenden Wandel der Rahmenbedingungen der Arbeitswelt, welcher vor allem durch zwei Schlagworte geprägt wird: Globalisierung und Digitalisierung. Beide bedingen sich, denn ohne die Digitalisierung der Information als Voraussetzung für das Internet, wäre die Globalisierung im Unternehmensbereich kaum denkbar. Hinzu kommen technologische Veränderungen, die unmittelbar die Arbeitswelt verändern und neue Formen der Arbeitsorganisation schaffen.

---

[1] Jürgen Kocka, Thesen zur Geschichte und Zukunft der Arbeit, in: Aus Politik und Zeitgeschichte, B21/2001, S. 8 ff.

[2] a. a. O., S. 11.

A. Papmehl (✉)
Papmehl Management Consulting, Haselweg 7, 72178 Waldachtal, Deutschland
E-Mail: info@papmehl.com

H. J. Tümmers
Im unteren Kienle 14, 70184 Stuttgart, Deutschland
E-Mail: hans.tuemmers@web.de

A. Papmehl, H. J. Tümmers (Hrsg.), *Die Arbeitswelt im 21. Jahrhundert,*
DOI 10.1007/978-3-658-01416-2_1, © Springer Fachmedien Wiesbaden 2013

Diese Auswirkungen werden häufig negativ wahrgenommen, vor allem als Vernichtung von Arbeitsplätzen, also die Zunahme der Arbeitslosigkeit, durch die steigende Bedeutung des Niedriglohnsektors und damit die Zunahme der Anzahl prekärer Arbeitsplätze. „Normale" Arbeitsverhältnisse, wie sie in früheren Zeiten charakteristisch waren und häufig ein ganzes Erwerbsleben bestimmten, verlieren an Bedeutung, und ein erlernter Beruf garantiert längst nicht mehr eine „lebenslange Erwerbstätigkeit". Hinzu kommen gesellschaftliche Veränderungen wie die Emanzipation der Frau, die sich auch in der Zunahme der Erwerbstätigkeit von Frauen, allerdings insbesondere im Bereich der Teilzeitbeschäftigungen, niederschlägt. Die sich abzeichnende stärkere Einbindung der Frauen auch in Führungspositionen von Unternehmen hat wiederum Auswirkungen auf den Bildungssektor, beginnend mit der Bedeutung von Kinderkrippen bis hin zu Ganztagsschulen. Die politische Diskussion hierüber ist in vollem Gang.

Schließlich ist es der demographische Wandel, der die Arbeitswelt tiefgreifend verändert. Die Verlängerung der Lebensarbeitszeit bis zum 67. Lebensjahr ist hierbei nur ein Merkmal. Eine weitere Konsequenz wird der Mangel an qualifizierten Arbeitskräften sein, denn bei einer deutlichen Schrumpfung der Bevölkerung wird dieser Mangel vor allem durch eine verstärkte Einwanderung ausgeglichen werden müssen. Dies rührt aber an einem gerade in Deutschland sehr sensiblen Thema.

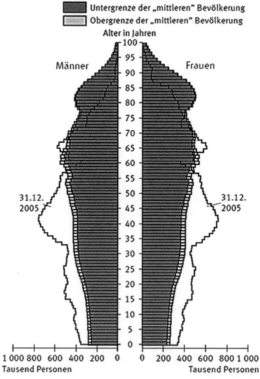

Altersaufbau der Bevölkerung in Deutschland
am 31.12.2005 und am 31.12.2050

Untergrenze der „mittleren" Bevölkerung
Obergrenze der „mittleren" Bevölkerung

Quelle: Statistisches Bundesamt

In den vergangenen Jahren hat die Politik einige Schritte unternommen, um auf diesen Wandel zu reagieren. Hierzu gehört die „Agenda 2010", welche zwar im Prinzip ökonomisch richtig war, aber zu schwerwiegenden politischen Veränderungen, wie der bundesweiten Ausbreitung der Linkspartei und zu sozialen Verwerfungen geführt hat. Auch zu den anderen erwähnten Punkten ist derzeit eine intensive gesellschaftliche Debatte im Gange. Die Themen, welche den Herausgebern in diesem Kontext unter den „Nägeln brennen" – sind die folgenden:

1 Ein lebenswürdiges Mindesteinkommen

Die berufliche Tätigkeit muss es ermöglichen, davon seinen Lebensunterhalt sowie den der Familie zu bestreiten. Sie muss später auch den Bezug einer Rente ermöglichen, welche einen angemessenen Lebensabend ermöglicht und vor Altersarmut schützt. Ein solches Mindesteinkommen muss gesetzlich garantiert werden, sofern die Tarifpartner in einzelnen Branchen zu keiner Lösung finden. Der aktuelle Zustand, dass rund 1,4 Mio. Arbeitnehmern „aufstocken" müssen[3], ist schnellsten zu ändern: Denn es kann und darf nicht sein, dass der Staat sozusagen Firmen „sponsert", welche Ihren Beschäftigten geradezu unmoralisch niedrige Löhne zahlen. „(. . .) die Ausweitung von tariflich nicht oder nur unzureichend geregelten Jobs im Niedriglohnsektor (Praktika, Minijobs, etc.) begrenzt die Wirkung von Flächentarifen. Die Schere zwischen weiter wachsendem gesellschaftlichen Wohlstandsniveau und der Entwicklung des individuellen Einkommen und der Arbeitsbedingungen geht für diese Beschäftigte weiter auf. Das Deutschland im OECD-Vergleich das entwickelte Industrieland mit der stärksten Einkommensungleichheit ist, ist diesem Sachverhalt geschuldet."[4]

Ebenso wird zu diskutieren sein, ob die Zeit nicht reif für eine „Bürger-Grundeinkommen" ist. Dieses sollte allerdings nicht „bedingungslos" sein. Ganz im Gegenteil, müssen staatliche Zahlungen mit „Bürgerpflichten" (beispielsweise in den Bereichen Umwelt oder Soziales) verknüpft werden. Ebenfalls wird die Thematik – Verantwortung für die eigene Bildung – in diesem Kontext an Bedeutung gewinnen. Das wichtigste Vermögen in einem rohstoffarmen Land wie Deutschland ist das „Wissen und Können" seiner Bürger. In einer Wissensgesellschaft hat der Staat zukünftig die Verpflichtung, dieses gesellschaftliche Know-how proaktiver und kreativer einzufordern bzw. systematisch zu fördern (s. a. Punkt 3).

---

[3] http://www.focus.de/politik/weitere-meldungen/hartz-iv-zahl-der-aufstocker-in-deutschland-steigt-weiter_aid_626776.html
[4] Siehe Artikel von Hofmann/Steffen in diesem Buch.

2 Frauen im Beruf/Kinderbetreuung

Die verstärkte Erwerbstätigkeit von Frauen, die angesichts des demographischen Wandels eine Notwendigkeit ist und nicht nur dem Einkommenserwerb und der Selbstverwirklichung dient, erfordert die Möglichkeit, Beruf und Familie zu vereinbaren. Hierfür müssen geeignete Voraussetzungen u. a. im Bildungsbereich geschaffen werden. Sie erfordert auch eine Abkehr von dem traditionellen, konservativen Familienbild, wie dies in Frankreich längst erfolgt ist. Dort ist es beispielsweise eine Selbstverständlichkeit, dass eine Frau ihr Kind schon wenige Wochen nach der Geburt in eine Kinderkrippe gibt. Und ebenso ist in Frankreich die Ganztags-Betreuung in Schulen eine Selbstverständlichkeit.

Eine solche Familienpolitik führt auch zu einer größeren Geburtenrate (1,9 Kinder pro Frau in Frankreich, gegenüber 1,4 in Deutschland) und ermöglicht es gerade Akademiker-Frauen, Beruf und Kinder besser zu vereinbaren. Ob gerade sie ein Betreuungsgeld in Höhe von 150 € monatlich zum Anlass nehmen werden, mehr Kinder zu bekommen, darf für Deutschland bezweifelt werden.

Eine stärkere Einbindung von Frauen in das Berufsleben erfordert also eine grundlegende Veränderung unserer Einstellung zu Familie, Kindererziehung und der Rolle der Frau in der Gesellschaft. Eine Quotenregelung bei der Besetzung von Führungspositionen in Unternehmen und in den Aufsichtsgremien von Unternehmen würde sich wahrscheinlich erübrigen, wenn eine Vereinbarkeit von Beruf und Familie besser gewährleistet wäre.

Insofern sind Initiativen, wie z. B. die „Frauenquote" bei der Deutschen Telekom, nicht wirklich der Weisheit letzter Schluss. Vielmehr erwecken diese den Eindruck einer (kaum verschleierten) PR-Aktion. Und welche kompetente Managerin möchte wirklich aufgrund einer Quote befördert werden? Richtig ist allerdings, dass Frauen nicht selten die talentierteren Führungskräfte sind. Insofern wäre es ein Gebot der Vernunft, mehr qualifizierte weibliche Führungskräfte für die Chefetagen zu gewinnen![5]

3 Bildung – von Anfang an und für alle

Bildung ist die Grundvoraussetzung technologischen Fortschritts und somit unseres Wohlstands. Bei den Ausgaben für Bildung liegt die Bundesrepublik jedoch unter dem Durchschnitt der OECD-Staaten.[6] Dies trifft auch auf die Zahl der Hochschulabsolventen zu. Der Sekundar- wie auch der Hochschulbereich müssen deshalb finanziell stärker gefördert werden. Dies bedeutet aber auch, dass der Zugang zu Gymnasien und Hochschulen besser gefördert werden muss. Im Falle der Erhebung von Studiengebühren müssen diese

---

[5] André Papmehl, Pressemitteilung zum Thema „Vollbeschäftigung", siehe unter: http://www.openpr. de/news/536854/Vollbeschaeftigung-in-Deutschland-bereits-im-Jahr-2015.html
[6] OECD, Education at a glance, 2011, S. 231 und 308.

sozial durch entsprechende Stipendien bzw. Förderungen ausgeglichen werden. Es war einmal eine Errungenschaft in Deutschland, dass jedem jungen Menschen (unabhängig von seiner sozialen Herkunft) der Weg zu einem Studium freistand; dies ist immer weniger der Fall und hängt auch mit der Agenda 2010 zusammen.

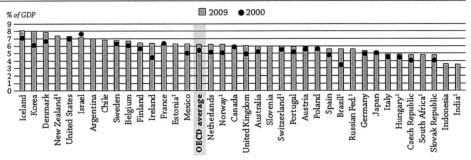

Expenditure on educational institutions as a percentage of GDP for all levels of education (2000 and 2009) and index of change between 2000 and 2009 (2000=100, constant prices)

Quelle: OECD

Trotz vieler Anfeindungen war diese prinzipiell ein richtiger Schritt und hat die Wettbewerbsposition von Deutschland nachhaltig gestärkt. Allerdings beinhaltet die Agenda 2010 auch eine Reihe von Fehleinschätzungen und handwerklichen Fehlern. Oder wie es Alfred Herrhausen lange vor der „Agenda 2010" zutreffend formuliert hat: „Wir verlieren Zeit, weil wir nicht zu Ende denken."[7] So ist es beispielsweise schwer zu ertragen, dass in einem hoch-entwickelten Land wie Deutschland – aufgrund sehr niedriger Einkommen – ein „Prekariat" entsteht. Ebenfalls ist es unangemessen, wenn dann auch noch Großverdiener wie Thilo Sarrazin für die Ärmsten der Armen eine „Harz-IV-Speiseplan" entwickeln: Wenn reiche Menschen – armen Menschen etwas „vorrechnen", ist dies a priori mit Skepsis zu beurteilen und zeugt nicht unbedingt von Empathie für Familien, bei denen nicht selten „Kinderarmut" herrscht.[8]

Fatal ist im Kontext Bildung für Harz-IV Empfänger ebenfalls, dass der Lebensweg von Kindern aus dieser Schicht oft in die gleiche Richtung vorgezeichnet ist: Nicht zuletzt, weil es sich hier um die sogenannten „bildungsfernen" Schichten handelt. Diese können und sollten wir uns aber „nicht leisten", denn das Motto: Wir sparen jetzt – koste es was es wolle, ist sicherlich nicht zielführend. Wenn dann auch noch an einer deutschen Hauptschule unterrichtet wird, wie Hartz IV-Bögen richtig auszufüllen sind, zeugt dies von einem doch seltsamen Bildungsverständnis der verantwortlichen Pädagogen.

Bafög ist ein gutes Beispiel für den Weg, den wir verstärkt gehen sollten. Es ist aber unabdingbar – hier viel früher anzusetzen! Ähnlich wie es ein „Jugendamt" gibt, sollte es

---

[7] Alfred Herrhausen: Denken, Orden, Gestalten, Siedler-Verlag 1990.

[8] http://www.welt.de/politik/article1649762/Sarrazin-entwickelt-Hartz-IV-Speiseplan.html

ein „Bildungsamt" für junge Menschen geben. Und eine gezielte Förderung würde bereits im Kindergarten beginnen müssen.

Tatsächlich ist aber ein gegenteiliger Trend erkennbar: Die deutsche „Akademiker-Klasse" tendiert immer mehr dazu, sich von anderen Gesellschaftsgruppen abzuschotten – so z. B. die Initiative „Wir wollen lernen" in Hamburg – und sich als elitäre, geschlossene Runde zu verstehen. Die vor allem von gut situierten Eltern getragene Gruppe führt einen Glaubenskampf für das Gymnasium und gegen längeres, gemeinsames Lernen. Ihnen ist Elitenförderung offenbar wichtiger als ein breites Bildungsangebot für alle Kinder: *„Weil wir dafür sind, dass die Kinder früher separiert werden, für ein leistungsorientiertes Schulsystem"*, sagt eine Reformgegnerin. Wer später ein Handwerk lerne, brauche schließlich kein Abitur: *„Wir haben ja systematisch in den achtziger Jahren ein akademisches Proletariat herangezüchtet, das für die wissenschaftliche Laufbahn und auch eine gehobene Laufbahn gar nicht fähig ist".*[9]

Sie neigen also dazu, wie früher der Adel, sozusagen eine eigene „Kaste" zu bilden, welche es tunlichst vermeidet, mit bestimmten anderen Gesellschaftsschichten (z. B. Arbeitern, Migranten, sozial Schwachen) in Verbindung zu treten. Dieses Verhalten, auch wenn es zum Besten der eigenen Kinder erfolgt, ist im Grunde asozial. Denn eine gesunde Gesellschaft lebt von einem übergreifenden Dialog, und „Inzucht" in einer bestimmten „Kaste" führt bekanntlich zu Debilität.[10]

4   Vom Arbeitnehmer zum Arbeitgeber

Immer mehr Hochschulabsolventen beginnen ihre berufliche Laufbahn als Praktikanten oder mit zeitlich begrenzten Arbeitsverträgen, wie es in mehr EU-Staaten (so in Frankreich und Spanien) fast schon die Regel ist. Eine solche Entwicklung führt zu Ausbeutung und Frustration bei den Betroffenen. Dies ist angesichts einer erfreulichen Wirtschaftsentwicklung in Deutschland seltener der Fall. Gleichzeitig profitiert Deutschland von der schwächeren wirtschaftlichen Entwicklung in anderen EU-Ländern, so z. B. durch die Zuwanderung talentierter Menschen. Dies sollte uns keinesfalls zu „Hochmut" veranlassen, vielmehr sind die eigenen Hausaufgaben schnell und adäquat zu erledigen. Denn zukünftig werden Unternehmen auch angesichts der demografischen Entwicklung um Arbeitskräfte in einen massiven Wettbewerb eintreten. Insbesondere für KMU (kleine und mittlere Unternehmen) birgt diese Entwicklung ein erhebliches Risikopotenzial, da es ihnen nicht selten an Bekanntheit („employer branding") am Arbeitsmarkt fehlt. Für den Wirtschaftsstandort Deutschland ist dies eine Gefahr, weil es gerade der Mittelstand ist, der das „Rückgrat" unsere Volkswirtschaft bildet.

---

[9] Quelle: http://daserste.ndr.de/panorama/archiv/panoramaschulreform100.html

[10] s. a. Schuppert, Papmehl, Walsh: Interkulturelles Management; http://www.amazon.de/Interkulturelles-Management-Abschied-von-Provinzialit%C3%A4t/dp/3409187723

Die beschriebene Entwicklung war seit mehr als zwei Jahrzehnten absehbar – geschehen ist in den deutschen „Personal-Etagen" aber eher wenig:

> Der Faktor Personal wird mehr als bisher die Zukunft von Unternehmen durch eine langfristige Bereitstellung von qualifizierten Mitarbeitern sichern. Ja, Unternehmen werden sogar soweit gehen müssen, bestimmte Arbeitsplätze wie Produkte zu gestalten, um sie – dem Kunden Mitarbeiter – anzubieten. Unternehmen werden alles dransetzen müssen, um im Wettlauf um das knappe Gut Arbeitskraft mithalten zu können.[11]

Heute ist diese zwei Jahrzehnte alte Prognose zur Realität geworden. So berichtet z. B. die WELT am 31. August 2012 (Seite 5): *„Lehrling verzweifelt gesucht: Zu Beginn des Ausbildungsjahres sind immer noch 100.000 Stellen unbesetzt."* Klar ist ebenfalls, dass sich dieser Trend nicht umkehren, sondern sich vielmehr bis zum Jahr 2020 dramatisch verschärfen wird. Unternehmen wären folglich gut beraten, Ihre Mitarbeiter zukünftig nicht mehr als „Arbeitnehmer", sondern als „Arbeitgeber" zu verstehen und eine entsprechende Personalpolitik zu realisieren.

Firmen werden sich aufgrund der Verknappung am Arbeitsmarkt zukünftig bei Mitarbeitern „bewerben müssen" und nicht umgekehrt. Mitarbeiter werden auch danach schauen, in wie weit die Firma einen Zusatznutzen für ihr Privatleben anbieten kann. Folglich gilt es gute Angebote zu definieren; hierzu einige Ideen: Unternehmen erledigen die Einkäufe für Mitarbeiter; bringen die Wäsche zur Reinigung; vermitteln einen Putzservice; bringen die Kinder zur Schule, Sport, Musikunterricht; bieten Nachhilfe bzw. Nachmittagsbetreuung; erledigen die Steuererklärung u. v. m. „spinnerte Ideen" oder ein neues „Schlaraffenland" für die Mitarbeiter? Einige Unternehmen, insbesondere aus der Internetbranche, bietet bereits heute einige der oben genannten Serviceleistungen für ihre Mitarbeiter an (s. a. Punkt 6).

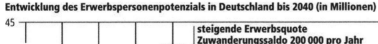

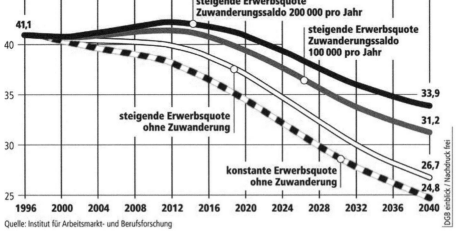

Entwicklung des Erwerbspersonenpotenzials in Deutschland bis 2040 (in Millionen)

steigende Erwerbsquote
Zuwanderungssaldo 200 000 pro Jahr

steigende Erwerbsquote
Zuwanderungssaldo
100 000 pro Jahr

41,1

steigende Erwerbsquote
ohne Zuwanderung

konstante Erwerbsquote
ohne Zuwanderung

33,9

31,2

26,7

24,8

DGB einblick / Nachdruck frei

1996 2000 2004 2008 2012 2016 2020 2024 2028 2032 2036 2040

Quelle: Institut für Arbeitsmarkt- und Berufsforschung

---

[11] André Papmehl, Interview in den 1990er Jahren unter: http://toolbox.age-management.net/data/gender_personalpolitik.pdf

5   Europa droht eine „verlorene Generation"

Eine Studie der Internationalen Arbeitsorganisation ILO warnt vor der Jugendarbeitslosigkeit in Europa. Vor allem die Sparmaßnahmen behinderten eine Erholung der Arbeitsmärkte. Jetzt drohe dem Kontinent eine „verlorene Generation". So wird die drastisch gestiegene Jugendarbeitslosigkeit mindestens bis 2016 auf „dramatisch hohen Niveaus" verharren. Es drohe deshalb eine „verlorene Generation" heranzuwachsen. Der Ausbau einer innovativen und aktiven Arbeitsmarktpolitik ist deshalb unabdingbar. Im Durchschnitt der Europäischen Union und der anderen entwickelten Industrieregionen hat sich die Arbeitslosenquote (15- bis 24-Jährigen) gemäß ILO von 2008 bis 2011 um 26,5 % erhöht. Der Anstieg war damit in diesen drei Jahren so stark – wie in keiner anderen Weltregion! Die reale Lage ist nach der Analyse der ILO „noch schlechter, weil sich junge Menschen in massiver Zahl vom Arbeitsmarkt zurückgezogen haben". Die ILO mahnt folglich zu Recht an, Beschäftigungspolitik für junge Menschen „zu einer Priorität auf der politischen Agenda" der Regierungen zu machen.[12]

Besorgniserregend ist in Deutschland auch die Zahl der „Jugendlichen ohne Hauptschulabschluss". Daten der Bertelsmann-Stiftung zeigen keinerlei Verbesserungen in den letzten Jahren. Zwar ging im Jahr 2009 die Zahl gegenüber dem Vorjahr um 6.600 Jugendliche ohne Arbeit leicht zurück, dennoch kann keine Entwarnung gegeben werden. Die Zahl von 58.400 Schulabgängern ohne Hauptschulabschluss ist weiterhin besorgniserregend. Gemessen an der gleichaltrigen Wohnbevölkerung verlassen im Bundesdurchschnitt 7 % der Jugendlichen die Schule ohne Abschluss.[13]

Nicht besser stellt sich das Bild im Bereich „Jugendliche ohne Ausbildung" dar, welches zu einer kostspieligen Angelegenheit für die Gesellschaft werden kann. Jahr für Jahr starten rund 150.000 junge Menschen ohne Ausbildungsabschluss, also mit sehr schlechten Zukunftsperspektiven in ihr Berufsleben. Wenn es nicht gelingt, diese Zahl deutlich zu reduzieren, entstehen für die öffentlichen Haushalte Belastungen in Höhe von 1,5 Mrd. € pro Altersjahrgang. Das zeigt eine Studie des Wissenschaftszentrums Berlin für Sozialforschung (WZB).[14]

Abschließend muss erwähnt werden, „(. . .) *dass etwa 7,5 Millionen beziehungsweise 14 Prozent der erwerbsfähigen Deutschen zwar einzelne Sätze lesen oder schreiben können, nicht jedoch zusammenhängende, auch kürzere Texte wie zum Beispiel eine schriftliche Arbeitsanweisung verstehen. Eine angemessene Form der Teilhabe am gesellschaftlichen Leben ist bei einem funktionalen Analphabetismus nicht möglich."*[15]

Es stellt sich die Frage, warum unserer Gesellschaft einen solchen Zustand toleriert und nicht bereits vor vielen Jahren geeignete, nachhaltig Gegenmaßnahmen von Staat und

---

[12] Siehe hierzu: http://www.ilo.org/public/german/region/eurpro/bonn/index.htm

[13] Siehe: http://www.bertelsmann-stiftung.de/cps/rde/xchg/bst/hs.xsl/nachrichten_105525.htm

[14] Siehe: http://www.bertelsmann-stiftung.de/cps/rde/xchg/bst/hs.xsl/nachrichten_105525.htm

[15] Siehe: http://www.bmbf.de/de/426.php

Gesellschaft ergriffen worden sind? Liegt es vielleicht daran, dass Analphabetismus ein Tabu-Thema ist bzw. diese 7,5 Mio. Menschen keine wirkliche „Lobby" haben?[16]

Eine solche Verschwendung von menschlichem Potential ist zu beenden: Als führender Industriestandort kann und darf sich Deutschland solche Verwerfungen zukünftig nicht mehr leisten. Staat, Unternehmen und (Hoch-)Schulen müssen hier an „einem Strang" ziehen und geeignete Lösungswege zeitnah implementieren. Auch kann es nicht hingenommen werden, Hunderttausende von jungen Menschen (vorangegangene Jahrgänge) ohne Ausbildung bzw. Schulabschluss einfach „aufzugeben". Angesichts des demografischen Wandels und einer potenziellen Vollbeschäftigung (bereits im Jahr 2015) wären wir gut beraten, diese jungen Menschen zu identifizieren und in ihre Bildung gezielt zu investieren!

6   Veränderte Lebensformen/Migration

Alleinerziehende Mütter – und auch Väter – ersetzen immer mehr die traditionelle Form der Familie. Auf diese gesellschaftliche Veränderung müssen neue Formen der Gestaltung des Arbeitslebens gefunden werden. Dies betrifft die in Punkt 2 erwähnte Kinderbetreuung und das Bildungswesen; dies erfordert aber auch ein stärkeres Engagement der Unternehmen in diesem Bereich. Betriebskinderkrippen und -gärten können zu einer besseren Vereinbarkeit von Arbeit und privater Lebensgestaltung beitragen.

Aufgrund des verschärften Wettbewerbs um talentierte Mitarbeiter (vgl. Punkt 4) werden Unternehmen vor völlige neue Herausforderungen gestellt werden. Es ist davon auszugehen, dass Mitarbeiter ihr Unternehmen auch danach auswählen werden, welchen zusätzlichen Nutzen („added value") die Firma für ihr Privatleben liefern kann. Betriebskindergärten, sind sozusagen nur die „Spitze des Eisberges" und schon nicht mehr ein besonders kreatives Differenzierungsmerkmal.

Aus politischer Perspektive ist zu konstatieren, dass die verzögerte Öffnung des deutschen Arbeitsmarktes bei der Ost-Erweiterung der EU im Jahre 2004 ein strategischer Fehler war. Denn der Zuzug mittel- und osteuropäischer Arbeitnehmer ab Mai 2011 hat dazu beigetragen, den signifikanten Arbeitskräftemangel in wichtigen Industrie- und Dienstleistungsbranchen in Deutschland zu reduzieren. Ebenfalls wird die Zuwanderung mittelfristig einen Rückgang der Schwarzarbeit und Scheinselbständigkeit zur Folge haben. „*Dies alles wird zu mehr Wohlstand und einem zusätzlichen Wirtschaftswachstum von 0,3 % im Jahr in Deutschland führen*", wie der EU-Sozialkommissar Laszlo Andor in einem Welt-Interview anmerkte.[17]

---

[16] Siehe auch: http://www.alphabetisierung.de/fileadmin/files/Dateien/Downloads_Texte/IhrKreuz-gesamt.pdf

[17] Siehe: http://www.welt.de/wirtschaft/article13175805/EU-erwartet-100-000-Zuwanderer-nach-Deutschland.html

Aber diese Erkenntnisse sind natürlich nicht populär bzw. an den „Stammtischen" nur schwer zu vermitteln: Weshalb es auch zu verkürzten politische Aussagen (wie „Kinder statt Inder") bzw. populistische Forderungen nach einem Zuwanderungsstopp kommt. Solche Forderungen sind de facto kontraproduktiv, auch weil sie zu Wettbewerbsnachteilen für die deutsche Wirtschaft führen würden. Gerade indische Talente finden problemlos interessante Arbeitsplätze in Ländern wie den USA oder Kanada, und das deutsche Handwerk freut sich bereits heute über motivierte Auszubildende aus Tschechien oder Polen.

7   Lebenslanges Lernen

Wie bereits erwähnt, ist der einzige relevante Rohstoff, über den Deutschland verfügt, das Wissen, Wollen und Können seiner Menschen. Dies erfordert, angesichts der drastisch abnehmenden Halbwertzeit des Wissens, ein lebenslanges Lernen: Denn Wissen ist heute zu einem „Instantprodukt" geworden. Oder wie es Mark Twain poetischer formuliert hat: *„Lernen ist wie Schwimmen gegen den Strom. Sobald man aufhört – treibt man zurück."*

Nach einer Studie des ILO nutzen Unternehmen nur 40 % des Wissens ihrer Mitarbeiter. Während also bei Kostensenkungen (im Sachbereich) um Nach-Komma-Stellen gerungen wird, leistet man sich im menschlichen Bereich eine Wissensverschwendung in Höhe von mehr als 50 %.[18]

Gleichermaßen besteht gerade in dezentralisierten, globalen Konzernen die Gefahr von Doppel- bzw. Mehrfacharbeiten zu gleichen bzw. ähnlichen Themen. Der Satz *„Wenn Siemens wüsste, was Siemens weiß"* bringt das Dilemma gut auf den Punkt. Ebenfalls überwindet Wissen aufgrund des Internets heute jegliche Grenzen. Die Welt ist kleiner und transparenter geworden – Informationen stehen global abrufbar zur Verfügung, was auch große Chancen für das Lernen beinhaltet.

Allerdings sollten auch die Risiken nicht unterschätzt werden, so beispielsweise die Tatsache, dass heute aufwachsende Jugendliche vieles aus dem Internet unreflektiert übernehmen. Aber bei „Wikipedia" nachschauen reicht eben nicht aus, um zu belastbaren Ergebnissen zu kommen. Denn bei Wikipedia sind natürlich auch viele Amateure am Werk, ohne die Nützlichkeit dieser Institution (für eine schnelle Recherche) generell in Frage stellen zu wollen. Von Tschuang-tse sind folgende Sätze überliefert: *„Dschu Ping Mau gab sein ganzes Vermögen dafür hin, von seinem Meister das Drachentöten zu erlernen. Nach drei Jahren war er in dieser Kunst bewandert, doch gab es nirgends eine Gelegenheit, seine Geschicklichkeit zu zeigen."* Verkürzt ausgedrückt geht es bei „lebenslangem Lernen" also darum, nicht nur die Dinge richtig – sondern vielmehr die richtigen Dinge zu machen. Im 21. Jahrhundert kann man sich auf dem einmal Erlernten „nicht mehr ausruhen". Folglich werden die Fähigkeiten, effektiv lernen – aber auch wieder vergessen zu können – für jedes Individuum, für Organisationen und den Staat, zu kritischen Erfolgsfaktoren!

---

[18] André Papmehl, Wissen im Wandel: Die lernende Organisation im 21. Jahrhundert, Ueberreuter-Verlag 1999.

8 Generation 50 plus

Die demographische Entwicklung und die Verlängerung der Lebensarbeitszeit wird auch unsere Einstellung zur beruflichen Tätigkeit von Menschen über 50 Jahre deutlich verändern. Wir werden innovative Lern- und Arbeitsmodelle in der Zusammenarbeit von jungen und älteren Mitarbeitern entwickeln müssen. Denn schon im Jahr 2015 wird jede dritte Erwerbsperson älter als 50 Jahre sein.

Es ist auch nicht einsichtig, warum gewisse Berufsgruppen mit 60 Jahren oder sogar früher in Rente geschickt werden sollten. Selbstverständlich muss berücksichtigt werden, dass bestimmte Berufsgruppe, (insbesondere körperlich schwer arbeitende Menschen), nicht bis zum Alter von 67 Jahren durcharbeiten können. Hier sind geeignete Lösungen zu finden, denn ansonsten ist für diese Menschen die Verlängerung des Rentenalters de facto eine „kalte Rentenkürzung".

Nicht alle arbeiten aber bei widrigem Wetter als Dachdecker oder in gefährlicher Umgebung unter Tage. Die Zeiten, in denen Unternehmen ihre Führungskräfte mit 60 Jahren in die Zwangspension versetzen, dürften deshalb bald vorüber sein. Insofern wären viele deutsche Personalchefs gut beraten, endlich von Ihrem „Jugendlichkeitswahn" Abschied zu nehmen; man könnte sich auch an anderen europäischen Ländern orientieren, welche schon seit längerem mit dieser Thematik professioneller umgehen.

Deutsche Unternehmen werden alternative Arbeitsformen erarbeiten müssen, in welchen die Verschiedenheit („diversity") von Mitarbeitergruppen zum Nutzen der Gesamtorganisation intelligenter genutzt werden kann.

Ein einfaches Beispiel wäre, dass es zu „Symbiosen" zwischen älteren und jüngeren Mitarbeitern kommt, in welchen jeder von jedem Lernen kann. Hierzu gehören auch neue Entgeltmodelle im Sinne von „Pay for Performance": Die beste Entlohnung sollten nicht die Jüngsten, auch nicht die Ältesten – sondern die Besten bekommen. Es ist insofern hohe Zeit, dass Unternehmen und Gewerkschaften diesbezüglich innovativere Lösungsmodelle in die Tat umsetzen; zumal ein kontinuierlicher Gehaltsanstieg nach dem „Senioritätsprinzip" wirklich nicht mehr zeitgerecht ist.

Im OEDC-Vergleich ist übrigens die Zahl der Arbeitslosen (im Alter zwischen 55 und 64 Jahren) in Deutschland mit Abstand am höchsten. Folglich könnten wir von Skandinavien bzw. der Schweiz lernen, wo es praktisch keine Diskriminierung von älteren Mitarbeitern gibt. Tatsache ist ebenfalls, dass rund ein Viertel der Arbeitslosen in Deutschland 50 Jahre und älter ist. In unserer kinderarmen Gesellschaft werden uns zukünftig aber nicht mehr genügend junge Arbeitskräfte zur Verfügung stehen. Einige Unternehmen wie z. B. Daimler, Brose oder Netto zeigen, dass es auch anders gehen kann.[19]

---

[19] Siehe: http://www.spiegel.de/wirtschaft/schluss-mit-dem-jugendwahn-senioren-gesucht-a-304268.html

9 Altersversorgung

Kaum ein Thema beherrscht die öffentliche Debatte wie dieses. Wie soll es möglich sein, dass bei einer Zunahme des Niedriglohnsektors am Ende eine Rente erworben werden kann, mit der ein menschenwürdiges Dasein möglich ist? Die Hinweise auf die Notwendigkeit der privaten Altersvorsorge sind bei durchschnittlichen bzw. überdurchschnittlichen Verdienern in der Tat angemessen, um im Alter den gewünschten Lebensstandard beibehalten zu können. Bei geringen Einkommen bleibt aber die private Altersvorsorge eine Illusion und die Altersarmut wird zur logischen Konsequenz. 40 % der sozialversichersicherungspflichtigen Geringverdiener (mithin 1,8 Mio. Menschen in Deutschland) investieren nach Aussage der Arbeitsministerin aktuell nicht in eine private Altersvorsorge! Als erster pragmatischer Schritt – könnte eine Verdopplung der steuerfreien „Zuverdienst-Grenze" (von Rentnern) von 400 auf 800 € kurzfristig durch die Politik beschlossen werden.

Grundsätzlich mangelt es zur Altersvorsorge nicht an intelligenten Ideen bzw. guten Lösungen, wie z. B. das in der Schweiz praktizierte „3 Säulen-Modell", welches dort seit vielen Jahren gut funktioniert.

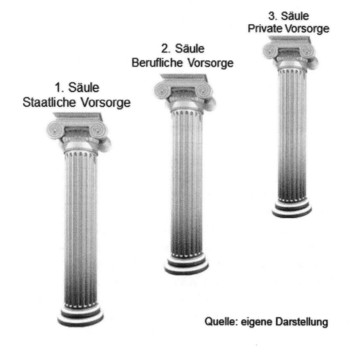

Quelle: eigene Darstellung

Aber die deutsche Politik scheint wenig aufgeschlossen oder nicht willens, nachhaltige Lösungen im Bereich der Altersversorgung zu implementieren. Bei einer potenziellen Absenkung des Rentenniveaus (aktuell 50,4 %) auf 46 % im Jahr 2020 und ggfs. sogar 43 % im Jahr 2030 muss man nicht Mathematik studiert haben, um zu erkennen, dass dies bei vielen Rentnern, die ihr ganzes Leben fleißig gearbeitet haben, direkt in die Altersarmut führen würde.

Erfreulich ist, dass dieses Thema durch die zuständige Arbeitsministerin in die öffentliche Debatte gebracht wurde, auch wenn die derzeit (Dezember 2012) vorgetragenen Lösungsvorschläge, wie die Zuschussrente oder die Großelternzeit, noch nicht abschließend beurteilt werden können. Es muss aber in das öffentliche Bewusstsein dringen, dass Menschen, die in ihrem Leben weniger als 2.500 € monatlich verdienten, mit dem Renteneintritt den Gang zum Sozialamt antreten müssten![20] Ein parteienübergreifender Konsens sowie zielführende Lösungs-Modelle sind deshalb dringend erforderlich.

Bei der Entscheidung, die Höhe der Rentenbeiträge von 19,6 auf 19,0 % senken zu wollen, handelt es sich eher um eine von den anstehenden Wahlen motivierte Maßnahme.[21] Denn wenn bei einer Rücklagenhöhe von aktuell ca. 29 Mrd. € von „ausreichenden Reserven" gesprochen wird, hat die Politik wohl als Betrachtungszeitraum eher die laufende Legislaturperiode und weniger das Jahr 2020 im Auge: *„Die Alterskassen sind ausreichend gefüllt, behaupten (auch) die Rentenpolitiker der SPD. Tatsächlich können mit der aktuellen Reserve nicht einmal die geplanten Zusatzausgaben eines Rechnungsjahres gedeckt werden. Sie (die Rentenpolitiker) planen ein Kreditgeschäft zu Lasten der Jugend. Setzen sie sich durch, müsste die Generation heutiger Grundschüler offiziellen Prognosen zu Folge eine zusätzliche Rentenlast von bis zu 50 Milliarden Euro schultern, wenn sie dereinst im Berufsleben steht: Jahr für Jahr versteht sich, vom ersten Arbeitstag bis zur Pensionierung."* [22]

Vernünftig und an der Zeit wäre es, endlich ein solides finanzielles Polster aufzubauen und die Renten nicht mehr primär über Beiträge bzw. Steuern zu finanzieren. Und noch besser wäre es, innovative Lösungsmodell zu entwickeln. Sollte es der deutschen Politik hierzu an Kreativität oder Energie mangeln, könnte man sich doch zumindest in Ländern wie der Schweiz oder Norwegen („Konzept einer universellen sozialen Sicherheit") intellektuell bedienen![23] *„Denn gegen Ende des nächsten Jahrzehnts werden hierzulande vier Millionen weniger Beschäftigte, aber sieben Millionen zusätzliche Rentner leben. Die Daten sind lange bekannt, doch Deutschlands Rentenpolitiker weigern sich noch immer, sie zur Kenntnis zu nehmen. Sie sehen den Taifun am Horizont aber ihr Ratschlag lautet: Lasst uns die Häuser näher am Wasser bauen, die Wellen rauschen so schön."* [24] Es entsteht der Eindruck, als wollten die heutigen Rentenpolitiker parteiübergreifend (aus opportunistischen Erwägungen) eine sich klar abzeichnende „Altersarmut" gegen eine gleichermaßen drohende „Jugendarmut" eintauschen bzw. billigend in Kauf nehmen.

---

[20] Siehe: http://www.welt.de/wirtschaft/article108923109/Von-der-Leyen-Altersarmut-droht-schon-bei-2500-brutto.html

[21] Siehe: http://www.faz.net/aktuell/wirtschaft/kabinettsbeschluss-der-rentenbeitrag-soll-sinken-11871839.htm

[22] Michael Sauga: Operation Griechenland, DER SPIEGEL, 44/2012, Seite 30.

[23] Siehe: http://www.oeko-net.de/kommune/kommune05-03/Anorvoll.htm

[24] Siehe: Michael Sauga, a. a. O.

Last but not least – brauchen wir in Deutschland eine neue Solidarität: Es ist weder akzeptabel noch gesellschaftlich vermittelbar, wenn einige Berufsgruppen mit privilegierten Pensionsmodellen ausgestattet werden, sei es in öffentlichen Ämtern oder auch im Top-Management, wo häufig nach einer kurze Amtszeit bzw. beruflichen Tätigkeit unverhältnismäßig hohe Pensionsansprüche erworben werden. Sofern wir uns in Deutschland immer noch als eine Solidar-Gemeinschaft verstehen, dürfen nicht „manche gleicher sein als andere."(George Orwell). Insofern plädieren die Herausgeber dieses Buches dafür, schnell ein nachhaltiges Rentensystem zu entwickeln, in dem alle Bürger das Recht auf eine Mindestrente (das sind in Norwegen z. B. 1.000 €) haben, welche ihnen ein menschenwürdiges Leben erlaubt. Es ist einer der führenden Industrienationen unwürdig, wenn 70-jährige Rentner um 4:00 Uhr in der Frühe Zeitungen austragen, oder im Müll nach Pfandflaschen suchen müssen, um überleben zu können. Es ist ebenso wenig hinnehmbar, dass sie im Müll von McDonalds nach Essensresten suchen, bzw. auf die „Tafeln" angewiesen sind, weil ihre Rente zum Überleben nicht reicht. Es gilt, sich auf das Solidarprinzip zurückzubesinnen, mit welchem Deutschland in der Vergangenheit gut gefahren ist: Die Stärkeren müssen den Schwächeren helfen und persönlich bereit sein, deswegen auch Einbußen in Kauf zu nehmen!

10   Einen neuen Sozialpakt realisieren

Was wir also benötigen, ist ein „neuer Sozialpakt", dessen wichtigste Punkte bzgl. einer Umsetzung im Folgenden in fünf Thesen zusammengefasst wurden:

1. Sämtliche Subventionen in Deutschland sollten pauschal um 50 % gekürzt werden. Dies würde – bei einem Gesamt-Subventionsvolumen von rund 164 Mrd. € im Jahr 2011, mit steigender Tendenz – zu einem Budget von rund 82 Mrd. € führen, welches in die Kernthemen Bildung und Altersvorsorge investiert werden könnte – und dies Jahr für Jahr.[25]
2. Analog zur „Agenda 2010" sollte vom Kanzleramt eine Experten-Kommission „Agenda-2020" berufen werden. Diese sollte, abweichend vom Konzept der Agenda 2010, nicht nur hochkarätig, sondern auch mit internationalen Experten („benchmarks") besetzt sein. Binnen 12 Monaten müsste durch diese Kommission für Deutschland ein belastbares Programm erarbeite werden.
3. Die tangierten Ministerien sollten in der Kommission angemessen bzw. durch eine direkte Berichtslinie zum Minister bzw. zur Ministerin vertreten sein.

---

[25] Siehe: http://www.focus.de/finanzen/news/subventionen-deutschland-verschenkt-so-viel-geld-wie -noch-nie_aid_589929.html

4. Ein vom Bundeskanzleramt eingesetzter Lenkungsausschuss sollte eingerichtet werden.

5. Entscheidungsprozesse dieser Kommission sollten nicht durch tagespolitische Ereignisse überlagert werden, wofür der Vorsitzende des Lenkungsausschusses verantwortlich wäre.

Es ist eine Realität, dass sich Deutschland (bzw. die EU) mit verkürzten bzw. volatileren Wirtschafts-Zyklen (s. a. Artikel Papmehl in diesem Buch) sowie einem damit einhergehenden verschärften Wettbewerbsdruck (insbesondere aus den Asien) konfrontiert sieht. Im Hinblick auf Entwicklungschancen für die Jugend legen aktuelle Berichte sogar nahe, dass Asien in den Augen der Deutschen mittlerweile so stark ist, dass es Jugendlichen bessere Aussichten als Europa bietet.[26] Deshalb sind Phantasie, Kreativität und ein nachhaltiges Management heute wichtiger denn je zuvor:

> Die Europäer können sich nicht aus der Verantwortung in Globalisierungsfragen herausargumentieren. Sie dürfen heute nicht die Wehleidigen spielen, nachdem sie sich 500 Jahre in der Rolle der Robusten gefielen. (Peter Sloterdijk)

Gleichermaßen ist die Aussage von unserem Kollegen Ervin László (in diesem Buch) zutreffend, dass wir einen neuen gesellschaftlichen Entwurf benötigen und gut beraten wären, mit dessen Konzeption und Realisierung zügig zu beginnen:

> We need a better vision. To change or not to change is not the question. The longer we wait, the more difficult it will be to change the process.

---

[26] FAZ, Nr. 256; Seite 11, 02.11.2012.

Arbeitswelt und berufsbegleitende Qualifizierungswege nach Bologna

Peter Speck

1 Einführung

Lebenslanges Lernen und individuelle Employability werden in den nächsten Dekaden das beherrschende Thema für den Staat/die Gesellschaft, die Unternehmen, Hochschulen und Individuen sein. In meinem Buch „Employability – Herausforderungen für die strategische Personalentwicklung" gehen die Autoren aus verschiedenen Perspektiven auf den Spannungsbogen individueller Beschäftigungsfähigkeit und einer Perspektive bis zum Alter von 67 (oder bis 70) zu arbeiten, ein.

Wir stehen am Anfang einer Neuordnung von Arbeitswelt und Unternehmenslandschaft als Folge der Globalisierung und Liberalisierung mit einem Zwang zur Mobilität und Flexibilität jedes Einzelnen und jedes Unternehmens – auch der Hochschulen und Bildungseinrichtungen.

In Zukunft wird in der Beziehung von Unternehmen und Mitarbeitern der Erwerb und die Förderung der Beschäftigungsfähigkeit im Mittelpunkt stehen.

Kerngedanke der Employability ist ein neuer sozialer Kontrakt zwischen Unternehmen und Mitarbeitern. Wurden Loyalität und Commitment der Arbeitnehmer früher durch die Zusicherung der lebenslangen Arbeitsplatzsicherheit/Beschäftigung quasi „erkauft", so wird in Zukunft der Erwerb und die Förderung der Beschäftigungsfähigkeit im Mittelpunkt dieses Verhältnisses zwischen Unternehmen und Mitarbeitern stehen.

Die Mitarbeiter und Führungskräfte von heute werden künftig zum Unternehmer in eigener Sache. Durch selbstverantwortliche und permanente Erweiterung Ihres Kompetenzportfolios erhalten Sie sich dauerhaft ihre Marktfähigkeit. Dies gilt unabhängig vom berufsqualifizierenden Abschluss.

P. Speck (✉)
Festo AG & Co. KG, Ruiter Straße 82, 73734 Esslingen, Deutschland
E-Mail: dsp@de.festo.com

A. Papmehl, H. J. Tümmers (Hrsg.), *Die Arbeitswelt im 21. Jahrhundert*,
DOI 10.1007/978-3-658-01416-2_2, © Springer Fachmedien Wiesbaden 2013

Jede dieser Veränderungen bringt auch andere Anforderungen an die Kompetenzen der Mitarbeiter und deren Umsetzung mit sich. Viele Menschen in Unternehmen, die heute vielleicht 50 Jahre alt sind, wurden mit den genannten Themen in ihrer Erstausbildung nicht konfrontiert, mit denen sie sich heute jedoch auseinandersetzen müssen.

1.1 Was bedeutet dies nun für die Unternehmen?

Unternehmen werden, um überleben zu können, ständig auf der Suche nach den Mitarbeitern mit der höchsten Employability sein. Dafür wird es auch zwingend notwendig sein, die unternehmenseigenen Ressourcen und Möglichkeiten zur Erhaltung der Beschäftigungsfähigkeit der Mitarbeiter zur Verfügung zu stellen.

Was zeichnet dabei eine erfolgreiche Personalarbeit aus?

Eine erfolgreiche Personalarbeit muss in Zukunft weit mehr sein als ein verlängerter Arm von Schule, Berufsakademie, Fachhochschule bzw. Universität sein.

Die Personal- und Organisationsentwicklung ist nicht länger nur informationslastige Vermittlung von Fachwissen nach dem Gießkannenprinzip, sondern muss alle Kompetenzfelder – auch im Sinne eines lernenden Unternehmens – abdecken.

Unternehmen werden nur nachhaltig erfolgreich sein und können nur dann ihre Zukunft sichern, wenn sie sich den Herausforderungen der Employability mit allen Aspekten stellen und innovative, unternehmensspezifische Lösungsansätze entwickeln.

Hierzu gehört auch das Engagement der Unternehmen in enger Zusammenarbeit mit Universitäten und Forschungseinrichtungen. Auf die Konsequenzen des Bologna-Prozesses wird in den nachfolgenden Kapiteln näher eingegangen.

2 Bologna-Prozess und seine Auswirkungen

Abbildung 1 aus einer aktuellen Studie des Stifterverbandes für die Deutsche Wissenschaft zeigt eindrucksvoll die Bildungs-Roadmap mit entsprechenden Schul- und Bildungsabschlüssen. Diese werden in Kap. 2.1–2.4 näher beleuchtet (Stifterverband 2011).

Auf eine Diskussion der Sinnhaftigkeit des Bolognaprozesses in einer Reflexion auf das bisherige Hochschulsystem mit z. B. Berufsakademien, Fachhochschulen und Hochschulen wird hier bewusst verzichtet. Die Qualifizierungswege nach Bologna werden jedoch

- vielschichtiger
- verzweigter
- vernetzter
- unübersichtlicher und
- bieten Wechselchancen.

Mit dieser Auflistung lässt sich kurz und prägnant dieser „Verkehrswegeplan" nach Bologna beschreiben. Durch eine Veränderung der Lebensarbeitszeit, schnellere technische

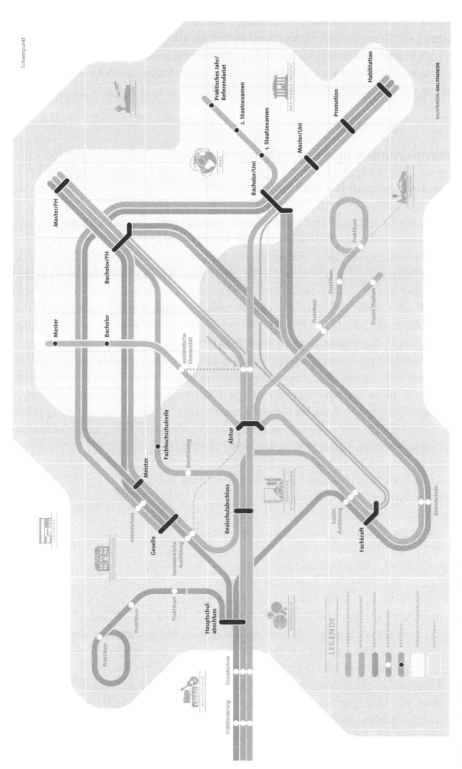

Abb. 1 Qualifizierungswegeplan nach Bologna

Entwicklungszyklen, internationale Wertschöpfungsketten, Verlagerung von Märkten und Veränderung von Kompetenzstrukturen wird es zu einer schnelleren und kompetenzorientierteren Anpassung von Ausbildungs- und Qualifizierungsfeldern kommen müssen. Die Veränderungen wirken sich auf alle Betroffenen aus und zwingen zu einer entsprechenden Bewältigung der Komplexität und neuen Konzepten.

3   Veränderungen und Auswirkungen

3.1   Veränderungen für Staat/Gesellschaft

Die demografische Entwicklung in der Bundesrepublik, die Internationalisierung der Wertschöpfungsketten, die Verlängerung der Lebensarbeitszeit, die Veränderung der individuellen Lebensplanungen mit Auflösung traditioneller Wertemuster wie Familie, Kirche und Religion, die Integration der Gesellschaftsmitglieder mit Migrationshintergrund, Dezentralisierung und Individualisierung der Arbeitsleistung u. v. a. m. sind Schlagwörter und Themenfelder, die sich in den nächsten Jahren noch verschärfen und den Staat und uns als Gesellschaft vor große Herausforderungen stellen werden (www.horx.com/Reden/Macht-der-Megatrends.aspx).

Die Anpassung ganzer Belegschaftsstrukturen an geforderte, aktuelle und neue Themenfelder wie z. B. die aktuellen Forschungsschwerpunkte mit den Bereichen Informationstechnologie, Biotechnologie, Nanoforschung, Elektromobilität, regenerative Energien, die als Beispiele von entscheidenden Gebieten zukünftiger Technologieentwicklung gelten, sind Themenfelder, die vor einigen Jahren noch nicht so sehr im Fokus der Wissenschaft und Wirtschaft standen, jedoch künftig mit bspw. den Feldern:

- regenerative Medizin und molekulares Bioengineering,
- Biomaterialien und Nanotechnologie,
- Informationssystemtechnik,
- Bevölkerungsentwicklung, Infrastruktur und Verkehr,
- Wasser, Energie, Umwelt,
- Sozialer Wandel, Kultur und Bildung

die Welt und die Veränderungen in dieser Welt beschreiben.

Der Staat und wir als Gesellschaft einerseits, die Hochschulen und Unternehmen andererseits müssen sich diesen Veränderungen stellen. Sie müssen sich damit intensiv unter Einbeziehung aller gesellschaftlichen Gruppierungen auseinandersetzen und flexible Konzepte unter modernisierten Gesetzen und Tarifverträgen umsetzen.

Das Verharren in alten Strukturen und Denkmustern bringt uns keinen Schritt weiter. Themen wie Diversity Management, flexible Arbeitszeitmodelle, Home Office und Teilzeitmodelle, Verbesserung der Rahmenbedingungen für Familien mit Kindern usw. oder private Initiativen, wie das Deutsche Demografie Netzwerk (ddn), „MINT-Zukunft schaffen", beschreiben die Vielfalt und die Notwendigkeit „etwas zu tun".

Die Bundesrepublik und die hier verankerten Unternehmen sind im weltweiten Wettbewerb um eine sichere Zukunft. Die Vernetzung und das Ineinandergreifen aller Beteiligten, gepaart mit Individualinteressen, wird das Clustermodell der Zukunft sein. Die Herausforderungen sind nur im Rahmen eines ganzheitlichen Kooperationsmodells zu meistern.

3.2 Auswirkungen auf die Unternehmen

Viele Unternehmen und die dort im Management Verantwortlichen z. B. im Bereich Human Ressources oder in der Linienverantwortung haben sich mit diesen Fragen noch sehr wenig in Gänze beschäftigt und Konzepte entwickelt. Dies ist auch maßgeblich geprägt durch den eigenen Werdegang der Entscheider, die teilweise noch in der „alten Welt" mit IHK-Abschlüssen, Meister, Techniker, Vor- und Hauptdiplom, sowie Fachhochschule und Universität zu Hause sind.

Die Veränderungen in der Bildungs-, Rekrutierungs-, Personalentwicklungs- und Personalmarketingstrategie, sowie bei Vergütungskonzepten und bei der Finanzierung von aufbauenden, berufsbegleitenden Studiengängen und zielgerichteten Weiterbildungen und Zertifikatslehrgängen steckt noch häufig „in den Kinderschuhen". Umfassende Gesamtkonzepte sind eher selten, wobei Konzerne wie z. B. die Deutsche Telekom mit guten, ganzheitlichen Konzeptionen bereits sehr weit sind.

Hinter dem Slogan „Bachelor welcome" steckt also mehr! Ein Bachelor-Absolvent mit Anfang 20 und einer noch fast 50 Jahre andauernden Beschäftigung im aktiven Berufsleben hat berechtigterweise Ansprüche an attraktive Arbeitgeber, um für seine lebenslange Employability und sein persönliches Kompetenzcluster zu sorgen und auch persönlich dafür verantwortlich zu sein. Umfassende und schlüssige Gesamtkonzepte bis hin zur Lösung der Finanzierungsfragen gilt es jetzt zu entwickeln.

3.3 Auswirkungen auf die Hochschulen

Alle Hochschulen müssen sich in den von Bologna betroffenen Studienrichtungen anpassen, um erfolgreich und interessant für Studenten und Bildungsinteressierte zu sein. Der bisherige Unterschied zwischen bspw. FH- oder Universitätsabschluss verschwimmt zusehends. Eine Differenzierung erfolgt über Inhalte, Kompetenzfelder, Spezialisierung, Qualität der Lehre und der Lehrenden, aktuelle Marktzugänge, Netzwerke, Plattformen u. a. mehr.

In Kürze werden alle Bildungseinrichtungen in den entsprechenden Studienrichtungen auf Bachelor- und Masterabschlüsse umgestellt haben. Der Markt ist „eröffnet". Nach den Doppelabiturjahrgängen in der Bundesrepublik ist ein noch stärkerer Wettbewerb um Köpfe zu erwarten. Das Ranking der einzelnen Hochschulen über einzelne Akkreditierungen und Reputation bis hin zur Systemakkreditierung spielt für Interessenten eine wichtige Rolle. Dahinter verbirgt sich auch der Kampf um die Zuteilung von begrenzten Budgetmitteln seitens des Staates. Die Qualität der Hochschule verknüpft mit Zukunftschancen für die Studierenden in der Wirtschaft werden die Schlüsselfaktoren des Erfolgs einer Hochschule sein.

Neben diesen Differenzierungsfeldern wird sich auch die Bedeutung der berufsbegleitenden, akkreditierten Studiengänge deutlich erhöhen. Die Hochschulen werden sich der Frage stellen müssen, ob sie ein derartiges Angebot strategisch im Markt platzieren wollen und können. Bisher geht die Mehrzahl der universitären Einrichtungen von Vollzeitstudenten im halbjährlichen Semester- oder Trimesterrhythmus aus (siehe Kap. 3).

3.4 Auswirkungen auf die Individuen

Die bereits in der Einleitung aufgeführten Aspekte von Bologna stellen die Individuen vor große Herausforderungen. Bologna bietet nahezu unendlich viele Möglichkeiten und Umstiegsmöglichkeiten.

Sicher scheint nur eines zu sein: Jeder eigenverantwortlich denkende Mensch muss lebenslang an seiner persönlichen Employability (vgl. Speck 2010) arbeiten, um in der globalen Welt eine Zukunft zu haben. Werdegänge von der Lehre bis zur Rente in einem Unternehmen werden nicht mehr möglich sein. Wir werden auch im Midager-Bereich komplett neue Requalifizierungssituationen mit einem regulären, oft berufsbegleitenden Bachelor-/Masterstudiengang haben, um die nächsten Jahre des aktiven Berufslebens erfolgreich meistern zu können. Für Individuen sind spezielle Kompetenzberatungen notwendig, um einen individuellen Qualifizierungspfad zu entwickeln. Hier liegen die Herausforderungen der Zukunft.

3.5 Herausforderungen für die Zukunft

Branchenunabhängig erfährt die berufsbegleitende Weiterbildung einen zunehmend wachsenden Stellenwert. Dies wird noch durch die Öffnung der Zugangsberechtigungen zu einem Hochschulstudium – auch für Nichtabiturienten – beschleunigt.

„Duale Studiengänge liegen im Trend", lautet die Überschrift im Handelsblatt (vgl. Thelen 2012).

Im Zusammenhang mit den Budget- und Liquiditätsengpässen vieler Unternehmen ergeben sich hierdurch im Bereich der Personalentwicklung häufig Finanzierungsschwierigkeiten. Hiervon sind sowohl Großunternehmen, als auch kleinere und mittlere Unternehmen betroffen. Um diese Finanzierung aus Unternehmenssicht mit Blick auf Liquiditätsoptimierung, Kostensenkung und Risikominimierung optimal zu gestalten, bietet sich die Nutzung von Bildungsfonds (beispielhaft der Festo Bildungsfonds) an.

Neben der Betrachtung aus Unternehmenssicht ist auch die individuelle und gesellschaftspolitische Sicht von Bedeutung. So kann der Staat nicht sämtliche Investitionen in die Bildung finanzieren – nach einer hochschulfundierten Erstausbildung – und für Individuen sind oft darauf aufbauende interessante (berufsbegleitende) Zusatzqualifikationen nicht finanzierbar. Für diese Vernetzung der ganzheitlichen, komplexen Problemstellung brauchen wir neue, innovative Lösungen.

4   Innovative Finanzierungsformen für Qualifizierungswege

4.1   Berufsbegleitende Qualifizierung

Wie in Kap. 2 dargestellt, ergeben sich aus dem Bologna-Prozess unendlich viele Möglichkeiten, die auf Grund der zu erwartenden Bildungswege häufig zu berufsbegleitenden Qualifizierungen auf jedem Abschlusslevel führen werden. Nach einer aktuellen Studie des BIP unter 1400 Unternehmen wird das Duale Studium immer beliebter (vgl. Gillmann 2012).

Am Beispiel der Steinbeis-Hochschule Berlin soll dies näher dargestellt werden. Die Steinbeis-Hochschule Berlin bietet Bachelor- und Masterstudiengänge für Menschen, die mitten im Arbeitsleben stehen und sich weiterqualifizieren wollen. Immer am Bedarf von Unternehmen orientiert setzt die Steinbeis-Hochschule Berlin das um, was oft gefordert wird: In den Beruf integrierte, praxisorientierte Angebote auch für Mitarbeiter, die über den zweiten Bildungsweg kommen (Steinbeis-Hochschule Berlin 2011).

4.2   Bachelor- und Masterqualifizierung

Dreh- und Angelpunkt jeden Studiums ist das Praxisprojekt in einem Unternehmen. Es verbindet die Vermittlung von Wissen und Methodik mit einer konkreten Problemstellung. Neben der Projektidee sorgt die Arbeit am Projekt dafür, dass sich die Studenten den Herausforderungen der unternehmerischen Realität stellen, eigenständig Entscheidungen treffen und Lösungen finden. Dahinter verbirgt sich das einzigartige Modell des Projekt-Kompetenz-Studiums.

Die Breite der dort angebotenen Bachelorstudiengänge ist enorm und reicht von Business Administration und Management bis hin zu Technologien. Voraussetzung für ein Studium ist eine mindestens 2-jährige Praxiserfahrung oder Ausbildung, sowie Fachhochschulreife oder Abitur. Hier zeigen sich die Zugangsmöglichkeiten nach den in Kap. 2 dargestellten Auswirkungen des Bologna-Prozesses. Eine Eignungsprüfung neben den schulischen und beruflichen Vorbildungen ist Voraussetzung.

Die Master-Studiengänge sind so ausgelegt, dass einerseits Hochschulabsolventen einen praxisorientierten Karrierestart haben und andererseits eine Qualifizierung für Fachkräfte, die bereits berufliche Erfahrung gesammelt haben, erreicht wird. (www.steinbeis-hochschule.de).

In den letzten Jahren/Jahrzehnten hat sich im Weiterbildungs- und Qualifizierungssegment ein enormer Markt entwickelt. Die privaten Anbieter bis hin zu Top Business Schools kämpfen im Wettbewerb um Interessierte.

Studienverlaufsplanung und Kombinationsmöglichkeiten in der Wahlpflichtphase

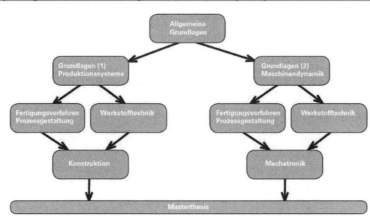

Abb. 2 Master of Engineering in Production/Mechatronics

Die privaten Anbieter sind dabei in der Regel schneller und flexibler in der Ausrichtung auf die aktuellen Markterfordernisse, aber auch teurer bei ihren Angeboten. Auffallend ist, dass sich viele dieser Anbieter im weiten Feld der Business Administration bzw. des General Managements bewegen. In den Bereichen der berufsbegleitenden Masterqualifizierung im Engineering Bereich sind hier jedoch Lücken zu entdecken, die es zu füllen gilt.

Dies gilt insbesondere auch deshalb, weil bis 2025 die Zahl der verfügbaren Arbeitskräfte um 6 auf 38 Mio. sinken, der gut qualifizierte Nachwuchs und Ingenieurmangel im MINT-Bereich jedoch dramatisch zunehmen wird (vgl. Gillmann 2012).

4.3 MINT-Qualifizierung als Beispiel

Unter dem Dach der Steinbeis-Hochschule Berlin bietet das Steinbeis-Transfer Institut Corporate Educational Process (CEP) der Steinbeis-Technology Group folgende, berufsbegleitende Studiengänge an: Sowohl im Bachelor-, als auch im Mastersegment gibt es reine Engineering bzw. Business Engineering Studiengänge mit diversen Vertiefungsrichtungen, wie z. B. Mechatronics, Production, Test Engineering u. v. a. m.

Die Lücke im berufsbegleitenden Bereich der MINT-Fächer, verbunden mit Wahlmöglichkeiten eines Zuschnitts auf die Bedürfnisse der Praxis in den Unternehmen wird dadurch weitgehend geschlossen. Die Kombinationsmöglichkeit der Wahlpflichtfächer unter dem Dach der Studiengänge bietet damit für Individuen und Unternehmen „Customised solutions" und wird ständig weiterentwickelt (vgl. Speck 2011).

4.3.1 Studienverlaufsplanung und Kombinationsmöglichkeiten in der Wahlpflichtphase

Abbildung 2 zeigt exemplarisch die Studienverlaufsplanung und Kombinationsmöglichkeiten in der Wahlpflichtphase des gemeinsam mit der Technischen Akademie Esslingen angebotenen Studiengangs (www.tae.de/fileadmin/Studiengaenge/Master of Engineering Produktion Materials ohne Button).

4.4   Finanzierungsprobleme bei Individuen und Unternehmen

Ein Hochschulstudium kostet sehr viel Geld. Der größte Teil dieses Betrages wird nach wie vor durch die Eltern beigesteuert, gefolgt vom eigenen Verdienst aus Tätigkeiten während des Studiums. Für diese häufig fachfremden Tätigkeiten verwendet der „typische Student" fast 1/5 seines gesamten wöchentlichen Zeitbudgets. Im fehlen damit wesentliche Zeitanteile zur Konzentration auf einen erfolgreichen Abschluss. Die Situation verschärft sich noch dadurch, dass durch den Bologna-Prozess im Bachelor- und im Masterbereich häufig eine starke Verdichtung der Studieninhalte stattfindet und damit kaum Zeit für Nebentätigkeiten bleibt (vgl. Speck und Zipf 2009).

Darüber hinaus erfährt die berufsbegleitende Weiterbildung einen zunehmend wachsenden Stellenwert.

Die Teilnehmer haben auf Grund ihrer privaten Situation und beruflichen Verpflichtung bereits einen gewissen Sockel von Privatausgaben und können den Mehraufwand für die Qualifizierung nicht aufbringen. Banken verlangen eine Sicherheit, die Familie ist oft überfordert.

Im Zusammenhang mit dem Budget und Liquiditätsengpässen vieler Unternehmen, ergeben sich hierdurch im Bereich der Personalentwicklung häufig Finanzierungsschwierigkeiten. Damit sind beide Seiten, sowohl das Individuum, als auch die Firmen gefordert, innovative Lösungen der Weiterbildungsfinanzierung anzubieten.

Es gibt dazu grundsätzlich zwei verschiedene Finanzierungsmodelle. Es handelt sich dabei entweder um solche mit einer einkommensunabhängigen Rückzahlung (Studienkredit), oder um solche mit einer einkommensabhängigen Rückzahlung (Bildungsfonds).

4.4.1   Finanzierungsmodelle für Individuen

Studienkredit: Ein Studienkredit ähnelt vom Aufbau her einem klassischen Konsumentenkredit, bei dem die Auszahlung der Darlehenssumme zeitlich gestreckt erfolgt, meist in monatlichen Auszahlungsbeträgen. Es wird ein Zinssatz vereinbart, der über die gesamte Laufzeit fest oder auch variabel sein kann.

Bildungsfonds: Ein Bildungsfonds hingegen ähnelt eher einer Eigenkapital- als einer Fremdkapitalfinanzierung. Auch beim Bildungsfonds wird die Auszahlung der Darlehenssumme zeitlich gestreckt und erfolgt meist, wie beim Studienkredit, in monatlichen Raten. Allerdings wird mit einem Studienkredit, anders als bei einer Fremdkapitalfinanzierung, kein fester Zinssatz vereinbart. Stattdessen wird bereits bei der Finanzierungszusage ein bestimmter Prozentsatz des späteren Einkommens fixiert, welcher über eine definierte Anzahl von Rückzahlungsmonaten an den Bildungsfonds zurückzuführen ist.

Eine ausführliche Darstellung findet sich bei Speck/Zipf: Private Studienfinanzierungen: Neue Chancen für die eigene „Investition in die Zukunft" (vgl. Speck und Zipf 2009).

4.4.2 Lösungsansätze für Unternehmen

Die Notwendigkeit der berufsbegleitenden Weiterbildung auf der einen Seite und die damit einhergehenden hohen Kosten auf der anderen Seite stellen heutzutage für viele Unternehmen einen nicht zu vereinbarenden Interessenskonflikt dar. Die Gewinnung qualifizierter Fachkräfte ist – ebenso wie deren langfristige Bindung an das Unternehmen – ohne ein Angebot an häufig sehr kostenintensiven Weiterbildungsmaßnahmen nicht möglich (vgl. Wegerich 2007; Verband der Elektrotechnik Elektronik Informationstechnik e. V. 2007).

Unterstützt wird diese These durch die sich immer schneller verändernden Märkte und Technologien, welche eine entsprechend hohe und kontinuierliche Qualifizierung der Mitarbeiter erfordern. Speziell im technisch-naturwissenschaftlichen sowie ingenieurwissenschaftlichen Bereich stellt dies für deutsche Unternehmen durch den aktuellen und zukünftigen Ingenieurmangel eine besondere Herausforderung dar. Als Konsequenz hieraus führen die erforderlichen Investitionen in die Qualifizierung und Kompetenzen der Mitarbeiter zu einem Anstieg der Weiterbildungskosten. Auf Arbeitnehmerseite sprechen Liquiditätsaspekte sowie eine hohe Risikoaversion gegen die Finanzierung karrierefördernder Studiengänge. Eine intensive Personalentwicklung kann somit zu einer Überlastung des Weiterbildungsbudgets eines Unternehmens und hierdurch zur Begrenzung einer als unternehmerisch sinnvoll erkannten Personalentwicklungsstrategie führen.

Entscheidet sich ein Unternehmen für eine Kreditvergabe an Mitarbeiter und Interessierte, so wird Eigenkapital in individuelles Humankapital investiert. Die Problematik der Mitarbeiterbindung, des „Return on Investment" für das Unternehmen, die juristische Durchsetzbarkeit von Rückzahlungsverpflichtungen, die langfristige Bindung des Kapitals u. v. a. m. sind hinlänglich bekannt.

Im Gegensatz zu einer Kreditvergabe ist eine Lösung über einen Bildungsfonds wesentlich interessanter. Während der Qualifizierung hat das Unternehmen durch die vertragliche Bindung zwischen Mitarbeiter und Unternehmen keine Eigenkapitalbelastung. Das Unternehmen kann (muss nicht) nach Ablauf der Qualifizierung dem Mitarbeiter ganz oder teilweise einen i. d. R befristeten und/oder leistungsabhängigen Rückzahlungszuschuss geben und erhöht dadurch die Mitarbeiterbindung erheblich. Kündigt der Mitarbeiter während der Rückzahlungsphase, so entfällt der Zuschuss ersatzlos und das Unternehmen hat keinerlei weitere Verpflichtungen.

4.5 Festo Bildungsfonds

Der Festo Bildungsfonds ist ein innovativer Lösungsansatz, der durch unternehmerisches Engagement auch im Bereich der Bildung einen wertvollen Beitrag für die Zukunftssicherung leistet. Die Studienfinanzierung ist dabei ein Teilaspekt der Bildungsförderung unter dem Dach der Corporate Educational Responsibility (CER®). Er ist ein völlig neuer Ansatz, der neben dem reinen Finanzdienstleistungscharakter der Studienfinanzierung auch als Kern den Fördergedanken und damit die Kombination aus finanzieller und immaterieller Studienförderung mit einer ganzheitlichen Berufs- und Karriereförderung im Netzwerk beinhaltet (www.festo-bildungsfonds.de).

Er bietet berufsbegleitende Qualifizierung und innovative Bildungsfinanzierung durch plattformbasiertes Complementor Relationship Management.

4.5.1 Netzwerkförmige Bildung

Netzwerkförmige Bildung ist zunehmend verbreitet. Dies lässt sich anhand unterschiedlicher Phänomene beobachten z. B. regionale Verbünde, um Qualifikationspotenziale der Mitarbeiter zu erschließen (vgl. Helbich 2011) oder Qualifizierung in Netzwerken etwa berufliche Ausbildungsnetzwerke im Gewerbebereich (vgl. BANG-Netzwerke in Ostwestfalen-Lippe). Zudem nimmt die Relevanz berufsbegleitender Weiterbildung egal in welcher Branche zu. Wie gezeigt wurde, werden die Qualifizierungswege durch den Bologna-Prozess grundsätzlich vielschichtiger, verzweigter und vernetzter.

Die Leistungen des Bildungsfonds gehen demgemäß weit über die reine Finanzierung hinaus, was im folgenden Abschnitt durch das Value Net-Modell einer netzwerkförmigen Bildung dargestellt werden soll (vgl. auch www.complementor-rm.de/2011/12/prof-dr-speck-exzellente-bildung-durch-corm-das-festo-bildungsfonds-netzwerk).

4.5.2 Festo Bildungsfonds als Plattform: Koordination der Komplementoren

In den Wirtschaftswissenschaften wird im Rahmen einer verbundenen Wertschöpfung seit etwa zehn Jahren ein komplexes Modell propagiert, das Geschäftsbeziehungen auf mehreren Märkten besser wiedergibt, als das Modell einer homogenen Abnehmerschaft (vgl. Reiss und Günther 2010), was als *zwei- oder mehrseitiger Markt* bezeichnet wird. Auch Bildungsarbeit zeichnet sich insbesondere durch die dem Modell zugrundeliegende Dreiecksbeziehung eines sogenannten *Plattformanbieters* aus, der mit seiner Leistung zwei Abnehmergruppen („Kunden" und „Komplementoren") versorgt (vgl. Abb. 3).

Die Plattformleistung und die Komplementoren ergänzen sich gegenseitig, was sich in einer Nutzensteigerung der „Kunden-Abnehmergruppe" niederschlägt. Zwischen den Abnehmergruppen sind positive und negative Netzwerkeffekte zu konstatieren. Die Plattform Festo Bildungsfonds verknüpft die Abnehmergruppen. Beide profitieren durch die Vielzahl und Vielfalt der Abnehmer in der anderen Abnehmergruppe (indirekte Netzwerkeffekte).

Ein attraktives Netzwerk an High Potentials ist vice versa für potenzielle Komplementoren attraktiv, man spricht von sog. indirekten Netzwerkeffekten. Dieses Management der Geschäftsbeziehungen zu Komplementoren wird in Analogie zum Customer/Supplier Relationship Management *als Complementor Relationship Management* (*CoRM*) bezeichnet (vgl. hierzu den Blog: http://www.complementor-rm.de/).

Primäres Ziel des CoRM ist es, die komplementären Akteure zu koordinieren, um den „Kunden", nämlich Studierende, Promovenden, Post-Doc-Forscher und Berufstätige, die eine berufsbegleitende Qualifizierung anstreben, bestmöglichst zufriedenzustellen und ihren Nutzen durch integrierte Bildungs- und Finanzierungsangebote zu steigern. Im Vordergrund steht dabei die Integration der Angebote und Leistungen der technisch orientierten Unternehmens-, Bildungsträger und Hochschulpartner.

An folgendem Beispiel sollen diese wechselseitigen Nutzeneffekte kurz erläutert werden:
Ein Unternehmen sucht händeringend Mitarbeiter mit hochspezialisierter Qualifikation. Andererseits suchen Hochschulen innovative Firmen, die als Partner in der Wirtschaft

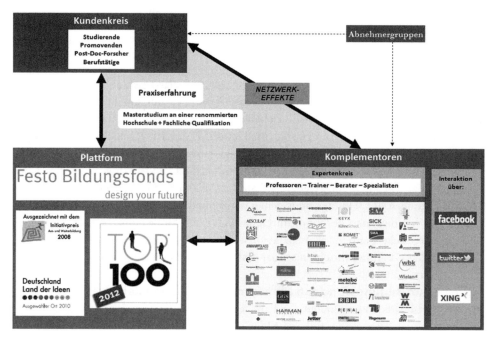

Abb. 3 CoRM Value Net des Festo Bildungsfonds

mit Forschungsprojekten fungieren. Interessierte Mitarbeiter dieser Firmen oder im Hochschulbereich wollen mit innovativen Projekten ihre persönliche Kompetenz erweitern und gleichzeitig einen höherwertigen Hochschulabschluss z. B. einen Master oder eine Promotion erreichen. Diese wechselseitigen Verknüpfungen lassen sich auch noch hinsichtlich einer Standortfrage für Unternehmen oder auch arbeitsmarktpolitisch entsprechend beleuchten. Allein dieses kurze Beispiel zeigt die vielfältigen positiven Nutzeneffekte.

4.6 Fazit

Die berufsbegleitende Qualifizierung im Bachelor- und Mastersegment wird künftig weiter an Bedeutung gewinnen und für eine lebenslange Beschäftigungsfähigkeit (Employability) von zunehmender Bedeutung sein.

Die Finanzierungsmöglichkeiten durch Eigen- bzw. Fremdfinanzierung, durch Stipendien u. a. werden auf Grund der zunehmenden Anzahl der Interessierten im Bereich der Eigenfinanzierung schwieriger werden – auch für Unternehmen. Im Bereich der Fremdfinanzierung werden wir eine zunehmende Nachfrage am Markt sehen. Dies gilt in allen Qualifizierungsbereichen und damit auch im Bereich der MINT-Fächer und Ausbildungswege.

5 Ausblick

Die Ausführungen zeigen, dass sich in der Arbeitswelt und mit den berufsbegleitenden Qualifizie-rungswegen nach Bologna in naher Zukunft deutliche Veränderungen abzeichnen. Der Einsatz von Bildungsfonds ist eine innovative Variante zur Finanzierung von Weiterbildungsinvestitionen für das Unternehmen. Die begrenzten finanziellen Ressourcen der Unternehmen und die steigenden Herausforderungen auf den Märkten und im Umfeld der Unternehmen zwingen zur permanenten Höher-Qualifizierung der Mitarbeiter als einer zentralen Aufgabe der strategischen Personalentwicklung. Dabei dürfen Wirtschaftlichkeit und Rentabilität der Weiterbildungsmaßnahmen nicht außer Acht gelassen werden. Klassische und innovative Konzepte zur Finanzierung von Qualifizierungsmaßnahmen der Mitarbeiter sind somit stets zu prüfen und sinnvoll (kombiniert) einzusetzen.

Das spezifische Angebot an berufsbegleitenden Bachelor- und Masterstudiengängen im technischen und technisch-betriebswirtschaftlichen Bereich an der Steinbeis Hochschule Berlin in Verbindung mit optionaler (leistungs-, nicht bonitätsabhängiger) Studienfinanzierung rundet den Festo Bildungsfonds ab.

Drei der drängendsten gesellschafts- und bildungspolitischen Fragen unserer Zeit im MINT-Bereich werden positiv gelöst:

1. Maßnahmen zur Reduzierung des drohenden Fachkräftemangels durch Erschließung neuer Potenzialgruppen (s. a. Kopenhagen-Prozess) und Flexibilisierung der Personalkapazität in Abhängigkeit der Konjunkturzyklen.
2. Schaffung eines gleichberechtigten Zugangs zur Hochschulausbildung, unabhängig von der Zugehörigkeit des Elternhauses zu bestimmten sozialen Schichten, auf Grund der leistungsorientierten Finanzierungsoption.
3. Zugang zu innovativen Unternehmen über das Netzwerk des Festo Bildungsfonds und der Steinbeis-Technology Group.

Die Weiterentwicklung des Festo Bildungsfonds im Sinne eines innovativen Complementor Relationship Managements (CoRM) unter dem Dach einer Corporate Educational Responsibility (CER®) wird weitere zukunftsweisende Lösungsansätze hervorbringen.

Literatur

Gillmann B (2012a) Duales Studium ist bei Betrieben sehr beliebt. Handelsblatt, o. Jg. (95), 16
Gillmann B (2012b) Angst vor der Demografiefalle. Handelsblatt, o. Jg. (90), 14–15
Helbich B (2011) Personalentwicklung im Mittelstand – Synergien im regionalen Verbund. In: Becker T, Dammer I, Howaldt J, Loose A (Hrsg) Netzwerkmanagement. Mit Kooperation zum Unternehmenserfolg, 3. Aufl. Springer, Berlin, S 275–286
Reiss M, Günther A (2010) Mehrseitige Märkte: Paradigmenwechsel vom Markt- zum Netzwerkansatz. Wirtschaftswissenschaftliches Studium (WiSt) 39(4):176–181

Speck P (Hrsg) (2010) Employability – Herausforderungen für die strategische Personalentwicklung, 4. akt. und erw. Aufl. Gabler, Wiesbaden

Speck P (2011) Aus- und Weiterbildungsfinanzierung – dargestellt am Beispiel des Festo Bildungsfonds. Schweitzer Forum Fachinformationen 3:10–12

Speck P, Zipf RC (2009) Private Studienfinanzierungen: Neue Chancen für die eigene „Investition in die Zukunft". In: Speck P (Hrsg) Employability – Herausforderungen für die strategische Personalentwicklung, 4. akt. und erw. Aufl. Gabler, Wiesbaden, S 63–78

Steinbeis-Hochschule Berlin (2011) Wissen.Transfer.Anwendung, 3. überarb. Auflage. Steinbeis, Berlin

Stifterverband (2011) „Den Anschluss nicht verpassen". Wirtschaft & Wissenschaft, o. Jg. (4), 10–25

Thelen P (2012) Duale Studiengänge liegen im Trend. Handelsblatt, o. Jg. (45), 21

Verband der Elektrotechnik Elektronik Informationstechnik e. V. (2007) VDE-Studie Young Professionels 2007, Frankfurt a. M.

Wegerich C (2007) Strategische Personalentwicklung in der Praxis. Wiley, Weinheim

Standardinstrumente für eine innovative Personalarbeit

Stephan Dahrendorf

Die Welt der Arbeit ist unser Alltag. Seinem Ursprung nach steht das Wort „Arbeit"
für Mühe, Beschwernis oder Leiden. Heute steht es im Idealfall für Freude, Spaß und
Selbstverwirklichung.

Arbeit ist auf wirtschaftlichen Erfolg ausgerichtet: auf den der Einzelnen, der Mitarbeiterinnen und Mitarbeiter, ebenso wie auf den der Organisation, nämlich des Arbeitgebers.
Aus Arbeit wird Spaß, wenn die Bedürfnisse der Menschen, die in einer Organisation tätig
sind, mit den Bedürfnissen der Organisation vollkommen übereinstimmen. Das ist fast nie
der Fall.

Die meisten Unternehmen sind heute der Ansicht, dass gute Personalarbeit eine sinnvolle
Investition in die Zukunft ist. Gut ausgebildete und professionell begleitete Führungskräfte
sind der zentrale Erfolgsfaktor für Unternehmen, öffentliche Einrichtungen und staatliche
Organisationen. Eine professionelle, konzeptionell und beratend agierende Personalabteilung und erfahrene Experten, auf deren Leistungen bei Bedarf zurückgegriffen wird, sind
aus der modernen Organisation nicht mehr wegzudenken.

Was bringt die Zukunft? Welche Bedeutung werden die heute eingesetzten Instrumente
der Personalarbeit haben? Wie wird in Zukunft geführt und von wem? Wird es noch
feste Arbeitsverhältnisse geben? Was wollen die „Generation Y" oder „Z" oder „Internet"?
(Martin 2011)

1 Was ist „Personalarbeit"?

Dass Unternehmen und Produkte, Mitarbeiter und Märkte sehr unterschiedlich sind, ist
eine Binsenweisheit. Insofern ist es nur logisch, dass auch die Personalarbeit in den Unternehmen unterschiedlich verstanden und betrieben wird. Großunternehmen zum Beispiel

S. Dahrendorf (✉)
Inplace Personalmanagement GmbH, Ferdinandstraße 29, 20095 Hamburg, Deutschland
E-Mail: stephan.dahrendorf@gmail.com

A. Papmehl, H. J. Tümmers (Hrsg.), *Die Arbeitswelt im 21. Jahrhundert*,
DOI 10.1007/978-3-658-01416-2_3, © Springer Fachmedien Wiesbaden 2013

gehen die Sache strategisch an. Es gibt große Personalabteilungen mit vielen verschiedenen Spezialfunktionen. Schon immer bestand die Arbeit von Personalern aus der engen Zusammenarbeit mit Führungskräften und Mitarbeitern, aus der Konzeption von Lösungen von wichtigen aktuellen Personalthemen des Unternehmens und aus administrativen Aufgaben.

Vor einigen Jahren hat der amerikanische Professor Dave Ulrich diese drei Aufgabenarten ausführlich beschrieben (Dave 1997) und mit Fachbezeichnungen versehen: Personaler, die Führungskräfte bei ihren Führungsaufgaben begleiten, heißen jetzt „HR Business Partner"; Personaler, die Konzepte zu allen Themen der Personalarbeit entwickeln, arbeiten in einem „Center of Excellence" (oder „Expertise"), und alles Administrative wird im „HR Shared Service Center" erledigt.

Wo früher Personalreferenten für das ganze Spektrum der Aufgaben verantwortlich waren, sollen nun Spezialisierungen zu besseren Ergebnissen in allen Bereichen der Personalarbeit führen. Einige große Unternehmen haben diese Aufteilung bis ins Letzte umgesetzt. Andere Unternehmen zögern, weil sie keine Verbesserung gegenüber dem von ihnen eingesetzten klassischen (Personal-) Referenten-Modell erkennen können, wieder andere Unternehmen kehren nach einer Phase des Experimentierens zu den Personalreferenten zurück, weil in der Spezialisierung auch eine Verringerung von Anforderungen liegt, die die einzelnen zu bearbeiten haben.

Tatsächlich kommt es am Ende weniger auf die Struktur an, die der Personalbereich erhält, als vielmehr auf die Mitarbeiterinnen und Mitarbeiter, die darin arbeiten. Dabei wird als Argument für die „HR Business Partner" angeführt, dass diese Stellen besonders talentierte und ambitionierte Kandidaten anziehen. Als Argument gegen diese Struktur wird angeführt, dass es Top-Personaler, die mit Führungskräften und Geschäftsführungen auf Augenhöhe arbeiten, gar nicht ausreichend gäbe. Zu dieser strukturellen Frage gibt es kein „Richtig" oder „Falsch". Wichtig ist, dass eine einfache Struktur mit klaren Zuständigkeiten vorhanden ist. Nur dann können die internen Kunden, nämlich die Führungskräfte und Mitarbeiter, die angebotenen HR-Services verstehen und abrufen.

Am anderen Ende des Spektrums befinden sich die mittleren und kleinen Unternehmen. Viele Unternehmen dieser Größe betreiben traditionelle, will sagen: administrativ ausgelegte Personalarbeit. Arbeitsverträge schreiben, Gehälter abrechnen, Bescheinigungen erstellen oder Seminare und Trainings organisieren sind die Aufgaben, die als „traditionell" zu verstehen sind.

Es versteht sich von selbst, dass diese Aufgaben in höchster Qualität erledigt werden müssen. Aber braucht man dafür eine Personalabteilung? Nicht unbedingt. Deshalb sind viele kleinere Unternehmen mittlerweile dazu übergegangen, Personalarbeit anders und neu zu definieren. Sie formulieren das Ziel, in ihrem Markt zu den attraktivsten Arbeitgebern zu gehören. Mit dieser Vorgabe gehen die für Personalthemen Verantwortlichen an den Start und überlegen, wie die Personalpolitik des Unternehmens gestaltet sein muss, welche Maßnahmen umzusetzen sind – und ob, in welcher Größe und in welcher Struktur eine Personalabteilung aufgestellt werden sollte.

2 Die Generation Y

Warum sollte die Welt der Unternehmen in Zukunft anders aussehen als sie heute aussieht? Es könnte doch einfach alles bleiben wie es ist. Wenn es noch Produkte und Dienstleistungen gibt, wenn es Unternehmen mit Mitarbeitern gibt, und wenn noch Kunden die Produkte kaufen, warum ändert sich dann in den Unternehmen etwas?

Es ändert sich alles, weil es das Internet gibt. Das Internet erlaubt es uns, jederzeit von jedem Ort der Welt auf alles vorhandene Wissen zuzugreifen. Es erlaubt uns, jederzeit und überall mit allen Menschen, die wir kennen oder kennen wollen, in Kontakt zu treten. Es erlaubt uns, Daten so miteinander zu verbinden, dass neue Informationen entstehen. Das Internet lässt uns teilhaben an Ereignissen, vereinfacht die Kommunikation und beschleunigt fast alle Prozesse des täglichen Lebens. Für Unternehmen gilt das Entsprechende: Moderne Hardware, spezialisierte Software und das Internet haben zu Prozessverbesserungen, Beschleunigungen und Innovationen in allen Bereichen geführt.

Für die Personalarbeit der Unternehmen spielen die neuen Techniken eine zentrale Rolle, weil die jungen Menschen, die in die Unternehmen kommen, dazu einen anderen Zugang haben als die älteren. Die Jüngeren verhalten sich anders als die Älteren. Sie haben andere Erwartungen, sie formulieren andere Ansprüche und sie haben andere Ziele. Derzeit strömt die so genannte „Generation Y" nach Ausbildung und Studium in die Unternehmen. Die Angehörigen dieser Generation sind (ganz grob) zwischen 1980 und 1990 geboren und haben das Internet und die zugehörigen Techniken in ihrer Schulzeit oder im Studium intensiv genutzt. Sie sind die erste Generation der „Digital Natives", also derjenigen, für die die digitale Welt selbstverständlicher und alltäglicher Teil des Aufwachsens war. Nach der Generation Y (auch als „Millenials" bezeichnet) geht es weiter: Es folgt die „Generation Z" oder „Internet", die Generation also, für die Social Media oder webbasiertes Spielen auf dem Smartphone ebenso alltäglich sind wie das Trinken von Wasser.

Der wichtigste Unterschied zwischen den Generationen liegt nicht in ihren Kompetenzen. Das Spielen am PC kann man wollen oder nicht wollen, lernen oder nicht lernen. Die Nutzung von Software, die beim jeweiligen Arbeitgeber eingesetzt wird, muss jeder beherrschen, und entweder findet man dazu schneller einen Zugang, weil man in einer digital geprägten Welt aufgewachsen ist, oder es dauert etwas länger.

Nein, maßgeblich und für die Unternehmen neu ist ein kultureller Aspekt: Das Internet ist ein kontrollfreier Raum. Mit wem ich in Kontakt trete, was ich kommuniziere, wann ich online bin und welche Meinung ich vertrete, das bestimme ich allein. Als Digital Native verbitte ich mir die Einmischung in die Gestaltung meiner Privatsphäre. Aber nicht nur das: Ich bestimme auch selbst, was und wann Privatsphäre ist.

Die althergebrachte Unterscheidung zwischen „Beruf" und „Privat", am besten noch unterteilt in die Zeiträume 8.00 bis 17.00 Uhr und 17.00 bis 8.00 Uhr, ist faktisch bedeutungslos. Unternehmen, die mir den Zugang zum Internet verwehren, schränken mich ein. Wenn ich nicht selbst bestimmen kann, wann meine Arbeitszeit beginnt und wann sie endet, fühle ich mich bevormundet. Wenn ich meine Kinder nachmittags nie sehen kann oder grundsätzlich abends keine Mails lesen darf, dann treffen andere Menschen für mich

Entscheidungen, die ich selber treffen möchte. Wenn mein Arbeitgeber mir Hardware oder Software zur Verfügung stellt, die nicht auf dem neuesten Stand sind, dann fühle ich mich lieblos behandelt.

Es geht nicht um den einzelnen Standard oder Prozess, den ein Unternehmen festlegt. Es geht um viel mehr: nämlich um die Haltung, die ein Arbeitgeber zeigt. Unternehmen wollen kontrollieren, Mitarbeiter wollen nicht kontrolliert werden. Unternehmen wollen Standards, Mitarbeiter wollen Individualität. Unternehmen wollen Effizienz, Mitarbeiter wollen Sinn.

Wir befinden uns in der Phase des Übergangs von der alten in die neue Welt: Die neue Haltung von Arbeitgebern folgt den Bedürfnissen der jungen Generationen. Auf den ersten Blick scheint es der Arbeitsmarkt zu sein, der dazu zwingt. Junge Menschen mit bestimmten Qualifikationen sind im Moment knapp, da scheint es plausibel, sich den Wünschen der Bewerber anzupassen. Auf den zweiten Blick zeigt sich aber, dass die Wurzeln der Veränderungen tiefer liegen: Die Jüngeren erleben die Welt des Internets als freien Raum, in dem Eigenständigkeit und Verantwortung zählen. So einen Raum suchen sie auch in ihrer Arbeitswelt.

Für viele Unternehmen heißt das, dass sie ihre Personalpolitik und die Instrumente ihrer Personalarbeit neu denken und neu gestalten müssen. Es ist nicht weniger als ein Paradigmenwechsel, der auf uns zukommt: Wir können die Prozesse der Personalarbeit nicht mehr an den Bedürfnissen der Unternehmen ausrichten, sondern wir müssen sie an den Bedürfnissen der Mitarbeiterinnen und Mitarbeiter ausrichten. Das klingt leicht, es ist aber schwer.

Betrachten wir daher die Zukunft der fünf chronologisch geordneten Themenfelder der Personalarbeit: Personalgewinnung, Vergütung, Personalentwicklung, Personalbetreuung und Trennung.

3 Personalgewinnung

„In Deutschland ist die demographische Entwicklung durch eine kontinuierlich steigende Lebenserwartung und durch dauerhaft niedrige Geburtenzahlen gekennzeichnet. Seit dem Jahr 2003 nimmt die Gesamtzahl der Bevölkerung ab. Die Zahl der Sterbefälle übersteigt die der Geburten bereits seit Jahrzehnten. Gleichzeitig verändert sich der Altersaufbau der Bevölkerung, und die Struktur zwischen den Altersgruppen verschiebt sich. Es sind ein sinkender Anteil Jüngerer und ein wachsender Anteil Älterer zu verzeichnen. Die demografische Alterung verläuft langfristig und wird sich weiter fortsetzen." So steht es im Demographiebericht der Bundesregierung (Bundesministerium des Inneren 2011).

Wenn sich viele Arbeitskräfte um wenige Arbeitsplätze bemühen, dann genügt den Unternehmen die Ausschreibung der offenen Stelle in einer Zeitung oder auf einem Onlineportal. Verhält es sich aber umgekehrt, suchen also viele Unternehmen nach relativ wenigen talentierten oder spezialisierten Arbeitskräften, dann bedarf es anderer Techniken.

Dann müssen Menschen auf das Unternehmen und auf die offene Stelle aufmerksam gemacht werden, und dann müssen die positiven Merkmale von beiden in den Vordergrund gerückt werden. Die entsprechenden Aktivitäten der Personalabteilung bezeichnen wir als „Personalmarketing" oder „Employer Branding".

Das Vorgehen entspricht dem der Marketingabteilung, wenn es um die Verbesserung des Absatzes geht: Gesucht wird nach einer attraktiven Positionierung des Unternehmens als Arbeitgeber, nach den Medien oder Kanälen, über die die gewünschten Kandidaten am besten zu erreichen sind, und nach der geeigneten Form der Ansprache.

Was hier aber wiederum so logisch und einfach klingt, hat in der Praxis seine Tücken: An einem Projekt zur Verbesserung der Arbeitgeberpositionierung sind immer mehrere Abteilungen beteiligt. Der Personalbereich hat meist das größte Interesse an der Durchführung des Projektes, der Marketingbereich verfügt über die notwendige methodische Kompetenz, und der Kommunikationsbereich sorgt für die Inhalt.

Die Projekte laufen meist so, dass in gemeinsamer Anstrengung nach der Zielpositionierung des Arbeitgebers am für ihn relevanten Arbeitnehmermarkt gesucht wird. Dabei zeigt sich oft, dass schon die Projektbeteiligten nicht einer Meinung sind (die nicht am Projekt beteiligten Kolleginnen und Kollegen dann vermutlich noch viel weniger). Als Kompromiss wird die Positionierung so formuliert, dass sie für viele Unternehmen gelten könnte und zur Abgrenzung gegen andere Arbeitgeber nur noch bedingt taugt.

Natürlich ist es sinnvoll, sich die eigene Positionierung am Arbeitsmarkt zu vergegenwärtigen und sie positiv zu beeinflussen. Am besten wirkt dafür aber die professionelle und langfristig orientierte Gestaltung der eigenen Personalpolitik und die Einführung moderner Personalinstrumente. Denn nichts unterstützt den Ruf des Unternehmens, ein guter Arbeitgeber zu sein, besser als das Erleben und Erzählen der eigenen und der ehemaligen Mitarbeiterinnen und Mitarbeiter.

Empfehlen sie ihren Arbeitgeber im Freundes- und Bekanntenkreis weiter, dann dokumentiert das auch nach außen die bestehende Bindung zwischen Arbeitnehmer und Arbeitgeber. Die Kette der Kausalität führt von der guten Behandlung, die die Mitarbeiter im Unternehmen erfahren, über den Wunsch, selbst lange im Unternehmen zu bleiben und Versuch, das Team nur mit den besten neuen Mitarbeitern zu verstärken bis zur tatsächlichen Empfehlung des Arbeitgebers an Freunde, Bekannte oder Experten, die man gerne im eigenen Unternehmen sähe.

Die sicherste Form, zu einem guten Ruf als Arbeitgeber zu kommen, ist also die individuelle und faire Behandlung von Mitarbeiterinnen und Mitarbeitern.

Wo sich viele Unternehmen um relativ wenige Arbeitskräfte bemühen, kehrt sich auch der klassische Bewerbungsprozess um: Nicht mehr die Kandidaten bewerben sich bei den Unternehmen, sondern die Unternehmen bewerben sich bei den Kandidaten.

Schon seit zwanzig Jahren gehen Unternehmensberatungen oder Investmentbanken an die besten Hochschulen, um sich dort den besten Absolventen zu präsentieren. Dieser Trend hat nun aber auch die kleinen und mittleren Unternehmen erfasst. Auch sie präsentieren ihr Unternehmen, die offenen Stellen, die Karrieremöglichkeiten, die Personalpolitik und am besten einige junge Kolleginnen und Kollegen an Hochschulen, auf Messen, in Anzeigen und auf der eigenen Website. Die Auswirkungen des gedrehten Arbeitsmarktes reichen aber noch weiter: Trotz der Möglichkeit, sich über den Einsatz von Social Media selber Kandidaten zu suchen, erleben Personalberater, die auf besondere Stellenprofile spezialisiert sind, einen Boom.

Die Verfahren, die für die Auswahl neuer Mitarbeiter eingesetzt werden, haben sich im Prinzip nicht verändert: Noch immer werden überwiegend Interviews geführt, finden Assessment Center statt und werden Testverfahren eingesetzt. Mehr als früher binden Unternehmen aber die zukünftigen Kollegen in den Interviewprozess mit ein. Zum einen, weil sie ihre möglichen neuen Teamkollegen kennenlernen sollen, zum anderen aber, weil das den Bewerbern den besten, weil echten Eindruck vom Unternehmen und der möglichen zukünftigen Arbeit gibt. Auch hier spielt also der Aspekt der Bewerbung des Unternehmens beim Kandidaten eine wichtige Rolle.

Mehr denn je achten die Unternehmen darauf, insbesondere die später abgelehnten Bewerberinnen und Bewerber so zu behandeln, dass sie trotz der Ablehnung eine Empfehlung für diesen Arbeitgeber auszusprechen bereit sind. Gerade die abgelehnten Bewerber sind wichtige Botschafter des Unternehmens. Ihre Foren sind alle Social-Media-Anwendungen oder Arbeitgeber-Bewertungsplattformen, auf denen nicht nur Mitarbeiter, sondern auch Bewerber ihre Eindrücke vom Unternehmen hinterlassen.

Gut bewertet wird, wer über klare, nachvollziehbare und transparente Entscheidungskriterien verfügt, und die Gründe für die Ablehnung plausibel darstellen konnte. Es geht nicht um Vollständigkeit oder eine wissenschaftliche Ausarbeitung der Ablehnungsgründe, sondern um Plausibilität. Mehr kann ein Unternehmen realistischerweise nicht leisten, aber weniger sollte es nicht sein, weil das den notwendigen Respekt gegenüber den Bewerbern vermissen ließe.

Der Prozess der Personalgewinnung schließt mit der Unterschrift unter den Arbeitsvertrag ab. Wird es in Zukunft noch Arbeitsverträge geben? Oder wird alle Arbeit nur noch von Freelancern erledigt, die von Unternehmen bei Bedarf für bestimmte Themen oder Projekte angeheuert werden? Gerade in technischen Bereichen, bei Softwareentwicklern zum Beispiel, nimmt das Interesse an abgrenzbaren Projektaufträgen zu. Unternehmen treffen z. B. eine Vorauswahl unter Entwicklern, die für bestimmte Projektaufträge in Frage kommen, schreiben ihre Projekte aus und treffen eine Auswahl unter den sich bewerbenden Freelancern. „Crowdsourcing" ist der Fachbegriff dafür, und es sind nicht in erster Linie die Unternehmen, die ein Interesse an diesem Verfahren haben. Es sind die Softwareentwickler, die sich von der Arbeit in unterschiedlichen Projekten eine ständige inhaltliche Weiterentwicklung versprechen.

Wird es irgendwann überhaupt keine Arbeits-, sondern nur noch Auftragsverhältnisse geben? Sicher nicht. Das Grundbedürfnis nach einem festen, sicheren Arbeitsplatz mit einem festen, sicheren Einkommen, wird auch in den folgenden Generationen bei vielen Menschen erhalten bleiben. Aber die Jüngeren wissen: ein Arbeitsplatz bietet immer nur vermeintliche Sicherheit. Oft ist er genauso schnell verloren wie der Projektauftrag. Deshalb muss man flexibel sein und sich für beide Formen des Geldverdienens bereithalten.

4 Vergütung

Mitarbeiter suchen nach individueller Behandlung und nach Fairness. In einem Punkt überwiegt aber das Bedürfnis nach Fairness deutlich: bei der Höhe der Vergütung. Fair ist die Vergütung, wenn sie dem entspricht, was andere in vergleichbaren Positionen erhalten. Obwohl in vielen Arbeitsverträgen nach wie vor Stillschweigen über das Gehalt vereinbart ist, fragen sich Viele, warum das eigentlich so sein muss. Hat der Arbeitgeber etwas zu verschweigen? Bezahlt er ungerecht? Bekomme ich weniger als andere?

Die Vergütung beginnt mit der Analyse der im Unternehmen vorhandenen Funktionsstruktur. Festgestellt wird, welche Position wie wichtig für den Gesamterfolg des Unternehmens ist. Mit Hilfe von Beratern oder auf Basis eigener Betrachtung erstellen viele Unternehmen Kriterien, die die vorhandenen Stellen miteinander vergleichbar machen sollen. Bewertet wird zum Beispiel, welche Fachkompetenz für das Ausüben einer Funktion erforderlich ist, wie viel Entscheidungsspielraum besteht und ob Mitarbeiter zu führen sind. Diese und andere Kriterien fließen in die Gesamtbewertung jeder einzelnen Stelle ein. So können Positionen aus unterschiedlichen Fachbereichen, auf unterschiedlichen Hierarchieebenen und solche mit oder ohne Führungsverantwortung miteinander verglichen werden.

Das Bedürfnis nach Fairness ist ein menschliches Grundbedürfnis. Es wird auch in Zukunft bleiben, ja es wird sich noch verstärken: Dem Wunsch nach Transparenz über alle im Unternehmen verfügbaren Informationen werden sich Führungskräfte und Geschäftsleitungen nicht mehr lange widersetzen können. Und dann sind nicht mehr nur Stellenbewertungen, sondern auch Gehälter transparent. Dagegen spricht deshalb nichts, weil Gehaltsunterschiede erklärbar sind. Es gibt unterschiedliche Gehälter, oft sogar auf Positionen, die dieselbe Bewertung oder Einordnung erfahren haben. Aber es gibt dafür immer auch einen guten Grund, der kommuniziert werden kann.

Individualität kommt bei der Vergütung zum Tragen, wenn es um die Gestaltung der verschiedenen Komponenten geht. Der eine wünscht einen Zuschuss zur Kinderbetreuung, die andere hätte gerne ein Auto; der eine möchte in die Altersvorsorge investieren, die andere Zeit für ein Sabbatical ansparen. Die Liste der Bedürfnisse ist endlos, und viele Mitarbeiterwünsche sind, für beide Parteien, steuerlich sinnvoll zu gestalten. Der Einsatz eines solche „Cafeteria-System" erlaubt die individuelle Gestaltung von Einkommen und beeinflusst die Zufriedenheit der Mitarbeiterinnen und Mitarbeiter maßgeblich.

5 Personalbetreuung

Schon im Begriff der Personalbetreuung steckt das Element des sich Kümmerns. Die Personalbetreuung ist keine neue Disziplin. Auch in der Personalarbeit sprechen wir von den „4 P's" und meinen damit die historische Entwicklung der Inhalte und Themen, mit denen sich Personaler in Unternehmen befasst haben:

Zuerst, in den 1980ger Jahren, waren die Personalabteilung „polite". Verträge wurden erstellt und Gehälter ausgezahlt; das galt als höflich und kam im Unternehmen gut an. In den neunziger Jahren galt man als „police", also Ersteller von Normen, deren Übertretung sogleich mit Abmahnung und Kündigung geahndet wurden. In den Jahren nach 2000 wurden die Personaler zum „Partner" der Führungskräfte: Das Konzept der HR Business Partner verbreitete sich, und Führungskräfte begannen, in ihren Personalkollegen Berater zu sehen. Heute werden Personaler immer aktiver und nehmen die Rolle des „players" ein; sie ergreifen die Initiative, stoßen Themen von sich aus an und treiben Themen.

Die Rolle der Personalabteilung wird von Unternehmen unterschiedlich interpretiert. Im Wesentlichen gibt es heute zwei Varianten: Entweder ist die Personalabteilung Ansprechpartner für Mitarbeiter und Führungskräfte, oder sie begleitet hauptsächlich die Führungskräfte in ihrer täglichen Führungsarbeit. Die erste Variante, nämlich Ansprechpartner für Mitarbeiter zu sein, rührt aus der traditionellen Aufgabe der Lohn- und Gehaltsabrechnung her. Mitarbeiter schätzen es, wenn sie mit Fragen in die Personalabteilung kommen können und eine kompetente Auskunft erhalten.

Dennoch ist diese Variante der Personalbetreuung auf dem Rückzug: Die Existenz einer Personalabteilung ist heute nicht mehr mit der Notwendigkeit administrativer Aufgabenstellungen und ihrer Folgetätigkeiten zu rechtfertigen.

Immer mehr Aufgaben gehen direkt auf die verantwortliche Führungskraft über. Die guten Personaler sind Berater der Führungskraft, und zwar von der Auswahlentscheidung über Fragen der Gehalts- und Personalentwicklung bis zu Kritikgesprächen oder Trennung. Die Führungskraft führt, HR berät. So ist heute die Rollenverteilung, und in dieser Richtung wird sie sich weiter verstärken.

Eine wichtige Rolle spielt bei dieser Entwicklung auch das so genannte „Business Process Outsourcing", also die Möglichkeit, immer mehr Teilprozesse der Personalarbeit an externe Auftragnehmer abzugeben. Kaum ein Unternehmen erledigt heute die Abrechnung noch selber, viele lassen sich bei der Personalsuche helfen. Fast kein Unternehmen verfügt über eigene Trainer oder Seminarleiter, kaum einer verzichtet auf externen arbeitsrechtlichen Rat. Noch relativ neu ist die Möglichkeit, die gesamte Personalarbeit von A bis Z an einen einzigen externen Dienstleister auszugliedern, der dann alles aus einer Hand und alles aus einem Guss erledigt.

Zur Personalbetreuung zählen aber – je nach Definition – nicht nur die im unmittelbaren Kontakt zu erledigenden Aufgaben. Es zählt auch alles dazu, was Stimmen und Stimmungen von Mitarbeitern aufgreift und ihnen Beteiligung an der Gestaltung „ihres" Unternehmens, Produktes oder Arbeitsplatzes ermöglicht. Das Instrument der Mitarbeiterbefragung ist das bekannteste. Mitarbeiterbefragungen erlauben es allen Mitarbeiterinnen und Mitarbeitern, zu allen das Unternehmen und ihren Arbeitsplatz betreffenden Fragen eine Stellungnahme abzugeben. Meistens werden 50 bis 70 Aussagen zu den Themen Führung, Entwicklung, Arbeitsplatz und anderen formuliert und in ein Onlinetool eingestellt. Die Mitarbeiter werden eingeladen, auf einer 5er-Skala ihre Zustimmung oder Ablehnung zur angebotenen Aussage einzugeben.

Es ergeben sich zwei interessante Verwendungsmöglichkeiten für die Ergebnisse: Zum einen werden die Resultate den Mitarbeitern auf den üblichen Wegen der internen Kommunikation zugänglich gemacht. Zum anderen aber, und das ist der wichtigere Teil der Arbeit, zieht die Personalabteilung von Team zu Team, zeigt die Auswertungen und moderiert eine Diskussion zu den Wünschen der Mitarbeiter. Diese Form der direkten Kommunikation öffnet den Mitarbeitern einen sonst nicht vorhandenen Rückmeldekanal an die Geschäftsleitung. Es versteht sich von selbst, dass die Teilnahme freiwillig und anonym ist, dass jede Kritik ohne negative Konsequenz bleibt und dass sich an die Ergebnisse der Befragung sichtbare Aktivitäten und Maßnahmen knüpfen müssen.

Das Instrument der Mitarbeiterbefragung wird an Bedeutung gewinnen, weil der Bedarf nach Transparenz steigt. Unternehmen, die sich ihren Mitarbeitern gegenüber nicht als offen, transparent und kritikfähig erweisen, erhalten von ihren Mitarbeitern die Kündigung. Denn wer mit dem Internet und seinen Möglichkeiten groß geworden ist, hat kein Verständnis für Geheimnistuerei, das Verdrehen von Tatsachen oder fehlende Offenheit bei der Diskussion über Missstände im Unternehmen. Der Druck auf Geschäftsführungen, sich nicht nur der Diskussion zu stellen und Ankündigungen zu machen, sondern den Mitarbeitern auch zu liefern, was sie fordern, wird weiter steigen.

In vielen Unternehmen ist ein Adressat für Missstände der Betriebsrat. Immer mehr Unternehmen haben keinen Betriebsrat. Insbesondere trifft das auf Internet-Unternehmen zu oder auf schnell wachsende, junge, Technik orientierte Startups anderer Branchen. Ein Grund dafür liegt im Wunsch der Generation Y nach direkter Beteiligung. In der Politik macht die Piratenpartei es vor: Sie besticht bislang nicht durch besonders ausgefeilte politische Programme, sondern sie ermöglicht es allen, sich an der politischen Diskussion zu beteiligen.

Junge Menschen wollen sich direkt beteiligen – an der politischen Diskussion, an der Entwicklung von Produkten oder an der Gestaltung ihres Arbeitsumfeldes. Sie wollen ihre Meinungen und Wünsche nicht über Repräsentanten kommunizieren, die aus der einzelnen Meinung einen Kompromiss oder eine allgemeingültige Formel machen, sondern sie wollen auf den ihnen zur Verfügung stehenden Wegen möglichst direkt ins Geschehen eingreifen. Diese Wege sind Blogbeiträge, Tweets, Beiträge in Foren, Facebook-Einträge oder die Nutzung einer der unendlich vielen anderen Wege der unternehmensinternen oder -externen Kommunikation.

Ohne Betriebsrat entfällt aber auch die Möglichkeit, sich mit einem persönlichen Problem an eine vertrauenswürdige Stelle im Unternehmen zu wenden. Es gibt immer zwei bis fünf Prozent der Belegschaft in Unternehmen, die vor erheblichen persönlichen Problemen stehen. Das Problem kann Alkohol heißen, Schulden, Krankheit in der Familie, die Betreuung von Kindern oder pflegebedürftigen Angehörigen, oder es sind Schwierigkeiten mit der eigenen Führungskraft. Immer mehr Unternehmen sehen einen Gewinn darin, allen Mitarbeiterinnen und Mitarbeitern ein so genanntes Employee Assistance Programänzubieten, also den Weg zu einem externen Anbieter, der anonym angesprochen werden kann, und der sich an der Lösung des vorgetragenen Problems beteiligt. Gewinner sind die Mitarbeiter, deren Problem sich löst, und das Unternehmen, weil sich der Mitarbeiter wieder voll und ganz auf die Arbeitssituation konzentrieren kann.

Alle Maßnahmen der Personalbetreuung gewinnen an Bedeutung, weil sie dem Bedürfnis nach individueller, persönlicher Betreuung und Beratung Rechnung tragen. Allerdings werden diese Leistungen immer weniger von der Personalabteilung erbracht und immer mehr von der Führungskraft oder von externen Dienstleistern. Warum? Weil auch die beste Personalabteilung nicht alles, nicht alles gleich gut und nicht alles zur gleichen Zeit tun kann. Die kundenorientierte Personalabteilung kennt ihre eigenen Stärken uns Schwächen und nimmt Hilfe in Anspruch, wo es Führungskräften und Mitarbeitern hilft.

6 Personalentwicklung

In allen Studien zur Frage, was sich Mitarbeiter wünschen, stehen spannende Aufgaben, die Möglichkeit zu lernen und Maßnahmen der Personalentwicklung an vorderster Stelle. Dabei verstehen Führungskräfte, Mitarbeiter, Personalabteilung und Geschäftsleitung unter dem Begriff der Personalentwicklung oft ganz unterschiedliche Dinge. Maßnahmen der Personalentwicklung befassen sich zwar offenkundig mit der Entwicklung von Mitarbeitern. Begrifflich offen ist aber, wer entwickelt: Das Unternehmen die Mitarbeiter? Die Personalabteilung die Mitarbeiter? Oder die Mitarbeiter sich selbst?

Das Unternehmen hat ein großes Interesse daran, allen Mitarbeiterinnen und Mitarbeitern attraktive Entwicklungsmöglichkeiten anzubieten und sie so an sich zu binden. Ein noch größeres Interesse hat das Unternehmen allerdings daran, einige Wenige auf die Übernahme besonders wichtiger Stellen im Unternehmen vorzubereiten. Was aus der Sicht der Mitarbeiter „Personalentwicklung" ist, ist für den Arbeitgeber also „Unternehmensentwicklung".

Jede Maßnahme beginnt mit der Aufnahme der Ist-Situation. Deshalb ist schon das Instrument der Zielvereinbarung der Beginn der Personalentwicklung. Ihr folgt die Beurteilung, und die zeigt bereits Entwicklungsmöglichkeiten und Entwicklungsbedarfe auf. Meist legen Führungskraft und Mitarbeiter im Beurteilungsgespräch Entwicklungsmaßnahmen für den kommenden Zeitraum fest. Unterschiedlich gehen die Unternehmen allerdings mit der Frage um, was als nächstes passiert: Manche Personalbereiche stellen aus allen Gesprächsbögen Listen mit vereinbarten Entwicklungsmaßnahmen zusammen, um auf dieser Basis Trainings organisieren zu können. Andere legen die Verantwortung für die Umsetzung der zwischen Führungskraft und Mitarbeiter verabredeten Maßnahmen vollständig in die Hand der Führungskraft, und wieder andere Unternehmen stellen einige Standardtrainings, etwa zu Kommunikationsthemen, zur Verfügung und organisieren alle Weitere individuell.

Welches Verfahren das Sinnvolle ist, hängt nicht alleine von der Größe des Unternehmens ab. Mehr noch geht es darum, wie die Rollenverteilung zwischen Führungskräften, Mitarbeitern und Personalbereich gedacht und etabliert ist: Ist die Führungskraft zu sehr eigenständigem Handeln ermächtigt, und damit überwiegend selbst für Erfolg oder Misserfolg ihres Bereiches verantwortlich? Oder ist der Rahmen, in dem sie agieren kann, eher eng gesteckt, ist sie also eher ausführendes Organ für bestehende Vorgaben aller Art? Viele Unternehmen suchen nach Führungskräften, die Verantwortung übernehmen und unternehmerisch denken und handeln sollen. Nicht viele Unternehmen gewähren ihren Führungskräften aber die Handlungsspielräume, die zur versprochenen Stellenausschreibung passen.

Je größer das Unternehmen, desto geringer ist der Entscheidungsspielraum für Führungskraft und Mitarbeiter. An diesem Grundsatz wird sich nichts ändern. Tendenziell werden jüngere Menschen aber mehr Verantwortung für sich einfordern. Als Führungskräfte werden sie nach Positionen suchen, die ihnen Gestaltungsmöglichkeiten eröffnen, als Mitarbeiter werden sie nicht nur über Dauer und Lage ihrer Arbeitszeit, sondern auch über die Inhalte ihrer Arbeit, die Entwicklung ihrer Karriere, sinnvolle Qualifikationsmaßnahmen, die Zusammensetzung des Teams oder die individuelle Gestaltung ihres Arbeitsplatzes wesentlich mitbestimmen wollen.

Kein Unternehmen kann es sich leisten, einen Zustand völliger Selbstbestimmung der Mitarbeiter zuzulassen. Gute Mitarbeiterinnen und Mitarbeitern werden aber vom Wettbewerb immer besser gefunden und immer häufiger angesprochen. Folglich vergleichen Mitarbeiter ihren aktuellen Arbeitgeber häufiger und auf Basis von leichter verfügbaren Informationen. Die Arbeitgeber, die sich mit den Wünschen ihrer Mitarbeiter am intensivsten auseinandersetzen, gewinnen den Wettbewerb um den Nachwuchs.

Die Umsetzung von Qualifikationsmaßnahmen und die aktive und ergebnisoffene Diskussion mit Führungskräften über Bedeutung und Sinn von Maßnahmen der Personalentwicklung sind eine wichtige Aufgabe der Personalabteilung. Noch wichtiger ist aber eine andere Aufgabe, nämlich die Bereitstellung und Umsetzung eines Prozesses zur Feststellung der unternehmensweit vorhandenen Kompetenzen, Erfahrungen, Ambitionen und Wünsche.

Solche Bestandsaufnahmen finden meist ein Mal, in wenigen Unternehmen auch zwei Mal jährlich statt. Die Geschäftsleitung legt fest, bis zu welcher hierarchischen Ebene Führungskräfte in den Prozess eingebunden werden sollen; der Personalbereich bittet alle Führungskräfte dieser Ebene, sich Gedanken über die Mitarbeiter ihres Bereiches zu machen und gibt dafür Leitfragen und ein Format vor. Inhaltlich geht es um die Vergangenheit, Gegenwart und Zukunft der Mitarbeiterinnen und Mitarbeitern.

So vorbereitet, gehen die Führungskräfte in eine Diskussion mit den zuständigen Personalern. Deren Aufgabe ist es, Fragen zu stellen, eigene Erkenntnisse einfließen zu lassen und das Gespräch zu dokumentieren. Nachdem alle Gespräche mit Führungskräften stattgefunden haben, bündelt die Personalabteilung die gewonnenen Erkenntnisse und präsentiert sie auf der nächsthöheren Ebene, wo sie erneut diskutiert und verhandelt werden.

Der Wert solcher Verfahren liegt in der Diskussion der Teilnehmer: Man macht sich strukturiert Gedanken über die Mitarbeiterinnen und Mitarbeiter, über ihre Leistungen, ihre Wünsche und ihre möglichen nächsten Schritte; man findet eine gemeinsame Sprache für die Beschreibung von Leistung und Potenzial, und man aktualisiert seinen Blick auf die Frage, ob die strategischen Ziele des Unternehmens mit der Organisation und den Mitarbeitern im Einklang stehen.

Der Personalbereich konzipiert und steuert das Verfahren. Und er unterstützt die Führungskräfte in der Umsetzung der in den Gesprächen festgelegten Maßnahmen. Je härter der Wettbewerb der Arbeitgeber um die talentiertesten Mitarbeiter wird, umso wichtiger ist der geordnete und regelmäßige Blick auf die Passung von Unternehmensstrategie, Organisation und Mitarbeiter.

Die Angehörigen der Generation Y sind keine Job-Hopper, die immer gleich dem nächstbesten Angebot folgen. Sie sind kritische Köpfe, die auf Basis von ausreichend Information und mit nüchternem Blick ihre Alternativen abwägen. Und sie wollen bleiben: Sie suchen nach Bindung, und sie bieten Loyalität. Ihr Umgang mit Internet und sozialen Medien reduziert keineswegs ihre Fähigkeit zu persönlicher Kommunikation und Bindung. Ganz im Gegenteil: Mehr als frühere Generationen stehen sie im dauernden Kontakt mit anderen Menschen, bauen Beziehungen auf und pflegen sie.

Social Media ist nicht Fluch oder Risiko, sondern schult ein Verhalten, das im Berufsleben dringend gebraucht wird.

7   Outplacement

Am Ende der Chronologie des Arbeitsverhältnisses steht die Trennung von Arbeitgeber und Arbeitnehmer. Niemand mag sich zum Beginn des Arbeitsverhältnisses oder während seines Bestehens darüber Gedanken machen. Begriffe wie „Abmahnung", „Kündigung", „Umgang mit Low Performern" oder „Betriebsbedingte Kündigung" stehen in Unternehmen auf einer ungeschriebenen schwarzen Liste, weil sich kein Arbeitnehmer der Gruppe der gefährdeten Mitarbeiter zurechnen mag, und weil kein Unternehmen dadurch ein attraktiver Arbeitgeber wird, dass es sich von Mitarbeitern trennt.

Dennoch gibt es Trennungen. Sie beinhalten Risiken, können aber sowohl für Arbeitgeber als auch für Arbeitnehmer so umgesetzt werden, dass sie zu einem positiven Ende führen und einen sinnvollen Neustart bedeuten.

Die Risiken für Arbeitnehmer, die das Unternehmen verlassen sollen, sind offensichtlich: Es ist unklar, ob sie eine neue Aufgabe finden, die sie erfüllt und die ihnen das für sie erforderliche Einkommen ermöglicht. Das Risiko erscheint dem einzelnen auch deshalb so groß, weil sich fast kein Arbeitnehmer vorausblickend und aktiv mit der Frage auseinandersetzt, was er oder sie im Falle eines Jobverlustes machen würde.

Die Risiken für Arbeitgeber sind weniger offensichtlich: Ihnen geht es um den Erhalt einer positiven Unternehmenskultur. Weil aber die Ankündigung von Restrukturierungsmaßnahmen oder Personalabbau bei allen Mitarbeitern Angst auslöst, also auch diejenigen emotional trifft, die im Unternehmen bleiben sollen, sind Maßnahmen erforderlich, die auf den Erhalt der guten, konstruktiven und auf das Wohlbefinden des Einzelnen zielenden Unternehmenskultur ausgerichtet sind.

Fair wird ein Trennungsprozess nicht durch eine besonders hohe Abfindung; denn Geld schafft keinen neuen Arbeitsplatz. Akzeptabel wird der Verlust des Arbeitsplatzes erst, wenn eine Beratungsleistung angeboten wird, die eine emotionale Stabilisierung verspricht und auf eine gute Positionierung im Arbeitsmarkt zielt. Der Fachbegriff heißt „Outplacement" oder „Newplacement". Kein Unternehmen, das auf sich hält, bietet Mitarbeiterinnen und Mitarbeitern, die das Unternehmen verlassen sollen, eine entsprechende Einzel- oder Gruppenberatung nicht an.

8 Fazit

Es sind deutliche Tendenzen für Veränderungen in der Arbeitswelt erkennbar. Im Kern liegen sie in einer veränderten Haltung der jungen Generationen: man erwartet mehr Offenheit, mehr Flexibilität, mehr Individualität und weniger Kontrolle. Im Gegenzug bieten die jungen Kolleginnen und Kollegen aber auch genau dies: Offenheit, Flexibilität, Individualität und Eigensteuerung.

Die Mitarbeiterführung und die Prozesse der Personalarbeit werden in Zukunft nicht mehr so gestaltet sein, wie es für die Steuerung des Unternehmens am besten ist, sondern so, wie es die Mitarbeiter wünschen.

Die erfolgreiche Personalgewinnung setzt eine systematische und zielgerichtete Positionierung am Arbeitsmarkt voraus. Auch kleinere Arbeitgeber suchen nach Möglichkeiten, um sich als attraktive Arbeitgeber zu positionieren. Die Wahrnehmung als attraktiver Arbeitgeber gelingt nur, wenn die versprochene Arbeitswelt auch vorhanden ist: Die Vergütung muss markt- und positionsangemessen sein, die berufliche Entwicklung muss systematisch aufgenommen und gefördert werden, Führungskräften und Mitarbeitern müssen interne oder externe Ansprechpartner für ihre Belange zur Seite gestellt werden, und in der Austrittsphase müssen sich Unternehmen der Wirkung ihres Verhaltens auf die Mitarbeiterinnen und Mitarbeiter, die noch lange im Unternehmen bleiben sollen, bewusst sein.

Die Balance aus Unternehmensstruktur und individueller Freiheit ist schwer zu finden und braucht ständige Nachjustierung. Diese Balance als Ziel zu definieren, haben viele Unternehmen begonnen. Der Weg zu einer umfassend professionell gestalteten Personalarbeit ist lang. Das Umdenken hat aber begonnen.

Literatur

Martin Klaffke (Hrsg) (2011) „Personalmanagement von Millennials". http://de.wikipedia.org/wiki/Millennials

Dave Ulrich (1997) "Human Resource Champions: The Next Agenda for Adding Value and Delivering Results"

Bundesministerium des Inneren (2011) „Bericht der Bundesregierung zur demografischen Lage und künftigen Entwicklung des Landes", S. 11, Herausgeber: Bundesministerium des Inneren, Oktober 2011

Interim Management – ein Weg zu mehr Flexibilität

Manfred Faber

1 Geschichtliche Entwicklung – vom Krisenbewältiger zum strategisch und operativ versierten ad-hoc Manager

In den Niederlanden und in Großbritannien gab es bereits in den 1970er-Jahren Interim Management als eigenständige Dienstleistung. Gerade im Bereich Krisenmanagement gab es eine enorme Nachfrage, die durch festangestellte Mitarbeiter nicht zu befriedigen war. Die Unternehmen konnten die Positionen daher nur mit freien Mitarbeitern interimistisch besetzen. Die niederländische Regierung begünstigte die Beschäftigung solcher zeitlich befristeten Mitarbeiter steuerlich. Deswegen nahm dort Interim Management erstmals einen maßgeblichen Stellenwert ein. Vereinzelt hatte es aber auch bereits zuvor anderenorts Interim Management gegeben. So bot schon Mitte der 1960er Jahre in Schweden einzelne Beratungsgesellschaften diese Dienstleistung an.

In Deutschland gab es von Beginn der 1980er Jahre an zunächst nur vereinzelt Interim Management. Auch hier begann das Geschäft mit den Führungskräften auf Zeit im Bereich Krisenmanagement. Der Markt in Deutschland kam mit der Wiedervereinigung 1990 in Schwung. Die Treuhandanstalt musste damals eine Vielzahl ehemalige DDR-Staatskombinate und volkseigene Betriebe mit mehr als 4 Mio. Mitarbeitern sanieren. Für diese Aufgabe fehlten noch die Erfahrung und das Know-how, um die Betriebe unter erschwerten Bedingungen durch das marktwirtschaftliche Umfeld zu steuern. Beides brachten die erfahrenen Interim Manager mit, um im Auftrag der Treuhandanstalt das jeweilige Unternehmen zu privatisieren, zu sanieren oder stillzulegen. Einen weiteren Schub für das Interim Management brachte um die Jahrtausendwende die New Economy-Krise. In den kriselnden Startups hatte es zwar bekanntlich viele kreative unternehmerische Ideen gegeben, aber oft praktisch keine Erfahrung in der Unternehmensführung. Als sich die Krise zuspitzte, war das Know-how der damals gesuchten Interim Manager vor allem beim

M. Faber (✉)
HR Consultants, Landshuter Allee 43, 80637 München, Deutschland
E-Mail: m.faber@hr-consultants.eu

A. Papmehl, H. J. Tümmers (Hrsg.), *Die Arbeitswelt im 21. Jahrhundert*,
DOI 10.1007/978-3-658-01416-2_4, © Springer Fachmedien Wiesbaden 2013

Krisenmanagement gefragt. Sie sollten die Unternehmen aus der Krise retten – möglichst bevor ein Insolvenzverwalter aktiv werden musste.

Heute sind Interim Manager nicht mehr nur „Feuerwehrleute", sondern kommen immer öfter als strategische Berater und operative Umsetzer mit der „Lizenz zum Machen" ins Haus. Und sie finden sich mittlerweile in nahezu allen Unternehmensbereichen und Wirtschaftszweigen. Als „Königsbranchen" gelten die Automobilindustrie oder auch die unter dem Kürzel TIMES zusammengefassten Branchen Telekommunikation, Informationstechnologie, Medien, Entertainment und Security. Doch auch Bereiche wie die Gesundheits- und Sozialwirtschaft oder auch die öffentliche Hand haben sich Interim Managern mehr und mehr geöffnet. Das Geschäft ist nicht nur auf Konzerne beschränkt. Auch im Umfeld des inhabergeführten Mittelstandes, welcher externen Beratern traditionell eher skeptisch gegenübersteht, ist eine immer größere Zahl an Interim Managern erfolgreich tätig. Und sie werden immer jünger und weiblicher. Früher waren es fast ausschließlich ältere Herren, die ihre seniore Erfahrung um das Rentenalter weitergegeben haben. Heute sinkt das Durchschnittsalter kontinuierlich.

In den folgenden Abschnitten werden wir noch die vielfältigen Gründe für den Einsatz von Interim Managern kennenlernen. Soviel vorab: der Trend ist eindeutig: Der Bedarf an flexibel einsetzbaren Führungskräften mit exzellentem Wissen und Erfahrung wächst.

2   Einsatzmöglichkeiten

Erfolgreiche Unternehmen reagieren schnell auf wechselnde Marktgegebenheiten. Heutzutage verändern sich die Rahmenbedingungen mit zunehmender Geschwindigkeit und fordern allen Marktteilnehmern ein hohes Maß an Flexibilität ab. Unternehmen brauchen kurzfristig hochqualifizierte Expertise um mit der Zeit gehen zu können und beispielsweise notwendige strategische Projekte zu entwickeln und einzuführen. Oft gilt jedoch, dass bereits nach erfolgreichem Abschluss eines Projekts diese Expertise nicht mehr benötigt wird. Was heute dringend gebraucht wird ist morgen überflüssig und andere Notwendigkeiten und Erfahrungsprofile treten in den Vordergrund.

Warum also sollte ein Unternehmen teures Personal über den notwendigen Zeitraum hinaus an sich binden? Gleichzeitig können es sich Firmen aus Wettbewerbsgründen nicht mehr leisten, wichtige Positionen unbesetzt zu lassen – und sei es nur für einen kurzen Zeitraum. Interim Management bietet für die Unternehmen ein hohes Maß an Flexibilität. Sehen wir uns dazu einige Einsatzmöglichkeiten genauer an:

(1) Die vorübergehende Entlastung des Stelleninhabers
Auf Grund der Übernahme zusätzlicher Aufgaben oder weil die Position an Wichtigkeit gewinnt, braucht der Stelleninhaber kurzfristig Unterstützung bei der Bewältigung seiner Arbeit. Der Interim Manager geht entweder durch die selbstständige Übernahme von Aufgaben zur Hand oder arbeitet zu.

(2) Spezielles Personal-Know-how für einen vorübergehenden Zeitraum
Dies ist besonders häufig bei Projektarbeiten der Fall. Beispielsweise wegen eines anstehenden Produkt-Launches steigt der Personalbedarf vorübergehend an. Ein erfahrener Interim-Recruiter übernimmt professionell diese Aufgabe und verlässt das Unternehmen nach Einstellung aller Mitarbeiter. Ein anderes Szenario könnte die Einführung eines neuen Personalinformationssystems sein. Ein Interim Manager, der bereits in vergleichbaren Projekten gearbeitet hat, weiß die Aufgabe am besten anzugehen. Er kennt den Markt der Anbieter und die Kriterien zur Auswahl.

(3) Zeitliche Überbrückung einer Vakanz
Eine Position wird vakant und muss neu besetzt werden. Den richtigen permanenten Mitarbeiter zu finden braucht seine Zeit. Gerade im Hinblick auf die demographische Entwicklung wird es immer schwieriger, geeignete Kandidaten zu finden. Ein qualifizierter Interim Manager kann helfen, diese Zeit zu überbrücken.

(4) Vertretungseinsätze
Elternzeit, Sabbaticals oder längere krankheitsbedingte Abwesenheit eines Stelleninhabers können für ein Unternehmen kritisch werden. Diese klassischen Fälle vorübergehend unbesetzter Positionen können mit Hilfe eines Interim Managers schnell und professionell überbrückt werden.

(5) Problemlösungen
Hier sind vor allem unangenehme Aufgaben gemeint, die am besten von einer nicht im Unternehmen verwurzelten Person übernommen werden, welches dieses im Anschluss wieder verlässt. Typische Beispiele sind Personalabbaumaßnahmen oder Restrukturierungen.

Interim Manager sind branchenunabhängig und auf unterschiedlichen Hierarchieebenen einsetzbar. Entscheidend ist lediglich, dass die Unternehmenskultur von Offenheit und Vertrauen geprägt ist, denn nur dann kann der Interim Manager wirklich produktiv sein. Tatsächlich ist es sogar so, dass es für ein Unternehmen von großem Nutzen sein kann, nicht immer im „eigenen Saft" zu schmoren. Denn zeitweilig neutrale Expertise von außen zu bekommen, bringt frischen Wind in ein Team und der Interim Manager neigt auf Grund seiner unbeeinflussten Sichtweise dazu, Probleme eher zu identifizieren als jemand, der fest in ein Unternehmen eingebunden ist. Er hat unternehmenspolitisch keine Historie und keine Zukunft in dem Unternehmen. Er kommt um zu gehen und wird auch als solches von den anderen Mitarbeitern so wahrgenommen und löst dadurch keine Ängste aus. Ein Interim Manager wirkt auf den ersten Blick authentisch, da er keine Eigeninteressen verfolgt, sondern nur seinen Job gut machen möchte. Sein Eigenbild transportiert er somit sehr ehrlich nach außen und es gibt keine große Diskrepanz zwischen Fremd- und Eigenbild. Das hilft sehr Irritationen bei den zeitweiligen Kollegen zu vermeiden.

3 Nutzen für das Unternehmen

Teilweise haben Interim Manager heutzutage noch einen fraglichen Ruf. Dies rührt in erster Linie daher, dass sie ursprünglich hauptsächlich als „Feuerwehr" zum Einsatz kamen. Dann, wenn es schon fast zu spät war und Sanierungen unausweichlich. Bei genauerer Betrachtung stellt ein Interim Manager vielmehr zu jedem Zeitpunkt einen großen Nutzen für das Unternehmen dar. Sehen wir uns die Vorteile im Einzelnen an:

(1) Flexibilität
Der wohl wichtigste Vorteil des Interim Managements: Flexibilität. Marktgegebenheiten verändern sich in rasantem Tempo und Unternehmen brauchen Mittel und Wege, um mit der Konkurrenz Schritt halten zu können. Interim Manager sind hier die ideale Lösung, da sie zeitlich und räumlich flexibel sind.

Die Verträge sind inhaltlich flexibel und man kann somit Lösungen für jede Aufgabenstellung vereinbaren. Auch zeitlich gibt es einen breiten Gestaltungsspielraum. Alle möglichen Konstellationen in Voll- und Teilzeit sind möglich. Weil Interim Manager auch über volleingerichtete, eigene Büros verfügen, können sie bei Bedarf oder aus vertraulichen Gründen im „Home Office" arbeiten. Wenn die Aufgabe abgeschlossen ist endet der Vertrag und läuft nicht unbefristet wie permanente Beschäftigungsverhältnisse. Last but not least sind es Interim Manager außerdem gewohnt, „aus dem Koffer zu leben". Innerhalb weniger Tage sind sie dort, wo das Unternehmen sie braucht.

(2) Operative Umsetzung vom ersten Tag an
Bei permanenten Anstellungsverhältnissen gilt oft die „100 Tage Schonfrist" – jedoch nicht bei Interim Managern. Sie sind es gewohnt vom ersten Tag an Hand anzulegen. Dies ist enorm wichtig, da es in der Regel keine Zeit zu verlieren gibt. Da sie ähnliche Situation bereits in anderen Unternehmen gemeistert haben, wissen sie, welche Fragen es zu stellen gilt, wie sie sich am besten mit den formellen und informellen Netzwerken vertraut machen und wie sie die potentiell wichtigen Informationen von den weniger wichtigen unterscheiden können. Interim Manager besitzen eine hohe soziale Kompetenz, die es ihnen ermöglicht, die neuen Situationen entsprechend schnell zu beurteilen und zielgerichtet zu agieren.

(3) Fachliche Expertise
Manchmal steht ein Projekt ins Haus, welches nicht alle Tage vorkommt und für das spezielles fachliches Know-how notwendig ist (z. B.: Gründung eines europäischen Betriebsrats, Outsourcing der Lohnbuchhaltung, Auswahl und Einführung einer neuen Bewerbermanagement-Software, . . .). In diesen Fällen ist es wichtig, dass diese Projektarbeit professionell verläuft. Nur ein stabiles Fundament, geschaffen durch ein erfolgreiches Projekt, ermöglicht eine spätere erfolgreiche Arbeit.

Um Fehler zu vermeiden ist die richtige fachliche Expertise notwendig. Es bietet sich deshalb an, einen Interim Manager für solch eine Aufgabe zu engagieren, der ein ähnliches

Projekt in anderen Unternehmen bereits mehrfach erfolgreich gestemmt hat und über das notwendige, oft sehr spezifische Wissen verfügt.

(4) Kalkulierbare Kosten

Ein entscheidender Vorteil bei der Arbeit mit Interim Managern: der Auftragnehmer weiß zu jedem Zeitpunkt auf den Cent genau, welche Kosten ihm entstehen. Der Interim Manager arbeitet für ein vorher vereinbartes Honorar und dem Unternehmen entstehen keine zusätzlichen Kosten, zum Beispiel durch Ausfälle (Krankheit, Urlaub) oder Abfindungen, wie dies bei einer Festanstellung der Fall wäre. Auch fallen keine Kosten an durch eher unproduktive Einarbeitungszeiten oder Trainings- und Personalentwicklungsmaßnahmen. Ein als zuerst als hoch empfundener Tagessatz relativiert sich sehr schnell, wenn man diesen genauer betrachtet und letztendlich feststellt, was alles in ihm enthalten ist und welche direkten und indirekten Kosten sowie Risiken durch ihn abdeckt werden.

4   Nutzen für den Interim Manager

Interim Management ist nicht nur für den Auftraggeber attraktiv, sondern auch für den Interim Manager selbst. Denn immer mehr Manager entscheiden sich bewusst und aus freien Stücken für dies Tätigkeit. Wo also liegt ihre Motivation? Ist ein Leben in einer Festanstellung und mit geregelten Arbeitszeiten nicht kalkulierbarer und sicherer und somit erstrebenswerter als das ungewisse Leben eines Interim Managers?

Jeder Interim Manager kennt das Leben in einer Festanstellung. Denn irgendwo musste er ja Erfahrungen sammeln, bevor es ihm überhaupt möglich war, Aufgaben zeitweise, also als Interim Manager zu arbeiten, zu übernehmen. Der Wechsel von der Festanstellung zum Interim Management erfolgt meist aus dem Wunsch nach einem selbstbestimmten Leben. Denn als Interim Manager hat man die Möglichkeit, eine Vielzahl spannender Aufgaben zu bearbeiten und dabei viele interessante Unternehmen, sowie ihre jeweiligen Kulturen und Geschäftsinhalte kennenzulernen.

Außerdem reizt viele Interim Manager die Möglichkeit, nach jedem Einsatz aufs Neue zu entscheiden, in welche Richtung man sich persönlich und beruflich orientieren möchte. Dies beinhaltet sowohl die Art von Projekten und Aufgaben, die der Interim Manager übernimmt, als auch den Ort der Beschäftigung, bis hin zu der Freiheit, sich zeitweilig gänzlich anderen Herausforderungen zu widmen: Kindererziehung, ehrenamtliche Tätigkeiten oder auch die Weltreise, die man schon immer einmal machen wollte.

Eine zusätzliche Motivation für viele Interim Manager stellt die hohe Aufgabenorientierung dar. Da von vornherein allen bewusst ist, dass es sich um einen Einsatz auf Zeit handelt, ist der Interim Manager beinahe gänzlich von der intern herrschenden Unternehmenspolitik befreit. Da er keine Eigeninteressen verfolgt, wie beispielsweise die Karriereleiter nach oben zu klettern, fallen viele ergebniserschwerenden Punkte, unter anderem Konkurrenz unter Kollegen, einfach weg. Es steht einzig und allein das Erreichen des Zieles im Vordergrund.

Zusammenfassend kann also festgehalten werden: es geht einem Interim Manager in erster Linie um seine „persönliche Karriere" und nicht die Unternehmenskarriere. Aufgaben lösen, Ergebnisse bringen, Erfahrungen sammeln, neue Menschen und Unternehmen kennen lernen und sich fachlich und persönlich weiterentwickeln ist ihm wichtiger als Titel, Leitungsspannen oder Statussymbole. Dies erkennt man auch an der Bereitschaft der Interim Manager, zwischen unterschiedlichsten Tätigkeit- oder Positionen-Niveaus auf und abzusteigen. Denn die alle Aspekte der Aufgabe werden in Betracht gezogen. Ein Verhalten, dass in der Festanstellung nur sehr selten vorkommt, denn es gibt dort nur den Weg nach oben, also eine Unternehmenskarriere zu machen. Übrigens, ein Thema, dass immer sehr schwer den Kunden begreiflich zu machen ist, da diese Denkweise schwer nachzuvollziehen ist.

5   Anforderungen an den Interim Manager

Eines muss ganz klar herausgestellt werden: nicht jeder erfolgreiche, festangestellte Arbeitnehmer kann auch einen guter Interim Manager sein. Die Anforderungen sind hoch und man braucht ein großes Maß an Eigenverantwortlichkeit, da einem niemand hilft, wenn es darum geht, sich für oder gegen ein Projekt zu entscheiden, sich finanziell abzusichern oder sich um seine Weiterbildung zu kümmern. Deshalb muss man sich möglichst frühzeitig darüber Gedanken machen, ob man in der Lage ist, sich selbstständig zu machen. Folgende Punkte sind ganz besonders wichtig:

(1) Flexibilität
Sehr wichtig: die Flexibilität eines Interim Managers in Bezug auf Zeit und Ort sind für einen Interim Manager absolut essenziel. Natürlich hat man das eine oder andere Mal das Glück in einem Projekt in der Nähe des Wohnortes zu arbeiten – doch viel öfter ist dies nicht der Fall. Aus diesem Grund kann man seine Marktchancen erheblich erhöhen, wenn man mobil und zeitlich flexibel ist. Dies setzt natürlich voraus, dass man sein Leben so gestaltet, dass man in der Lage ist, innerhalb weniger Tage ein Projekt in einer anderen Stadt anzutreten.

(2) Fachwissen
Interim Manager sind Experten auf ihrem jeweiligen Gebiet und ihr Fachwissen muss fundiert und sicher sein. Besonders wichtig ist hierbei, dass sie nicht nur Meister der Theorie sind, sondern vor allem bereits zahlreiche Möglichkeiten genutzt haben, ihre Kenntnisse in die Praxis umzusetzen.

(3) Ausgereifte Persönlichkeit

Selbstbewusst und souverän in jeder Situation reagieren können – ein absolutes Muss für jeden Interim Manager. Denn ohne diese Seniorität wird es ihm schwer fallen Akzeptanz zu finden. Obwohl diese Eigenschaft nicht notwendigerweise vom Lebensalter abhängig ist, so kann man sagen, dass der Grad der Seniorität oft mit den Jahren korreliert. Interim Manager sind meist älter als 40 Jahre.

(4) Anpassungsfähigkeit

Jeder der bereits ein wenig Arbeitserfahrung hat weiß, dass man es als „Neuer" in einer eingespielten Gruppe nicht immer leicht hat. Interim Manager werden mit dieser Situation öfter konfrontiert als der Durchschnitt und man erwartet von ihnen, dass sie trotz alledem ab dem ersten Tag volle Leistung bringen. Aus diesem Grund ist es wichtig, dass sie in der Lage sind sich schnell und allumfassend auf neue Unternehmen, Menschen, Aufgaben und Umweltzustände einzulassen und entsprechend professionell und lösungsorientiert zu agieren. Interim Manager müssen also eine hohe soziale Kompetenz aufweisen, die es ihnen ermöglicht, ein soziales Umfeld schnell zu erfassen und sich entsprechend sicher zu bewegen.

(5) Aktives Netzwerken

Die meisten Aufträge haben ihren Ursprung im direkten Umfeld des Interim Managers. Sie kommen von Kooperationspartnern, ehemaligen Kollegen oder zufriedenen Kunden. Daran zeigt sich sehr deutlich wie notwendig es ist, dass ein Interim Manager sein Netzwerk pflegt und entwickelt. Was sich einfach anhört, ist eine zeitaufwendige Tätigkeit und man darf keine kurzfristigen Erfolge erwarten.

(6) Vertriebsorientierung

Da die Arbeitsleistung eines Interim Managers, anders als bei einem Arbeitnehmer, oft als ein Art „Produkt" angesehen wird, welches zu einem gegebenen Zeitpunkt zum Einsatz kommt, ist es wichtig, dass er sich selbst und den Nutzen, den er mit sich bringt bewusst macht, klar formuliert und gut verkaufen kann. Eigenwerbung und eine ansprechende Aufbereitung seines Erfahrung und Persönlichkeit sind nicht zu unterschätzen.

(7) Unternehmerisches Denken

Die bereits erwähnte Eigenverantwortlichkeit und Vertriebsorientierung sind eng verbunden mit unternehmerischem Denken. Es gilt selbst zu beurteilen, welchen Nutzen man dem Kunden zur Verfügung stellen kann bzw. möchte und welchen Preis man erzielen will und sollte.

Exkurs Honorar: ein schwieriges Thema. Gleichwohl für Interim Manager als auch für das Unternehmen, da hier noch große Unsicherheiten bestehen. Gerade hier merkt man am meisten, dass es sich um einen sehr jungen Markt handelt. Die preislichen Vorstellungen von einzelnen Interim Managern und Auftraggebern variieren teilweise enorm. Man sollte auf keinen Fall als Vergleichsgröße das entsprechende Bruttogehalt eines Festangestellten zu Grunde legen. Denn viele, nicht direkt erkennbare Kosten und Risiken (z. B. Altersvorsoge, Krankengeld, Arbeitslosigkeit etc.) trägt der Interim Manager selbst. Ebenso ist es wichtig, dass das Unternehmen ein Honorar vereinbart, dass seiner Kostenstruktur entspricht. Deswegen: wichtig ist für beide Parteien, eines der Aufgabe und Verantwortung entsprechendes realistisches und faires Honorar zu vereinbaren. Nur dann besteht Zufriedenheit und hohe Motivation auf beiden Seiten.

(8) Mentale Stabilität

Dass die Arbeit als Interim Manager persönliche Reife erfordert, um sich möglichst gut und schnell auf neue Situationen einlassen kann, haben wir bereits erörtert. Ganz besonders wichtig ist aber auch mentale Stabilität in auftragslosen Zeiten. Diese Phasen können durchaus einige Monate oder sogar ein Jahr betragen. Man muss lernen, diese Lebensabschnitte „auszuhalten" und sich nicht nervös machen zulassen, wenn es keine Alltagsroutine gibt – denn gerade aus diesem Trott auszubrechen war ja schließlich oft die Motivation um überhaupt zur Selbstständigkeit. Man muss auch aushalten können, keine Projektanfragen zu bekommen und dies nicht als mangelnde Wertschätzung zu empfinden. Es geht darum diese „Flauten" sinnvoll zu nutzen um am eigenen Profil zu arbeiten oder Dinge zu tun, die schon lange anstehen.

(9) Finanzielle Absicherung

Eigenverantwortlich zu handeln bedeutet natürlich auch sich frühzeitig um Absicherung zu kümmern: im Krankheitsfall, bei Unfällen, wenn Aufträge ausbleiben sowie für die Altersvorsorge. Man sollte Situationen vermeiden, in denen man gezwungen ist einen unpassenden Auftrag annehmen zu müssen, oder ein zu niedriges Honorar zu akzeptieren. Als Faustregel gilt deshalb: Man sollte jederzeit in der Lage sein ein Jahr ohne Auftrag und finanzielle Zuflüsse auszukommen. Diese Rücklagen sollten kurzfristig angelegt werden, z. B. in einem Tagesgeldkonto.

6   Anforderungen an das Unternehmen

Jede funktionierende Beziehung muss in alle Richtungen stimmig sein. Bei der Beziehung zwischen Unternehmen und Interim Manager ist es nicht anders. Auch wenn der Interim Manager alle Kriterien erfüllt um erfolgreich zu sein, kann er trotzdem nur dann erfolgreich sein, wenn sein Kunde offen für Interim Management ist.

Wie soll eine ideale Unternehmenskultur aussehen, damit der Interim Manager die Möglichkeit hat, die erwünschten Ergebnisse zu erbringen? Zunächst müssen die temporären Kollegen dem Interim Manager mit Akzeptanz begegnen. Ein „Wir-und-Er-Denken" ist in dieser Situation wenig förderlich, denn der Interim Manager muss die Chance bekommen, als vollwertiges Mitglied in das Team integriert zu werden um ihm zwar mit dem Blick eines Außenstehenden aber dennoch von innen heraus zu helfen. Der Interim Manager ist kein externer Berater sondern ein „Kollege auf Zeit".

Das bedeutet natürlich auch, dass dem Interim Manager eine gewisse Offenheit entgegengebracht werden muss. Dies ist oft ein Punkt, der Unternehmen davon abhält, mit Interim Managern zusammenzuarbeiten. Sie haben Angst, Unternehmensfremden wichtige Informationen offenzulegen, da man befürchtet, dass Geheimnisse oder gar ganze Kundenbeziehungen an die Konkurrenz weitergetragen werden könnten. Aber ein einfacher Gedankengang hilft dies Befürchtungen zu relativieren: Der Interim Manager hat einen Ruf – und damit seine Geschäftsgrundlage – zu verlieren. Denn ein solches Verhalten spricht sich erwartungsgemäß schnell herum und er wird keine weiteren Aufträge mehr bekommen. Außerdem kann durch entsprechende vertragliche Regelungen im Vorfeld Klarheit geschaffen werden.

Ebenso wichtig wie Akzeptanz und Offenheit ist auch, dass die Menschen im Unternehmen in der Lage sind, Aufgaben abzugeben. Das fällt vielen schwer, da oft Bedenken aufkommen, ob der Interim Manager nicht doch an ihrem Stuhl sägt. Wenn er die Aufgaben so gut löst, warum sollte das Unternehmen ihn dann nicht übernehmen und anderswo seine Mitarbeiter reduzieren? Doch auch diese Sorge der Arbeitnehmer ist unbegründet, da überzeugte Interim Manager kein Interesse daran haben in eine Festanstellung zu wechseln – sie haben sich bewusst für diese Art des Arbeitens entschieden. Es ist also wichtig, dass den zeitweisen Kollegen diese Angst genommen wird, damit sie vertrauensvoll mit dem Interim Manager zusammenarbeiten und das Projekt erfolgreich abgeschlossen werden kann.

7 Interview mit einem Unternehmen

Die meisten Personalverantwortlichen kennen immer noch nicht die Vorteile, die der Einsatz von Interim Managern ihrem Unternehmen bringen kann – deswegen scheuen viele vor ihrem Einsatz zurück. Andrea Hollenburger, Senior Vice President Human Resources bei der Scout 24 Holding GmbH, hat bereits intensive Erfahrungen mit dieser vergleichsweisen neuen Form des Arbeitens im Unternehmen gesammelt.

M. Faber	Frau Hollenburger, Sie haben schon häufiger mit dem Instrument Interim Management gearbeitet. Welche unternehmerischen Beweggründe gab es für Sie, Gebrauch von diesem Tool zu machen?
A. Hollenburger	Wir sind in einer sehr dynamischen Branche tätig, in der die Unternehmen erfolgreich sind, die schnell eine hohe Qualität zur Verfügung stellen. Dies bildet sich auch in der Personalabteilung ab. Ausschlaggebend war deswegen, dass Interim Management die Möglichkeit bietet, hochqualifizierte Spezialisten im Bereich HR zu bekommen – und zwar sehr schnell.
M. Faber	Welche Erfolge haben Sie erzielt, die Sie auf den Einsatz von Interim Managern zurückführen können?

A. Hollenburger	Wir haben mit dem Interim Manager sozusagen spezifisches Know-How importiert. Es ist uns dadurch gelungen, den HR Bereich deutlich schneller als erwartet aufzubauen.
M. Faber	Worin sehen Sie die Vorteile im Einsatz von Interim Managern?
A. Hollenburger	Ganz klar in der schnellen Verfügbarkeit und der senioren Erfahrung! Interim Manager brauchen keine lange Einarbeitungszeit und sind deshalb ideal geeignet zur Überbrückung, wenn sich ein passender Kandidat für eine Festanstellung noch nicht gefunden hat. Abgesehen davon verfügen sie aber auch über spezifische Fachkenntnisse und sind deswegen kurzfristig in wichtigen Projekten einsetzbar.
M. Faber	Was erwarten Sie von einem Interim Manager?
A. Hollenburger	Professionalität, Eigenständigkeit, schnelle Übernahme von HR-Themen und fachlich ausgezeichnetes Know-how. Also eine gute Mischung aus einer ausgereiften Persönlichkeit und professioneller Erfahrung.
M. Faber	Was muss ein Unternehmen beachten, damit der Interim Manager erfolgreich ist?
A. Hollenburger	Nun, ich denke das Wichtigste ist, dass das Unternehmen ganz klar weiß, was es eigentlich von dem Interim Manager will und ihm das auch deutlich kommuniziert. Und natürlich, dass man ihm die Möglichkeit gibt, direkt voll einzusteigen z. B. indem man ihm die wichtigsten Mitarbeiter bekannt macht und ihm Zugang zu allen entscheidenden Informationen gibt.

Scout 24 hat die Vorteile von Interim Management sehr gut erkannt und setzt das Instrument zielgerichtet ein, d. h. für jeden Zeitpunkt und jede Aufgabenstellung wird genau betrachtet, ob eine Festanstellung oder Interim Management die beste Lösung ist. Gerade die hohe Professionalität und die Schnelligkeit dieses Instrument ist für Scout24 sehr wichtig und ein entscheidender Erfolgsfaktor für alle Bereiche dieser Branche.

8   Zusammenarbeit mit Providern aus der Sicht von Unternehmen und Interim Manager

An die meisten Aufträge gelangt ein Interim Manager auf Grund seines Netzwerks, welches er aktiv aufbauen und pflegen muss – es bildet die Basis für seinen Erfolg. Aktives Netzwerken wird von festangestellten Mitarbeitern oft vernachlässigt. Deswegen ist es wichtig, dies schon vor dem Gang in die Selbständigkeit zu praktikzieren.

Immer wichtiger wird jedoch auch die Rolle der sogenannten „Provider". Vor einigen Jahren handelte es sich hierbei noch größtenteils um Ein-Mann-Unternehmen, aus welchen sich mittlerweile eine eigene Branche entwickelt. Ihre Aufgabe ist es, Unternehmen und Interim Manager zusammenzubringen und er wird i. d. R entsprechend der Honorarhöhe im Rahmen einer Provision bezahlt. Der Provider verfügt über einen Pool an Kandidaten, welche er größtenteils auch persönlich kennt. Wenn nun ein Unternehmen auf der Suche nach einem Interim Manager ist, haben Provider die Möglichkeit, auf Grund ihrer Erfahrung und vieler Kontakte einen geeigneten Bewerber aus diesem bereits vorqualifizierten Pool vorzuschlagen.

Vermutlich werden sich in den kommenden Jahren einige große Provider etablieren, welche die ganze Palette der möglichen Interim Funktionen abdecken sowie einige wenige hochqualifizierte, branchen- oder funktionsspezifische (Personal, Finanz, Marketing etc) „Nischenprovider". Nichtsdestotrotz darf man nicht vergessen, dass es sich in Deutschland noch immer um relatives Neuland handelt.

Für die erfolgreiche Zusammenarbeit zwischen Interim Manager, Provider und Unternehmen gibt es einige eindeutige Regeln, die beachtet werden sollten:

Interim Manager und Unternehmen sollten bei der Wahl ihres Providers gezielt, nach ihrem individuellen Auswahlprozess vorgehen, denn leider gibt es immer wieder unseriöse Anbieter. Man muss die Arbeitsweise eines Providers in der Weise beurteilen, ob man sich durch einen Provider gut repräsentiert fühlt. Deswegen sollte man sich entsprechend im eigenen Netzwerk, in Publikationen oder im Internet informieren. Beurteilen Sie auch einen Provider, wie er mit Interim Managern umgeht. Gibt es nur Kontakte, wenn gerade mal ein geeignetes Projekt reinkommt, ist das zu wenig. Gute Provider pflegen zu jeder Zeit intensive Kontakt zu ihren Interim Manager, z. B. durch unterschiedliche Veranstaltungen.

Die Basis einer guten Beziehung ist Kommunikation. Deshalb ist es wichtig, dass die beteiligten Parteien sich möglichst persönlich kennen lernen und nicht nur telefonisch oder via Mail kommunizieren. Kommunikation ist eine regelmäßige Angelegenheit und somit der Aufbau einer Beziehung von vertrauensvoller Zusammenarbeit. Professionellen Providern ist daran gelegen, seine Interim Manager und Auftraggeber langfristig zu begleiten.

Für alle Beteiligten gilt: Offenheit und Transparenz. Unternehmen müssen ihre Wünsche und Anforderungen ganz klar weitergeben, damit der Provider die Chance hat, ein passendes Profil zu finden. Gleichzeitig müssen auch die Interim Manager alle, für den Vermittler wichtigen, Informationen offenlegen. Denn wenn der Interim Manager beispielsweise eine definitive Honoraruntergrenze hat, unter welcher er nicht zu Arbeiten bereit ist, und der Provider darüber informiert ist, so wird er ihn für eine Position, welche weniger gut bezahlt wird, gar nicht erst vorschlagen und alle Parteien können sich Zeit sparen. Es gilt für alle Beteiligten im Prozess klar, schnell und allumfassend zu informieren. Nur dann kann schnell der richtige Interim Manager zur Verfügung gestellt werden.

Das Ziel ist der Aufbau eines Vertrauensverhältnisses. Dieses führt dann zu einer langfristigen Begleitung des Interim Managers und einer Zusammenarbeit mit dem Kunden. Auf Dauer gesehen hat es einen positiven Effekt auf die Erfolgsquote, je besser man sich kennt und je länger und intensiver man zusammenarbeitet.

9 Interim Manager in der Gesellschaft

Der Mensch ist ein Gewohnheitstier – Veränderungen benötigen Zeit bis sie Akzeptanz finden. Mit Interim Management verhält es sich nicht anders. Obwohl es sich um ein Berufsbild handelt, welches sich eines stetig wachsenden Bekanntheitsgrades erfreut, ist es noch eine junge Branche und viele Arbeitnehmer und – geber sind noch skeptisch. In der Regel legt sich dieses Skepsis, sobald die Parteien die Gelegenheit hatten sich gegenseitig kennenzulernen. Obwohl der Interim Manager zunächst als Fremdkörper angesehen wird, wird er in der Regel schnell in die Gruppe integriert und die anfängliche Scheu verliert sich, sobald klar wird, welchen Nutzen der Experte dem Unternehmen bringt. Man kann also sagen, dass innerhalb eines Teams die Akzeptanz steigt, sobald erste Erfahrungen mit diesem „Instrument" gemacht wurden.

Interim Management muss natürlich nicht nur innerhalb einzelner Unternehmen akzeptiert werden, sondern auch gesamtgesellschaftlich. Die Formierung einer klaren Interessensvertretung ist trotz einiger auftretender Verbände und Vereinigungen noch am Anfang. D. h., es existiert eine Vielzahl von Einzelinteressen und große Unsicherheit über viele Aspekte dieser Arbeitsform, da es keine allgemeingültigen Vereinbarungen zwischen breit akzeptierten Interessenverbänden gibt. Auch gesetzlich gibt es für diese Arbeitsform noch Regelungsbedarf. Denn durch diese fehlenden Regelungen existieren noch große Unsicherheiten. Es existieren einfach keine allgemeingültigen Bestimmungen, an die man sich orientieren kann wie es im Extremfall bei der Festanstellung gegeben ist.

Ein entscheidender Vorteil kann sich zu bestimmten Zeiten auch ins Gegenteil wenden: Gerade bei schlechter Marktlage kann es zu einem schnellen Anstieg der Auftragslosigkeit unter Interim Managern kommen, da sich Unternehmen ihrer kurzfristig und ohne zusätzliche Kosten entledigen können. Da Interim Manager jedoch die finanzielle Absicherung selbst verantworten, besteht die Gefahr eines „Absturzes" oder der Altersarmut, wenn er es versäumt hat sich rechtzeitig auf den Ernstfall vorzubereiten. Deswegen ist es für jeden Freiberufler wichtig, sich seiner Verantwortung für sich selbst und seiner Zukunft bewusst zu sein.

Dennoch ist Interim Management eindeutig auf dem Vormarsch und bringt für viele Fragen Lösungsmöglichkeiten. Interim Management ist eine gute Alternative für die Generationen 50+. Unternehmen wollen diese potenziellen Arbeitskräfte nicht mehr fest an sich binden, obwohl sie über viel Wissen und Erfahrung verfügen. Werden sie als Interim Manager beschäftigt, bringt dies Vorteile für beide Seiten mit sich. Ein weiteres Beispiel ist im demographischen Wandel begründet und betrifft das Probleme, schnell qualifizierte Mitarbeiter in Festanstellung zu finden. Auch hier liefert Interim Management die Möglichkeit, diese Zeit zu überbrücken.

Interessant ist die Abgrenzung zur Zeitarbeit, da es sich auf den ersten Blick um ein ähnliches Modell handelt. Während jedoch Zeitarbeitsunternehmen die bei Ihnen angestellten Mitarbeiter an Kunden verleihen, sind Interim Manager vollkommen frei und unabhängig. Zeitarbeiter sind Angestellte eines Zeitarbeitsunternehmens. Interim Manager sind nicht angestellt, auch wenn sie über einen Provider den Auftrag vermittelt bekommen haben. Diese Unterscheidung ist wichtig, denn dadurch sind Zeitarbeiter doch noch mehr abgesichert als Interim Manager.

10   Ausblick

Die Entwicklung des Interim Managements als alternative Arbeitsform ist nicht aufzuhalten – zu groß sind die Vorteile für alle Beteiligten. Vor allem die Generation Digital Natives können sich gut mit diesem System identifizieren. Es handelt sich bei diesen Menschen in der Regel um selbstbewusste, kosmopolitische Persönlichkeiten, welche die Freiheit beanspruchen jederzeit selbst zu bestimmen wann, wie und wo sie arbeiten. Die Arbeitsform Interim Management hilft diesen Lebensentwurf zu verwirklichen. Jedoch müssen diese Menschen Erfahrungen sammeln, um diese dann im Rahmen von Interim Management an die Unternehmen weiter zu geben. Aber auch bei den „Babyboomern" ist ein Wertewandel spürbar. Bei den in den 1960 Jahren geborenen Menschen, waren lange Zeit Unternehmenskarriere und Leistungserbringung im Vordergrund. Mehr und mehr entsteht jedoch das Verlangen das Arbeits- und Privatleben selbstbestimmt zu gestalten.

Natürlich wird die „klassische" Form des Arbeitsverhältnisses, die Festanstellung, und damit die längerfristige Bindung zwischen Unternehmen und Mitarbeiter auch in Zukunft weiter bestehen. Doch bereits jetzt beschäftigen sich Firmen immer mehr mit alternativen Formen der Zusammenarbeit, um den immer schneller werdenden Wandel in der Welt gerecht zu werden. Eine davon könnte das Crowd Sourcing sein, vielleicht eine Weiterentwicklung des Interim Management. Diese Entwicklung ist in dem Schaubild unten abgebildet. Das Unternehmen würde hierbei dann lediglich über eine kleine Stammmannschaft verfügen, welche es langfristig begleitet und die die strategischen und längerfristigen Aufgaben wahrnehmen. Alle anderen Aufgaben werden situativ besetzt. Dafür hat das Unternehmen eine „Menge = crowd" potentieller Mitarbeiter bzw. Provider aufgebaut, welche aufgabenbezogen an Bord genommen werden. Anders als beim Interim Management ist hier nicht mehr die Wahl zwischen Festanstellung und Interim Management, sondern der flexible Einsatz eines Mitarbeiters für eine bestimmte Aufgabe in einem bestimmten Zeitpunkt und einer individuellen Unternehmenssituation. Man würde hier versuchen, die Flexibilität noch weiter zu erhöhen, indem man die Verpflichtung und die Verbindlichkeit, wie wir sie in der Festanstellung kennen, noch weiter reduziert. Diese Entwicklung wirft eine Menge von Fragen auf und man kann sehr gut diskutieren, ob diese Form der Arbeit erfolgreich sein wird. Aber in diesem Zusammenhang stellen sich auch ganz andere Fragen, die wir im Folgenden benennen wollen um dem geneigten Leser zum Denken anzuregen: Wie wichtig ist Loyalität zwischen Unternehmen und Beschäftigte und kann sie in einem solchen Modell überhaupt entstehen? Was muss ein Unternehmen tun, um diesen Pool zielgerichtet zu pflegen und zu entwickeln? Welche Position könnten durch solch ein Modell bedient werden? Ist die Gesellschaft überhaupt schon so weit, dass viele Menschen in solch einem Konstrukt arbeiten können? Was bedeutet es überhaupt für die

Gesellschaft als Ganzes z. B. für die Familienplanung? Was muss der Einzelne tun um in diesem Modell erfolgreich zu sein? Züchten wir uns dadurch eine eigene Altersarmut? Wie reagieren die Gewerkschaften auf solch einen Wandel? Fragen, Fragen und nochmals Fragen und wohl kaum jemand, der eindeutige Antworten zum jetzigen Zeitpunkt geben kann. Wie schnell und in welcher Form sich diese Veränderungen vollziehen werden kann noch nicht prognostiziert werden. Aber es ist eine weitere Möglichkeit der Arbeitswelt von morgen und eine Form wie man Flexibilität vielleicht noch mehr umzusetzen kann.

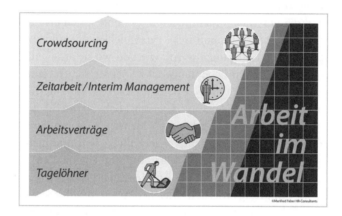

Literatur

Studie von Ericsson über die Digital Natives und deren Konsumverhalten (Erschienen im Januar 2008)
AIMP Providerumfrage 2012
André Papmehl, Interim Management und Outsourcing, s.a. www.papmehl.com
Vera Bloemer: Interim Management: Top-Kräfte auf Zeit

Kontinuität und Wandel im Arbeitsrecht

Klaus Armbrüster

1 Megatrends des Deutschen Arbeitsrechts

Trotz großer Regelungsdichte setzt der Gesetzgeber im Arbeitsrecht nur Rahmenbedingungen. Im Gegensatz aber zum Recht des Bürgerlichen Gesetzbuches und des Handelsrechts hat der Gesetzgeber es bisher an einer zusammenfassenden Kodifikation fehlen lassen, so dass man im Bereich des Arbeitsrechts eine gesetzliche Rechtszersplitterung wie auf kaum einem anderen Rechtsgebiet vorfindet. Dennoch bleibt das Schwergewicht der materiellen Arbeitsbedingungen Tarifverträgen vorbehalten. Das Tarifrecht stellt hierbei eine feste Konstante der Rahmenbedingungen dar. Das Betriebsverfassungsgesetz (BetrVG) grenzt die Zuständigkeit der Tarifpartner und der Betriebspartner gegeneinander ab. Dem Tarifvorrang, verankert in § 77 Abs. 3 und 87 Abs. 1 Einleitungssatz BetrVG unterstellt man ein einheitliches, legislatives Ordnungskonzept. Im Rahmen einer vertikalen Konkurrenz zwischen Tarifvertrag und Betriebsvereinbarung bleibt den Betriebspartnern nur ein beschränkter Regelungsspielraum. Rechtliche Gestaltungsfaktoren sind hierbei die Mitbestimmungsfelder des Betriebsverfassungsgesetzes und tarifliche Öffnungsklauseln (§ 77 Abs. 3 BetrVG). Im Arbeitsvertrag selbst wird nur die Arbeitsverpflichtung des Arbeitnehmers festgelegt. Die Konkretisierung der zu erbringenden Arbeitsleistungen bleibt eher ungeregelt. Diese werden durch das dem Arbeitgeber zustehende Weisungsrecht (§ 106 GewO) nach Art, Ort und Zeit der Arbeitsleistung bestimmt, soweit nicht eine Bestimmung durch die anderen arbeitsrechtlichen Gestaltungsfaktoren, wie Gesetz, Tarifvertrag oder Betriebsvereinbarung bereits vorgenommen wird. Trotz dieser arbeitsrechtlich vorgegebenen Strukturen lassen sich im Wesentlichen drei Mega-Trends des deutschen Arbeitsrechts feststellen:

- Weg von der Tarifautonomie – hin zu mehr Betriebsautonomie
- (Re-)Individualisierung der Arbeitsbedingungen
- Weg vom Arbeitsrecht – hin zu anderen Formen des Beschäftigungsrechts.

K. Armbrüster (✉)
Ligusterweg 10, 90480 Nürnberg, Deutschland
E-Mail: dr.klaus.armbruester@t-online.de

A. Papmehl, H. J. Tümmers (Hrsg.), *Die Arbeitswelt im 21. Jahrhundert*,
DOI 10.1007/978-3-658-01416-2_5, © Springer Fachmedien Wiesbaden 2013

a) Von der Tarifautonomie zur Betriebsautonomie

Nach den in Deutschland gemachten Erfahrungen bedarf der Grundsatz der von staatlichen Eingriffen freien Tarifpolitik keiner Änderung. Dennoch werden Flächentarifverträge zunehmend in Frage gestellt. Bisher als Garant für Flexibilität bei veränderten wirtschaftlichen Rahmenbedingungen, für Verankerung von Mindestarbeitsbedingungen für Arbeitnehmer und für Planungssicherheit für Arbeitgeber angesehen, wird Flächentarifverträgen zunehmend nachgesagt, sie seien zu unflexibel gegenüber unterschiedlichen Problemstellungen in den einzelnen Betrieben, sie hinkten der wirtschaftlichen Entwicklung hinterher, sie verhinderten die adäquate Entwicklung der Betriebspartner und sie vernichteten im gnadenlosen internationalen Wettbewerb letztlich Arbeitsplätze. Die Dominanz der Regelungen wesentlicher materieller Arbeitsbedingungen in den Tarifverträgen, wie Entlohnungssysteme und Entlohnungshöhe, wöchentliches Arbeitszeitvolumen und Urlaubsquantität, wird zunehmend weniger akzeptiert.

Der Forderung nach betriebsnaher Tarifpolitik fehlt aber das legislatorische Rüstzeug. Die Gründe für die Veränderung in der Akzeptanz und der Attraktivität der überkommenen arbeitsrechtlichen Normen sind mit dem allgemeinen Hinweis auf einen Wertewandel der Gesellschaft nicht hinreichend erklärbar. Der Wandlungsprozess ist am ehesten erklärbar mit dem Übergang der Organisation einer Gesellschaft vom hierarchischen Prinzip zum Subsidiaritätsprinzip. Diese ist Struktur- und Handlungsmaxime zugleich. Mit dem hierarchischen Prinzip hat das Subsidiaritätsprinzip gemeinsam, dass es einen gegliederten Aufbau – politisch: föderale Staatsstruktur, gesellschaftspolitisch: vertikale Rangordnung arbeitsrechtlicher Gestaltungsfaktoren – voraussetzt. Der entscheidende Unterschied besteht darin, dass bei dem hierarchischen Prinzip eine Delegation von oben nach unten stattfindet, während das Subsidiaritätsprinzip von einem Gesellschaftsaufbau von unten her ausgeht. Der Kerngedanke des Subsidiaritätsprinzip ist es, dass die dezentrale Lösung Vorrang vor einer zentralen Lösung hat. Beispielhaft sei erwähnt, das Verhältnis der Europäischen Union zu ihren Mitgliedsstaaten oder das Verhältnis des örtlichen Betriebsrats zum Gesamtbetriebsrat. Auch der vielfach durch wirtschaftliche Zwänge stattfindende Umstrukturierungsprozess der Unternehmen, immer kleinere, überschaubarere, eigenverantwortlich handelnde Einheiten zu bilden und hierarchische Großorganisationsstrukturen zu verlassen, ist Ausdruck pragmatischer Anwendung des Subsidiaritätsprinzips. Hieran partizipiert das Arbeitsrecht in zunehmendem Maße.

b) Re-Individualisierung der Arbeitsbedingungen?

Tarifbestimmungen sind im Verhältnis zu einzelvertraglichen Vereinbarungen nur einseitig zwingend. Beim Übergang von der Industriegesellschaft zur Informationsgesellschaft wird das heutige Vollzeit – Normal – Arbeitsverhältnis zunehmend zur Ausnahme. Es findet eine örtliche und zeitliche Entkopplung von Mensch und Maschine statt. Die Dispositionsfähigkeit des Arbeitnehmers über seine Arbeitszeit, seine Arbeitszeitsouveränität, wird zunehmend verlangt. Die informative Vernetzung macht auch eine räumliche Trennung vom Betrieb möglich. Arbeit kann auch zu Hause erledigt werden. Damit deutet sich eine „Entmischung" der Arbeitnehmer- Strukturen an. Einerseits zu einer Arbeitnehmergesellschaft, die sich stärker dem eigentlich Gelernten hinwendet und dieses ständig up-to-date hält, und andererseits zu einer geringere Vorkenntnisse voraussetzenden Dienstleistungsarbeitnehmer-Gesellschaft. Für letztere sind kollektive Schutzsysteme in Tarifverträgen und Betriebsvereinbarungen geeignete Arbeitsbedingungen, für erstere nur individualisierte Arbeitsbedingungen. Gerade Arbeitnehmer, die eine besonders hohe Attraktivität am Arbeitsplatz haben, gehen zunehmend individuelle Arbeitsbedingungen ein und lösen sich aus kollektiven Vorgaben, ohne diese völlig zu verlassen. Nach außen wird der Eindruck individueller Regelung erweckt, aber dahinter stehen klare kollektive Strukturen (Formulararbeitsverträge, Gehaltssysteme, betriebliche Altersversorgungssysteme, Dienstwagengewährung usw.). Wir haben es mit einem gemischt individuellen – kollektiven Ansatz zu tun. Das Vertretungsorgan der leitenden Angestellten in den Betrieben, die seit 1988 auch auf gesetzlicher Grundlage bestehenden Sprecherausschüsse, vereinbaren mit den Arbeitgebern kollektive Rahmenvereinbarungen, die auf die Gruppe der leitenden Angestellten als einer betriebssoziologisch abgrenzbaren Gruppe spezifisch zugeschnitten sind. Dies ist der eigentliche Kernansatz für das Arbeitsrecht der Führungskräfte. Dieser Kernansatz, die Rückbesinnung auf die Individualisierung von Arbeitsbedingungen, diffundiert zunehmend auf andere Arbeitnehmergruppen, die auf Grund ihrer Kenntnisse eine hohe Attraktivität am Arbeitsmarkt haben.

c) Vom Arbeitsrecht zum Beschäftigungsrecht

Seit es in Deutschland ein eigenständiges Arbeitsrecht gibt, ist sein zentraler Gegenstand, der Arbeitnehmerbegriff – umstritten. Das Bürgerliche Gesetzpunkt kennt den Begriff des Arbeitnehmers nicht. Wenn es überhaupt einen gemeinsamen Konsensus für den Arbeitnehmerbegriff gibt, dann ist dieser wie folgt zu definieren: eine Person stellt auf Grund Vertrags ihre menschliche Arbeitskraft zur Verfügung und leistet mit höchstpersönlicher Verpflichtung persönlich abhängige Tätigkeit. Die Diskussion über den Begriff des Arbeitnehmers und des selbständig Beschäftigten ist weder am Ende, noch am Anfang. Sie befindet sich in einer dialektischen Entwicklung. Nach der bürgerlichen Selbständigen-Gesellschaft des 19. Jahrhunderts und der Arbeitnehmer-Gesellschaft des 20. Jahrhunderts stehen wir am Beginn des 21. Jahrhunderts vor einer sich formierenden Beschäftigten – Gesellschaft. Auch der Gesetzgeber geht zunehmend vom Oberbegriff des Beschäftigten aus, wie unter anderem die vom Gesetzgeber gewählten Begriffsbestimmungen in dem 2006 in Kraft getretenen Allgemeinen Gleichbehandlungsgesetz (AGG) ergeben. Damit setzt der Gesetzgeber bei der Schutzbedürftigkeit des Abhängigen an. Dies liegt – ganz nebenbei vermerkt- ganz auf der Linie des europäischen Arbeitnehmerbegriffs.

2   Europäisierung des Arbeitsrechts

Wir erleben einen konsekutiven Vorgang: Globalisierung der Wirtschaft – Globalisierung der Sozialstrukturen – Globalisierung des Rechts. Die Gründe für die Globalisierung des Rechts bestehen in einem andauernden Evaluierungsprozess zwischen Ökonomie und

Recht. Das Recht nimmt zunehmend an dieser Globalisierung teil. Nationalstaatliche ökonomische Binnenmarktstrukturen lösen sich auf und damit auch ein Rechts – Binnenmarkt.
Bisher wurde die Vorrangstellung homogener Rechts – Binnenmarktstrukturen gegenüber
heterogenen Rechtstrukturen nicht in Frage gestellt. Die Globalisierung des Rechts führt
teilweise zu einer Umkehr dieser Vorrangstellung.

Die Bedeutung des Umfangs der Europäisierung deutscher Rechtssysteme ist der Gesellschaft in weiten Teilen noch nicht bewusst geworden. Die in Europa vorherrschenden
drei Rechtskreise, der positivistisch – ausgerichtete mitteleuropäische/deutsche Rechtskreis, der romanische Rechtskreis und der angelsächsische Rechtskreis, stehen in einem
Wettbewerb zueinander. Die Globalisierung der Wirtschaft und die Integration der Migra-
tionsströme und Sozialstrukturen führen unweigerlich zu einer Assimilation materiellen
und auch formellen Rechts. Auch wenn eine EU-Verfassung nicht nur vorerst, sondern wohl
endgültig gescheitert ist, enthält der Reformvertrag von Lissabon eine neue Querschnitts-
Sozialklausel und bindet damit alle nationalen Politiken. Wir leben in Deutschland in einer
Zeit, die vergleichbar ist mit der Umbruchszeit zwischen dem Vormärz 1848 (gescheiterte
Paulskirchen-Verfassung) und dem Jahr 1871 (Zeitpunkt der deutschen Reichsgründung).
Nach dieser Umbruchsphase fand eine Rechtsvereinheitlichung der zersplitterten landes-
rechtlichen Reichsgesetze statt. Ein ähnlich paralleler Vorgang vollzieht sich – z. Zt. zum
Teil nur subkutan bemerkbar – auf europäischer Ebene.

Die Schwierigkeiten in der Einschätzung der Rechtssetzung der EU und der Rechtsprechung des Europäischen Gerichtshofes (EuGH) basieren zum Teil, natürlich nicht nur, auf
verschiedenen Auslegungsgrundsätzen und sprachlichen Divergenzen. Die überkommene
deutsche Rechtstradition folgt überwiegend einer statischen Auslegung, während bei der
Auslegung des europäischen Unionsrechts vielfach hervorgehoben wird, dass ihr ein „dy-
namischer Charakter" zukommen müsse. Dies gilt insbesondere für den im Europäischen
Unionsrecht verankerten Effektivitätsgrundsatz („effet utile"). Die Auslegung und An-
wendbarkeit des europäischen und damit auch deutschen Rechts folgt zunehmend einem
finalistischem Ansatz. Ohne dass es vielen deutlich bewusst ist, sind wir in unserem Rechtskreis bereits auch tief in der dem angelsächsischen Rechts verwurzeltem „case-law Denken"
verwurzelt. Der deutsche Rechtsanwender ist in vielen Fällen höchst befriedigt, wenn er
bei der Rechtsanwendung auf bereits entschiedene Gerichtsurteile verweisen kann. Wir
befinden uns auch im Recht bereits in einem „melting-pot". Überkommene deutsche
Hermeneutik, z. B. sehr positivistisch ausgerichtete Auslegungsmaxime und die aus dem
romanischen Recht kommende finalistische Auslegung durchdringen und vermischen sich
beide, angereichert aus dem aus dem angelsächsischen Recht kommenden „case-law" mit
dem Hinweis auf bereits entschiedene Rechtssachen.

Als Beispiele für die zunehmende Dominanz europäischen Rechts über nationale Regelungen sei an die Geltung des Unanwendbarkeitsausspruches des Europäischen
Gerichtshofes bezüglich einer altersdiskriminierenden Befristung und die Pflicht zur richt-
linienkonformen Auslegung ab Ablauf der Umsetzungsfrist erinnert. Zunehmend sieht
sich auch der EuGH selbst als „Superrevisionsinstanz" in arbeitsrechtlichen Streitigkeiten.
Auch das materielle Recht allgemein wird zunehmend eine Perspektive für das deutsche

Arbeitsrecht. Nach der Lissabon Strategie für nachhaltiges Wachstum soll ein moderneres Arbeitsrecht für die Herausforderung des 21. Jahrhunderts geschaffen werden. Mit dem Stichwort „Flexicurity" soll eine größere Flexibilität auf europäischen Arbeitsmärkten angestrebt werden und das Spannungsverhältnis zwischen Rechtssicherheit und Harmonisierung austariert werden. Mit der EU-Verordnung Rom I und Rom II soll ein europäisch-internationales Vertragsrecht für Europa und damit auch teilweise Klarheit im deutschen Arbeitsrecht, jedenfalls für kollidierende Rechtssysteme, geschaffen werden.

Neue Ansätze kommen mit dem von der Europäischen Union geprägten Begriff der „Employability", d. h. Aufrechterhaltung der Beschäftigungsfähigkeit. Dieses Konzept zur mittel- und langfristigen Beschäftigungssicherung stellt eine Herausforderung für Arbeitnehmer und Arbeitgeber in gleicher Weise dar und betont in besonderer Weise den Stellenwert der Bildung. Wir werden uns angewöhnen müssen, dass wir ständig in einem Spannungsfeld von nationalem Recht versus europäischem Unionsrecht leben. Gravierende Auswirkungen hat dies bereits durch die Neubewertung von Altersgrenzen im deutschen Arbeitsrecht allgemein und durch die Antidiskriminierungsvorschriften – niedergelegt im deutschen Umsetzungsgesetz des Allgemeinen Gleichbehandlungsgesetzes (AGG) – auf die Arbeitsvertragsgestaltung. Weitere Aktionsfelder im europäischen Arbeitsrecht sind bereits abgesteckt, wie im Arbeitszeitrecht, Urlaubsrecht, Insolvenzsicherung von den Ansprüchen der Arbeitnehmer, Portabilität von Ansprüchen aus betrieblicher Altersversorgung und die Problematik der Arbeitnehmervertreter in Aufsichtsräten der mitbestimmten Betriebe. Zusammengefasst wird man feststellen müssen, dass nach der Globalisierung der Wirtschaft eine Globalisierung der Rechtssysteme folgt: Europäisches Arbeitsrecht ante portas!

3   Paradigmenwechsel im Recht der Arbeitsvertragsgestaltung

In der deutschen Gesellschaft ist zutiefst im Bewusstsein verankert, dass der Arbeitgeber bei der Kündigung von Arbeitsverhältnissen eine Vielzahl von Rechtsregeln zu beachten hat. Weniger deutlich ist bewusst, dass sich in den letzten 25 Jahren im Wandel der Zeiten auch eine Verrechtlichung der Begründung eines Arbeitsverhältnisses ergeben hat. Die Schwerpunkte dieses Wandels bilden der Umfang des Fragerechts des Arbeitgebers, die Beteiligungsrechte der verschiedenen Arbeitnehmervertretungen, wie Betriebsräte, sowie zu beachtenden Gleichbehandlungsgebote. Von wenigen Sondervorschriften abgesehen, z. B. der Verpflichtung des Arbeitgebers mit einer bestimmten Quote von Arbeitsverhältnissen mit Schwerbehinderten, kann dem Arbeitgeber nach deutschem Arbeitsrecht kein Arbeitnehmer aufgedrängt werden. Grundsätzlich gilt die verfassungsrechtlich in Art. 2 Grundgesetz (GG) verankerte Abschlussfreiheit als solche. Einen privatrechtlichen Kontrahierungszwang gibt es nur ausnahmsweise, z. B. die so genannten Wiedereinstellungsverpflichtungen oder die – in Havariefällen – nach §§ 9 Abs. 1 Nr. 1 und 10 Abs. 1 Arbeitnehmerüberlassungsgesetz (AÜG) begründeten Arbeitsverhältnisse. Die Rechtswelt bezüglich der Einstellung sieht heute anders aus als vor 25 Jahren. Die Arbeitgeberseite wird damit konfrontiert, dass Informationsrechte des Arbeitgebers durch eine Beschränkung des Fragerechts des Arbeitgebers stark dezimiert sind. Beispielhaft hierfür ist das Frageverbot nach einer eventuell bestehenden Schwangerschaft. Weitere Einschränkungen der freien Dispositionsfähigkeit des Arbeitgebers bestehen durch die Beteiligungsrechte des Betriebsrats nach § 99 Betriebsverfassungsgesetz (BetrVG). Hierbei handelt es sich nicht bloß um rechtliche Informations- und Zustimmungsverweigerungsrechte. In der betrieblichen Rechtswirklichkeit übt der Betriebsrat – z. B. in Großbetrieben – vielfach einen weitergehenden, für Außenstehende nicht ohne weiteres ersichtlichen Einfluss auf die Einstellungspraxis der Arbeitgeberseite aus. Auch der Einstellungsbegriff des § 99 Abs. 1 Satz 1 BetrVG ist so erweitert, dass er auch bereits im Betrieb beschäftigte Arbeitnehmer erfasst. Mit der Pflicht zur innerbetrieblichen Stellenausschreibungen, auch Teilzeitausschreibungspflicht, um die Teilzeitarbeit zu fördern und damit die gesellschaftspolitisch erwünschte und ökonomisch notwendige Vereinbarkeit von Familie und Beruf zu erleichtern, wird auf die Einstellungspraxis der Arbeitgeber massiv eingewirkt. In den letzten 10 bis 15 Jahren steht die Verrechtlichung der Einstellung unter der Entwicklung vom Frageverbot zum Diskriminierungsverbot. Schon bei der Stellenausschreibung hat der Arbeitgeber das Allgemeine Gleichbehandlungsgesetz (§ 11 AGG) zu beachten. Die Vorschrift hat das Ziel, Nachteile zu verhindern, die Bewerber erleiden können, wenn sie unmittelbar oder mittelbar gegenüber aktuellen oder potentiellen Mitbewerbern aus einem oder mehreren von § 1 AGG nicht für zulässig gehaltenen Zwecken zurückgesetzt werden. Damit findet eine Sanktionierung bestimmter Gesinnungen statt. Die Verrechtlichung der Einstellung schreitet aber weiter voran. Sowohl in der europäischen, wie auch in der deutschen Antidiskriminierungsdiskussion wird es eine schwierig zu bewältigende Aufgabe sein, wie eine geregelte Geschlechterquote für Führungspositionen der Wirtschaft aussehen soll.

Das Gesetz zur Modernisierung des Schuldrechts, mit dem das Recht der Allgemeinen Geschäftsbedingungen in das BGB integriert wurde, hat zum Teil zu tief greifenden Veränderungen bei der Kontrolle arbeitsvertraglicher Abreden geführt. Die Prüfungsmaßstäbe haben sich zum Teil gewandelt. Sofern vorformulierte Arbeitsverträge verwendet werden – dies ist bei der Verwendung schriftlicher Arbeitsverträge in aller Regel üblich –, unterliegen arbeitsvertragliche Abreden nun nicht mehr einer relativ pauschalen Inhaltskontrolle nach § 242 BGB, sondern der viel schärferen AGB – Kontrolle nach den §§ 305 ff BGB. Für vorformulierte Abreden sind damit seit der Schuldrechtsreform im Jahr 2002 ausschließlich die Rechtsfolgen der §§ 306 ff BGB maßgeblich. Diese Bestimmungen legitimieren den Richter zu einer Vertragsänderung nur im Wege des „blue pencil – test" (§ 306 Abs. 1 BGB), indem der Richter mit einem „blauen Füllfederhalter" die beanstandeten Abreden rechtlich durchzustreichen vermag. Darüber hinaus steht dem Richter nur der Weg einer Lückenfüllung nach § 306 Abs. 2 BGB oder der Weg ergänzender Vertragsauslegung offen. Eine geltungserhaltende Reduktion im Sinne der Rückführung einer unwirksamen Klausel auf den gerade noch zulässigen Inhalt und ihrer Aufrechterhaltung mit eben diesem Inhalt, wie sie vom Bundesarbeitsgericht (BAG) vor der Integration des AGB – Kontrollrecht in das Arbeitsrecht praktiziert wurde, ist im Rechtsfolgensystem des § 306 BGB nicht vorgesehen. Das Bundesarbeitsgericht hat in seiner Rechtsprechung diesem Paradigmenwechsel in einer Vielzahl von Entscheidungen in den letzten Jahren Rechnung tragen müssen.

4 Grundsätze der Berücksichtigung von Seniorität und Anciennität – Überholte Zurechnungsparameter im deutschen Arbeitsrecht

Seniorität, die Berücksichtigung des Lebensalters, und Anciennität, die Berücksichtigung der Dauer der Betriebszugehörigkeit, sind fest verankerte Zurechnungs-parameter im deutschen Arbeitsrecht. Dies gilt nicht nur für den Bestandsschutz, z. B. bei der Berücksichtigung der Sozialauswahl, sondern auch auf vielen anderen Feldern des Arbeitsrechts, wie z. B. Zurechnungsparameter bei der Berücksichtigung von Abfindungshöhen und Entlohnungssystemen (im früheren BAT: Berücksichtigung von Lebensaltersstufen). Sind diese beiden Zurechnungsparameter Seniorität und Anciennität noch tauglich und brauchbar?

Die große Herausforderung des deutschen Arbeitsrechts war es schon in den vergangenen Jahren seit Inkrafttreten des AGG und wird es in den kommenden 10 Jahren sein, wie die grundsätzliche verbotene Altersdiskriminierung in das deutsche Recht implementiert wird. Dieser durch das europäische Unionsrecht ausgelöste Wandel erfasst beileibe nicht nur den Bestandsschutz, damit das Kündigungsrecht, sondern auch weitere Bereiche, wie Entlohnungssysteme (z. B. TVÖD Entlohnung nicht mehr basierend auf Lebensaltersstufen, sondern Erfahrungsstufen) und das Urlaubsrecht (z. B. Verbot von Urlaubsstaffeln in Tarifverträgen). Unbeantwortet ist z. B. zur Zeit immer noch die grundsätzliche Frage, ob bei einer betriebsbedingten Kündigung hinsichtlich der erforderlichen Sozialauswahl nach § 1 Abs. 3 Kündigungsschutzgesetz (KSchG) oder auch im Rahmen einer Massenentlassung zur Sicherung einer ausgewogenen Personalstruktur des Betriebs Altersgruppen gebildet werden können, auf deren Zugehörige sich der soziale Vergleich jeweils beschränkt. Teilweise ist ein Paradigmenwechsel insoweit schon eingetreten, als der deutsche Gesetzgeber in § 10 Satz 2 Nr. 6 AGG bei Sozialplänen den deutschen Rechtsanwender veranlasst, nicht mehr allein auf das Lebensalter, sondern auf arbeitsmarktpolitische Ziele Rücksicht zu nehmen. Die alte Gleichung, dass der ältere Arbeitnehmer Vorzug gegenüber dem jüngeren Arbeitnehmer einzuräumen ist, gilt nur noch bedingt, wenn – wie das Beispiel Spanien zeigt – die Hälfte der Jugendlichen arbeitslos sind und Ältere eine relativ geringe Arbeitslosenquote aufweisen. Hier stellt sich sofort die intergenerative Frage, ob aus arbeitsmarktpolitischen Gesichtspunkten nicht dem Jüngeren zu Lasten des Älteren der Vorrang eingeräumt werden muss. Das Zurechnungsparameter „Alter" wird neu justiert.

Die zweite große Herausforderung, der wir als Gesellschaft insgesamt gegenüberstehen ist der demographische Wandel. Die Gesellschaft muss sich darauf einstellen, mit alternden Belegschaften leben und arbeiten zu müssen. Die Älteren sind wieder gefragt. Die demographische Entwicklung in Deutschland birgt eine Zeitbombe – die nachwachsende Generation bringt zu wenige Arbeitskräfte. Angesichts der demographischen Entwicklung in Deutschland mit ihren Folgen für Wirtschaft und Gesellschaft führt es nicht nur zu einer Neubewertung von Altersgrenzen und damit zu einer Wiederentdeckung der älteren Unternehmen. Die Wiederentdeckung der Älteren führt auch zu einem neuen Lebensgefühl durch Ältere. In letzter Zeit mit der Diskussion über die „Altenrepublik", angeheizt durch verschiedene Veröffentlichungen von Gesellschaftsforschern, ist zum Teil eine verkürzte

Diskussion dahin gehend geführt worden, „die Älteren wollen jetzt nur Kasse machen". Die demographische Entwicklung mit kaum noch bezahlbaren Altersversorgungssystemen, der Mangel an Fachkräften und auch der Mangel an Führungskräften als Leistungsträger in der Gesellschaft hat bereits die Gesellschaft und Wirtschaft zu einem Umdenken geführt. Man entdeckt wieder die Vorteile der Älteren. Die uralte philosophische Fragestellung, „Freiheit und Sicherheit" auszutarieren, wird zunehmend auch im Alter gestellt. Auch die Politik beschäftigt sich bei der Änderung arbeitsrechtlicher Rahmenbedingungen für die Beschäftigung älterer Arbeitnehmer mit einem „Arbeitsverhältnis light". Andere Formen der Selbständigkeit in Form von Dienstverträgen und Werkverträgen haben bei Beschäftigung älterer Mitarbeiter im Ruhestand in den Unternehmen bereits Einzug gehalten. Um nicht falsch verstanden zu werden: „no one solution fits all". Reguläre Arbeitsverhältnisse sind weiterhin unverzichtbar. Immer mehr Unternehmen sehen aber die beste Lösung in einem Mix mit den Eigenschaften der Jüngeren, auch mit deren Ideen und Dynamik und Drängen nach Veränderung.

Von der deutschen Gesellschaft noch gar nicht ansatzweise bemerkt, befasst sich die Kommission der Europäischen Union bereits mit Überlegungen, das Zurechnungsparameter der Berücksichtigung der Anciennität, die positive Bewertung von Betriebszugehörigkeit, als Zurechnungsparameter im Arbeitsrecht zu kippen. Ausgehend von dem Grundgedanken des Flexicurity-Konzepts, nicht die Jobsicherheit, sondern nur die Beschäftigungssicherheit als Zielaufgabe staatlicher Regelungen aufzufassen, steht die Berücksichtigung der Anciennität im Widerspruch dazu. Anders und konkret angesprochen: Der frühere tschechische und der jetzige ungarische EU – Sozialkommissar haben die Diskussion angestoßen, dass Betriebszugehörigkeit nicht mehr als ein positiv zu bewertendes Zurechnungsparameter im Arbeitsrecht gelten soll. Es gipfelt in der Aussage, die Dauer der Betriebszugehörigkeit sei nur ein Indiz für mangelnde Flexibilität und Belohnung für Immobilität des Arbeitnehmers. Zuzugeben ist, dass andere Staaten in der Europäischen Union – durchaus wirtschaftlich erfolgreich -, wie z. B. Dänemark, bereits die Anciennität als Zurechnungsparameter im nationalen Kündigungsschutzrecht beseitigt haben. Es wird spannend sein, welche Wege in der Europäischen Union hierzu eingeschlagen werden.

5   Neujustierung der Arbeitnehmervertretungen – von der Sozialpartnerschaft zur Betriebspartnerschaft

Weitgehend unstreitig ist, dass Rechtsstrukturen, ob national oder EU-weit, zu folgenden Zielen ihren Beitrag leisten müssen:

- Unternehmenserfolg und Entwicklung sozialer Kompetenz hängen unmittelbar zusammen.
- Arbeitsrecht als Motor oder Bremse beim Übergang von der Industriegesellschaft zur Informations-, Mobil- und Dienstleistungsgesellschaft

- Arbeitsrecht zwischen Solidarität und Subsidiarität. Stärkung der zentralen Eigenständigkeit der Betriebe und der Gestaltung individualisierter Arbeitsbedingungen.
- Neben den drei klassischen Produktionsfaktoren der Volkswirtschaftslehre, Kapital, Boden (heute richtiger weise: die Lozierungs- oder Standortfrage) ist Mitbestimmung längst vierter Produktionsfaktor geworden.

Parallel zur Verschiebung und Veränderung der Attraktivität der arbeitsrechtlichen Gestaltungsfaktoren verläuft eine verbandspolitische Entwicklung. Medienwirksam bekannt ist in Deutschland der Mitgliederschwund bei den Gewerkschaften. Weniger beachtet wird das dramatische Ausmaß an Austritten aus den Arbeitgeberverbänden. Auch die so genannte OT – Mitgliedschaft (Mitgliedschaft im Arbeitgeberverband ohne Tarifbindung) ist nur bedingt ein Abhilfetatbestand. Die beiden genannten Entwicklungen sind für beide Sozialpartner existenziell bedrohlich. Als besonderer Trend der letzten Jahre ist zu verzeichnen, dass sich aus den großen Gewerkschaften/Arbeitnehmervereinigungen zunehmend Spezialgewerkschaften, Elitegewerkschaften, Funktioneliten – beispielhaft sei erwähnt die Gewerkschaft der Lokomotivführer, Marburger Bund, Vereinigung Cockpit usw. – herauslösen. Große Organisationsformen haben ihre Attraktivität verloren. Arbeitnehmervereinigungen, Gewerkschaften und Arbeitgebervereinigungen werden sich zunehmend zu Beratungs- und Dienstleistungsgemeinschaften der Betriebspartner fortentwickeln müssen. Dahinter steht der Gedanke einer notwendigen, psychologisch nicht einfachen Qualifizierung von Verbänden und Gewerkschaften zu umfassenden Dienstleistungsgemeinschaften, deren Qualität für die Weiterentwicklung der betrieblichen Mitbestimmungsfähigkeit letztlich das Tarif- oder ganz allgemein gesellschaftspolitische Gewicht dieser Organisationen bestimmen wird. Das von der EU vorgegebene Ziel „Flexicurity" – größere Flexibilität auf Europäischen Arbeitsmärkten – wird auch eine Herausforderung für Arbeitgeber und Arbeitnehmer in gleicher Weise sein.

Bezüglich der Zukunft der betrieblichen Mitbestimmung ist die Frage offen. Was setzt sich durch? Wer wird gewinnen? Wird sich durchsetzen das deutsche Modell einer einheitlichen gesetzlichen Regelung, wie z. B. des Betriebsverfassungsgesetzes, oder eine Verhandlungslösung, wie sie weitgehend in den EU Staaten präferiert wird, und auch im europäischen Betriebsrat als eine Optionsmöglichkeit verankert ist.

Weiter stellt sich die Frage: Quo vadis Arbeitnehmerstrukturen und Tarifverträge? Wir stehen unbeantworteten Fragen gegenüber: Welches Profil haben Gewerkschaften im künftigen Europa? Überkommenes deutsches System der Industrie- und Dachgewerkschaften oder Elite-/Sparten- und Spezialgewerkschaften?

Einheitstarifvertrag ade? Tarifpluralität statt Tarifeinheit? Die letzte Fragestellung ist durch die Rechtsprechung des Bundesarbeitsgerichts bereits beantwortet worden, nachdem das Bundesarbeitsgericht im Jahr 2010 mit einer viel beachteten Rechtsprechungsänderung die Möglichkeit der Tarifpluralität, d. h. in einem Betrieb werden mehrere verschiedene Arbeitnehmergruppierungen betreffende Tarifverträge angewendet, abgesegnet hat.

Bezüglich Sozialpartnerschaft und Betriebspartnerschaft und in dem grundsätzlichen sozialen Dialog innerhalb der EU bestehen erhebliche Unterschiede hinsichtlich des Organisationsgrades der Arbeitnehmer, Organisationsformen und Aktionsebenen der Sozialpartner und der gesetzlichen Rahmenbedingungen für ein Tätigwerden durch die Sozialpartner. Europäischer Gewerkschaftsbund (EGB) und Unice als europäischer Arbeitgeber-Industriellenverband sind nur bedingt als Repräsentanten der Sozialpartner auf europäischer Ebene anzusehen. EGB und Unice und andere Verbände haben kein Mandat, keine von ihren nationalen Verbänden abgeleitete Kompetenzen für mitgliedsstaaten–übergreifende Vereinbarungen. Ein paralleler Vorgang – Übertragung von Kompetenzen an supernationale Organisationen – wie er mit den EU-Verträgen stattgefunden hat, fehlt bisher auf der Ebene der Sozialpartner. Solange dies so bleibt, wird der soziale Dialog nur mäßigen Erfolg haben und sind europäische, nationalstaatliche Grenzen überschreitende Vereinbarungen Utopie. Allenfalls denkbar sind – sporadisch, unkoordiniert-mitgliedsstaaten-übergreifende Vereinbarungen für Unternehmen. Sofern der soziale Dialog auf Dauer ohne spürbare Erfolge bleibt, besteht die Gefahr, dass der schon entstandene und eventuell weiter entstehende Freiraum vom EU-Gesetzgeber ausgefüllt wird. Aus deutscher Sicht und damit auf Grund einer 60 Jahre andauernden bundesrepublikanischen Erfahrung muss Interesse an Belebung, Fortschritt des sozialen Dialogs bestehen, um zentralistisch ausgerichteten Regelungsbestrebungen des EU-Gesetzgebers vorzubeugen und das – bewährte- deutsche vom Staat unabhängige dezentralistische System der Aushandeln der Arbeitsbedingungen, sei es durch Tarifverträge oder Einzelarbeitsverträge, zu bewahren.

6 Compliance – ein Element des Arbeitsrechts?

Clompliant bedeutet in der englischen Sprache entgegenkommend, gefällig, nachgiebig oder willfährig. Unter dem heutigen verwendeten Begriff Compliance versteht man die Gesamtheit von Maßnahmen im Unternehmen, die das regelkonforme Verhalten seiner Geschäftsführung und Mitarbeiter gewährleisten sollen. Durch Compliance sollen mehrere Ziele verfolgt werden. Zum einen zielt sie darauf ab, eine Haftungsvermeidung durch Gesetzestreue zu bewirken, indem die Haftung der Geschäftsleitung vermieden oder verringert werden soll. Führungskräfte machen sich schon dann strafbar, wenn sie als Garanten es unterlassen, die ihnen unterstellten Mitarbeiter an der Begehung von Straftaten zu hindern, obwohl ihnen das möglich und zumutbar ist. Darüber hinaus müssen sich auch Mitglieder der Geschäftsleitung als mittelbare Täter kraft ihrer Organisationsherrschaft für Straftaten verantworten, die durch das Verhalten von Unternehmensangehörigen verursacht wurden. In den letzten zwei Jahrzehnten hat sich zunehmend ein Wandel im Wertebewusstsein durchgesetzt. Wirtschaftseliten müssen ethisch verantwortungsvoll handeln. Anstand und Moral können aus wirtschaftlichen Entscheidungsprozessen nicht ausgeblendet werden. Jedes Unternehmen muss sich dieser Wertediskussion stellen. Welche Begrifflichkeiten, wie Compliance, ethiccodes oder codes of conduct sich durch durchsetzen, bleibt abzuwarten. Allgemein ist die Überzeugung, dass Firmen und Mitarbeiter nicht in einem ethischen Vakuum leben. Es bedarf spiritueller guidelines zur „Domestizierung des Raubtiers Mensch".

Politisch eingeklagt wird, dass diese Wertediskussion offen, offensiv und zukunftsorientiert auf der Basis des Grundwertekanons der europäischen Union geführt wird.

In dieser Wertediskussion hat auch die Leistung einen besonderen Stellenwert. Eine Gesellschaft stirbt, wenn Leistung nicht axiomatischer Ansatz für ihr Fortkommen ist. Führungskräfte sind prädestiniert für verantwortungsvolle Leistungen in der Wirtschaft. Sie stellen hiermit eine Scharnierfunktion dar zwischen den Vertretern des Kapitals und denen des Humankapitals, der Arbeitnehmerschaft. Sie sind damit das soziale Scharnier zwischen Kapital und Humankapital. Auch wenn mit dem Begriff des Sozialen in den letzten 100 vielfach Schindluder getrieben und nur egalisierende Umverteilungspläne damit begründet wurden, ist es ein Akt der Mitmenschlichkeit, nicht nur Schwachen zu helfen, als eine Seite des Sozialen, sondern auch Freiheitsraum für Leistungsträger offen zu lassen. Auch dies ist ein Freiheitsrecht. Ohne erbrachte Leistung gibt es nichts zu verteilen. Es bleibt bei der alten Binsenweisheit: „Jedes Brötchen, das gegessen wird, muss erst gebacken werden".

Über die Zukunftsfähigkeit einer Gesellschaft wird auch mit entschieden durch die Qualität der Soziokultur und damit dem Stellenwert von Leistungen in den europäischen Gesellschaften. Wie der Protestantismus am Ausgang des Mittelalters der große Gewinner der damals stattgefundenen Globalisierung war, indem er harte Arbeit und Reichtum anerkannte, wird es entscheidend sein, dass Geisteshaltungen, auch Religionen, die ihre Offenheit für Fortschritt verteidigen, durch Zustimmung in den europäischen Gesellschaften an Zuspruch gewinnen. Ich zitiere den Entwicklungshelfer Lawrence E. Harrison, der am Beispiel des Protestanten Calvin die Fortschrittsgläubigkeit der Hugenotten formulierte: „Eine Religion, die das Streben ihrer Anhänger verbietet, wirft sich selbst zurück". Neu in der Intensität ist in das Bewusstsein der Menschen verankert worden, dass Leistung aber im Rahmen eines regelkonformen Verhaltens erbracht werden muss. Die alte philosophisch-ethische Grundausrichtung, dass das Ziel nicht alle Mittel heiligt, ist so alt wie neu. Ob es einen zwingenden Mindestinhalt für Compliance – Maßnahmen gibt, ist bislang nicht geklärt. Gesetzliche Vorgaben fehlen, weil die Unternehmen und deren Haftungsrisiken sehr unterschiedlich sind, so dass allgemein verbindliche Regelungen kaum in Betracht kommen. Darüber hinaus tun sich auch Grenzen für Compliance – Maßnahmen auf. Es gilt das allgemeine Persönlichkeitsrecht wahren und den daraus abgeleiteten beschäftigten Datenschutz sicher zu stellen. Auch betriebliche oder unternehmensweite Compliance – Regelungen und deren ausgewählte Kontrollmaßnahmen müssen sich an den Grenzen zulässiger Videoüberwachung, automatisierten Abgleich von Beschäftigtendaten und durch die von der Rechtsordnung vorgegebenen Beweisverwertungsverbote messen lassen. Hier baut sich immanent zu allen Compliance – Maßnahmen der Mitarbeiterkontrolle eine deutliche Grenze auf. Auch vom Recht der Europäischen Union sind neue Impulse zu erwarten. Beispielhaft sei erwähnt, dass Art. 8 der Charta der Grundrechte der Europäischen Union (EU-GR Charta) den Schutz der personenbezogenen Daten in den Rang eines EU-Grundrechts erhoben hat.

Teil II
Wissenschaft

Deutschlands Wirtschaftsfakultäten und die Globalisierung – Abschied vom deutschen Bildungsmodell?

Hans J. Tümmers

Wer hätte sich zu Zeiten eines Hermann Josef Abs vorstellen können, dass die Deutsche Bank weniger als 20 Jahre nach seinem Tod im Jahre 1994 von einem Inder geleitet würde? Als mit Josef Ackermann 2002 diese Aufgabe ein Schweizer übernahm, führte das noch zu einiger Verwunderung. Heute erregt es keinerlei Aufsehen mehr, wenn die führenden Manager deutscher Unternehmen aus dem Ausland kommen. Die Arbeitswelt des 21. Jahrhunderts verändert sich also auch auf der Ebene der Unternehmensleitung.

Die Internationalisierung des Managements berührt direkt die deutschen Wirtschaftsfakultäten und – hochschulen, deren Monopolstellung bei der akademischen Ausbildung von Führungskräften immer mehr in Frage gestellt wird. Wie stellt sich diese Situation dar, und welche Entwicklungen sind hier zu erwarten? Diesen Fragen möchte der folgende Artikel nachgehen.

1 Deutschland in internationalen Rankings und Akkreditierungen

Jedes Jahr veröffentlicht die Financial Times verschiedene Rankings der Business Schools und Wirtschaftsfakultäten der Welt.[1] Diese Rankings beziehen sich auf die Hochschulen insgesamt und auf ihre verschiedenen Studienangebote. Im europäischen Ranking der Hochschulen finden sich unter den 75 besten Hochschulen gerade mal fünf deutsche, davon sind drei Privathochschulen; hingegen befinden sich 21 in Großbritannien und 18 in Frankreich, deren HEC Paris auch die Liste anführt. Belgien mit seinen knapp 11 Mio. Einwohnern hat immerhin vier Spitzenhochschulen aufzuweisen, ebenso wie Spanien. Bei

---

[1] Alle Rankings unter: www.rankings.ft.com/businessschoolrankings

---

H. J. Tümmers (✉)
Im unteren Kienle 14, 70184 Stuttgart, Deutschland
E-Mail: hans.tuemmers@web.de

A. Papmehl, H. J. Tümmers (Hrsg.), *Die Arbeitswelt im 21. Jahrhundert*,
DOI 10.1007/978-3-658-01416-2_6, © Springer Fachmedien Wiesbaden 2013

der Beurteilung der konsekutiven Studiengänge zum Master in Finance erscheint unter den 35 besten europäischen Programmen das der (privaten) Frankfurt School of Finance and Management als einziges deutsches Programm auf Platz 32, und unter den 100 besten MBA-Programmen der Welt erscheint keines einer deutschen Hochschule. Nun ist der MBA in erster Linie ein angelsächsisches Studienmodell, weshalb unter diesen 100 besten MBA-Hochschulen 85 in Großbritannien, den USA und anderen ehemals britischen Kolonien beheimatet sind. Überraschend ist die deutsche Abwesenheit bei den Rankings aber trotzdem, denn immerhin werden in Deutschland über 300 MBA-Programme angeboten[2].

Auch bei den internationalen Akkreditierungen sind die deutschen Hochschulen nur schwach vertreten. Die bereits 1916 gegründete, ursprünglich rein amerikanische „Association to Advance Collegiate Schools of Business" akkreditierte bislang nur acht deutsche Hochschulen, darunter vier Universitäten (Mannheim, Frankfurt, Aachen und Münster), eine Fachhochschule (Pforzheim) und drei Privathochschulen (ESMT Berlin, HHL Leipzig und WHU Vallendar). In Frankreich sind es immerhin 17 und damit sogar eine mehr als in Großbritannien. Selbst was die Mitgliedschaft in der AACSB betrifft, ist Deutschland schwach vertreten: von den gerade mal 17 Mitgliedshochschulen sind nur sechs Universitäten.

Die EQUIS-Akkreditierung der „European Foundation for Management Development – EFMD" erhielten bislang nur vier deutsche Hochschulen, nämlich zwei Universitäten (Mannheim und Köln) und zwei Privathochschulen (die European Business School in Oestrich-Winkel und die WHU in Vallendar). In Frankreich sind es 17 und in Großbritannien sogar 24. Mitglied der EFMD sind immerhin 25 deutsche Hochschulen, darunter allerdings nur fünf staatliche Universitäten. Deshalb sind deutsche Wirtschaftsfakultäten in diesen internationalen Organisationen kaum bekannt. Am angesehensten unter ihnen und am meisten international wahrgenommen ist wohl die Universität Mannheim, die alle relevanten Akkreditierungen besitzt und auch aktiv an den internationalen Konferenzen der Business Schools teilnimmt.

Warum spielen die deutschen Hochschulen in der internationalen Wahrnehmung eine so geringe Rolle? Warum interessieren sich diese offensichtlich nicht für dieses Thema? Welche Konsequenzen hat dies für die drittgrößte Wirtschaftsnation der Welt, und welche Schlussfolgerungen sollten wir daraus ziehen? Diesen Fragen soll im Folgenden nachgegangen werden.

2   Das deutsche Bildungsmodell

Weist man auf die geringe internationale Anerkennung der deutschen Wirtschaftsfakultäten und Business Schools hin, wird als erstes die Bedeutung dieser Rankings in Frage gestellt. Wie kann es sein, dass trotz dieser angeblich international so bedeutungslosen Wirtschafts-

---

[2] Der MBA Guide 2012, Luchterhand (2012).

fakultäten und -hochschulen die deutschen Unternehmen dennoch so erfolgreich sind? Da kann die akademische Ausbildung ja so schlecht nicht sein. Und außerdem ist Deutschland immer noch eines der wichtigsten Zielländer für ausländische Studierende. Nach einer Studie der OECD studieren immerhin 7 % aller weltweit an einer ausländischen Hochschule immatrikulierten Studierenden an einer deutschen Hochschule. Damit steht Deutschland gleichauf mit Australien auf dem dritten Platz der attraktivsten Zielländer, nach den USA (18 %) und Großbritannien (9,9 %) und noch vor Frankreich (6,8 %).[3] Hier handelt es sich allerdings um alle Fachrichtungen und nicht nur um Wirtschaftswissenschaften.

Fragen wir zunächst: Was und wie studierten erfolgreiche deutscher Manager, und was sind die Indikatoren für ihren Erfolg? Betrachten wir hier die Vorstandsvorsitzenden der 30 DAX-Unternehmen. Ihre beruflichen Werdegänge können ja als besonders erfolgreich angesehen werden. 12 von ihnen, also weniger als die Hälfte, hatten Wirtschaftswissenschaften studiert, gefolgt von Jura und Ingenieurswissenschaften mit jeweils sieben und Naturwissenschaften mit drei Absolventen. Einer hatte Volkswirtschaftslehre studiert, brach das Studium aber schon nach einem Jahr ab und kann somit keinen Hochschulabschluss vorweisen.18 von ihnen, also 60 %, sind promoviert.[4] Dieser hohe Anteil an Inhabern von Doktortiteln ist bemerkenswert. Da von allen Vorständen nur 40 % promoviert sind, kann sogar davon ausgegangen werden, dass ein Doktortitel für den letzten Karriereschritt von Vorteil ist. Damit unterscheidet sich Deutschland von den meisten anderen Industriestaaten, wo eine Promotion nach dem Studium nur wenig Vorteile bringt und diese dort in erster Linie zur Vorbereitung einer akademischen Berufslaufbahn dient. Umgekehrt ist jedoch ein Doktorgrad in Deutschland keinesfalls die Voraussetzung für eine erfolgreiche Karriere, wie man in Frankreich immer wieder vermutet, denn in Deutschland – und das ist der wesentliche Unterschied zu unseren Nachbarn – werden die Eliten nicht in erster Linie von den Hochschulen, sondern durch den Erfolg in der Praxis gebildet. Dass hierbei die soziale Herkunft eine nicht geringe Rolle spielt, steht natürlich außer Frage. Denn das richtige Auftreten, die geschliffene Sprache und der ganze Habitus für eine erfolgreiche Karriere wird in nicht geringem Maße vom Elternhaus geprägt.[5] Richtig bleibt dennoch, dass in Deutschland die Betonung von Forschungskompetenz auch in der beruflichen Praxis einen Vorteil verschafft, denn sonst wäre die Promotion ja nicht so populär. Dies weist auf das spezifische deutsche Bildungsmodell hin, wie es vor 200 Jahre von Wilhelm von Humboldt geprägt wurde und auch heute noch die Identität der deutschen Universität bestimmt.

Danach sollte die Universität ihre Aufgabe allein in der Auseinandersetzung mit der „reinen Idee der Wissenschaft" sehen. Ihr sollten sich Lehrende und Lernende gemeinsam „in Einsamkeit und Freiheit" widmen. „Wer der reinen Idee der Wissenschaft gegenübersteht", so Wilhelm von Humboldt, „braucht Einsamkeit und Freiheit", Freiheit von äußerer Bestimmung – also auch von der seitens der Wirtschaft. In erster Linie hat die Hochschule also einen Bildungs- und nicht einen Ausbildungsauftrag. So wies der Wissenschaftsrat in

---

[3] Siehe OECD (2011), S. 393 ff.

[4] Eigene Recherchen

[5] Siehe hierzu: Rust (2005) und Hartmann (2007).

seinen Empfehlungen zur Struktur des Studiums 1986 darauf hin, dass die Befassung mit Problemen der Praxis nicht zur praktischen Berufsausbildung in den Hochschulen führen dürfe. Vielmehr sei eine gewisse Distanz zur Praxis für Lehre und Studium an den Universitäten notwendige Bedingung ihrer Wirksamkeit.[6] Und auf einem Symposium 1985 über Wilhelm von Humboldt unterstrich der damalige Präsident des Wissenschaftsrats, Professor Dr. Heckhausen: „Wir wollen nach wie vor daran festhalten, dass das Universitätsstudium eine radikale, allerdings befristete Periode von vorsätzlicher Praxisferne ist."[7] Vereinfacht könnte man sagen: die Wirtschaftsfakultäten der Universitäten haben in erster Linie der Wissenschaft und nicht direkt den Unternehmen zu dienen. Ziel des Studiums soll es deshalb sein, durch die Vermittlung von Forschungskompetenz analytisch denkende, kreative und verantwortungsbewusste Menschen heranzubilden.

Dies bedeutet aber auch, dass Begriffe wie Praxisnähe und Anwendungsbezug immer noch negativ behaftet sind, ein Tatbestand, unter dem vor allem die Fachhochschulen in der Vergangenheit litten. So ist Deutschland wohl auch das einzige Land, in dem die Unterscheidung in „wissenschaftliche" und „anwendungsbezogene" Hochschulen diskriminierenden Charakter hatte und teilweise auch heute noch hat. Diese immer noch vorhandenen Geringschätzung von Praxisnähe, die gerne mit Unwissenschaftlichkeit gleichgesetzt wird, hat in Deutschland Tradition. So mussten die Technischen Hochschulen lange für ihre Anerkennung als vollwertige, wissenschaftliche Hochschule kämpfen, und nicht anders war es im Sekundarschulwesen, wo Oberrealschulen und sonstige Oberschulen lange Zeit Gymnasien zweiter Klasse waren. Selbst die Naturwissenschaften wurden lange als schlichte „Realienkunde" verunglimpft.

Im Gegensatz hierzu sind die französischen „Grandes Ecoles de Management" besonders stolz auf ihre Studiengänge des „apprentissage", in denen Lehre und Praktika sich abwechseln – wie an den Dualen Hochschulen Deutschlands, den früheren Berufsakademien. Einige der französischen „Grandes Ecoles de Management" können auch nur geringe Forschungstätigkeiten vorweisen, und mit einer Ausnahme, der HEC Paris, verfügen sie nicht über ein eigenes Promotionsrecht. Dennoch stehen sie im Ansehen über den Universitäten, und formal waren ihre Diplome selbstverständlich immer in die Hierarchie der Hochschulabschlüsse eingeordnet – und zwar ganz oben.

3   Die „Bologna-Reform"

3.1   Strukturen und Bildungsziele

Die „Bologna-Reform", benannt nach der 1999 von damals 28 europäischen Ministern in Bologna unterzeichneten Erklärung, die einen einheitlichen europäischen Hochschulraum schaffen sollte, hat das deutsche Hochschulsystem mehr als jede andere Reform in den vergangenen 200 Jahren verändert, und sie hat hier auch größere Veränderungen bewirkt

---

[6] Wissenschaftsrat (1986).

[7] Der Bundesminister für Bildung und Wissenschaft (1985).

als in den meisten anderen europäischen Staaten. Während früher das Studium mit einem einzigen Abschluss endete, wurde nun ein gestuftes System eingeführt, bei dem nach 3 bis 4 Jahren ein Bachelor- und nach insgesamt 5 Jahren ein Master-Grad verliehen wird. Das Promotionsstudium sollte dann nach weiteren 3 Jahren abgeschlossen werden.

Bemerkenswert erscheint hier zunächst, dass die Bezeichnung „Bachelor" außerhalb der englischsprachigen Ländern nur selten eingeführt wurde. In Frankreich wählte man den alteingeführten Begriff der „Licence", in Italien den der „Laurea triennale" oder „Laurea di primo livello" und in Spanien den „Grado". Warum nur wählten wir in Deutschland den Begriff „Bachelor", der sprachlich nicht gerade sehr angenehm klingt? Nun ja, man legt in Deutschland nun einmal wenig Wert auf die Bedeutung der eigenen Sprache und hält Anglizismen für einen Ausdruck von kultureller Offenheit.

Diese Reform hatte Auswirkungen sowohl hinsichtlich der Struktur des deutschen Hochschulsystems, wie auch der Bildungsphilosophie insbesondere der Universitäten. Der erste Hochschulabschluss soll „berufsqualifizierend" sein. Nun fragt man sich natürlich, was das zu bedeuten hat. Meint man damit den anwendungsbezogen ausgebildeten, sofort einsetzbaren Hochschulabsolventen? Offensichtlich, denn während in der Vergangenheit der Wissenschaftsbezug und die „vorsätzliche Praxisferne" (siehe oben) betont wurde, sollte nun auch die Universität praxisnah ausbilden. Der damalige Präsident des Wissenschaftsrats, Prof. Dr. Strohschneider brachte es 2006 auf den Punkt: „Universitäten müssen für das normale Berufsleben ausbilden."

Entsprechend diesem neuen Aus-Bildungsauftrag wurden nun die Curricula straff strukturiert., wobei man meinte, bereits nach 3 Jahren den Auftrag der akademischen Berufsausbildung erfüllen zu können. Damit wurden die Möglichkeiten zu einem frei gestalteten Studium weitgehend beseitigt und die akademische Freiheit leichtfertig geopfert. Auch der Hinweis auf die angelsächsischen Universitäten geht hier fehl. Denn dort dauert der erste Studienabschnitt zum Bachelor in der Regel 4 Jahre, und es wird auch nicht erwartet, dass er bereits „berufsqualifizierend" sei. Vielmehr soll das Studium das interdisziplinäre Denken und die Kreativität fördern, was als Voraussetzung für das Verständnis der beruflichen Praxis und deren Gestaltung angesehen wird. Dies war im übrigen auch einmal der Bildungsauftrag der deutschen Handelshochschulen wie der von Nürnberg, an der ich vor bald 50 Jahren mein Studium der Betriebswirtschaft aufgenommen hatte. Dort bot sich mir die Möglichkeit, Vorlesungen in Politik, Geschichte und sogar Philosophie zu hören und in diesen Fächern Prüfungen abzulegen. Auch in Nürnberg ist davon nur noch wenig übrig geblieben.

Es war ein Fehler, vor allem dreijährige Bachelorprogramme einzuführen. Viel klüger wäre es gewesen, sich für das 4 + 1 Modell zu entscheiden, das im übrigen auch mit dem angelsächsischen Modell, an dem man sich orientierte, kompatibel ist. So haben wir die absurde Situation, dass der Absolvent eines dreijährigen Bachelorstudiums sich oft nicht in einen amerikanischen Masterstudiengang einschreiben kann, da hierfür ein vierjähriges Studium Voraussetzung ist. Zu einer weiteren Konfusion hat in Deutschland noch beigetragen, dass man alle möglichen Varianten eingeführt hat, vom dreijährigen über den dreieinhalbjährigen bis zum vierjährigen Bachelor.

Die akademische Berufsausbildung war schon immer der Bildungsauftrag der Fach-hochschulen. Sie liegen voll im Trend der neuen Zeit und sind damit die Gewinner der Bologna-Reform. Außerdem sind sie jetzt in das deutsche Hochschulsystem eingebun-den, was sie bei ihrer Gründung 1970/1971 nicht wirklich waren, da ihre Abschlüsse nicht zu einem Weiterstudium an der Universität ohne Zeitverlust berechtigten. Dieses Manko hat die Bologna-Reform nunmehr beseitigt. Hinzu kommt, dass sie nun ebenfalls Master-Studiengänge anbieten können, die zur Promotion berechtigen und den Zugang zur höheren Beamtenlaufbahn ermöglichen. Was den Universitäten heute noch bleibt, ist das Promotionsrecht, wobei auch dieses durch Partnerschaften von Fachhochschulen und aus-ländischen Universitäten geschaffen werden kann. Es wird nicht lange dauern, dann werden solche Modelle auch in Deutschland die Regel werden. Und man kann vorhersagen, dass wir auch in Deutschland eine Entwicklung erleben werden wie in England, wo die den Fachhochschulen sehr ähnlichen „Polytechnics" 1992 in Universitäten umbenannt wurden und man heute bei vielen „Universities" nicht weiß, dass sie früher einmal Polytechnics waren.

3.2   Internationalisierung des Studiums

Mit der wichtigste Grund für die Bologna-Reform war das Bestreben, einen einheitlichen europäischen Hochschulraum zu schaffen und so die grenzüberschreitende Mobilität der Studierenden zu fördern. Hier ist ein sehr bedenkliches Ergebnis der Reform zu beklagen. Bei einem Studium, das 4 bis 5 Jahre dauerte, war es leichter möglich, ein Semester oder gar ein Jahr an einer ausländischen Universität in das Studium zu integrieren. So hatte sich die Zahl der Studierenden mit studienbezogenen Auslandsaufenthalten seit den 80-er Jahren von 14 % auf heute ca. 25 % zwar gesteigert; hierbei werden aber auch Praktika und Sprach-kurse mitgerechnet. Mit 32 % Auslandserfahrung liegen die Wirtschaftswissenschaften an der Spitze, dicht gefolgt von den Sprach- und Kulturwissenschaften mit 31 %.[8] Legt man nur Studienaufenthalte zu Grunde, so liegt der Anteil der Studierenden mit Auslandsstu-dium allerdings nur bei ca. 18 %. Und nur ein Drittel von ihnen, also 6 %, hat mehr als ein Semester im Ausland studiert; mit mehr als einem Jahr Auslandsstudium waren es extrem wenige.[9]

Hierbei ist festzustellen, dass der Anteil der längeren Auslandsstudien in den vergan-genen Jahren abnimmt. Denn bei einem dreijährigen Bachelor ist es kaum möglich, ein Jahr im Ausland zu studieren, es sei denn, man wolle die Studienzeit verlängern, was ja von Bildungspolitikern seltsamerweise auch schon vorgeschlagen wurde. Nach einer ersten Erhebung aus dem Jahre 2009 konnten von den Bachelor-Studenten nur 16 % einen stu-dienbezogenen Auslandsaufenthalt vorweisen und nur bei 9 % von ihnen handelte es sich

---

[8] HIS, Heublein et al. (2011), S. 8 ff.

[9] Vgl. Statistisches Bundesamt (2011), S. 28 ff. und Bundesministerium für Bildung und Forschung (BMFT) (2010), S. 57 ff.

hierbei um einen Studium.[10] So stellt auch das Bundesministerium für Bildung und For-schung in seinem Bericht in seinem Bericht über die Internationalisierung des Studiums fest, dass „die Mobilitätsquoten bei Bachelorstudierenden deutlich niedriger (sind) als bei Studierenden in traditionellen Studiengängen".[11]

Wie soll man denn auch in einem zweijährigen Masterstudium noch ein Auslandssemester oder -jahr integrieren? Die einzige Möglichkeit ist hier, wie auch im Bachelor-Studium, die Etablierung von Doppeldiplom-Studiengängen, was aber angesichts des großen ad-ministrativen Aufwands bei den Fakultäten nicht auf eine sehr große Begeisterung stößt. Deshalb ist auch heute noch die Zahl der Doppeldiplom-Studiengänge, insbesondere was die Zahl der beteiligten Studierenden betrifft, eher bescheiden. Die bereits im Jahre 1979 gegründete European School of Business – ESB Reutlingen – mit ihren voll integrierten, neun bi-nationalen Studiengängen und Doppeldiplom-Abschlüssen bleibt ein Solitär in der Hochschullandschaft. Jedes Jahr werden dort 150 Studienanfänger aufgenommen, wobei die Studienpläne mit den 12 Partnerhochschulen in neun Ländern, darunter zehn traditio-nelle Universitäten, abgestimmt sind. Auch das fünfte Studienjahr, das zu einem Master of Science in International Management führt, ist binational konzipiert.

Integrierte deutsch-französische Studiengänge werden auch von der deutsch-französischen Hochschule gefördert; in Betriebswirtschaftslehre sind es 17 Bachelor-programme, bei denen auf deutscher Seite 12 Fachhochschulen beteiligt sind und 13 Masterprogramme mit nur 3 beteiligten Fachhochschulen. Allerding liegt die Zahl der daran beteiligten Studierenden in den meisten Fällen nur im einstelligen Bereich.

All diese Bemühungen um die Internationalisierung des Studiums beziehen sich auf die grundständigen Studiengänge zum Bachelorgrad sowie die konsekutiven Masterpro-gramme, bei denen langfristige Entwicklungen noch nicht statistisch untermauert werden können, da die Bologna-Reform ja erst seit einigen Jahren umgesetzt wurde. Deutsch-land liegt auch hier gegenüber den anderen Staaten deutlich zurück.[12] Dennoch kann davon ausgegangen werden, dass durch den Bologna-Prozess eine Verlangsamung der In-ternationalisierung der Hochschulen einstellen wird. Wie aber kann man angesichts der Globalisierung der Wirtschaft Betriebswirtschaft nur im nationalen Rahmen studieren wollen?

3.3 Positive Auswirkungen

Die Bologna-Reform hatte jedoch auch positive Auswirkungen, die unser System grundle-gend veränderten und hier ebenfalls erwähnt werden sollen

(1) Hier ist zunächst positiv die größere Flexibilität bei der Gestaltung des Studiums zu nennen. Beschloss man früher, Betriebswirtschaft zu studieren, so bedeutete dies ei-ne Bindung an die Studienwahl für durchschnittlich 6 Jahre. So lange dauerte früher im

---

[10] HIS, a. a. O., S. 10.

[11] BMFT, a. a. O., S. 57.

[12] Vgl. European Commission (2012), S. 32 ff.

Durchschnitt eine BWL-Studium an der Universität! Eine Änderung der Studienrichtung nach ein oder zwei Jahren ging mit einem Neubeginn des Studiums einher und führte zu einer deutlichen Verlängerung der Studienzeit. An den Fachhochschulen war das Studium durch die strengere Strukturierung zwar kürzer, aber dennoch bedeutete auch hier der Studienabbruch einen kompletten Neuanfang. Mit der Einführung des gestuften Studienmodells besteht nun die Möglichkeit, nach drei oder vier Jahren eine manchmal sogar völlig abweichende Studienrichtung im Master zu wählen, da eine enge inhaltliche Bindung zwischen grundständigem und Aufbaustudium nicht immer besteht. Man kann also nach einem betriebswirtschaftlichen Bachelor-Studium einen Master in einer anderen, mit dem Erststudium nicht unbedingt inhaltlich eng verbundenen Fachgebiet studieren.

(2) Dies bedeutet auch, dass ein Master-Studium nicht nur als eine Fortsetzung des Bachelor-Studiums konzipiert sein darf, sondern für sich allein einen Stellenwert besitzen sollte. Dies ist vor allem dann der Fall, wenn zwischen dem Master-Studium und dem ersten Hochschulabschluss eine berufspraktische Phase vorgesehen ist.

(3) Die Einführung des ersten, berufsqualifizierenden Hochschulabschlusses nach bereits drei Jahren führte zu einer deutlichen Erweiterung des Kreises der Studienanbieter. Nicht mehr nur die Universitäten und die Fachhochschulen, auch die Berufsakademien, Verwaltungs- und Wirtschaftsakademien sowie zahlreiche private Hochschulen bieten nun, in der Regel sehr praxisbezogene Bachelor- und manchmal auch Masterstudiengänge an. Die Steinbeis-Hochschule in Berlin ist hier ein besonders engagierter Vorreiter. Ferner sind die Hochschulen und Institute zu nennen, die Fernstudien in immer größerem Umfange anbieten. Dies geht einher mit der Erleichterung des Zugangs zum Studium durch die Anerkennung von berufspraktischen Qualifikationen. Das akademische Studium wurde also nachhaltig „popularisiert", und es gibt heute unzählige Möglichkeiten, einen ersten Hochschulabschluss zu erlangen.

4 Die Bedeutung der akademischen Weiterbildung

Hatte in der Vergangenheit jemand sein Studium beendet, so war damit das Kapitel Hochschule – ob Universität oder Fachhochschule – abgeschlossen, es sei denn, man strebte eine akademische Karriere an. Eine Rückkehr an die Hochschule zum Erwerb eines weiteren Grades ergab auch kaum einen Sinn. Wer ca. 6 Jahre lang Wirtschafts- oder Ingenieurwissenschaften studiert hatte, war beim Abschluss des Studiums 26 bis 27 Jahre alt – und begann damit seine berufliche Laufbahn etwa 3 Jahre später als sein britischer oder französischer Kollege. Einen zusätzlichen Hochschulgrad in Management wurde deshalb auch von nur wenigen Deutschen erworben, und wenn, dann an den bekannten internationalen Management Schools wie dem INSEAD in Fontainebleau, dem IMD in Lausanne oder einer britischen bzw. amerikanischen Business School. Ein entsprechendes Angebot in Deutschland gab es nicht. Auch kurze Managementprogramme, die nicht zu einem Hochschulabschluss führten, wurden von deutschen Hochschulen nur in sehr bescheidenem Umfang angeboten. Das lange Universitätsstudium in Deutschland mit nur einem Abschluss, dem Diplom, erforderte kein Aufbaustudium, wie man es in anderen Ländern längst kannte. Diese geringe Bedeutung der akademischen Weiterbildung geht auch aus der Studie der Europäischen Kommission hervor, nach der Deutschland bei Part-time Studiengängen im Jahre 2008/2009 das Schlusslicht unter den EU-Ländern war.[13]

Dies war vor der Bologna-Reform. Was sich hier ändern wird bzw. muss, soll hier kurz zusammengefasst werden:

(1) Mit Einführung des gestuften Studienmodells muss davon ausgegangen werden, dass ein Teil der Bachelor-Absolventen eine berufliche Tätigkeit aufnehmen wird. Da aber – gerade in Deutschland mit seinem akademischen Statusdenken – weiterhin der vollakademische Abschluss das angestrebte Ziel sein wird, muss damit gerechnet werden, dass die Bachelor-Absolventen nach einigen Jahren Berufspraxis noch einen Mastergrad erwerben möchten. Dies werden sie nicht im Vollzeitmodus, sondern berufsbegleitend realisieren wollen. Den Part-time-Programmen bzw. Weiterbildungs-Master wird also eine wachsende Bedeutung zukommen. Die deutschen Universitäten sind hier aber immer noch sehr zögerlich und überlassen dieses Feld weitgehend den privaten Hochschulen, insbesondere was die sog. Executive Education betrifft, also Programme – mit oder ohne Hochschulabschluss – für Teilnehmer mit ca. 7 bis 10 Jahren Berufserfahrung in Führungspositionen.

Diese berufsbegleitenden Programme können nicht den öffentlich-rechtlichen Regeln unterliegen. Während eine forschungsbetonte Universität vor allem einen (öffentlichen) Bildungsauftrag hat und deshalb auch weitgehend öffentlich finanziert wird, haben Weiterbildungsinstitute in erster Linie einen Ausbildungsauftrag, bei dem es um die praktische Anwendung von Wissen geht. Man könnte auch sagen, bei der universitären Forschung wird (öffentliches) Geld in Wissen bzw. Erkenntnis umgewandelt, während in Business Schools dieses Wissen materiellen Nutzen produziert. Damit stellen sich auch die Fragen der Finanzierung bzw. der Studiengebühren, sowie der finanzielle Gestaltungsrahmen in völlig unterschiedlicher Weise.

Es bietet sich deshalb an, in enger Verbindung mit der Hochschule eine privatrechtlich organisierte „Business School" zu gründen, wie dies beispielsweise an der Universität Mannheim mit der Mannheim Business School oder an der Universität Frankfurt mit der Goethe Business School erfolgte. Damit haben die Hochschulen außerdem die Möglichkeit, zusätzliche Mittel in nicht geringer Höhe zu erwirtschaften. Der Umsatz mit diesen Programmen erreicht an den bedeutenderen Hochschulen Europas eine zweistellige Millionenhöhe, womit sie ihre grundständigen Studiengänge, für die nur relativ geringe Studiengebühren erhoben werden, mitfinanzieren können.

Auch bildungspolitisch sind solche Weiterbildungsinstitute von großer Bedeutung, da die Hochschulen mit ihnen zu Dienstleistern für die Wirtschaft werden, ähnlich den Business Schools weltweit, und gleichzeitig haben sie die Möglichkeit, ihre wissenschaftlichen Erkenntnisse in der praxisbezogenen Lehre zu überprüfen. In den konsekutiven Bachelor-

---

[13] Europäische Kommission, a. a. O., S. 139.

Master-Studiengängen bleiben sie hingegen ihrem ursprünglichen Bildungsauftrag treu. Hier muss nachdrücklich betont werden: es geht nicht darum, das sehr erfolgreiche, forschungsbasierte Universitätsmodell Deutschlands über Bord zu werfen und die Bildungsmodelle anderer Länder – insbesondere der angelsächsischen – zu übernehmen. Vielmehr sollen die Universitäten durch die Schaffung von privatrechtlich organisierten Weiterbildungsinstituten auch auf dem Aktionsfeld der Business Schools im internationalen Wettbewerb bestehen können.

(2) Die Reputation einer Hochschule wird in erster Linie von der Qualität ihrer Masterprogramme abhängen. Während die Bachelor-Programme auch in Zukunft ihre Studierenden weitgehend regional rekrutieren werden, können die Master-Programme eine Reputation weit über die Landesgrenzen hinaus schaffen. Nach dem Bachelor-Abschluss suchen die Studierenden gezielt das für sie attraktivste Master-Studium aus und sind dabei auch bereit, sich weit von ihrem Heimatort zu entfernen. Ob sie allerdings ein Masterstudium im (nicht deutschsprachigen) Ausland[14] absolvieren möchten, erscheint sehr zweifelhaft. Eine besondere Bedeutung kommt hier den Weiterbildungs-Master, seien es Vollzeit- oder Teilzeitprogramme, zu. Sie vor allem bestimmen die internationale Reputation der Hochschule.

(3) Um auch international konkurrenzfähig und ein akzeptierter Partner ausländischer Universitäten zu werden, müssen einige Studiengänge in englischer Sprache angeboten werden. Die englische Sprache ist nun einmal zur Lingua franca im Management und in der Management-Ausbildung geworden, während gleichzeitig die Bedeutung der deutschen Sprache zurückgegangen ist. Wer also international wahrgenommen werden möchte, muss auch auf Englisch lehren!

Glaubt man der in einer Studie veröffentlichten Statistik, so haben die deutschen Hochschulen in den vergangenen Jahren auch auf diesem Gebiet gewaltig aufgeholt. So sei das Angebot von englischsprachigen Masterstudiengängen von 2007 bis 2012 von 100 auf über 600 gestiegen, und Deutschland liege damit in den nicht-englischsprachigen Ländern hinter den Niederlanden auf Platz 2.[15] In den Wirtschaftswissenschaften gebe es nach einer dort erwähnten Internetquelle 261 englischsprachige Programme, davon 200 in Betriebswirtschaft bzw. Management.[16] Von diesen 200 werden 59 an Universitäten angeboten, 60 an Fachhochschulen und 81 an Privathochschulen. Einige der Universitäten sind gleich mit mehreren Programmen vertreten, so dass die Zahl der beteiligten Universitäten weit niedriger ist. Unter den Privathochschulen befinden sich einige angesehene (wie die HHL, die WHU oder die Frankfurt School of Finance and Management), aber leider auch einige

---

[14] Österreich und die Schweiz gehören zu den beliebtesten Ländern für das Auslandsstudium in Betriebswirtschaft, nach den Niederlanden und vor den USA und Großbritannien, siehe: Statistisches Bundesamt, a. a. O., S. 31.

[15] Vgl. Brenn-White und Rest, S. 21, zitiert in: Vereinigung der Bayerischen Wirtschaft e. V. (2012), S. 59.

[16] Siehe hierzu: www.mastersportal.eu

sehr zweifelhafte Einrichtungen. Bei näherem Hinsehen zeigt sich außerdem, dass bei den meisten der 200 Programme allenfalls einige Seminare in Englisch gehalten werden und von einem englischsprachigen Studiengang keinesfalls die Rede sein kann. Die Zahl der in Deutschland angebotenen, international attraktiven Part-time Programme ist also in Wirklichkeit sehr gering.

Mit solchen Programmen Teilnehmer von außerhalb Deutschlands zu gewinnen, wäre aber aus strategischen Gründen sehr wichtig. Die Tatsache, dass die Unternehmen ihre Führungskräfte bevorzugt in Business Schools in Großbritannien oder den USA entsenden, stärkt auch die wirtschaftliche Position dieser Länder. Schon vor langer Zeit war man sich der Bedeutung Deutschlands als internationalem Bildungsstandort bewusst, und man legte großen Wert darauf, dass die zukünftigen Führungskräfte z. B. Indiens und Chinas zum Studium nach Deutschland kamen. Dies ist heute nicht mehr der Fall, und man sollte sich nicht in dem Glauben wiegen, dass der hohe Anteil von chinesischen Studenten (der Ingenieurwissenschaften) in Deutschland in konsekutiven Masterstudiengängen die Abwesenheit chinesischer Führungskräfte in deutschen Managementprogrammen ausgleicht.

Die Zahl der deutschen Managementinstitute bzw. -programme, die auch international wahrgenommen werden, ist also äußerst begrenzt. Bemerkenswert dabei ist, dass die Spitzenprogramme fast immer in Kooperation mit ausländischen Business Schools durchgeführt werden. Beispiele hierfür sind die Executive MBA Programme der Universität Mannheim (mit der französischen ESSEC und der Warwick Business School), der WHU in Vallendar (mit der Kellogg School of Management Chicago) und der Handelshochschule Leipzig (mit der EADA in Barcelona). Selbstverständlich wird in allen diesen Programmen komplett in englischer Sprache gelehrt.

Der Markt der internationalen Spitzenprogramme ist hart umkämpft, denn es geht hier nicht nur um die strategische wichtige Frage, wo die Führungskräfte der Welt ausgebildet werden, sondern auch um viel Geld. Man muss sich deshalb wundern, warum die Universitäten bei Aufbau von Business Schools und dem Angebot von hochrangigen Masterprogrammen im Weiterbildungsmodusso zurückhaltend sind. Von sehr wenigen Privathochschulen und Fachhochschulen abgesehen, hätten vor allem sie eine ausreichende Kompetenz in Wissenschaft und Forschung sowie eine ausreichende Größe, um mit den bedeutendsten Business Schools der Welt konkurrieren zu können. Wenn sie dies nur selten tun, dann hat das viel mit dem Selbstverständnis, den internen Strukturen und den Führungsprinzipien der deutschen Universitäten zu tun. Und es hat vor allem mit dem im deutschen Hochschulwese nur gering entwickelten Wettbewerbsprinzip zu tun.

5   Das Wettbewerbsprinzips

Die Grundlage jeden Fortschritts ist der Wettbewerb. Dies bedeutet, dass gute Leistungen belohnt und schlechte Leistungen bestraft werden. Die Strafe kann auch im Verlust der Reputation bestehen, die dann in einem zweiten Schritt auch die Reduzierung von Ressourcen zur Folge haben kann. Dies ist im Hochschulsystem Deutschlands jedoch nur in sehr eingeschränkter Weise – und im Wesentlichen nur bezogen auf die Forschung – der Fall.

Nun ist das Thema des Wettbewerbs seit einiger Zeit Gegenstand intensiver Debatten. So wird die mangelnde Konkurrenzfähigkeit der deutschen Universitäten um die besten Wissenschaftler und der „Brain drain", also deren Abwanderung in die USA, beklagt. In den 80-er Jahren begann deshalb eine öffentliche Debatte über mehr Wettbewerb zwischen den Hochschulen, die auch in der 4. Novelle des Hochschulrahmengesetzes 1998 ihren Niederschlag fand. Ziel dieser Reform war es, „durch Deregulierung, durch Leistungsorientierung und durch die Schaffung von Leistungsanreizen Wettbewerb und Differenzierung zu ermöglichen, sowie die internationale Wettbewerbsfähigkeit der deutschen Hochschulen für das 21. Jahrhundert zu sichern."[17] Damit verbunden waren die Einführung einer leistungsorientierten Hochschulfinanzierung, die Evaluation von Forschung und Lehre sowie eine Reform des Hochschulmanagements mit einer Stärkung der Stellung des Rektors bzw. Präsidenten und des Dekans zu Lasten der kollegialen Organe wie Senat und Fachbereichsräte. Hinzu kam bei der Umsetzung des Hochschulrahmengesetzes die Bildung von externen Hochschulräten, die wie Aufsichtsräte über Haushalts- und Personalfragen, einschließlich der Wahl der Hochschulleitung, mitbestimmen.

Auch in einem Sondergutachten der Monopolkommission im Jahre 2000[18] wurde ausführlich auf die Defizite des deutschen Hochschulsystems hingewiesen und ein Konzept zur Verwirklichung des Wettbewerbs auch im Hochschulwesen vorgestellt. Danach sollten die Hochschulen mehr Finanzautonomie, und größere Gestaltungsspielräume in Personalfragen erhalten, ihre Studierenden selbst auswählen und Studiengebühren erheben dürfen, wobei durch ein System von Stipendien, subventionierten Studentenkrediten oder Gebührenbefreiungen verhindert werden sollte, dass die soziale Herkunft über die Studiermöglichkeit entscheidet.

Natürlich wurden und werden diese Thesen bzw. Maßnahmen in ihrer ordnungspolitischen und praktischen Dimension ausführlich und kontrovers diskutiert, insbesondere da mit diesen Reformen auch die Frage der Allokation von Ressourcen verbunden ist und die Gefahr besteht, dass die Freiheit von Forschung und Lehre beeinträchtigt wird.[19] Hier soll die in Deutschland geführte Diskussion und das Für und Wider der daraus abgeleiteten Maßnahmen nicht erörtert werden. Vielmehr geht es um die Frage, warum diese Maßnahmen aus internationaler Sicht kaum eine Wirkung erzielen und deutsche Wirtschaftsfakultäten und -hochschulen in der öffentlichen Wahrnehmung international weiterhin eine so geringe Rolle spielen. Natürlich sind viele Professoren in ihren Fachgebieten auch international hoch angesehen, und werden entsprechend wahrgenommen. Dies

---

[17] Deutscher Bundestag (1998).

[18] Monopolkommission (2000).

[19] Siehe hierzu die ausführliche Würdigung dieser Entwicklung und Diskussion bei: Sandberger (2012), S. 395 ff.

trifft jedoch nur selten auf die Institution als Ganzes zu. Es muss wohl daran liegen, dass international für die Wertschätzung einer Hochschule andere Kriterien gelten.

5.1 Selektivität

Eine Elitehochschule zeichnet sich immer in erster Linie dadurch aus, dass sie die besten Studierenden rekrutiert. „Elite" komme schließlich vom lateinischen „eligere" – auswählen – und dies bezieht sich letztendlich immer auf die Studierenden. Wenn es gelingt, die besten Studienanfänger zu rekrutieren, der wird am Ende auch die besten Absolventen vorweisen. Denn brillante Studierende können auch von mittelmäßigen Professoren nicht „verdorben" werden, und umgekehrt können brillante Professoren aus leistungsschwachen Studierenden keine überdurchschnittlich guten Absolventen machen. Hierbei gilt natürlich, dass die besten Studieninteressenten nicht an Hochschule mit mittelmäßigen Professoren gehen würden.

Das Kriterium der Auswahl wird in Deutschland leider stark vernachlässigt. Zwar besteht jetzt auch an den deutschen Hochschulen die Möglichkeit, die Studierenden auszuwählen, dieses Verfahren erfolgt jedoch immer noch in bürokratischer Weise mehr oder weniger allein durch die Verwaltungen, ohne dass es zu Auswahlgesprächen mit den Professoren kommt. Auch aus psychologischen Gründen sind diese Auswahlgespräche wichtig. Wer auf diese Weise zum Studium zugelassen wird, identifiziert sich vom ersten Tag an mit seiner Hochschule, und es kommt viel eher zu jener Gemeinschaft von Lehrenden und Lernenden, wie sie sich Wilhelm von Humboldt vorgestellt hatte.

Wenn hier als erstes die Studierenden als Erfolgsfaktor im Wettbewerb erwähnt werden, so soll damit auch daran erinnert werden, dass die Finalität des Handelns der Hochschule, auch der Forschung, immer im Wissenstransfer zu den Studierenden liegt. Die Lehre hat aber an deutschen Hochschulen nicht den Stellenwert, den sie eigentlich besitzen müsste. Die Exzellenzinitiative des Bundesministeriums für Bildung und Forschung und die Förderung ausgewählter „Eliteuniversitäten" bezieht sich in erster Linie auf herausragende Forschungsleistungen und hierfür geschaffene Strukturen. Die Lehre bleibt dabei weitgehend unberücksichtigt.

Viele meiner früheren Studierenden haben später einen Master an den berühmtesten Universitäten der Welt (Harvard, Oxford, Cambridge etc.) erworben. Auf die Frage, was sie dort am eindrucksvollsten fanden, wird immer als eines der wichtigstes Kriterien genannt: die Studenten. In einer Gemeinschaft mit hoch begabten und intelligenten Menschen zu studieren, wurde als fast ebenso anregend empfunden wie der Besuch der Vorlesungen. Dieses Kriterium kommt jedoch nur zum Tragen, wenn die Lehrmethoden eine intensive Kommunikation zwischen den Studierenden nicht nur ermöglichen sondern auch fordern und im Zentrum des Studiums der Dialog zwischen Lehrenden und Lernenden steht. Bei einer Einführungsvorlesung in die Kostenrechnung im großen Hörsaal mit 800 Studierenden kommt es aber dazu kaum, und eine solche Massenveranstaltung wird gerade von ausländischen Studierenden als ein Anachronismus empfunden.

5.2   Finanzielle Mittel

Nun erfordert die Arbeit in kleinen Gruppen natürlich zusätzliches Lehrpersonal, und damit mehr finanzielle Mittel für die Hochschulen. Dies ist auch nicht zu viel gefordert, denn die öffentlichen Ausgaben für die Hochschulen in Deutschland entsprechen mit 1,0 % des Bruttoinlandsprodukts (BIP) gerade mal dem Durchschnitt der OECD-Länder.[20] Hinzu kommt, dass in Deutschland der Anteil der Studierenden pro Altersklasse deutlich unter dem OECD-Durchschnitt liegt. Bei diesen Zahlen muss man sich über den Anspruch, die „Bildungsrepublik" Deutschland zu sein, schon wundern.

Hinzu kommt ein weiteres Merkmal des deutschen Hochschulwesens: die geringe finanzielle Unterstützung durch den privaten Sektor, also durch Studiengebühren sowie Spenden von Unternehmen, Stiftungen und Ehemaligen. So liegen die öffentlichen Ausgaben für die Hochschulen in den USA ebenso bei 1,0 % des BIP, wie in Deutschland. Allerdings werden zusätzlich 1,7 % des BIP vom privaten Sektor für die Hochschulen ausgegeben, was ein Mehrfaches im Vergleich zu Deutschland mit 0,2 % bedeutet. Oder, bezogen auf die Ausgaben der Hochschulen: in den USA werden 62,5 % aus privaten Quellen finanziert – und in Deutschland gerade mal 14,6 %.[21]

Wenn die deutschen Hochschulen international konkurrenzfähig bleiben wollen, müssen sie weit mehr Anstrengungen als bisher unternehmen, um sich auch private Finanzierungsquellen zu erschließen. Aber hier wird natürlich sofort auf die Gefahr hingewiesen, dass durch die private Finanzierung das Prinzip der Freiheit von Forschung und Lehre unterhöhlt werden könnte. Und wenn man sich als Tempel des Wissenschaft versteht, hat das Einwerben von privaten Mitteln, außer natürlich für die Forschung, auch einen gewissen haut goût.

5.3   Corporate Identity

Wer von einer Business School der USA, Großbritanniens oder Frankreichs an eine deutsche Hochschule kommt, ist hier von dem geringen Vorhandensein einer „corporate identity" überrascht. Andernorts sind die Studierenden vom ersten Tag an stolz, ihrer Hochschule anzugehören und identifizieren sich mit ihr. Dies zeigt sich in den zahlreichen Franchise-Artikeln wie Krawatten, Foulards, Taschen, Sweatshirts etc., die stolz getragen werden, und sogar für die Eltern und Großeltern der Studierenden gibt es entsprechende Artikel. Dies zeigt sich aber besonders auch in dem persönlichen Engagement der Studierenden für ihre Hochschule. Sie gestalten aktiv das Hochschulleben in verschiedenen Vereinigungen und wirken nicht nur in den Hochschulgremien mit. Sie organisieren Sportveranstaltungen, Symposien, Podiumsdiskussionen, kulturelle Veranstaltungen usw. Wenig davon geschieht vergleichsweise an den Universitäten in Deutschland. Nur einige Hochschulen, vor allem

---

[20] OECD, Education at a glance, 2011, S. 231 und 308.
[21] a. a. O., S. 244.

die privaten und unter den öffentlichen z. B. die ESB Reutlingen, haben die Bedeutung dieses „Spirit" für ihre Attraktivität und ihr Ansehen erkannt. Es soll hier nicht unerwähnt bleiben, dass diese „Corporate Identity" auch von den Professoren der Universitäten mit getragen werden muss, was leider nicht sehr oft der Fall ist. Das Zentrum ihres Interesses ist ihr Lehrstuhl und nicht die Fakultät.

Selbstverständlich gehören zur Außendarstellung auch eine gezielte Werbestrategie mit der Erstellung von hochwertigen Informationsmaterial, sowohl in gedruckter wie auch in elektronischer Form, sowie Auftritte bei Bildungsmessen. Es gibt aber immer noch Universitäten, die dies nicht für erforderlich halten. „Solange wir noch mehr Studienbewerber als Studienplätze haben, ist die Herstellung von Werbematerial nicht erforderlich", so der Vertreter einer deutschen Wirtschaftsfakultät.

Es ist auch verblüffend zu sehen, wie wenig die Universitäten die Bedeutung von Graduierungsfeiern erkennen. Insbesondere in den USA und in Großbritannien ist dies eine Veranstaltung mit fast schon sakralem Charakter. Und natürlich trägt man hierbei Talare. Wir haben 1968 den „Muff von 1000 Jahren" unter diesen Talaren beklagt. Anstatt aber die Talare auszuschütteln, haben wir sie weggeworfen, wie Ralf Dahrendorf einmal beklagte. Immer mehr erkennen die Hochschulen die Bedeutung dieser Feierlichkeiten, und immer häufiger trägt man bei dieser Gelegenheit auch wieder Talare.

Eine besondere Bedeutung kommt bei der Bildung der Corporate Identity den Ehemaligen zu. Auch hier haben die öffentlichen Hochschulen nur selten erkannt, wie wichtig diese Alumni-Verbände sein können, die in den USA einen enormen Beitrag zur Finanzierung ihrer früheren Alma Mater beitragen. Fast jedes Gebäude, jede Eingangshalle und jeder Hörsaal ist nach einem Spender benannt, der sich damit nicht nur ein Denkmal setzen, sondern auch seine Dankbarkeit gegenüber der früheren Alma Mater zum Ausdruck bringen möchte. Ich selbst habe, wie berichtet, an der Nürnberger Fakultät studiert. Nachdem ich meine Diplom-Urkunde mit der Post zugeschickt bekommen hatte, habe ich von ihr nie mehr etwas gehört.

5.4 Die Forschung

In Deutschland steht die Forschung an erster Stelle der Qualitätsmerkmale einer Universität, und es ist deshalb auch nicht überraschend, dass die Kriterien für die Auszeichnung als Eliteuniversität sich ausschließlich auf Forschungskonzepte beziehen und die Lehre allenfalls bei der Evaluierung von Graduiertenkollegs eine, wenn auch kleine Rolle spielt.

Natürlich ist unbestritten, dass die Forschung von fundamentaler Bedeutung für die Reputation der Universität ist und sehr viel zu ihrem Ansehen beiträgt, vor allem dann, wenn die Publikationen in bedeutenden internationalen Zeitschriften, sog. „A-Journals" erfolgen. Allerdings gibt es einige Bereiche der Forschung, in denen die deutschen Hochschulen wenig vertreten sind, nämlich dem der Erstellung von „Case Studies". Diese sind wiederum für die internationale Reputation von Bedeutung. Allerdings entsprechen sie vornehmlich der angelsächsischen (induktiven) Lehrmethode, bei der man über das Studium von einzelnen

Fällen zu allgemeinen Schlussfolgerungen gelangt, während in Deutschland (deduktiv) auf der Grundlage der Theorie die Praxis verstanden und gestaltet werden soll, wobei die Theorie durch „Fallstudien" empirisch überprüft wird. „Case Studies" und „Fallstudien" sind also Teil unterschiedlicher Erkenntnismethoden.

Obwohl also die Bedeutung der Forschung für das Ansehen der Hochschule so wichtig ist, gibt es in Europa und auch außerhalb Europas eine Reihe von hoch angesehenen Business Schools, die zwar in den internationalen Rankings immer auf den vorderen Plätze zu finden sind, deren Forschungsleistungen aber nicht gerade sehr beeindrucken. Dies ist vor allem dann der Fall, wenn es sich um ausschließliche Business Schools handelt. Für ihr internationales Ansehen sind eben noch andere Faktoren bestimmend, wie die Selektivität, also das Niveau der Studierenden, das Programmdesign, die Internationalität bei den Professoren und den Studierenden, die Lehrmethoden, die Ausstattung der Hochschule, die Praxisnähe, die Anfangsgehälter ihrer Absolventen, die enge Zusammenarbeit mit der Wirtschaft im Rahmen von Weiterbildungsprogrammen etc.

Die Forschungsleistungen sind dabei ein Kriterium unter vielen. Das Problem der deutschen Universitäten ist, dass sie die Forschung praktisch als alleiniges Kriterium für ihre „Exzellenz" ansehen. Hinzu kommt, dass diese Forschungsleistungen an die Person des Wissenschaftlers gebunden sind. Nimmt er den Ruf an eine andere Universität an, wandert auch sein Ansehen dorthin, und umgekehrt wird sein Ruf auch durch eine schlechte Bewertung seiner Fakultät in Rankings nicht beeinträchtigt. Wenn deutschen Hochschulen so schwach in den internationalen Rankings abschneiden, dann liegt dies auch in dieser einseitigen Betonung der Forschung als Qualitätskriterium.

6 Schlussfolgerungen: ein neues Führungsmodell für die Hochschulen

Bevor ich die Schlussfolgerungen aus diesen Feststellungen ziehe, möchte ich das Beispiel für eine effiziente Reaktion auf die Globalisierung auch im Bildungswesen die französischen „Grandes Ecoles de Management" erwähnen.[22]

Die französischen Wirtschaftshochschulen, die „Ecoles de Commerce", wie sie früher hauptsächlich genannt wurden, waren bis in die frühen 90-er Jahre rein französische Hochschulen, die vor allem für den nationalen „Markt" ausbildeten. Ihre Zugangsvoraussetzungen – der „Concours", auf den man sich 2 Jahre lang in den sog. „Classes préparatoires" vorbereitete – schlossen sie praktisch gegen die nicht-französische Außenwelt ab.

---

[22] Von 1995 bis 2000 war ich Direktor der „Ecole de Management Strasbourg". In dieser Zeit erfuhr das französische System der Management Schools tiefgreifende Veränderungen, und die Frage der internationalen Akkreditierungentrat in den Vordergrund. Die Besonderheit der Straßburger Management liegt darin, dass sie nicht nur eine „Grande Ecole", sondern auch Teil der Universität von Straßburg ist, was für sie – zumindest in Frankreich – nicht von Vorteil ist.

Was wir heute Globalisierung nennen, begann Anfang der 90-er Jahre mit dem Ende des Ost-West-Konflikts und der weltweiten Öffnung der Märkte. Wollten die französischen Wirtschaftshochschulen auch in dieser neuen Situation eine der weltweiten Bedeutung Frankreichs angemessene Rolle spielen, mussten sie sich verändern. Und dies taten sie in eindrucksvoller Weise. Hier sind zu nennen:

- die Öffnung der Hochschulen für ausländische Studierende und damit der energische Ausbau der internationalen Beziehungen; dies erfolgte zusätzlich durch die Möglichkeit der Zulassung nach einem Grundstudium und später nach dem Erwerb des Bachelor-Grades einer ausländischen Hochschule und der Zulassung in das zweite Studienjahr, die sog. „admission parallèle";
- die Gründung von Forschungsinstituten, ohne die sie international nicht konkurrenzfähig werden konnten; bis dahin waren diese Hochschulen – von wenigen Ausnahmen abgesehen – reine Lehrinstitute, ohne bedeutende Forschungsaktivitäten;
- die Einrichtung von Weiterbildungsinstituten mit Programmen zum MBA wie auch zu sog. „specialized Master", sowohl im Vollzeit- wie auch im Teilzeitmodus; diese Programme leisten auch einen wichtigen Beitrag zur Finanzierung der Hochschulen;
- das Angebot von englischsprachigen Studiengängen und einer weltweiten Werbungskampagne für ihre Programme; die oft gehörte Behauptung, an Frankreichs Wirtschaftshochschulen würde ausschließlich in Französisch gelehrt, ist also falsch; sonst wäre es wohl kaum möglich, dass die HEC Paris in allen internationalen Rankings einen Spitzenplatz einnimmt;
- die Mitwirkung in den internationalen Fachorganisationen wir der AACSB und der EFMD, sowie das Bestreben, deren Akkreditierungen zu erhalten. Die Ergebnisse dieser Bemühungen wurden eingangs schon erwähnt. Und natürlich haben die französischen Wirtschaftshochschulen sich darum gekümmert, dass die ihrer Meinung nach wichtigen Kriterien bei der Evaluierung berücksichtigt werden.
- die Bildung von strategischen Allianzen zur Durchführung von konkurrenzfähigen, internationalen Masterprogrammen bis hin zur Einrichtung gemeinsamer Weiterbildungszentren in Paris und gar der völligen Fusion von Hochschulen, um eine kritische Größe zu erlangen.

Diese Bemühungen um Veränderungen waren dadurch bedingt, dass sich die französischen Wirtschaftshochschulen in einem scharfen Wettbewerb untereinander befinden. Dieser Wettbewerb hat auch unmittelbare Auswirkungen auf die finanzielle Situation der Hochschule, denn neben den Industrie- und Handelskammern finanzieren die Unternehmen die Hochschulen auch direkt über das Instrument der „taxe d'apprentissage". Diese Steuer berechnet sich nach der Lohnsumme und kann den Hochschulen direkt überwiesen werden. Je höher also das Ansehen, umso höher dies Beiträge. Und würde eine Hochschule in einem Ranking mehrere Plätze verlieren, würde dies unweigerlich zu Konsequenzen für die Hochschulleitung führen.

Und wie ist hierbei die Reaktion in Deutschland? Wird hier eine Wirtschaftsfakultät in den Rankings schlecht bewertet, so ruft dies bei den Professoren allenfalls ein Achselzucken hervor. Denn ihr persönlicher Ruf hängt in erster Linie von ihren individuellen Leistungen in der Forschung und nicht vom Ansehen ihrer Fakultät ab.[23]

Hier wird man einwenden, dass die französischen Hochschulen einen anderen Bildungsauftrag haben als deutsche Universitäten und deshalb ein Vergleich unsinnig ist. In der Tat baut das System der Grandes Ecoles de Management vor allen auf den Prinzipien von Auslese und Elitebildung und nicht dem der Freiheit von Forschung und Lehre auf. Auch der Forschung kommt, trotz der Entwicklung der letzten Jahre, bei ihnen nicht die gleiche Bedeutung zu wie an deutschen Universitäten. Dies trifft übrigens auch auf die französischen Universitäten zu, bei denen die Forschung zum großen Teil in die Institute des CNRS (Centre National de la Recherche Scientifique) ausgegliedert ist.

Aber es geht ja nicht darum, das französische Bildungsmodell zu übernehmen. In Fragen der internationalen Öffnung der Hochschulen, der Mitwirkung in internationalen Organisationen und der Entwicklung von Aktivitäten der akademischen Weiterbildung können die französischen Hochschulen aber durchaus ein Vorbild sein.

Die für eine ähnliche Entwicklung an deutschen Wirtschaftsfakultäten erforderlichen Veränderungen sind jedoch kaum durchzusetzen, solange wir an den bestehenden Strukturen festhalten. Die Machtzentren an den Fakultäten sind nun einmal die Lehrstühle und nicht die Dekanate, und es ist nicht anzunehmen, dass sich daran in absehbarer Zukunft etwas ändern wird. Die Entwicklung gemeinsamer Strategien und deren Umsetzung ist deshalb ungleich schwieriger als an einer Business School angelsächsischer oder französischer Prägung, wo die Hochschulleitung über weit umfangreichere und effizientere Führungsinstrumente verfügt. Wenn in Deutschland einige wenige Wirtschaftsfakultäten dennoch zur weltweiten Spitzengruppe gehören bzw. als solche wahrgenommen werden, dann liegt dies oft an dem persönlichen Engagement einzelner Professoren und auch an langfristigen Traditionen. So ist es vielleicht kein Zufall, dass es gerade ehemalige Handelshochschulen sind, wie die von Mannheim oder von Wien, bei denen der Gemeinschaftsgeist offensichtlich eine besondere Rolle spielt.

Im 21. Jahrhundert wird sich die deutsche Hochschulwelt weiter verändern und die Herausforderungen der Globalisierung annehmen müssen, um sich dem immer stärker werdenden internationalen Wettbewerb auch in der Lehre – und nicht nur in der Forschung – stellen zu können. Sonst laufen wir Gefahr, dass wir uns weiter auf unseren eigenen Bildungsraum beschränken und sich die Ausbildung der Führungskräfte für das

---

[23] Strategische Allianzen von deutschen Wirtschaftsfakultäten oder gar Fusionen? In Stuttgart gibt es zwei Universitäten, die Universität Stuttgart und die Universität Hohenheim, mit jeweils einer wirtschaftswissenschaftlichen Fakultät, die jede für sich international nicht gerade bedeutend ist. Eine gemeinsame Fakultät wäre sogar größer als die der Universität Mannheim. Würde man eine gemeinsame Fakultät, ergänzt um eine Business School, auf dem Universitätscampus von Hohenheim ansiedeln – einem der schönsten Deutschlands – könnte eine Spitzeneinrichtung von weltweitem Ansehen entstehen. Über eine Allianz redet man schon seit vielen Jahre. Man wird auch in zwanzig Jahren darüber noch reden.

Management endgültig an andere Orte der Welt hin verlagert. Es ist also zu hoffen, dass „ein Ruck" auch durch die deutsche Hochschullandschaft geht.

Literatur

Bundesminister für Bildung und Wissenschaft (Hrsg) (1985) Humboldt und die Universität heute, Symposium am 17. April 1985. Bonn

Bundesministerium für Bildung und Forschung (2010) Internationalisierung des Studiums. Berlin

Brenn-White M, van Rest E (o. A) Trends in English-Taught master's programsin europe: new findings on supply and demand

Deutscher Bundestag (1998) Viertes Gesetz zur Änderung des Hochschulrahmengesetzes, vom 20. August 1998

Der MBA Guide (2012) Luchterhand 2012

European Commission (2012) The european higher education area in 2012: Bologna process implementation report. Brüssel

Hartmann M (2007) Eliten und Macht in Europa. Campus-Verlag

Heublein U, Schreiber J, Hutzsch C (2011) Entwicklung der Auslandsmobilität deutscher Studierender, HIS. September 2011

Monopolkommission (2000) Sondergutachten 30: Wettbewerb als Leitbild für die Hochschulpolitik. Nomos-Verlag, Baden-Baden

OECD (2011) Bildung auf einen Blick, OECD Indikatoren. Paris

Rust H (2005) Das Elite-Missverständnis. Gabler-Verlag

Sandberger G (2012) Wettbewerb als Leitbild der Hochschulpolitik? In: Enke H, Wagner A (Hrsg) Zur Zukunft des Wettbewerbs. Metropolis-Verlag, Marburg, S. 395 ff

Statistisches Bundesamt (2011) Deutsche Studierende in Ausland. Wiesbaden

Vereinigung der Bayerischen Wirtschaft e. V. (Hrsg) (2012) Internationalisierung der Hochschulen, Eine institutionelle Gesamtstrategie. Waxmann-Verlag, Münster

Wissenschaftsrat (Hrsg) (1986) Empfehlungen zur Struktur des Studiums. Köln

www.mastersportal.eu

Education in the 21st century – towards a "University of the Future"

Gaudenz Assenza, Kamil Gregor und Gary P. H. Hampson

1 Introduction

The chapter[1] provides some initial thoughts regarding a new type of higher education system which resonates with the requirements of work, life and purpose in the 21st century. In terms of work, its basic premise is that new forms of employment in the 21st century require concomitant new forms of education. The chapter specifically explores *higher* education via the notion of a "University for the Future" (U4F).

U4F would integrate existing leading-edge theories and practices with new ideas to expand the horizons of higher education. The ambition would be not to build a great university *of* the world, but rather a great university *for* the world. Likewise, it would not be a university *of* the future so much as a university *for* the future.[2]

As general context, three paradigms regarding the purpose of higher education can be identified. Currently, the two dominant perspectives on higher education can be understood as (i) the process of accumulation and dissemination of knowledge for its own sake independent of societal or environmental functionality; and (ii) a machine-like process

---

[1] The chapter is oriented by two unpublished documents, namely, (i) Assenza, G. B. (2009) "University for the Future: A Blueprint" and (ii) Hampson, G. P. and Assenza, G. B. (2012) "Transformative Higher Education for Humanity and Biosphere: Introductory Document".
[2] We owe this idea to the Danish educational initiative, *KAOSPilot*.

G. Assenza (✉) · K. Gregor · G. P. H. Hampson
Palacky University Olomouc, Křížkovského 8, 77147 Olomouc, Czech Republic
e-mail: gaudenz.assenza@gmail.com

K. Gregor
e-mail: Kamil.gregor@gmail.com

G. P. H. Hampson
e-mail: g.p.hampson@gmail.com

A. Papmehl, H. J. Tümmers (Hrsg.), *Die Arbeitswelt im 21. Jahrhundert,*
DOI 10.1007/978-3-658-01416-2_7, © Springer Fachmedien Wiesbaden 2013

of "downloading" skills and knowledge into students to increase their employability, over-
come skill shortages in the labour market, and stimulate competitiveness and growth of
national economy. We offer the possibility of a third, namely, higher education on behalf of
human potential, social well-being (inclusive of social justice and economic benefits) and
ecological resilience or sustainability.

With respect to the first paradigm, we recognise that benefits regarding address of knowledge for its own sake includes (i) such a notion as potentially a path to wisdom (human
potential); and also the possibility of it (ii) leading to long-term benefits of understanding
and thus potentially to social well-being and ecological resilience. However, the process
toward such normative goals is indirect. Whilst this indirectness has its merits, it also has
disbenefits particularly in times of urgency such as is (from many perspectives) the case of
the contemporary situation.

With respect to the second paradigm, we recognise that benefits regarding address of such
relations between higher education and the current system of work includes (i) address of
an important aspect of individual being, thus potentially contributing to human potential,
and (ii) contributions to social well-being arising from economic productivity. However,
disbenefits also arise from this paradigm's partiality—both in terms of other aspects of
human potential that are de-emphasised by this direction, and also in terms of social and
ecological disbenefits arising from "business-as-usual" motifs.

The second paradigm is questionable even from a purely economic point of view (Harvey
1999). Even if the process of analysing the labour market and predicting the range of skills
and knowledge necessary to boost competitiveness produced successful predictions—which
has not always been the case—it would take many years after effecting higher education
reform to observe significant outcomes. In a rapidly changing world, the very requirements
of the labour market would have changed. It is more appropriate to help create an educated,
flexible, empowered population (Harvey 1999) consisting of developed individuals who
have integrity not only in relation to the extrinsic needs of the labour market but more
importantly who have integrity as a whole people, including the ability to adequately reflect
upon their own thoughts and actions.

The chapter is organised as follows. It first addresses various conceptual and structural considerations regarding research in U4F (these have implications not only for the
domain of research, but for teaching and learning, and, indeed, for the educational system as a whole). The chapter's attention then turns to various conceptual and structural
considerations regarding U4F teaching and learning. An exploration of particular work–
education relationships then ensues. The chapter ends on exploring various scenarios for
implementation.

2   Research

U4F research is firstly discussed in terms of new conceptual orientations. Various structural
considerations are then explored.

2.1   Conceptual considerations

U4F research would include the prioritisation of the address of global challenges (see, e.g. UCL 2012a). Such transformative higher education would see its purpose beyond mere economic instrumentalism (Hampson 2010a); rather, it would have "concern for the long-term well-being of individuals, society and biosphere" (Hampson 2011, p. 310). Such a *higher* education would seek to honour notions of human potential in conjunction with advanced goals for research and teaching, ones which place planetary issues such as the ecological crisis and social injustice centre place. Through addressing such dimensions of learning as understanding, possible solutions and skill-building in relation to these, it would connect theory to practice at all scales. In short, it would conduct a form of "wisdom inquiry" (Maxwell 2007) addressing a "wisdom agenda" (UCL 2012b).

This normative orientation can be understood as integrative in a non-reductionist sense (non-reductionist in the sense that several levels of understanding are necessary for explanation—in contrast to the due quest of physics, for example). The orientation can be signified through a cluster of notions including *complex integration* (Hampson 2011)—interpreting *the scholarship of integration* (Boyer 1990) in light of paradigmatic complexity (Morin 2007)—*eco-logics* (Hampson 2012), *postformal integral* (Hampson 2007, 2010b); and *integral pluralism* (Molz 2009). Historically contextualised as part of a genealogy of integral thought including that regarding education (Hampson 2010c; Molz and Hampson 2010), complex integration embraces such understandings as transdisciplinarity (Nicolescu and Voss 2002), meta-theory (Edwards et al. In Press), and vertical integration (Ferrel et al. 2005). It can be adequately "underlaboured" by critical realism (Bhaskar 1998) as its philosophy of science, one which has dedication to both a deep interpretation of reality and to emancipation as critical purpose at individual, social and "meta-reality" levels. Complex integration enables a rich "open" systemic approach to be employed in relation not only to curriculum design and teaching approach, but also in relation to the higher education system as a whole (Hampson 2011). It would be oriented by a transformative approach to human identity (Hampson 2005).

Embedded in this paradigm, researchers would explore challenging topics, such as: (i) problems that have clear questions but not clear answers, (ii) issues that have fuzzy questions, (iii) issues that cannot be resolved within discrete disciplines, e.g. climate change and cultural change, (iv) topics lacking abundance of empirical data and/or prior research, which are now in "grey areas" of science, (iv) questions that go against dominant paradigms and assumptions (e.g. in economic theory), (v) exploring futures in addition to exploring the past. This would not be to *negate* mainstream research, but rather to empower underrepresented forms of scholarship including transdisciplinary research, action research, integral research, philosophies of science, and connections there between.

2.2   Structural considerations

There are numerous ways in which the institutionalisation of transformative research could be framed (e.g. Cockcroft 1965; Leydesdorff 2001; Bhattacharya and Guriev 2004). Given the basis of U4F as a new worldview, one framing could be research as *Worldview Transformation Lab*. This could be one set held within a larger schema involving two additional overlapping sets, namely those of the *Personal Transformation Lab* (in-house teaching/learning) and the *Social Transformation Lab* (cross-sectoral learning—as discussed below), respectively (Assenza et al. 2012, Personal communication). Another framing could be research as a new form of independent "think tank"—one addressing global issues for the benefit of humanity and planet.

Numerous structural implications arise from the conceptual orientation of research indicated above. The strong call of transdisciplinarity, for example, would reduce the influence of disciplinary departments in favour of transdisciplinary centres. In the desired paradigm, research would be strongly problem-oriented rather than discipline-oriented, value-driven rather than value-neutral, and employed in the service of community (both local and global) and planet rather than in seeking knowledge for its own sake (although in certain contexts the latter would be understood as having long-term benefits to assist in problem-solving). Social innovative research would not only produce strictly academic outputs but also bridge the gap between academia and practice through such media as policy proposals as well as new business models and investment plans.

Living a cloistered life, the traditional academic department can sometimes be an obstacle to interdisciplinary learning and productive problem-solving. Rather than a rigid hierarchical system of departments, the Worldview Transformation Lab could be composed of a network of centres organized with minimal bureaucratic structure. Gathering researchers together to address specific societal, ecological or other problems facing the local or global community and planet, the centres would context and circumnavigate the artificial barriers between disciplines. Through the intersection of multiple perspectives and approaches, new theoretical insights and unanticipated practical solutions could be expected to emerge.

The number of these units could fluctuate according to the changing nature of problems. At the same time, a permanent coordinating centre would be in place to address long-term challenges, prevent fragmentation of research, and avoid duplication of work. Care would be taken about the manner of assessment, especially avoiding a purely quantitative assessment of how many articles published, how many conferences attended, etc.

Instead of creating and participating in projects mainly for the purpose of securing income (which often leads to quality being compromised), researchers who meet quality criteria would be guaranteed certain basic revenue (e.g. tenured positions) based on tailor-made output agreements that ensure a match between talents and personal inclinations on the one hand and the actual academic activities on the other hand. This arrangement would prevent the situation of researchers constantly seeking ad-hoc involvement in short-term projects simply to maintain their standard of living. At the same time, it would create an environment suitable for in-depth, long-term, creative research independent of undue economic pressure.

As indicated above, one of the applications of research would be to help orient teaching and learning.

3   Teaching and learning

U4F teaching and learning is firstly explored with respect to conceptual orientations. Various structural considerations are then discussed.

3.1   Conceptual considerations

Numerous integral or complex integrative approaches can be useful with respect to teaching and learning. These include regenerations of under-utilised understandings from classical philosophy, as well as novel approaches.

An example of a useful classical understanding here is that of Aristotle's (350 BCE/2002) identification of five aspects of intellectual virtue, namely, *sophia* (theoretical wisdom), *phronesis* (practical judgment), *nous* (intuitive intellect), *episteme* (scientific knowledge) and *techne* (art/craft), respectively.

An example of a novel approach is that the following four dimensions of learning could be included in higher education curricula: (i) problem analysis, (ii) future scenario analysis, (iii) practical skills development, and (iv) character development. The first forms part of conventional approaches, whilst the last three tend to be significantly under-enacted: futures studies does still not have sufficient institutional traction as an academic field, skill development (such as found in apprenticeships) is often divorced from theoretical wisdom, whilst character development—a goal of liberal arts education—is increasingly marginalised in favour of more measurable outcomes. U4F would seek to rectify these imbalances.

Through its person-centred and normative character, the identity of transformative teaching thus begins to resonate more strongly with coaching, therapy, and other approaches that happen mostly outside academia and need to be brought in. All act as catalysts for transformation (albeit at different levels and in different contexts).

3.2   Structural considerations

A possible structural tool regarding contexts of learning would be to take the notion of a modular system (Williams and Fry 1994) and add an integrative dimension. This would resolve the possibility of arbitrariness (see, e.g. Bridges 2000). The integration could be effected by a mentor who (i) at the beginning of study helps facilitate meaning-making in the student through bringing together the student's particular set of interests with an integrative notion of coordinating the prospective courses, (ii) acts a mentor-supervisor throughout the student's study, and (iii) at the end of study, acts as supervisor for a final—"transversal"—course for the student (unique to each) for which the intention would be to bring together understandings arising from all the modules in which the student has engaged.

The general idea of integrative educational contracts between an individual student and a teacher is that it would seek to find connection between the student's own interests and preferences and the assurance of quality in the educational process. The educational contracts could be evaluated and reformulated regularity by students and teachers to reflect changing preferences of the students and the university. The flexibility of an integrative modular system would be particularly suitable for address of community issues and other types of focus in which there are quickly changing issues.

Regarding quality of engagement, the current system of higher education tends toward an experience of "information overload" for many students where quantity of information is valued over quality of information or depth of learning. Often teachers are aware only of the teaching load in their own courses and are insufficiently aware of the *overall* reading load of students across the curriculum (Kember 2004). A solution to the above situation could be that there are fewer readings than conventionally held. There could be instituted a maximum reading load per study day coordinated university-wide. This could be facilitated by a "student learning optimizer" who could take responsibility for regulating and controlling the assignment load across the curriculum. Accordingly, there could be a shift from shallow learning to deep learning. Currently, conventional mores hold that students are not required to rewrite things that they have written. Comments might be added but continued learning on the same material is not facilitated. In contrast, the new situation would be that students would be requested to continually edit and re-work their texts. This would both improve the quality and style of writing and also facilitate deeper engagement with the content.

With respect to type of examination, conventional assessment tends to only cover a narrow range of skills. (Wiggins 1993; Gronlund 1998). U4F could offer far richer assessment methods, such as multi-source assessment methods (evaluation by self, peers, teachers etc.), and "reverse examinations" in which students ask teachers questions. Assessments could also be more integrated—both "spatially" (across the curriculum) and longitudinally.

A crowdsourcing cost reduction system could be introduced to implement improvements of financial and bureaucratic procedures suggested by students and employees. This idea is equivalent to kaizen, the Japanese concept of continual improvement and reduction of inefficiencies. In U4F, the emphasis would be on the bottom-up process—on the assumption that students and employees might often know the best how to make the educational process more effective.

An inseparable part of the curriculum would be a systematic and intensive involvement of students in *research*—in accordance with their skills and knowledge level so that time and work invested into teaching and learning would produces outputs that are valuable beyond the confines of the classroom.

4   Work-education relationships

Work-education relationships involving U4F can be exemplified through two different dimensions: cross-sectoral learning and the idea of "job-education swops."

4.1   Cross-sectoral learning: "Social transformation labs"

Cross-sectoral learning refers to the gamut of facilitated learning situations beyond the confines of higher educational institutions. Examples include: transformative community learning, engagement between researchers and leader-practitioners, and the facilitation of transformative learning in contexts which specifically bring together different societal sectors, such as that between education and community, business and government.

U4F would place a high value on this form of service to community (addressing ecological resilience, social well-being and human potential) because it would recognise that there is generally an under-regard for such learning contexts. In contrast, we believe that significant social transformation can occur through empowering deep learning in these in-between contexts.

The cross-sectoral learning environment would also be modular in that it would have the ability to be flexible and adapt quickly to changing circumstances and opportunities. It would also have the ability to propagate ways of working that have proved to be successful in eliciting transformative change. As with research and in-house teaching, this domain could operate at any scale. A suitable term for such cross-sectoral learning spaces might be "social transformation labs."

The orientation of U4F toward servicing the community and planet would be systematically reflected in its curriculum. Students would be encouraged to think of and implement practical applications of their growing skill sets so that their effort is not wasted but channeled into solving local and global problems.

Practical examples of such involvement could be economics students helping to establish small businesses or improving fundraising strategies of civil society organizations, ecology students exploring ways to reduce the ecological footprint of the community, politics students engaging in watchdog activities, and IT students advancing digitization of state administration.

Cross-sectoral curricula would include forms of participatory education that enable harvesting students' potential, e.g. service learning, clinical learning, internships in business and civil society organizations. Apart from their immediate value, these activities could have a significant transformative aspect as well, namely, to show students that they are able to effect change in the outer world by altering the ways in which they process the world internally.

Last but not least, the aforementioned modularisation has the potential to "tailor" the curriculum to fit the needs of university's business partners by putting together various elements from existing educational structures (Bridges 2000).

4.2 "Job/education swops"

The basic idea of "job/education swops" (JES) would be that employees who would otherwise become unemployed would be offered educational packages lasting up to one year (certificate), one to two years (MA), or three years (PhD). The JES could be structured with or without a guarantee of return to the employer. With guarantee, it would work like a sabbatical or corporate training; without guarantee, the JES would "soften the layoff" by providing an alternative to unemployment. The decision of whether to accept a JES or take a severance package would rest with the employees.

In traditional Executive Education programs, the decision makers for the purchase of programs are usually mid-to-upper level managers. They tend to buy programs that promise a direct and short-term impact on the bottom line. In the case of JES the decision makers buying the programs would be the to-be-laid off employees, many of which have more personal and long-term interests.

JES would also represent an opportunity to position the university as a responsible provider, offering a solution to socio-economic problems both to corporate clients and to their employees through benefits that can be defined on a client-to-client and program-to-program basis. The JES programs would be alliances with businesses, which would increase the likelihood that students would choose programs at that particular university, especially if some discounts or other benefits would are offered and if the timing and process of admissions are flexible.

JES could have positive effects for corporations such as (a) improving internal productivity and motivation; (b) reducing productivity-undermining dynamics in downsizing processes such as fear, frustration, paralysis, unhealthy competition and sabotage; (c) enhancing external reputation as a responsible employer; and (d) reducing costs of legal challenges. Already today, many professionals are using their savings or severance package for further education. JES would offer this option already at the level of the company, thus avoiding unemployment status and, if possible, ensuring a continued association with the company. Additionally, the advantage for taxpayers would be to avoid pay-out of unemployment benefits in case that the company does not sever its ties with the employee.

5 Implementation scenarios

There could be two general scenarios for implementing U4F: (i) a greenfield project entailing establishing a new institution and (ii) a brownfield project applying U4F ideas in an existing higher education institution. The former scenario could be considered the ideal situation. However, it would involve substantive infrastructure investment. The new university could be funded through grants and soft loans. At the same time, its operations should be essentially independent of political and private interests. An autonomous legal form might therefore be a suitable way forward.

There are two general aspects we consider important. Firstly, the infrastructure should be designed using ecological principles. The CIRS building in The University of British Columbia, Vancouver, indicates what is possible in this regard. Secondly, it should aesthetically reflect an artistic, organic character. The infrastructure could be built with natural materials, harmoniously integrated into the landscape, working with the conditions and materials given by the local ecosystem, and combining ancient design principles with thoroughgoing ecologically-informed design. All facilities should elicit a comfortable feeling and have imaginative interior design; they should also enable due sociability and privacy. There would be no undue polluting traffic. Gardens, arts and sports facilities, and the theming of spaces would be emphasised; in contrast, there would be a minimisation of soulless rectilinearity. A task for architects and interior designers would be to foster creativity in the users of the spaces through such means as offering "good vibe" designs. The overarching principle is that there should be a correspondence between outer architecture and the "inner architecture" of transformative educational philosophy, including notions of "meta-design" which facilitate *currere*—co-evolving curriculum (see, e.g. Giaccardi and Fischer 2008).

Ideally, the U4F would be a core of even broader project of a "Community for the Future" that would integrate best practice of eco-villages and other self-sufficient communities around the world. Such a community could connect a number of institutions, including kindergarten, school, old age home, organic farm, and innovative businesses as well as private homes.

In a brownfield scenario, U4F ideas could be systematically implemented by all units of an existing university in a strategy akin to a corporate change initiative. This could be called a macro scale variation of the brownfield scenario. This would eliminate the need to establish a new education institution and thus reduce the costs of the endeavour. An experimental (meso scale) approach would be to create a new unit within an existing university rather than reforming the whole institution. This could be a new faculty, department, institute or centre, which would explore the concept before applying it more broadly across the institution. Finally, the suggestions contained in this chapter could be launched on a micro (incremental) scale.

6   Ends-in-view

The above thoughts regarding U4F as a new type of higher education system—one suitable for work, life and purpose in the 21st century—indicate the salience of establishing a dedicated research focus regarding such transformative potential. This could be complemented by other forms of discursive output—notably documentation for funding—to enable such ideas to coalesce into actual manifestation. It is hoped that the exploration above indicates a sense of vision, both conceptually and structurally, with respect to this prospect.

As a seed project intended to nurture such a prospect, the three-year (2011–13) EU-funded School for Transformative Leadership (currently located at Palacky University, Czech Republic) is, at the time of writing, a lifeworld case study of an attempt to implement such an alternative higher education system (Phase One of the U4F initiative).The authors hope that the second phase of the U4F initiative builds upon the successes and learns from the challenges the current phase.

Literatur

Aristotle (350 BCE/2002) Nicomachean ethics. Oxford University Press, Oxford

Bhaskar R (1998) Critical realism: essential readings. Routledge, London

Bhattacharya S, Guriev SM (2004) Knowledge disclosure, patents and optimal organization of research and development. Suntory and Toyota International Centres for Economics and Related Disciplines, London School of Economics and Political Science, London

Boyer E (1990) Scholarship reconsidered: priorities of the professoriate. Princeton University Press, Lawrenceville

Bridges D (2000) Back to the future: the higher education curriculum in the 21st century. Camb J Educ 30(1):37–55

Cockcroft J (1965) The organization of research establishments. Cambridge University Press, Cambridge

Edwards MG, Molz M, Kuepers W (In Press) The power of the big picture: an introduction to integral meta-studies. SUNY, New York

Ferrel JN, Romero MT, Albareda RV (2005) Integral transformative education: a participatory proposal. J Transform Educ 3(4):306–330

Giaccardi E, Fischer G (2008) Creativity and evolution: a meta-design perspective. Digit Creat 19(1):19–32

Gronlund NE (1998) Assessment of student achievement. Allyn & Bacon, Needham Heights

Hampson GP (2012) Eco-logical education for the long emergency. Futures 44(1):71–80

Hampson GP (2011) Regenerating integral theory and education: post-conventional explorations. PhD Thesis, School of Education, Southern Cross University, Australia

Hampson GP (2010a) Facilitating eco-logical futures through post-formal poetic ecosophy. Futures 42(10):1064–1072

Hampson GP (2010b) Futures of integral futures: an analysis of Richard Slaughter's analysis of causal layered analysis. Futures 42(2):134–148

Hampson GP (2010c) Western-Islamic and Native American genealogies of integral education. In: Esbjörn-Hargens S, Gunnlaugson O, Reams J (eds) Integral education: new directions for higher learning. State University of New York Press, Albany

Hampson GP (2007) Integral re-views postmodernism: the way out is through. Integ Rev 4:108–173

Hampson GP (2005) Human: machine, ape or dolphin? J Futures Stud 9(4):29–44

Harvey L (1999) New realities: the relationship between higher education and employment. Keynote presentation at the European Association of Institutional Research Forum. Lund, Sweden

KAOSPilot (2012) www.kaospilot.dk. Accessed 15 Aug 2012

Kember D (2004) Interpreting student workload and the factors which shape students' perceptions of their workload. Stud Higher Educ 29(4):165–184

Leydesdorff L (2001) The challenge of scientometrics. The development, measurement and self-organization of scientific communications. Leiden University Press, Leiden

Maxwell N (2007) From knowledge to wisdom: the need for an academic revolution. Lond Rev Educ 5(2):97–115

Molz M (2009) Toward integral higher education study programs in the European higher education area: a programmatic and strategic view. Integ Rev 5(2):152–226

Molz M, Hampson GP (2010) Elements of an underacknowledged history of integral education. In: Esbjörn-Hargens S, Gunnlaugson O, Reams J (eds.) Integral education: new directions for higher learning. State University of New York Press, Albany

Morin E (2007) Restricted complexity, general complexity. In: Gershenson C, Aerts D, Edmonds B (eds.) Worldviews, science and us: philosophy and complexity. World Scientific Publishing Co., Singapore

Nicolescu B, Voss K-C (2002) Manifesto of transdisciplinarity. State University of New York Press, Albany

University College London (UCL): grand challenges (2012a) www.ucl.ac.uk/grand-challenges. Accessed 15 Aug 2012

University College London (UCL): the wisdom agenda (2012b) www.ucl.ac.uk/research/wisdom-agenda. Accessed 15 Aug 2012

Wiggins GP (1993) Assessing student performance: exploring the purpose and limits of testing. Jossey-Bass, San Fransisco

Fernstudium und lebenslanges Lernen

Jens-Mogens Holm

1 Lebenslanges Lernen und Weiterbildung

Bis in die 60er Jahre des vorigen Jahrhunderts hatte man „ausgelernt", wenn eine Berufsausbildung erfolgreich absolviert worden war. Diese Zeiten sind lange vorbei. Der Begriff des lebenslangen Lernens hat sich inzwischen auf breiter Front durchgesetzt. Der technologische Fortschritt stellt permanent neue Anforderungen an Arbeitnehmer. Insbesondere die Digitalisierung in Verbindung mit neuen Kommunikationsmitteln sowie einer wachsenden globalen Vernetzung aller Akteure stellt die Menschen vor immer neue Herausforderungen. Parallel dazu hat sich eine Vielfalt von ganz unterschiedlichen Anbietern für Bildung und Weiterbildung entwickelt und entwickelt sich weiter.

Dennoch ist Deutschland in puncto Weiterbildung im europäischen Vergleich noch unterrepräsentiert. So lag in einer Studie aus dem Jahr 2008[1] der Anteil der 25- bis 64-jährigen, die an einer Weiterbildung teilgenommen hatten, mit 7,9 % deutlich unter dem EU-Durchschnitt von 9,5 %. Bei den Skandinaviern waren es zwischen 23 und 32 %. Die Gründe für den vergleichsweise niedrigen Anteil in Deutschland sind vorwiegend struktureller Natur. So gibt es in Deutschland im europäischen Vergleich eine relativ lange zusammenhänge Ausbildungszeit vor dem Berufsstart. Zertifikate außerhalb formaler Bildungsabschlüsse genießen nur selten einen guten Ruf. Hinzu kommt die niedrige Zahlungsbereitschaft für Bildungsleistungen, die durch die Erfahrung des kostenlosen Schul- und Hochschulbesuchs geprägt ist.

---

[1] Stifterverband für die Deutsche Wissenschaft in Kooperation mit McKinsey & Company: Rolle und Zukunft privater Hochschulen in Deutschland, 2010, S. 63. Gemessen wurde der Anteil derjenigen Befragten, die in den vier Wochen vor der Befragung an einem Weiterbildungsprogramm teilgenommen hatten.

J.-M. Holm (✉)
Europäische Fernhochschule Hamburg, Doberaner Weg 20, 22143 Hamburg, Deutschland
E-Mail: Jens-Mogens.Holm@euro-fh.de

A. Papmehl, H. J. Tümmers (Hrsg.), *Die Arbeitswelt im 21. Jahrhundert*,
DOI 10.1007/978-3-658-01416-2_8, © Springer Fachmedien Wiesbaden 2013

2 Anbieter akademischer Weiterbildung[2]

Laut Stifterverband[3] existieren in Deutschland ca. 17.000 Weiterbildungsanbieter, von denen staatliche und private Hochschulen zusammen lediglich 3 % ausmachen. Der Großteil entfällt auf andere private Bildungsinstitutionen, Volkshochschulen, Einrichtungen der Wirtschaft und kirchliche Einrichtungen. Auch nach Teilnehmerzahlen haben Hochschulen nur einen Marktanteil von 3 %, der seit 1991 nicht gesteigert werden konnte.

Die Gründe hierfür liegen vor allem bei den Hochschulen selbst. So ist für Wissenschaftler die Lehre, insbesondere in der Weiterbildung, mit nur geringer Reputation verbunden und gilt als nicht karrierefördlich. Bei staatlichen Hochschulen kommen noch zwei weitere Gründe hinzu: 1) die strukturelle Trennung in grundständige und weiterbildende Studiengänge, wobei nur letztere kostendeckend angeboten werden müssen und 2) personalrechtliche Hürden. So können Professoren ihre Lehre in der Weiterbildung in der Regel nicht auf ihr Lehrdeputat anrechnen. All dies führt dazu, dass die Weiterbildung an Hochschulen in erheblichem Maß von dem Engagement einzelner Professoren abhängt, wobei diese häufig von den Selbstverwaltungsorganen oder der Verwaltung der Hochschulen ausgebremst werden.

Private Hochschulen haben es hier deutlich leichter. So existieren hier weder personalrechtliche Hürden noch eine strukturelle Trennung verschiedener Studienangebote. Zudem zieht die Verwaltung der Hochschule nicht nur in vollem Umfang mit, sondern ist häufig sogar die treibende Kraft von marktorientierten Neuerungen im Angebot. Die Frage der Reputation spielt auch hier eine gewisse Rolle, allerdings in abgemilderter Form. Stehen doch die Professoren an privaten Fachhochschulen nicht unter dem gleichen Forschungs- und Veröffentlichungsdruck wie Professoren an staatlichen Universitäten. Das Ergebnis ist, dass staatliche Hochschulen lediglich zwei Prozent aller Bachelorstudiengänge in berufsbegleitender Form anbieten, während es bei privaten Hochschulen dreißig Prozent sind. Bei Masterstudiengängen beträgt das Verhältnis 10 zu 50 %.[4]

3 Motive und Finanzierung

Die Motive von Studierenden für eine Weiterbildung liegen naturgemäß vor allem in *Karrierewünschen* begründet. Man benötigt eine bestimmte Kompetenz oder eine formale Qualifikation, um sich beruflich weiter zu entwickeln. Das entspricht den eingangs beschrieben Gründen für lebenslanges Lernen. Beispiele sind kürzere Schulungsprogramme

---

[2] Auch wenn dieses Kapitel auf die Rolle des Fernstudiums fokussiert, wird wegen der Verflechtungen und Konkurrenzbeziehungen zunächst der gesamte Weiterbildungsmarkt in den Blick genommen.

[3] Stifterverband, a. a. O.

[4] Walburga Katharina Freitag: „Bin ich eigentlich für Geschäftsführer in so einer Firma zu jung und fürs Studieren eigentlich zu alt, ne?" – Lebenslanges Lernen und berufsbegleitendes Studieren als Herausforderung der Hochschulen, in: DGWF Beiträge 50 – Dokumentation Jahrestagung 2010, September 2011, S. 62

zum Erwerb bestimmter Fachkompetenzen oder persönlicher Kompetenzen, aber auch der Erwerb eines Studienabschlusses, um sich dadurch ganz neue Karriereoptionen zu eröffnen. Darüberhinaus sind häufig auch *biografische Ereignisse* bis hin zu persönlichen Krisen Auslöser und Motivator für eine Weiterbildung. Beispiele sind der Wiedereinstieg in den Beruf nach längerer Elternzeit, eine notwendige Umorientierung aufgrund einer Krankheit oder eines Unfalls, notwendige Existenzsicherung nach einer Scheidung u. ä. Ein weiteres Motiv betrifft die *persönliche Weiterentwicklung.* Hier findet man das Seniorenstudium, die Beschäftigung mit Hobbies und Schöngeistigem, aber auch durchaus handfeste berufliche Qualifikationsangebote, die von Menschen wahrgenommen werden, die es „noch einmal wissen wollen". Zum Beispiel kann dies der Leiter einer Entwicklungsabteilung sein, der selbst nie studiert hat, aber eine Gruppe von lauter diplomierten Informatikern zu führen hat, oder die arrivierte Finanzchefin eines mittelständischen Unternehmens, die mit ihrem BWL studierenden Sohn mithalten möchte.

Die Finanzierung von Weiterbildung erfolgt aus den drei Quellen Individuum, Arbeitgeber, Öffentliche Hand. Aus der Sicht der Individuen handelt es sich um Gebühren oder Entgelte für die Maßnahme, damit verbundene Aufwendungen wie Reisekosten und Materialien sowie eventuell entgangener Verdienst, sowie Einsatz von Zeit (z. B. Verzicht auf Urlaub). Arbeitgeber können die Gebühren oder Entgelte ganz oder teilweise übernehmen, Freizeit gewähren oder über Sabbaticals, unbezahlten Urlaub und Rückkehroptionen zur Finanzierung beitragen. Die öffentliche Hand schließlich kann eine kostenlose Grundversorgung anbieten, Programme subventionieren, Zuschüsse oder Darlehen gewähren und Steuererleichterungen anbieten.

Die strukturelle Trennung an staatlichen Hochschulen in grundständige und Weiterbildungsprogramme hat hierbei einen den Wettbewerb verzerrenden Effekt. Private Hochschulen bieten häufig grundständige Studienangebote mit Bachelorabschluss als Weiterbildung für Berufstätige an. Die dafür erforderlichen Studiengebühren konkurrieren mit staatlichen Programmen zum Nulltarif, seit in den meisten Bundesländern keine Studiengebühren mehr erhoben werden. Ebenso werden private Hochschulen – anders als Schulen – von staatlichen Mittelzuweisungen in der Regel ausgeschlossen. Während staatliche Hochschulen Mittelzuweisungen je Studienplatz aus dem Hochschulpakt erhalten, gehen dagegen private Hochschulen leer aus.

3.1 Wandel der Weiterbildung

Die Politik macht in den letzten Jahren zunehmend Druck, die Grenzen zwischen formaler und nicht formaler Bildung durchlässiger zu machen und sich weniger an formalen Qualifikationen als an – auf welche Weise auch immer – erworbenen Kompetenzen zu orientieren. Ein erheblicher Teil dieses Drucks kommt von den europäischen Institutionen, die zur Umsetzung des freien Personenverkehrs einschließlich Freizügigkeit der Arbeitnehmer und Niederlassungsfreiheit der Gewerbetreibenden und der Freiberufler bestrebt sind, Qualifikationen Länder übergreifend vergleichbar zu machen. Daraus resultiert der Europäische Qualifikationsrahmen für lebenslanges Lernen (EQR).

> Der EQR definiert eine Reihe von Bildungsniveaus, die das gesamte mögliche Spektrum von Bildungsergebnissen abdecken sollen. Jedes Niveau wird durch Deskriptoren beschrieben. Die Deskriptoren beziehen sich auf Kenntnisse, Fertigkeiten und Kompetenzen (KFK). Unter Kenntnissen wird dabei Theorie- und/oder Faktenwissen verstanden. Fertigkeiten können kognitiver Natur (Problemlösefähigkeit, kreatives Denken etc.) oder praktisch sein (z. B. Umgang mit Instrumenten und Materialien). Kompetenz haben im EQR-Kontext die beiden Aspekte „Verantwortung" und „Selbstständigkeit". Die Beschreibung der geforderten KFK wird mit jedem Niveau anspruchsvoller. Der EQR ist in acht Stufen gegliedert. Diese acht Stufen reichen von grundlegenden allgemeinen Kenntnissen und Fertigkeiten (Stufe 1) bis zur Beherrschung eines hoch spezialisierten Wissensgebiets (Stufe 8). Die drei höchsten Niveaus entsprechen den im Rahmen des Europäischen Hochschulraums im Zuge des Bologna-Prozesses definierten Hochschulabschlüssen, wie Bachelor, Master und Promotion. Sie können jedoch auch für besonders anspruchsvolle berufliche Qualifikationen stehen.[5]

Abgeleitet vom EQR wurde der entsprechende Deutsche Qualifikationsrahmen[6] erarbeitet. Seine Einführung ist in ihren Details nicht unumstritten. Dabei geht es etwa um die Frage, wie eng die einzelnen Stufen des Rahmens an formale Abschlüsse gekoppelt sind oder nicht. Die Frage der Anerkennung informellen und nonformalen Lernens wird zwar grundsätzlich positiv gesehen, die Formen der Anerkennung und eine mögliche Integration der Lernergebnisse sind jedoch ungeklärt. Daraus resultieren erhebliche Umsetzungsprobleme für die – politisch gewünschte – Durchlässigkeit zwischen verschieden Bildungssystemen und Bildungsformen.

Die Hochschulgesetze der meisten Bundesländer fördern die Durchlässigkeit auf Hochschulniveau auf zwei Wegen: bei der Zugangsberechtigung zu einem Studium, sowie bei den Vorschriften zur Anrechnung von Studienleistungen. In allen Bundesländern sehen die Hochschulgesetze vor, dass Bewerber unter bestimmten Voraussetzungen auch ohne Abitur oder ohne fachgebundene Hochschulreife zu einem grundständigen Studium zugelassen werden können. Eine Voraussetzung ist eine fachspezifische Fortbildungsprüfung, häufig in Verbindung mit einem Beratungsgespräch. So können staatlich geprüfte Betriebswirte auch ohne eigene Hochschulzugangsberechtigung zu einem grundständigen Betriebswirtschaftsstudium zugelassen werden. Neuerdings haben auch immer mehr Bundesländer den Weg zu einem Masterstudium ohne Erststudium unter bestimmten Voraussetzungen geebnet. Bei der Anrechnung von Studienleistungen konnten ursprünglich nur gleichwertige, an anderen Hochschulen erfolgreich erbrachte Studienleistungen anerkannt werden. Im Sinne der Durchlässigkeit hat die Kultusministerkonferenz die Vorschrift dahingehend geändert, dass auch anderweitig erworbene Kompetenzen anerkannt werden können. Diese Vorschrift

---

[5] Europäischer Qualifikationsrahmen für lebenslanges Lernen (EQR), Europäische Gemeinschaften 2008, http://ec.europa.eu/education/policies/educ/eqf/eqf08_de.pdf, S. 3

[6] Deutscher Qualifikationsrahmen für lebenslanges Lernen, verabschiedet vom Arbeitskreis Deutscher Qualifikationsrahmen (DQR) am 22.03.2011. http://www.deutscherqualifikationsrahmen.de/de/

wurde noch einmal verschärft, indem die Kann-Vorschrift in eine Soll-Vorschrift geändert wurde. Nunmehr sind gleichwertige Kompetenzen anzurechnen, gleich auf welchem Wege sie erworben wurden.[7]

3.2   Lernformen und Lernumgebung

Es ist offensichtlich, dass die Anrechenbarkeit von praktisch erworbener Kompetenz auf ein Studium erhebliche praktische Probleme in der Umsetzung bereitet und großen Personalaufwand erfordert. Die ausdrückliche Anerkennung unterschiedlicher Lernformen als gleichwertig bereitet schon bei der Bewertung nonformalen Lernens, das immerhin systemisch und zielgerichtet erfolgt, erhebliche Probleme. Um vieles schwieriger ist es, informelle, bei der Arbeit und im Leben erworbene Kompetenzen zu messen und anzuerkennen.

Nicht zuletzt aus diesem Grund setzen insbesondere die staatlichen Hochschulen diese Vorschriften nur sehr zögerlich und bürokratisch um. So studieren an staatlichen Universitäten nur 0,6 % Studierende ohne Abitur, an staatlichen Fachhochschulen 1,9 %.[8] An privaten Fernhochschulen hingegen 10 bis 20 %. Solange staatliche Hochschulen genügend viele Studienanfänger haben, ohne um ihre Existenz bangen zu müssen, dürfte sich daran wenig ändern. Private Hochschulen, jedenfalls diejenigen, die auf berufsbegleitende Studienangebote spezialisiert sind, sehen hier eher ihre Aufgabe. Sie finden dann auch Wege, diese Probleme handhabbar zu machen, wenn nicht gar zu lösen. Die Ergebnisse zeigen, welches Potenzial hinter den Anforderungen einer größeren Durchlässigkeit steckt.

Dass Berufstätige stärker als junge Abiturienten auf angepasste Lernumgebungen angewiesen sind, ist offensichtlich. Vollzeit-Präsenzangebote erreichen diese Zielgruppe in der Regel kaum. Der Ausstieg aus dem Beruf auf Zeit, der neben einem zeitlich begrenzten Verzicht auf Einkommen zusätzlich erhebliche Studiengebühren mit sich bringt, lohnt sich in den meisten Fällen nicht. Eine Ausnahme bilden Vollzeit-Masterprogramme an sehr angesehenen Hochschulen. Ihr Studium, verbunden mit dem Erwerb eines attraktiven Netzwerks von Peers, kann sich in Folge einer entsprechenden Gehaltsentwicklung amortisieren. Für die große Mehrzahl der – insbesondere deutschen – Studienangebote dürfte dies kaum zutreffen. So werden Studienprogramme für Berufstätige üblicherweise in einem Mix aus Präsenzstudium und Fernstudium – schriftlich und/oder elektronisch –

---

[7] Bis 2008 handelte es sich noch um eine Kann-Bestimmung. Vgl. Anrechnung von außerhalb des Hochschulwesens erworbenen Kenntnissen und Fähigkeiten auf das Hochschulstudium (I) und (II), Beschluss der Kultusministerkonferenz vom 28.06.2002 i. d. F. vom 18.09.2008. Erst 2010 wurde daraus eine Soll-Bestimmung. Vgl. Ländergemeinsame Strukturvorgaben für die Akkreditierung von Bachelor- und Masterstudiengängen, Beschluss der Kultusministerkonferenz vom 10.10.2003 i. d. F. vom 04.02.2010, S. 3. „Nachgewiesene gleichwertige Kompetenzen und Fähigkeiten, die außerhalb des Hochschulbereichs erworben wurden, sind bis zur Hälfte der für den Studiengang vorgesehenen Leistungspunkte anzurechnen."

[8] Walburga Katharina Freitag, a. a. O., S. 60

angeboten. Die Form dieser hybriden Studienformen reicht vom Abend- bzw. Wochenend-
studium, unterstützend dazu Skripte zum Selbststudium, über mehrere Präsenzblöcke mit
Selbstlernphasen und vorgeschriebener Literatur, bis hin zum Fernstudium mit mehr oder
weniger vielen Präsenzphasen. Ein akkreditiertes Fernstudium ganz ohne Präsenz gibt es
derzeit in Deutschland nicht.

Die Entscheidung für eine dieser Lernformen hängt sowohl vom individuellen Lerntyp
als auch von der Lebenssituation ab. Dabei kann die Lebenssituation die Wahlmöglichkeit
jedoch stark einschränken. Gerade Berufstätige, die in ihrem Job und/oder ihrer Familie
stark eingebunden sind, oder die fern von entsprechenden Präsenzeinrichtungen leben,
können oft nur per Fernstudium studieren.[9] Daraus folgt, dass für junge Studierende
entweder ein Vollzeitstudium oder ein Teilzeitpräsenzstudium, wie es sehr erfolgreich von
der Fachhochschule für Ökonomie und Management (FOM) angeboten wird, in Frage
kommt. Auch Senioren bevorzugen in der Regel wieder Präsenzprogramme, was allerdings
auch an dem für sie häufig attraktiven Angebot der staatlichen Universitäten liegt. Die
Berufstätigen der mittleren Altersgruppe müssen sich je nach Lerntyp für eines der hybriden
Zwischenmodelle entscheiden.

Das Selbstlernen erfolgt sowohl mit gedrucktem Studienmaterial wie auch online. Hierbei werden jedoch auch online lediglich Texte versandt, die dann am Bildschirm oder
ausgedruckt gelesen werden. Reines Onlinestudium mit entsprechend interaktiv aufberei-
teten Studienmaterialien ist immer noch die Ausnahme. Der extrem hohe Aufwand für
deren Erstellung beschränkt diesen Einsatz in Deutschland vor allem auf Projekte, die –
zeitlich befristet – gefördert werden und anschließend meist verkümmern. Oder es handelt
sich um kleinere Module, für die ein entsprechend großer Markt besteht. Beispiele sind
Sprachlernprogramme und Projektmanagement. Hier gibt es große Potenziale, die in der
Regel nur von darauf spezialisierten Bildungsanbietern erschlossen werden können.

Dennoch soll nicht verhehlt werden, dass es für Berufstätige wichtig sein kann, einen
möglichst großen Teil der Studienunterlagen – beispielsweise auf Reisen oder auch auf
die tägliche Fahrt mit der Bahn zum Arbeitsplatz – mitnehmen zu können. Mobilität
und Flexibilität der Lernformen und der Lernumgebung sind wichtige Erfordernisse für
berufstätige Studierende.

3.3 Anforderungen an Bildungsanbieter

Aus den Besonderheiten des lebenslangen Lernens insbesondere berufstätiger Studierender
lassen sich die Anforderungen an Hochschulen als Anbieter von Weiterbildung ableiten:

---

[9] Der Autor befragt regelmäßig Studienanfänger nach den Gründen für eine Entscheidung für die
Euro-FH. Ein Großteil der Studienanfänger der Euro-FH hat sich für die Euro-FH entschieden,
weil deren Fernstudium zeitlich sehr flexibel organisiert ist und einen sehr niedrigen Präsenzanteil
aufweist. Sie argumentieren häufig: Wenn es die Euro-FH nicht gäbe, hätten sie gar nicht studiert.

Der Markt für Weiterbildung

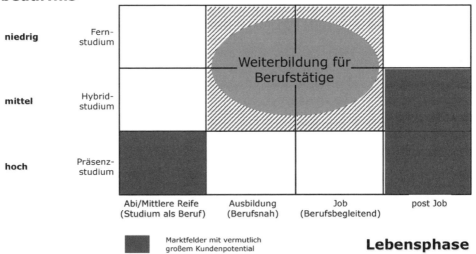

Zugehörigkeits-bedürfnis

niedrig — Fern-studium

mittel — Hybrid-studium

hoch — Präsenz-studium

Weiterbildung für Berufstätige

Abi/Mittlere Reife (Studium als Beruf) — Ausbildung (Berufsnah) — Job (Berufsbegleitend) — post Job

Marktfelder mit vermutlich großem Kundenpotential

Lebensphase

1. Einbeziehung nonformalen und informellen Lernens

Dies betrifft vor allem die Zulassung zum grundständigen Studium auch ohne Abitur und zum Masterstudium ohne abgeschlossenes Erststudium, sowie die umfängliche An-erkennung von nicht an Hochschulen erworbenen Kompetenzen. Bei letzterem zeigt die Erfahrung, dass es den Antragstellern nicht nur um die Verkürzung des Studiums und die Reduzierung von Kosten geht. Genauso wichtig ist häufig die Anerkennung der Leistung im immateriellen Sinne.

2. Unterstützung der Selbstorganisation

Berufstätige haben generell ein knappes Zeitbudget. Man sollte ihnen die Studienor-ganisation so einfach und zeitsparend wie möglich machen. Hier ist eine extreme Kundenorientierung erforderlich, die gerade an staatlichen Hochschulen kaum möglich ist.

3. Kompetenzentwicklung

Berufstätige haben in der Regel nur ein vergleichsweise geringes Interesse an reiner Theorie. Sie wollen vor allem Kompetenz erwerben. Da sie parallel berufstätig sind und studieren, hat es für sie eine hohe Motivationswirkung, wenn sie gerade Erlerntes unmittelbar im Beruf umsetzen können. Das muss sich nicht durch alle Module ziehen, aber ein deutlich erlebter Kompetenzgewinn bereits während des Studiums ist für die Motivation entscheidend.

4. Vernetzung

Studierende wollen sich in der Regel mit Kommilitonen austauschen. Das gilt für Berufstätige ebenso, ist aber schwieriger darzustellen. Auch wenn ein Großteil des Lernens allein
zuhause stattfindet, was im Übrigen bei Präsenzstudenten auch nicht viel anders ist, müssen Gelegenheiten zu Austausch und zur Zusammenarbeit geschaffen werden. Das kann
physisch-persönlich über Präsenzzeiten mit Gruppenarbeit erfolgen, aber auch virtuell
über Chats, Foren und virtual Workrooms. Zudem ist es für Berufstätige oft wichtiger, sich
mit Kommilitonen aus vergleichbaren Berufen oder Branchen auszutauschen. Auch hierzu
kann der Anbieter entsprechende Instrumente bereitstellen.

3.4 Der Fernstudienmarkt

Das Fernstudium hieß ursprünglich Correspondence-Studium und hat sich um die Wen-
de vom 19. zum 20. Jahrhundert entwickelt. Aus diesen Anfängen resultiert auch der
Begriff Studienbriefe, um die es sich damals handelte. Instruktoren und Studierende kor-
respondierten per Brief. Es wurden Übungen und Aufgaben gestellt, deren Bearbeitung
anschließend kommentiert und bewertet wurde. In dem Maße, in dem neue Medien ver-
fügbar waren, setzten die Anbieter diese ein. Es handelte sich jedoch bis in die 60er Jahre
fast ausschließlich um private Anbieter. Pionier auf dem Gebiet der Hochschulen ist die
University of South Africa, die bereits 1946 mit Fernstudienangeboten startete. In Europa
begann diese Entwicklung mit der britischen Open University 1971. Drei Jahre später nahm
in Deutschland die Fernuniversität Hagen ihren Betrieb auf.[10]

Die Fernuniversität Hagen ist mit 63.000 Studierenden der mit Abstand größte Anbieter.
Da jedoch die Abbruchquote der Fernuniversität mit ca. 80 % sehr hoch ist, muss
man im Zusammenhang mit den extrem niedrigen Studiengebühren davon ausgehen,
dass sich unter den Studierenden ein erheblicher Anteil befindet, der zwar Interesse am
Studienmaterial oder auch am Status Student hat, jedoch nicht ernsthaft am Erwerb eines
akademischen Grades interessiert ist. Private Hochschulen weisen je nach Fachrichtung
und Bachelor- oder Masterstudium Abbruchquoten zwischen 15 und 35 % auf.[11]

Präsenzhochschulen mit Fernstudienangebot – überwiegend staatliche – haben 17.000
Studierende in 183 Studiengängen. Bedeutende private – staatlich anerkannte – Anbieter mit mehr als 1.000 Studierenden, die ausschließlich Fernstudiengänge anbieten,
sind die AKAD-Privathochschulen, die HFH Hamburger Fern-Hochschule, die Wilhelm-
Büchner-Hochschule Darmstadt, die Europäische Fernhochschule Hamburg (Euro-FH),

---

[10] Vgl. Börje Holmberg: The Evolution, Principles and Practices of Distance Education, Oldenburg
2005, S. 19 ff.

[11] Peter Thuy, Philipp Höllermann: Trendstudie Fernstudium 2011. Aktuelle Trends und Entwicklungen in Fernstudienprogrammen der Betriebswirtschaftslehre in Deutschland, http://www.iubh-
fernstudium.de/service/downloads/trendstudie-fernstudium-2011.php, S. 4

Tab. 1 Fernstudierende nach Hochschulart 2010. (Quelle: Forum Distance-Learning 2011)

Institution		Gegründet	Studiengänge	Studierende
Fernuniversitäten gesamt			*40*	*68.093*
Berlin, Deutsche Universität für Weiterbildung	P	2008	7	42
Berlin, Steinbeis-Hochschule	P	1998	3	4.674
Hagen, Fernuniversität	Ö	1974	25	62.954
Lahr, Wissenschaftliche Hochschule	P	1996	5	423
Fernfachhochschulen gesamt			*105*	*33.840*
Bonn, Hochschule der Sparkassengruppe	P	2003	4	947
Bremen, Apollon HS d. Gesundheitswirtschaft	P	2005	7	896
Darmstadt, Wilhelm Büchner Hochschule	P	1997	13	5.857
Hamburg, Europäische Fernhochschule	P	2003	7	4.684
Hamburg HFH Hamburger Fernhochschule	P	1997	10	8.565
Kassel, CVJM-Hochschule	P	2009	4	124
Leipzig, AKAD Fachhochschule	P	1992	12	1.402
Nordhessen, Diploma Hochschule	P	1997	11	3.417
Pinneberg, AKAD Fachhochschule	P	1980	12	1.885
Riedlingen, SRH Fernfachhochschule	P	1996	7	1.454
Saarbrücken, Deutsche Hochschule f. Prävention u. Gesundheitsmanagement	P	2001	6	2.418
Stuttgart, AKAD Fachhochschule	P	1991	12	2.191
Fernhochschulen gesamt			*145*	*101.933*
Präsenzhochschulen mit Fernstudienangeboten			183	16.686
Fernstudium insgesamt			*328*	*118.619*
Davon private Hochschulen	P			40.143
Davon öffentliche Hochschulen	Ö			78.476

die Diploma Hochschule Nordhessen, die Deutsche Hochschule für Prävention und Gesundheitsmanagement Saarbrücken, sowie die SRH Fernhochschule Riedlingen. Diese Gruppe hat zusammen 34.000 Studierende in 105 Studiengängen. Insgesamt haben die 18 % privaten Hochschulen 34 % der Studierenden. Ohne Berücksichtigung der Fernuniversität haben die staatlichen Hochschulen 28 %, die privaten Hochschulen 72 % aller Fernstudenten (Tab. 1).

Der Stifterverband unterscheidet im Wesentlichen fünf Zielgruppen, für die ein Fernstudium interessant ist:[12]

1. Berufstätige ohne Hochschulabschluss, die ein Erststudium absolvieren wollen
2. Hochschulabsolventen, die ein Zweitstudium absolvieren wollen
3. Höher qualifizierte Arbeitssuchende, die eine Hochschulzugangsberechtigung haben und nach Qualifizierungsmaßnahmen verlangen, die ihre Attraktivität am Arbeitsmarkt sichern oder noch erhöhen.
4. Unternehmen mit Bedarf an Weiterbildung
5. Senioren

Das derzeitige Angebot der großen privaten Fernstudienanbieter konzentriert sich vor allem auf die Gruppen 1, 2 und 4. Der Markt für Arbeitssuchende ist stark reglementiert und bereits von einer großen Zahl darauf spezialisierter Weiterbildungsanbieter besetzt. Der Markt für Senioren konkurriert mit den Angeboten insbesondere der staatlichen Präsenzuniversitäten, die mit ihrem bereiten Fächerspektrum punkten können, so dass zumindest die Senioren, die in der Nähe einer Universität wohnen, eine nahezu kostenfreie Alternative haben. Der Nachweis, dass Senioren willens und in der Lage sind, für ein Studium kostendeckende Studiengebühren aufzubringen, muss erst noch erbracht werden. Selbst die Deutsche Universität für Weiterbildung in Berlin, an der zu fünfzig Prozent die Freie Universität Berlin beteiligt ist und die daher über ein entsprechendes Fächerspektrum verfügt, spricht diese Zielgruppe nicht explizit an. Dies liegt nicht zuletzt an den Themenbereichen Management, Gesundheitsökonomie und Pflege, Ingenieurwissenschaften und Informatik, die von den privaten Fernhochschulen als besonders attraktiv angesehen werden. Sie richten sich an Berufstätige, die Studiengebühren aus ihrem laufenden Einkommen aufbringen können und sich zudem in aller Regel noch eine Erhöhung des Einkommens als Folge des Fernstudiums erhoffen.

4 Die Rolles des Fernstudiums für lebenslanges Lernen am Beispiel der Europäischen Fernhochschule Hamburg

Die Europäische Fernhochschule Hamburg wurde im Jahr 2003 gegründet. Träger ist die Klettgruppe, die zu dieser Zeit bereits mit Erfolg die 1997 gegründete (damals noch anders benannte) Wilhelm-Büchner-Hochschule betrieb. Diese bietet Informatik- und Ingenieurstudiengänge an und ist organisatorisch eng mit der Studiengemeinschaft Darmstadt, einer große Fernschule, verbunden. Dieses Erfolgsmodell wollte man wiederholen und begann im Jahr 2000 mit den Entwicklungsarbeiten in enger Kooperation mit dem Institut für Lernsy-

---

[12] Stifterverband (2010) a. a. O., S. 65 f.

steme (ILS) der Klettgruppe in Hamburg. Das Konzept der Euro-FH baut im Wesentlichen auf vier Komponenten auf.

1. Es sollte eine *international* orientierte Fernhochschule mit einem Fokus auf Management-Studiengängen entstehen. Zu diesem Zweck wurde von Beginn an eine enge Zusammenarbeit mit der ESB Business School der Hochschule Reutlingen praktiziert, die sich einen besonderen Ruf bei der erfolgreichen Entwicklung von Double-Degree-Studienprogrammen in einem Verbund mit mehreren ausländischen Hochschulen erworben hatte.

2. Die enge Kooperation mit der ESB Business School Reutlingen brachte neben der Internationalität noch eine zweite Komponente in die Gründungsphase ein: An der ESB herrschte ein ganz besonderer „*Spirit*", sowohl im Kollegium als auch unter den Studierenden. Er war geprägt von Initiative, Zusammenhalt und Lebensfreude – eine positive emotionale Grundhaltung, die ganz erheblich zu dem Erfolg der ESB Business School beigetragen hat und immer noch beiträgt.[13] Daraus resultierte die Frage, wie man unter den Bedingungen eines Fernstudiums für Berufstätige einen „Spirit" erzeugen kann, eine emotionale Bindung der Studierenden untereinander und an die Hochschule.

3. Die dritte Komponente brachte das ILS ein. Dort verfügte man bereits über 25 Jahre Erfahrung im Umgang mit *Fernstudiendidaktik* in einem breiten Themenfeld mit rd. 200 verschiedenen Zertifikatskursen vom Abitur über Digitales Fotografieren oder C + - Programmieren bis hin zum Staatlich geprüften Betriebswirt. Die Studierenden kamen aus allen Schichten der Bevölkerung, waren überwiegend jedoch Berufstätige. Man konnte von daher die Interessen, Bedürfnisse und das Lernverhalten Berufstätiger recht gut einschätzen und verfügte über entsprechend erfahrene Fernstudiendidaktiker.

4. Die vierte Komponente ist eine große *Transparenz und Serviceorientierung*. Sie rührt aus der Unternehmenskultur des Ils sowie aus der langjährigen Beschäftigung des Autor und Gründungspräsidenten mit Servicemarketing und Kundenorientierung als Professor für Marketing an der Hochschule Reutlingen her.

Diese vier Komponenten haben das Studienprogramm, die Studienorganisation, die Informationspolitik nach außen und innen, die Gestaltung der Prozesse, die Personalrekrutierung und die menschliche Haltung gegenüber Studierenden und Kolleginnen und Kollegen ganz wesentlich geprägt und finden sich heute noch im Leitbild der Euro-FH.[14]

4.1 Studierende als Kunden

An der Euro-FH sind Studierende gleichzeitig Kunden. An staatliche Hochschulen gibt es häufig noch heftige Diskussionen über die Frage, ob Studenten Kunden sind. Diese Diskussion mag vor dem Hintergrund verständlich sein, dass staatliche Hochschulen es mit sehr

---

[13] Seit 1995 belegt die ESB Business School in allen Hochschulrankings stets den ersten Platz.

[14] Das Leitbild der Euro-FH wurde in 2012 aktualisiert und findet sich unter http://www.euro-fh.de/euro-fh/leitbild/

großen Zahlen von häufig sehr jungen Studierenden zu tun haben. Seit der Umstellung auf das Abitur nach 12 Schuljahren kommen auch in Deutschland z. T. schon 17-jährige an die Hochschule. In der Weiterbildung haben wir es jedoch mit Menschen zu tun, die selten unter 22, mehrheitlich 27 bis 35 Jahre alt sind und bis ins Rentenalter hineinreichen. Diese Menschen erleben sich in anderen Lebensbereichen als Bürger, Vorgesetzte, Untergebene, Eltern und eben auch als Kunden. Werden diese Menschen von ihren Arbeitgebern auf Fortbildungsveranstaltungen geschickt oder buchen sie als Privatpersonen ein Seminar, erwarten sie selbstverständlich, als zahlende Kunden mit entsprechender Wertschätzung und Respekt behandelt zu werden. Diese Erwartungshaltung bringen sie ins Fernstudium ein. Konsequenterweise ist ihre Studienanmeldung mit dem Abschluss eines entsprechenden Dienstleitungsvertrages verbunden, in dem sich die Hochschule verpflichtet, die Dienstleistung zu erbringen. Der Studierende als Kunde verpflichtet sich, regelmäßig die Studienraten zu zahlen. Beide Seiten haben einen Rechtsanspruch auf Erfüllung. Außerdem gebietet es die ökonomische Klugheit einer privaten Hochschule, die Studierenden als Kunden zu behandeln, damit sie zufrieden sind, dran bleiben, Erfolg haben und die Hochschule weiterempfehlen oder auch selbst für ein Aufbaustudium oder einen Zertifikatskurs wieder wählen.

Selbstverständlich sind die Kunden der Euro-FH auch Studierende nach allen Regeln des Hochschulgesetzes und der jeweiligen, von der zuständigen Wissenschaftsbehörde genehmigten Studien- und Prüfungsordnung. Diese bestimmen auch den akademischen Anspruch der Professorenschaft. Hier gibt es keinen Verhandlungsspielraum. Lernen und Prüfungen ablegen müssen die Studierenden selbst. Darüber hinaus hilft die Hochschule, soweit es möglich und ökonomisch vertretbar ist. Dies äußert sich in fünf zu erfüllenden Anforderungen.

4.1.1 Transparent informieren

Wer junge Leute bei der Recherche nach einem geeigneten Studium begleitet und sich zu diesem Zweck durch die Webseiten staatlicher Hochschulen klickt erlebt, wie schwierig das ist. Studiengänge, auf die man in der Presse aufmerksam wurde, sind oft nur schwer zu finden, das Curriculum wird in wenigen dürren Worten dargestellt, und über die Studienbedingungen und Studienorganisation erfährt man kaum etwas. Und dies bei einer Kaufentscheidung, die finanziell in der Größe eines Kleinwagens oder mehreren Urlaubsreisen liegt, für die Lebensplanung aber von noch größerer Bedeutung ist. Für den Interessenten ist eine der wichtigsten Fragen die nach der Machbarkeit: 1) Entspricht das angestrebte Studium inhaltlich meinen Erwartungen, 2) kann ich es zeitlich mit meinen anderen Verpflichtungen und Interessen in Einklang bringen und 3) kann ich es überhaupt in der verfügbaren Zeit schaffen?

Die Euro-FH macht Werbung mit hohem Aufmerksamkeitsgrad, um Interessenten zu veranlassen, auf ihre Homepage zu gehen, den Studienführer anzufordern oder bei der

Interessentenberatung anzurufen.[15] Die Homepage und der Studienführer stellen das Fernstudienkonzept der Euro-FH so ausführlich dar, dass der Interessent sich ein realistisches Bild machen kann. Die Darstellung des Curriculums kommt einem etwas verkürzten Modulhandbuch nahe. Dieser Detailgrad der Information ist natürlich auch interessant für Wettbewerber, bei Interessenten und Studierenden kommt er jedoch so gut an, dass dieser Nachteil gern in Kauf genommen wird. Auch die telefonische Beratung ist umfassend und kompetent. Sie ist montags bis freitags von 8 Uhr bis 20 Uhr besetzt. Damit haben Berufstätige Gelegenheit, sie zu erreichen.

4.1.2 Finanziell tragbare, faire Verträge

Das Fernunterrichtsgesetz präzisiert die Bestimmungen der Verträge zwischen Studierenden und privaten Hochschulen, was als eine Art Konsumentenschutz zu verstehen ist. Darin wird u. a. eine vierzehntägige Rücktrittsfrist vorgeschrieben. Die Euro-FH geht darüber hinaus und garantiert eine Frist von 4 Wochen, innerhalb der das Studienmaterial für die ersten 6 Monate komplett zur Verfügung steht und nach Herzenslust benutzt werden kann. Alle Serviceleistungen der Hochschule, einschließlich eines Besuchs des Einführungsseminars, können in Anspruch genommen werden. Schickt der Studierende die Materialien innerhalb dieser Frist zurück, entstehen ihm keinerlei Studiengebühren. Danach erst werden die Studiengebühren fällig, die in Monatsraten über die Studiendauer verteilt zu entrichten sind. Auf diese Weise können sie aus dem laufenden Einkommen bestritten werden und es bedarf keines ausdrücklichen Studienfinanzierungsmodells. Zum Ende des sechsten Monats kann erstmalig und danach jederzeit mit einer Frist von 3 Monaten gekündigt werden. Bei finanziellen Engpässen, z. B. wegen Verlust des Arbeitsplatzes, können Raten auch gestreckt oder gestundet werden.

4.1.3 Durchlässigkeit

Die Euro-FH schöpft die Optionen des Hamburger Hochschulgesetzes sowie der Kultusministerkonferenz voll aus und ist bemüht, an Hochschulen und außerhalb von ihnen erworbene Kompetenzen soweit wie möglich und akademisch vertretbar anzurechnen. Zudem werden auch Studierende ohne Abitur oder Fachhochschulreife zum Studium zugelassen, wenn sie entweder eine der bundeseinheitlich geregelten Fortbildungsprüfungen, z. B. zum staatlich geprüften Betriebswirt oder zum Meister, abgelegt haben, oder aber nach einer abgeschlossenen Berufsausbildung eine Eingangsprüfung an der Euro-FH bestanden haben. Auf diesem Weg kommen rd. 20 % der grundständig Studierenden an die Euro-FH. Ein weiteres Beispiel ist die Zulassung zu einem Masterstudium ohne Erststudium. Die Zulassungsvoraussetzungen bestehen aus biografisch und durch Referenzen nachgewiesener Kompetenz sowie einer Eingangsprüfung und haben bereits wenige Monate nach

---

[15] Nach Peter Thuy, Philipp Höllermann, a. a. O., S. 8 sind die meistgenutzten Informationsquellen Internetforen, Internet-Sichmaschinen und Webseiten zu Studienangeboten. Es folgen Empfehlungen durch Dritte.

Einführung des Programms zu einer höchst beeindruckenden Zahl und Qualität von Bewerbern geführt.[16] An anderen Hochschulen erworbene Credits werden selbstverständlich angerechnet, wenn die erbrachte Studienleistung innerhalb einer Toleranzbreite gleichwertig ist. Außerhalb der Hochschulen formal erworbene Kompetenzen werden ebenso angerechnet (z. B. Fremdsprachenzertifikate). Bei standardisierten Ausbildungen wie IHK-Lehrgängen oder staatlichen Fortbildungsprüfungen gibt es dafür Pauschalanrechnungen. Andere Fälle werden individuell geprüft. Auch informell erworbene Kompetenzen können zur Anrechnung kommen. Dies gilt vor allem für den Mastergrad, für den, einschließlich den Bachelorgrad, 300 ECTS-Punkte vorgeschrieben sind. Hier klafft häufig eine Lücke zwischen erworbenen ECTS und 300 ECTS, die mit dem Masterstudium allein nicht erworben werden können, wenn er mit weniger als 120 ECTS versehen ist. Hier kann je nach Berufsbiografie mittels einschlägiger Zeugnisse und anderer Nachweise ein Kompetenzerwerb in einem bestimmten Umfang angerechnet werden.[17]

4.1.4 Empathische und kompetente Betreuung

Börje Holmberg, einer der ersten Professoren an der Fernuniversität Hagen sowie Gründungsrektor der Privaten FernFachhochschule Darmstadt und weltweit anerkannter Autor der Fernstudienliteratur fordert einen empathischen Umgang mit Fernstudierenden: *Friendly contact, feelings of partnership and belonging evidently support study motivation and are likely to lead to good results.*[18] Die Lehrbeauftragten, die als Tutoren oder Dozenten agieren, sowie die Studienbetreuer, die den Kontakt zu den Studierenden per Email oder Telefon halten, haben einen ganz erheblichen Einfluss auf die Wahrnehmung der Hochschule durch die Studierenden. Sie sind das Gesicht der Euro-FH. Dementsprechend werden sie geschult, kontrolliert und regelmäßig evaluiert. Die Professoren lernen ihre Studierenden im Einführungsseminar sowie punktuell in weiteren Seminaren im Verlauf des Studiums kennen. Das Ziel ist, als freundliche Hochschule wahrgenommen zu werden, die an Lernfortschritten oder Problemen der Studierenden interessiert ist und bei Bedarf angemessene Unterstützung bietet. Wenngleich die Lehrbeauftragten von Modul zu Modul wechseln, wird dem Studierenden zu Beginn des Studiums ein Studienbetreuer mit Foto und Kontaktdaten zugewiesen. Dieser bleibt über die gesamte Studiendauer konstant erhalten. Außerdem hat die Euro-FH aus dem Kreis der fortgeschrittenen Studierenden und frischen Absolventen über zweihundert Mentoren gewonnen, die Studienanfängern insbesondere bei Studienbeginn mit ihrer Erfahrung helfen, sich zu organisieren und ins Studium hineinzufinden. Schließlich dienen die Präsenzphasen, insbesondere das zweiwöchige Kompaktseminar an

---

[16] Nina Basedahl und Gernot Gräßner: Master ohne Erststudium: Eine neue motivierte Zielgruppe wird erschlossen. In: DGWF Hochschule und Weiterbildung 1/2011, S. 40 ff.

[17] Weitere Details siehe Martin Hendrik Kurz: Mit Bologna neue Bildungspotenziale erschließen – Über Zugangswege und Anrechnungsmodelle neue Zielgruppen für ein berufsbegleitendes Hochschulstudium gewinnen, in: DGWF Beiträge 49 – Dokumentation Jahrestagung 2009, April 2010, S. 230 ff.

[18] Börje Holmberg: The Evolution, Principles and Practices of Distance Education, Oldenburg 2005, S. 77

einer von sieben ausländischen Partnerhochschulen, dazu, die persönliche Verbindung zwischen den Studierenden zu fördern. Dazu trägt auch der Online-Campus bei, der vielfältige Möglichkeiten bietet, Kommilitonen mit gleichen Interessen, ähnlichen biografischen Hintergründen oder in der gleichen Region zu finden. Die Lehrbeauftragten und Dozenten innerhalb bestimmter Fachgebiete treffen sich zu Fachkonferenzen. Alle 2 Jahre findet eine große Tagung aller Professoren und Lehrbeauftragten statt, die nicht zuletzt in diesem Kreis ein Wir-Gefühl erzeugt. All das macht die Euro-FH entgegen allen Vorurteilen über Fernstudium zu einer sehr nahbaren, persönlichen und sympathischen Hochschule für alle Akteure.

4.1.5 Studienorganisation für Berufstätige

Um auf die Lebensumstände berufstätig Studierender eingehen zu können, muss die Hochschule nicht nur den Studienbetrieb, sondern ihre gesamte Organisation, ja das gesamte Geschäftsmodell konzipieren. Für die Euro-FH hat das wesentliche Konsequenzen hinsichtlich Flexibilität, Mobilität, Lernaufwand und Reaktionszeiten.

Flexibilität hat oberste Priorität. Berufstätige, oft noch mit Familie, müssen anders als junge Vollzeitstudierende mit Schulferien, Branchen- und Saisonzyklen, Projektorganisation mit extern vorgegebenen Deadlines, Kundenanforderungen im Betrieb, Dienstreisen etc. klarkommen, ohne dass dadurch ihr Studienfortschritt massiv beeinträchtigt wird. Um dies zu gewährleisten, hat die Euro-FH von Beginn an eine flexible Studienorganisation implementiert. Es gibt keine Semester und keine Kohorten von Studierenden. Jeder kann jederzeit beginnen und in seinem eigenen Tempo studieren. Fernprüfungen können jederzeit, Präsenzprüfungen jeden Monat an zwölf Prüfungszentren im deutschsprachigen Raum abgelegt werden. Darüber hinaus ist es möglich, überall auf der Welt an offiziellen deutschen Einrichtungen wie Botschaften, Konsulaten, Goetheinstituten, deutsche Schulen Klausuren unter Aufsicht zu schreiben. Diese Möglichkeit nutzen rd. 200 Studierende, die ganz oder zeitweilig im Ausland leben. Präsenzseminare finden in der Regel aus Sicht des Studierenden zweimal jährlich statt. Für diese Seminare werden vier Termine pro Jahr garantiert, praktisch sind es jedoch mindestens sechs und bis zu vierzig Termine, zwischen denen gewählt werden kann. So ist sichergestellt, dass kein Student ein ganzes Semester verliert, weil er eine Prüfung oder ein Seminar versäumt hat oder einmal durch eine Prüfung durchgefallen ist. Er kann sie 4 Wochen später noch einmal versuchen.

Die *Mobilität* der Studierenden hat auch Konsequenzen für die Kommunikation zwischen Hochschule und Studierenden sowie für die Lernmedien. Neben Laptops rücken Smartphones und Tablets immer mehr in den Fokus. Deshalb arbeitet die Euro-FH daran, den Online-Campus auch für Tablets und Smartphones zu optimieren. Bereits heute gibt es alle Studienunterlagen in gedruckter Form. Sie sind auf Servern hinterlegt und werden erst unmittelbar vor dem Versand an den Studierenden auf einer Print-on-demand-Anlage erstellt. Parallel dazu werden PDF-Versionen aller Studienmaterialien auf dem Online-Campus in der jeweils aktuellsten Version hinterlegt. Studienmaterialien, die fast nur aus Text bestehen, gibt es darüber hinaus als Audiodateien im MP3-Format, die Studierende bequem beim Joggen oder im Auto hören können, um in den Lernstoff erst einmal einzutauchen oder ihn zu repetieren und zu festigen.

Die Euro-FH hat ihre Studienprogramme so konzipiert, dass die Studierenden mit durchschnittlich 15 h *Lernaufwand* pro Woche beispielsweise ein Bachelorstudium in 3 Jahren neben dem Beruf absolvieren können. Damit möglichst viel von diesem Zeitaufwand auf das reine Lernen entfällt, ist die Euro-FH bemüht, den Organisationsaufwand der Studierenden auf ein Minimum zu beschränken. Dazu wird die Studierenden mit allem Studienmaterial versorgt, um ein Studium erfolgreich abzuschließen. Dazu gehört das versandte Studienmaterial, ergänzt um Downloads auf dem Online-Campus, sowie elektronische Bibliotheken, mit denen Bücher und Zeitschriften aus allen relevanten Fachgebieten über den Online-Campus im Volltextzugriff vorliegen. Lediglich für Haus-, Projekt- und Abschlussarbeiten muss der Studierende je nach Thema zusätzliche Quellen recherchieren. Bei etwaigen Fragen stehen die Studienbetreuer montags bis freitags von acht bis zwanzig Uhr telefonisch und per Email zur Verfügung.

Um die verfügbare Zeit möglichst effektiv nutzen zu können, sollten die Studierenden möglich geringe Wartezeiten haben. Dazu tragen neben der Vielzahl von angebotenen Terminen auch kurze *Reaktionszeiten* bei. Schnelles Feedback auf Studien- und Prüfungsleistungen ist für die Zufriedenheit der Studierenden sehr wichtig. Die Euro-FH hat sich daher so organisiert, dass für Prüfungsleistungen binnen 14 Tagen die Noten und schriftlichen Kommentare vorliegen. Bei Abschlussarbeiten beträgt die Frist 4 Wochen. Diese Zeiten sind für die Prüfenden verbindlich und werden nicht nur von den Studierenden, sondern auch von der Hochschuladministration permanent überwacht und eingefordert.

4.2   Herausforderungen

Das Fernstudium hat in den letzten Jahren stark an Akzeptanz gewonnen, wie die jährlich im Auftrag der Euro-FH von forsa durchgeführten Studien zeigen. So ist für Deutschlands Personalverantwortliche das Fernstudium ein anerkannter Weg zum Erwerb eines akademischen Abschlusses. Bei der Bewerberauswahl machen zwei Drittel keinen Unterschied zwischen den Absolventen eines Fern- oder eines Präsenzstudiums; insbesondere Personalchefs in Unternehmen mit bis zu 300 Mitarbeitern schätzen Fernstudierende und ihre umfassenden Fähigkeiten. So würden sich 36 % der Personalentscheider in mittleren Unternehmen klar für den Absolventen eines Fernstudiums aussprechen. Nahezu alle bescheinigen Fernstudierenden eine hohe Eigenmotivation (97 %), Zielstrebigkeit (93 %) sowie Selbstständigkeit (90 %). Zudem punkten Fernstudierende bei Personalchefs mit gutem Zeitmanagement beziehungsweise guter Organisationsfähigkeit (87 %), mit Flexibilität (86 %) und einer Offenheit für neue Ideen (84 %). Bei 71 % der Personaler gelten sie darüber hinaus als wichtige Impulsgeber.[19]

---

[19] Europäische Fernhochschule Hamburg (Hg.): Fernstudieren parallel zum Beruf. Bedeutung und Akzeptanz bei Personalentscheidern in mittleren und größeren Unternehmen, forsa 2012, http://www.euro-fh.de/service-material/presse/forsa-studie

Dennoch steht auch das Fernstudium der Euro-FH vor wichtigen Herausforderungen. Die Digitalisierung bietet nicht nur den Anbietern neue Möglichkeiten, sie beeinflusst auch das Lernverhalten. Die Frage ist, was ist nur modern und was birgt eine wirkliche Verbesserung. Der Hype um e-Learning ist mittlerweile etwas abgeklungen. Viele Unternehmen hatten sich davon vor allem erhebliche Kosteneinsparungen versprochen. Selbst wenn die realisiert werden können, was nur sehr selten der Fall ist, bleibt die Frage der Lerneffizienz und –effektivität. Außerdem reagieren die Studierenden je nach Alter und Affinität zu elektronischen Medien sehr unterschiedlich. Die Euro-FH experimentiert mit unterschiedlichen Herangehensweisen und testet die Wirkung, bevor sie eine neue Technik flächendeckend einsetzt. Dies soll zeigen, ob sich die hohen Erwartungen erfüllen, die vielfach in Web 2.0 Funktionalitäten gesetzt werden.[20]

Eine große Herausforderung ist die Internationalisierung. Die Natur des Fernstudiums für Berufstätige bringt es mit sich, dass Instrumente wie Auslandssemester, Austausch von Studierenden und Lehrenden kaum zu realisieren sind. Auch ausländische Studierende an der Euro-FH entfalten kaum eine Wirkung in dieser Hinsicht. Es werden deshalb andere Wege gesucht. So sollen Studierende und Lehrende stärker in die Forschung im internationalen Kontext einbezogen werden. Dazu gibt es Forschungsvorhaben, die gemeinsam mit den Partnerhochschulen im Rahmen der internationalen Seminare durchgeführt werden. Gemeinsame virtuelle Seminare oder Projektgruppen mit Studierenden an Partnerhochschulen sind weitere Schritte. Diese Aktivitäten sind zugleich für die Berufstätigen eine Einübung in Arbeitsweisen, die auch in internationalen Unternehmen immer stärkere Verbreitung finden.

Literatur

Anrechnung von außerhalb des Hochschulwesens erworbenen Kenntnissen und Fähigkeiten auf das Hochschulstudium I) und II), Beschluss der Kultusministerkonferenz vom 28.06.2002 i. d. F. vom 18.09.2008

Basedahl N, Gräßner G (2011) Master ohne Erststudium: Eine neue motivierte Zielgruppe wird erschlossen. In: DGWF Hochschule und Weiterbildung. DGWF, Hamburg, S 40 ff

Holmberg B (2005) The evolution, principles and practices of distance education. Oldenburg

Deutscher Qualifikationsrahmen für lebenslanges Lernen, verabschiedet vom Arbeitskreis Deutscher Qualifikationsrahmen (DQR) am 22.03.2011. http://www.deutscherqualifikationsrahmen.de/de/

Europäische Fernhochschule Hamburg (Hg.) (2012) Fernstudieren parallel zum Beruf. Bedeutung und Akzeptanz bei Personalentscheidern in mittleren und größeren Unternehmen, forsa. http://www.euro-fh.de/service-material/presse/forsa-studie

Europäische Fernhochschule Hamburg, Leitbild. http://www.euro-fh.de/euro-fh/leitbild/

Europäischer Qualifikationsrahmen für lebenslanges Lernen (EQR), Europäische Gemeinschaften (2008). http://ec.europa.eu/education/policies/educ/eqf/eqf08_de.pdf

---

[20] Peter Thuy, Philipp Höllermann, a. a. O., S. 5

Walburga Katharina Freitag (2011) „Bin ich eigentlich für Geschäftsführer in so einer Firma zu jung und fürs Studieren eigentlich zu alt, ne?" – Lebenslanges Lernen und berufsbegleitendes Studieren als Herausforderung der Hochschulen. In: DGWF Beiträge 50 – Dokumentation Jahrestagung 2010, S 57 ff

Forum Distance-Learning (2011) Fernunterrichtsstatistik 2010, Hamburg. http://www.forum-distance-learning.de/fdl_1dca770a5850.htm

Kurz MH (2010) Mit Bologna neue Bildungspotenziale erschließen – Über Zugangswege und Anrechnungsmodelle neue Zielgruppen für ein berufsbegleitendes Hochschulstudium gewinnen. In: DGWF Beiträge 49 – Dokumentation Jahrestagung 2009, S 230 ff

Ländergemeinsame Strukturvorgaben für die Akkreditierung von Bachelor- und Masterstudiengängen, Beschluss der Kultusministerkonferenz vom 10.10.2003 i. d. F. vom 04.02.2010

Thuy P, Höllermann P (2011) Trendstudie Fernstudium. Aktuelle Trends und Entwicklungen in Fernstudienprogrammen der Betriebswirtschaftslehre in Deutschland. http://www.iubh-fernstudium.de/service/downloads/trendstudie-fernstudium-2011.php

Stifterverband für die Deutsche Wissenschaft in Kooperation mit McKinsey & Company: Rolle und Zukunft privater Hochschulen in Deutschland, 2010

Leben und Führen innerhalb fluider Strukturen – Herausforderungen der Netzwerkgesellschaft meistern

Christian Abegglen und Ronald Ivancic

Wer sich am Ziel glaubt, geht zurück

Lao Tse

1 Netzwerkgesellschaft

Komplexitäten und Dynamiken sind wesentliche Determinanten aktuellen Wirtschaftens, welche nicht nur ökonomische, sondern auch kulturelle und soziale Zusammenhänge betreffen. Dies setzt verschiedenste Kompetenzen auf Seiten der Führungskräfte der Unternehmung vorraus. Permanenter Wandel (vgl. Rüegg-Stürm 2003, S. 80 ff.) zieht die Notwendigkeit des Aufbaus unternehmensinterner Komplexität mit sich, um entsprechende Außenkomplexitäten bewältigen zu können und so entstehende Chancen wahrzunehmen (vgl. Schwaninger und Friedli 2011, S. 210) und neue Nutzenpotentiale zu realisieren (vgl. Abegglen 1999, S. 1 ff.). Dabei wird deutlich: „Konstanz und Veränderung sind komplementäre Voraussetzungen für Lebensfähigkeit und Entwicklung eines Systems [. . .]." (Ulrich und Probst 1995, S. 92). Zwecks Bewältigung permanent steigender Außenkomplexitäten wird folglich ein Überdenken klassischer Organisationskonfigurationen notwendig und es gilt intelligente Organisationen (Schwaninger 2009, S. 83 ff.) zu entwickeln. Ein hochflexibles und -komplexes Netz von die Unternehmensgrenzen überwindenden Kollaborationsbeziehungen kommt solch einer Struktur bereits recht nahe. Netzwerkkonfigurationen haben mittlerweile verschiedenste soziale Subsysteme und unterschiedlichste Lebensbereiche durchdrungen (vgl. Becker et al. 2005, S. 4 ff.), weshalb in Anlehnung an M. Castells die gesamte Gesellschaft des 21. Jahrhunderts als „network

C. Abegglen (✉) · R. Ivancic
Business School St.Gallen, Rosenbergstrasse 36, 9000 St.Gallen, Schweiz
E-Mail: christian.abegglen@sgbs.ch

R. Ivancic
E-Mail: ronald.ivancic@sgbs.ch

A. Papmehl, H. J. Tümmers (Hrsg.), *Die Arbeitswelt im 21. Jahrhundert*,
DOI 10.1007/978-3-658-01416-2_9, © Springer Fachmedien Wiesbaden 2013

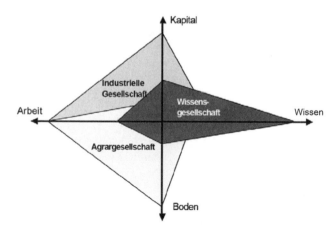

Abb. 1 Faktor Wissen in der „netwok society." (Quelle: Neumann 2002, S. 6)

society" tituliert werden kann (Castells 2000), innerhalb welcher dem Faktor Wissen eine immer wichtigere Bedeutung zukommt. Dieses Wissen bezieht sich nun nicht nur auf faktische Belange, sondern auch auf die Netzwerkgesellschaft und deren Logiken per se und sollte heutzutage möglichst frühzeitig aufgebaut werden (Abb. 1).

Somit sind Netzwerke bei der „langfristigen Entwicklung von Unternehmen im Zeitablauf und den Beeinflussungsmöglichkeiten durch Management in einem hochdynamischen Umfeld" (Abegglen 2007, S. 118) zu einem bedeutenden Stellhebel der Unternehmensführung geworden. Dies hat natürlich fundamentale Auswirkungen auf die Arbeits- und Lebenswelt der Mitarbeitenden (vgl. Buchinger 2004). Hieraus ergeben sich, insbesondere für junge Führungskräfte, Fragen nach Wegen der Bewältigung besonderer Herausforderungen des Managements in der Netzwerkgesellschaft. Dabei wird deutlich, dass nicht starre Lösungen als vielmehr zeitgerechte, nicht ganz perfekte Lösungsansätze im Umgang mit komplexen Problemstellungen zu Erfolg führen, was im Denken und Handeln von Mitarbeitern und Managern eine neue Offenheit verlangt.

2 Netzwerke – theoretische Abgrenzungen

Seit den 1990er Jahren werden netzwerkartige Konfigurationen in der betriebswirtschaftlichen Forschung intensiv diskutiert. Noch kürzer wird den Fragen nach der Führung von solchen Konstellationen respektive dem Arbeiten und Leben innerhalb selbiger nachgegangen. Diesbezügliche Forschungsbemühungen sind trotz großer Relevanz und Aktualität noch nicht weit fortgeschritten (vgl. Ivancic 2011, S. 269).

Netzwerke verfügen über durchlässige, zum Teil sogar «verschwimmende Grenzen» («fuzzy boundaries») und sind deshalb Ausdruck einer dynamischen Organisationskonfiguration.

> Dank ihrer hochflexiblen, organischen Gestalt befinden sich Netzwerkstrukturen in einem
> permanenten «Zustand der Bewegung» und können, quasi durch ihr «Mitfließen» im Strom
> der Umweltentwicklungen, das in rigiden Strukturen besonders deutlich werdende Defizit
> zwischen der Umweltdynamik und der eigenen Veränderungsgeschwindigkeit verringern. Die
> Vorstellung von einem derartigen dynamischen «Mitfließen» von «ever shifting organizational
> structures» führte deshalb zu der Bezeichnung als «fluide Organisation». (Bleicher 2011a,
> S. 231)

Unter dem Begriff Kooperation versteht man generell verschiedenste Zusammenarbeitsformen von Institutionen, Personen oder Unternehmungen. Aus wirtschaftlicher Perspektive meint der Terminus die freiwillige Kooperation von mindestens zwei Unternehmungen, „[...] die unter Inkaufnahme einer (partiellen) Beschränkung ihrer wirtschaftlichen Selbständigkeit die Erreichung gemeinsamer wirtschaftlicher Ziele anstrengt" (Wohlgemuth 2002, S. 14). In weiterer Folge können Kooperationen in inner, über- und zwischenbetriebliche differenziert werden, wobei letztere in den Varianten Joint Ventures, Strategische Allianzen und Unternehmensnetzwerke vorliegen. Joint Ventures sind durch Funktionszusammenlegungen mit rechtlichen Strukturen gekennzeichnet, wobei in der Regel mindestens zwei jedoch weniger als fünf Partner unbefristet miteinander interagieren. Bei strategischen Allianzen liegen solche Zusammenarbeitsbeziehungen hingegen zeitlich befristet vor und es werden vertragliche Funktionsabstimmungen vollzogen. Selbiges trifft auch auf Netzwerke zu, hingegen werden diese unbefristet etabliert (vgl. Hess 1999, S. 226 ff.).

Netzwerke sind nach Wildemann (1996) das Ergebnis von Externalisierung respektive Internalisierung von ökonomischen Wertschöpfungsaktivitäten singulärer Unternehmungen. Hierbei nehmen die Partnerunternehmen jeweils die Aufgaben war, die sie besser als die anderen beherrschen und so Vorteile für das Gesamtnetzwerk realisiert werden können. Dies bringt auch die Definition von Netzwerken nach Sydow (2001c, S. 280) zum Ausdruck, die Netzwerke als „[...] auf die Realisierung von Wettbewerbsvorteilen zielende, polyzentrische, [...] von einer oder mehreren Unternehmungen strategisch geführte Organisationsform ökonomischer Aktivität [...]" versteht, wobei Netzwerkpartner trotz intensiver Beziehungen juristisch autonom bleiben.

> Durch Engagement in einem Netzwerk geht eine Unternehmung direkte sowie indirekte,
> komplex reziproke, eher kooperative denn kompetitive und relativ stabile Beziehungen zu
> anderen Unternehmungen ein, womit ein gewisses Maß an wechselseitigen Abhängigkeiten
> entsteht. (Ivancic 2011, S. 270)

Auch Netzwerke per se können nun näher differenziert und spezifiziert werden, wobei v. a. die Unterscheidungsmerkmale Steuerungsform und Netzwerkstabilität als zielführend zu betrachten sind. Steuerungsform referenziert auf Möglichkeiten und Grenzen der Einflussnahme von einzelnen Netzwerkunternehmungen auf Netzwerkentscheidungen, womit zwischen polyzentrisch und fokal gesteuerten Netzwerken differenziert werden kann, während sich Netzwerkstabilität auf die Leistungsebene bezieht und Konfigurationen dann als stabil betrachtet werden können, wenn eine größere Anzahl von Aufträgen gleichen Auftragstyps in identer Partnerkonfiguration abgewickelt werden. Unterschiedliche Ausprägungen dieser Parameter führen zu einer Unterscheidung von Netzwerken in

Projektnetzwerke, strategische Netzwerke, virtuelle Unternehmungen, Verbundnetzwerke (vgl. Wohlgemuth 2002, S. 20 ff.) und Cluster (vgl. Ivancic 2011, S. 272), welche im Folgenden allerdings nicht näher behandelt werden soll. Viel eher gilt es ausgewählte Problematiken innerhalb fluider Strukturen zu beleuchten und hierbei Besonderheiten des Netzwerkmanagement abzuleiten.

3 Besonderheiten des Managements fluider Strukturen – „Network Leadership"

Da mit dem Eingehen eines Zusammenarbeitsverhältnisses immer auch ein gewisses Maß der Einschränkung autarken Agierens einhergeht, gilt es permanent in einem Spannungsfeld von Autonomie und Interdependenz zu handeln (vgl. hierzu und im Folgenden Ivancic 2011, S. 272 f. und dort angeführte weiterführende Literatur). Jeder Netzwerkpartner verfolgt gemäß systemischer, ökonomischer Logiken das Ziel der Aufrechterhaltung größtmöglicher Entscheidungsfreiheit unter Akzeptanz und Förderung eigener Vorstellungen durch die Netzwerkpartner. Da sich partnerschaftliches Zusammenwirken oftmals nur auf spezifische Bereiche beschränkt, lässt sich auch ein Spannungsfeld von Kooperation und Konkurrenz identifizieren. Das Kontinuum Stabilität und Reziprozität beschreibt nun das Phänomen, dass eine soziale Transaktion immer einen Gegentausch nach sich zieht. Rege Interaktionen haben so eine höhere Stabilität der Netzwerkkonfiguration zur Folge, während vice versa die Autonomie der einzelnen Unternehmung abnimmt. Ein weiteres Spannungsfeld referenziert auf das Management der Systemgrenzen, also den Grad der Netzwerkoffenheit respektive -geschlossenheit.

Aus diesen Spannungsverhältnissen resultieren spezifische Anforderungen an das Management von Kooperationen, wobei zentral die Schaffung von Vertrauen und Aufrechterhaltung der Beziehung zu den Partnerunternehmungen sind (vgl. Arndt 2001).

Erste Unterschiede eines klassischen Management und der Führung von Netzwerken sind untenstehenden Abbildungen zu entnehmen (Abb. 2 und 3).

Das Management von Unternehmensnetzwerken weist also fundamentale Differenzen zu klassischer Führung auf, ist auf anderer Ebene verortet und hat so einen anderen Stellenwert (Sydow 2001c, S. 280). In strategischer Dimension geht es primär um die Gestaltung der Kollaboration, die Fixierung von Kooperationszielen sowie den Aufbau und die Evolution von Netzwerkstrategien und -strukturen; operativ steht insbesondere Schnittstellenmanagement im Zentrum (vgl. Wohlgemuth 2002, S. 32 f.).

Die wesentliche Herausforderung stellen hingegen die Absenz der Begründung eines formalen Führungsanspruches ebenso wie der Umgang mit sich ändernden Führungsbeziehungen aufgrund permanenter Netzwerkdynamik dar (vgl. Wohlgemuth 2002, S. 4 f.). Somit müssen Leistungen stetig koordiniert und einzelne Interessen der Netzwerkpartner ebenso ausgeglichen werden (vgl. Dörsam und Icks 1997, S. 44), um vertrauensvolle Beziehungen aufrecht zu erhalten. Um als Führungskraft oder auch Mitarbeiter in solchen

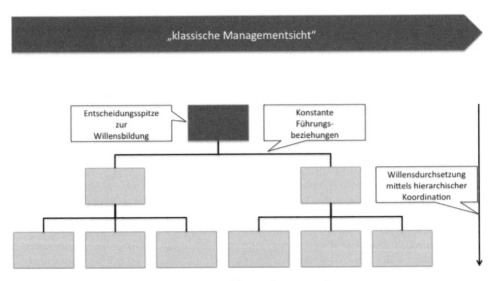

Abb. 2 Klassisches Management. (Quelle: Wohlgemuth 2002, S. 5)

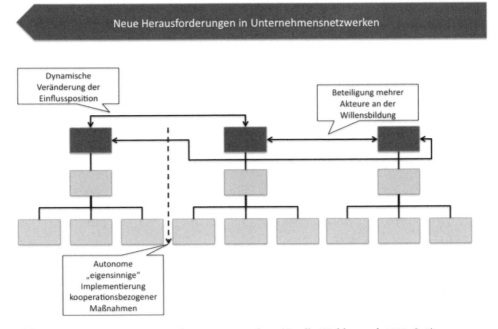

Abb. 3 Management von Unternehmungsnetzwerken. (Quelle: Wohlgemuth 2002, S. 5)

Kontexten zu bestehen, muss man sich ständig weiterentwickeln und aktiv professionelle Vernetzungen forcieren und dabei ein entsprechendes Führungsverhalten – „Network Leadership" an den Tag legen (vgl. Neumann 2007, S. 181 ff. sowie Bleicher 2011a, S. 31 ff.), welches insbesondere entsprechender Beziehungskompetenzen bedarf. Es wird also eine Rückbesinnung auf das flexibelste Element unserer organisatorischen Systeme – auf den Menschen und dessen Improvisationsvermögen - notwendig (vgl. Bleicher 2011a, S. 163). Die Aktion gepaart mit kontinuierlicher Verbesserung im Rahmen einer integrierten Vorgehensweise (vgl. Abegglen et al. 2011, S. 641 ff.) gewinnt im Verhältnis zu Perfektion an Relevanz. Folglich gilt es als Primärziel, eine entsprechende Netzwerkkultur zu etablieren, welche als Vertrauenskultur ausgeprägt sein muss (vgl. Bleicher 2002). Wie jedoch solch eine Kultur gestaltet werden kann, ist in der Literatur höchst umstritten.

> In welcher Form der unternehmenskulturelle Anpassungsprozess, die sog. Akkulturation, verläuft, ist abhängig von den Eigenschaften der partnerspezifischen Unternehmenskultur, genau genommen von dem Teil, der das Entscheiden und Handeln der entsandten Kooperationsträger hauptsächlich prägt. Diese Überzeugungen, Normen, Standards usw. stellen zunächst unverbundene Sub- oder Teilkulturen dar, die durch individuelle Erfahrungen und unterschiedlich verlaufene ‚Evolutionsprozesse‘ der Unternehmen mehr oder minder stark voneinander abweichen. (Wohlgemuth 2002, S. 293)

Commitment zur Kooperation ist für die Entwicklung einer erfolgversprechenden Kultur als wesentliches Element zu titulieren, da nur entsprechende Akzeptanz des und Identifikation mit dem Netzwerk sowie die Internalisierung dessen Logiken die Etablierung einer Art Network Citizenship Behavior (NCB) begünstigt (vgl. hierzu und im Folgenden Ivancic 2011, S. 277). Adaptiert von OCB-Forschung (vgl. Podsakoff et al. 2000) und beruhend auf dem sogenannten Brand Citizenship Behavior (Burmann und Zeplin 2005, S. 1026) sind sieben Dimensionen eines Network Citizenship Behavior zu identifizieren (vgl. Ivancic 2011, S. 277):

1. Hilfsbereitschaft (positive Einstellung, Freundlichkeit, Unterstützung, Empathie, Verantwortungsübernahme auch für Aufgaben außerhalb des eigenen Verantwortungsbereiches falls notwendig etc. und dies auch in Hinblick auf Kooperationsagenden)
2. Netzwerkbewusstsein (Befolgung netzwerkbezogener Verhaltensleitlinien solange diese nicht konträr zu Belangen der Unternehmung stehen)
3. Netzwerkinitiative (besonderes Engagement für kooperationsbezogene Tätigkeiten usw.)
4. Sportgeist (keine Klagen über kooperationsbezogene Pflichten und Schwierigkeiten, Loyalität etc.)
5. Netzwerkmissionierung (Übernahme einer internen Netzwerkmentorenrolle, externe Empfehlungen usw.)
6. Selbstentwicklung (kontinuierliches Lernen netzwerkbezogener Kenntnisse, Weiterentwicklung von Fähigkeiten und Fertigkeiten kooperativen Handelns etc.)
7. Netzwerkentwicklung (Beitrag zur Weiterentwicklung des Unternehmungsnetzwerkes durch Weitergabe von Feedback und innovativen Ideen etc.)

Allerdings sind generell und permanent gültige Konzepte erfolgreicher Netzwerkarbeit nicht vorhanden (vgl. König 2001, S. 142), weshalb ein systemisches, evolutionäres Management (vgl. bspw. Kirsch 1985, S. 331) notwendig ist, das das Netzwerksystem entsprechend entwickelt, lenkt und im sozialen Kontext evolutioniert (vgl. Bleicher 1994, S. 19). Will man Netzwerke erfolgreich gestalten ist es unabdingbar, sich unter systemischen Aspekten mit folgenden Fragen nach Sydow (2001a) zu beschäftigen, die der weiteren Führungsforschung und -praxis ein weites Feld eröffnet haben:

1. Was bedeutet der hybride Charakter der Netzwerkorganisation für Führung?
2. Welchen Stellenwert hat Führung in Netzwerkorganisationen?
3. Was bedeutet es konkret, dass Führung in Netzwerkunternehmungen mit dem Netzwerk einen zusätzlichen Bezugspunkt hat?
4. Welche Implikationen hat ein Commitment zu zwei oder gar zu mehreren Organisationen für die Führung im Netzwerk
5. Welche Bedeutung hat die Entwicklung eines NCB für ein bestehendes OCB – und damit für die Möglichkeiten und Grenzen von Führung im Netzwerk?
6. Welche Probleme ergeben sich angesichts einer Koexistenz von Unternehmungs- und Netzwerkkulturen, und wie lassen sich diese überwinden?
7. Welche Machtgrundlagen sind für die Führung von „boundary spanners", für kompetente, Unternehmungsgrenzen überwindende Brückenbauer, bedeutsam?
8. Welche speziellen Fragen wirft der Extremfall der Führung abhängiger Selbständiger im Netzwerk auf?
9. Inwiefern trägt Führung zur Reproduktion der Organisation als Netzwerkorganisation bei?

Viele Fragen! Doch deren Beantwortung ist gerade innerhalb der heutigen Netzwerkgesellschaft evident wichtig, gilt doch mehr denn je, dass Beziehungen „one of the most valueable ressources that a company possesses" (Håkansson 1987) sind. Mittel und Wege im Umgang mit spezifischen Herausforderungen innerhalb fluider Strukturen sollen im Folgenden Abschnitt ins Zentrum des Interesses rücken. Hierbei handelt es sich zwar nicht um generische Erfolgsstrategien, doch werden wesentliche Grundhaltungen vom Leben und Führen innerhalb komplexer Netze angeführt, die auch innerhalb verschiedenster Lebens- und Arbeitsbereiche universelle Gültigkeit besitzen.

4   Abschließende Empfehlungen

All organizations are perfectly designed to get the results they get. (D. P. Hanna)

Welche Herausforderungen haben nun dezidiert junge Führungskräfte innerhalb der Netzwerkgesellschaft zu bewältigen? Welche Ratschläge kann man ihnen auf ihren Karriereweg mitgeben? Beruhigenderweise liegt hinreichend untersuchtes und geprüftes Wissen zu ganzheitlichen Management und der Bewältigung aktueller Herausforderungen vor (vgl. Abegglen 2007, S. 118), zum anderen lässt jedoch die praktische Umsetzung oftmals zu Wünschen übrig und weitergehende Änderungen im tägliche Handeln sind notwendig (vgl. Bleicher 1999, S. 15). Prof. Dr. Dres. h.c. Knut Bleicher, ehemaliger wissenschaftlicher Leiter der St. Galler Business School hat hierzu in der Jubiläumsausgabe und bereits 8. Auflage des Klassikers der Managementliteratur „Das Konzept Integriertes Management" 12 Ratschläge formuliert, deren Beachtung gerade vor dem Hintergrund aktueller Entwicklungen zunehmend an Relevanz gewinnt (vgl. hierzu und im Folgenden Bleicher 2011a, S. 34 ff.).

1. Auch in einer dienstleistungsorientierten Wissensgesellschaft ist Führung immer an ökonomischen Zielsetzungen auszurichten. Diese zu erreichen und so Unternehmungen zu Erfolg zu führen, setzt aber motivierte Menschen voraus, die Visionen und Missionen internalisieren, leben und tagtäglich ihr Wissen in der unternehmerischen Praxis umsetzen. Dabei gilt es neben den primären Zielsetzungen der eigenen Unternehmung auch jene der Netzwerkpartner soweit als möglich mit zu berücksichtigen.

2. Da Wissen stark an seine Träger gebunden ist und dessen Erwerb bzw. Verbreitung von der Bereitschaft der Menschen abhängt, gilt es eine Lernatmosphäre zu gestalten, in welcher Althergebrachtes hinterfragt, Meinungen reflektiert, Lösungen entwickelt und so Wissen permanent angeeignet, überdacht, weitergegeben und generiert wird. Die Schaffung solch einer Atmosphäre ist eine der wesentlichen Führungsaufgaben, wobei eine Überwindung der Grenzen der Unternehmung und gegenseitiger Austausch unter Netzwerkpartnern unter Schutz eigener Wissens- und Kompetenzvorsprünge eine besondere Herausforderung innerhalb der aktuellen Netzwerkgesellschaft darstellt.

3. Somit ändern sich auch Anforderungen an Führung, und Sinnvermittlung sowie Motivation rücken in den Fokus. Eine kollektiv geteilte Vision sollte als Leitstern Mitarbeitende motivieren, bestmöglich den gemeinsamen Weg der Unternehmung zu beschreiten. Wird dieser darüber hinaus als sinnvoll empfunden, schreiten viele gerne weiter aus und nehmen Steigungen in Kauf. Sinn bezieht sich hierbei nicht exklusiv auf die eigene Unternehmung, sondern muss auch seitens sämtlicher Partner und deren Mitarbeitenden kollektiv für das Netzwerk gefunden und definiert werden.

4. Aus eben Formuliertem wird deutlich, dass Mitarbeiterbindung erst an nachgereichter Stelle materieller Anreize bedarf. Gratifikationen und Boni mögen zwar einer schnelleren Realisierung von Nahzielen dienen, Leitsterne und Fernziele der Unternehmung geraten hierbei jedoch all zu schnell aus dem Blickfeld. Als Beispiel sei an dieser Stelle nur auf die Entstehung der letzten Wirtschaftskrise verwiesen. Vor allem innerhalb fluider Strukturen ist es beinahe exklusiv nur auf Sinnebene möglich, gewünschtes Verhalten zu fördern und unerwünschtes zu unterbinden.

5. Gemeinsam getragene und gelebte Zielvorstellungen, Werte und Visionen sind Basis erfolgreicher Strategien und deren Umsetzung in koordiniertes Verhalten der Unternehmung und ihrer Mitglieder bzw. des Netzwerks und den darin interagierenden Menschen. So ziehen alle Besatzungsmitglieder an einem Seil, wissend warum, wofür

und wo es hingehen soll. Alle müssen hierzu lernen, den gemeinsamen „Kurs nach dem Licht der Sterne zu bestimmen und nicht nach den Lichtern jedes vorbeifahrenden Schiffes" (Omar Bradley)

6. Es bedarf aber nicht nur gemeinsam geteilter Vorstellungen von der näheren und ferneren Zukunft, sondern auch entsprechender Freiräume zur Weiterentwicklung und zum Einsatz gruppenbezogenen und individuellen Wissens. Dies gilt sowohl für Führungskräfte unterschiedlicher Ebenen als auch Mitarbeiter. Ersteren kommt die Aufgabe der Synthese, Vernetzung und des Einsatzes des relevanten Wissens zu, wobei Unternehmungsgrenzen, wie dieser Beitrag zeigt, zunehmend überwunden werden müssen.

7. Zur Realisierung von Visionen kann also auch Wissen außerhalb der sich zunehmend auflösenden Grenzen der Unternehmung von besonderer Relevanz sein. Dieses adäquat zum Einsatz zu bringen und entsprechende allein nicht zu erreichende Synergiepotentiale umzusetzen bedarf besonderer (Lern-)Kompetenzen. Unternehmungen werden in Zukunft immer häufiger und enger zumindest temporär oder dauerhaft kollaborieren und ihre Kernkompetenzen gebündelt zum Einsatz bringen. Einer in unterschiedlichsten unternehmerischen, virtuellen, sozialen etc. Umwelten verorteten Unternehmung ist ein entsprechendes Erfolgspotential zuzugestehen, wie aktuell in der Pharmabranche (Stichwort Pharma 3.0) zu beobachten ist.

8. Sitzen Sie hierbei jedoch nicht ständig in neuem Gewande erscheinenden Managementmoden auf, die komplexe Auswirkungen auf die Unternehmung als Gesamtsystem bzw. auf das Netzwerk als Metasystem (vgl. Ivancic 2011, S. 278) meist außen vorlassen und den Menschen nicht adäquat berücksichtigen. Allzu viele begehen den Fehler euphorisch bejahend dem Weg der Herde zu folgen, so den eigenen Leitstern aus den Augen zu verlieren und nach einigen Metern am neuen, bereits ausgetretenen Trampelpfad zu erkennen, dass man einer Sternschnuppe hinterherlief, die längst vom Horizont verschwand.

9. Unternehmungen werden sich zusehends in verschiedenste Richtungen öffnen. Dies entspricht den Logiken der Wissensgesellschaft, die Kooperation und geeignetes Vorgehen bedingen. Um für diese Herausforderungen gewappnet zu sein, sei dem geneigten Leser nahegelegt, sich mit dem St. Galler Konzept des „Integrierten Managements", zu dessen Grundzügen 2011 die 8. Auflage erschienen ist, auseinanderzusetzen. Dieses ermächtigt zu einer nachhaltigen, umsichtlichen und ganzheitlichen Führung von Unternehmungen und Netzwerken.

10. Die Wissensgesellschaft erfordert also zusehends einen neuen Unternehmungstypus – die intelligente Unternehmung. Dieser stelle neue Anforderungen an das Management und bedarf der Berücksichtigung von Wissen in all seinen Facetten – also welches Wissen ist relevant, welche Defizite sind wie (intern, extern) zu beheben, wie kann es nachhaltig genutzt werden und welche organisatorischen Maßnahmen sind hierzu notwendig?

11. Somit ist Führung im Zeitalter der Wissens- und Netzwerkgesellschaft grundlegend zu überdenken. Mitarbeitende, Teams und Abteilungen verlangen nach individueller

Behandlung unter Berücksichtigung ihrer Eigenheiten, worauf sich die Führungskraft hinsichtlich Kommunikation und Motivation einstellen muss. Nur dann sind
diese bereit, ihr Wissen in vollem Umfang zur Verfügung zu stellen, vorbehaltlos
zu kooperieren und entsprechende Leistungen zu erbringen. Insbesondere Charakter, Authentizität und Reife der Führungskraft kommt in diesem Kontext besondere
Bedeutung zu.

12. Die Erreichung eines hohen Reifegrades setzt hierbei permanente Arbeit an sich selbst
    voraus. Selbstkritik und -reflexionsfähigkeit sowie ein Bewusstsein von der eigenen
    Wirkung auf sein Umfeld sind wesentliche Kompetenzen der Zukunft – Identität und
    Image werden zu Schlüsselelementen. Verorten Sie sich selbst in der Wissensgesell-
    schaft, stecken Sie Ihre Ziele und Territorien klar ab und machen Sie sich umsichtig
    aber bestimmt unter integrierter Mitnahme Ihrer Gefährten auf Ihren Weg!

Es sind also nicht starre mechanistische Lösungen, die zum Erfolg führen, als vielmehr zeitgerechte, wenn auch nicht ganz perfekte Herangehensweisen im Umgang mit komplexen
Aufgaben, was im Denken und Handeln der Mitarbeitenden und Führungskräfte eine neue
Offenheit verlangt, die durch zielorientiertes strategisches und operatives Management,
eine flexible und vernetzte Organisationsstruktur und vor allem eine auf organisationales
Lernen ausgerichtete Unternehmungskultur gefördert wird. Nur so, und davon sind wir
überzeugt, wird es möglich sein evidente Vorteile einer neuen Arbeitswelt zu realisieren und
Erfolge zu erzielen, ohne sich von den Herausforderungen veränderter Umwelten überra-
schen zu lassen und paralysiert in die Rolle eines überforderten Beobachter zu verfallen.
Wir hoffen, dieser Beitrag gibt Anregungen zum Nachdenken und hilft den Kreativen und
Mutigen, neue Wege zu gehen und den Transfer in die eigene Praxis zu vollziehen, denn
erst die Umsetzung entfaltet Kraft!

Literatur

Abegglen C (1999) Koordination von Informations-Management und Controlling. Gabler, Wiesba-
    den
Abegglen C (2007) Nachhaltige Unternehmensentwicklung als Oberziel eines Integrierten Mana-
    gements. Das Management der Lebenszykluskurve. Theorie und Beispiele aus der Praxis. In:
    Neumann R, Graf G (Hrsg) Management-Konzepte im Praxistest. State of the Art – Anwendungen
    – Erfolgsfaktoren. Linde international, Wien, S 117–146
Abegglen C, Zehner P, Rippberger A (2011) Das Konzept Integriertes Management in der Praxis. In:
    Bleicher K (Hrsg) Das Konzept integriertes Management. Visionen – Missionen – Programme. 8.,
    aktualisierte und erweiterte Auflage des Standardwerks. Campus, Frankfurt am Main S 641–684
Arndt O (2001) Innovative Netzwerke als Determinante betrieblicher Innovationsfähigkeit. Das
    Beispiel Süd-Wales/UK. Hundt Druck, Köln
Becker T, Dammer I, Howaldt J, Killich S, Loose A (2005) Netzwerke – praktikabel und zukunftsfä-
    hig. In: Becker T., Dammer I, Howaldt J, Killich S, Loose A (Hrsg) Netzwerkmanagement. Mit
    Kooperation zum Unternehmenserfolg. Springer, Berlin et al., S 3–11

Bleicher K (1994) Normatives Management. Politik, Verfassung und Philosophie des Unternehmens. St. Galler Management-Konzept, Bd. 5. Campus, Frankfurt

Bleicher K (1999) Das Konzept Integriertes Management. Visionen – Missionen – Programme. 5., rev. und erw. Aufl. Campus, Frankfurt am Main

Bleicher K (2002) Auf dem Weg in die Wissensgesellschaft. Veränderte Strukturen, Kulturen und Strategien. Frankfurter Allgemeine Buch, Frankfurt am Main

Bleicher K (2011a) Das Konzept integriertes Management. Visionen – Missionen – Programme. 8., aktualisierte und erweiterte Auflage des Standardwerks. Campus, Frankfurt am Main

Bleicher K (2011b) Der Weg zu virtuellen Managementsystemen. In: Abegglen C (Hrsg) Meilensteine der Entwicklung eines Integrierten Managements. Knut Bleicher – Gesammelte Schriften in 6 Bänden. Bd. 4, Managementsysteme: Die Flexibilisierung und virtuelle Öffnung der Unternehmung. Swiridoff, Künzelsau, S 161–186

Buchinger K (2004) Veränderungen in der Arbeitswelt – Veränderungen in der Supervision. o.V., Wien

Burmann C, Zeplin S (2005) Innengerichtete Markenkommunikation. In: Esch FR (Hrsg) Moderne Markenführung. Grundlagen, innovative Ansätze, praktische Umsetzungen. 4., vollständig überarbeitete und erweiterte Auflage. Gabler, Wiesbaden, S 1021–1036

Castells M (2000) The rise of the network society. Wiley-Blackwell, Oxford

Dörsam P, Icks A (1997) Vom Einzelunternehmen zum regionalen Netzwerk. Eine Option für mittelständische Unternehmen. Schäffer-Poeschel, Stuttgart

Håkansson H (1987) Industrial technological development. A network approach. Croom Helm, London

Hess T (1999) ZP-Stichwort. Unternehmensnetzwerke. ZP 10(2):225–230

Ivancic R (2011) Systemisches Management von Unternehmensnetzwerken. In: Abegglen C (Hrsg) Meilensteine der Entwicklung eines Integrierten Managements. Knut Bleicher – Gesammelte Schriften in 6 Bänden. Bd. 4: Managementsysteme: Die Flexibilisierung und virtuelle Öffnung der Unternehmung. Swiridoff, Künzelsau, S 267–282

Kirsch W (1985) Evolutionäres Management und okzidentaler Rationalismus. In: Probst, G.J.B., H. Siegwart (Hrsg) Integriertes Management. Bausteine des systemorientierten Managements. Festschrift zum 65. Geburtstag von Prof. Dr. Dr. h.c. Hans Ulrich. Verlag Paul Haupt, Bern, Stuttgart, S 331–350

König K (2001) Europäische Perspektive von Netzwerken. In: Hartmann C, Schrittwieser W (Hrsg) Kooperation und Netzwerke. Grundlagen und konkrete Beispiele. Mind Consult OEG, Graz, S 121–143

Neumann R (2002) Wissensmanagement und Change. o.V., Klagenfurt

Neumann R (2007) Professionalität im Change Management. Veränderungen in Gang bringen und wirksam umsetzen. In: Neumann R, Graf G (Hrsg) Management-Konzepte im Praxistest. State of the Art – Anwendungen – Erfolgsfaktoren. Linde international, Wien, S 181–244

Podsakoff PM, MacKenzie SB, Paine JB, Bachrach DG (2000) Organizational citizenship behaviors. A critical review of the theoretical and empirical literature and suggestions for future research. J Manag 26(3):513–563

Rüegg-Stürm J (2003) Das neue St. Galler Management-Modell. Grundkategorien einer integrierten Managementlehre. Der HSG-Ansatz. 2., durchgesehene Aufl. Paul Haupt, Bern

Schwaninger M (2009) Intelligent organizations – powerful models for systemic management. Springer, Heidelberg

Schwaninger M, Friedli T (2011) Zur Lebensfähigkeit virtueller Organisationen. In: Abegglen C (Hrsg) Meilensteine der Entwicklung eines Integrierten Managements. Knut Bleicher – Gesammelte Schriften in 6 Bänden. Bd. 4: Managementsysteme: Die Flexibilisierung und virtuelle Öffnung der Unternehmung. Swiridoff, Künzelsau, S 209–230

Sydow J (2001a) Zum Verhältnis von Netzwerken und Konzernen. Implikationen für das strategische Management. In: Ortamann G. und Sydow J (Hrsg) Strategie und Strukturation. Strategisches Management von Unternehmen, Netzwerken und Konzernen. Gabler, Wiesbaden, S 271–298

Sydow J (2001b) Management von Netzwerkorganisationen. Beiträge aus der Managementforschung. Gabler, Wiesbaden

Sydow J (2001c) Führung in Netzwerkorganisationen – Fragen an die Führungsforschung. In: Sydow J (Hrsg) Management von Netzwerkorganisationen. Beiträge aus der Managementforschung. Gabler, Wiesbaden, S 279–292

Ulrich H, Probst GJB (1995) Anleitung zum ganzheitlichen Denken und Handeln. Ein Brevier für Führungskräfte. 4., unveränderte Auflage. Paul Haupt, Bern

Wildemann H (1996) Management von Produktions- und Zuliefernetzwerken. In: Wildemann H (Hrsg) Produktions- und Zuliefernetzwerke. TCW Transfer-Centrum-Verlag, München, S 13–45

Wohlgemuth O (2002) Management netzwerkartiger Kooperationen. Instrumente für die unternehmensübergreifende Steuerung. Deutscher Universitäts-Verlag, Wiesbaden

Lebensphasenorientierte Personalpolitik – alle Potenziale ausschöpfen

Jutta Rump und Silke Eilers

1 Hintergründe

Unternehmen müssen sich vor Augen führen, dass sich ihre Personalpolitik künftig in einem Spannungsfeld bewegt: Dem Spannungsfeld zwischen Fachkräfteengpässen einerseits und einem steigenden Fachkräftebedarf andererseits. Die Ursachen für dieses Spannungsfeld sind inzwischen weitgehend bekannt, die Auswirkungen hingegen werden sich erst in den kommenden Jahren und Jahrzehnten in ihrer gesamten Breite zeigen. Für die Seite der Fachkräfteengpässe zeichnet insbesondere die demografische Entwicklung und der mit ihr verbundene Rückgang der Bevölkerung im Erwerbsalter verantwortlich. Ebenfalls mit der demografischen Entwicklung einher geht die Alterung der Belegschaften, die zwar Herausforderungen mit sich bringt, aber nicht zwangsläufig zu Nachteilen für Unternehmen führen muss, wenn ihr mit entsprechenden vorausschauenden Konzepten begegnet wird.

Die folgende Grafik gibt einen Überblick über die demografisch bedingten Verschiebungen in den Altersgruppen (Abb. 1):

Zum steigenden Bedarf an Fachkräften kommt es insbesondere infolge der immer weiter voranschreitenden Globalisierung in Verbindung mit den technologischen Entwicklungen und dem Trend zur Wissensgesellschaft. Immer kürzer werden die Innovationszyklen und immer größer der Druck, im internationalen Wettbewerb mit seiner steigenden Dynamik Schritt zu halten. Unternehmen wird in diesem Zusammenhang die Fähigkeit zu einer hohen Veränderungsgeschwindigkeit und Flexibilität bei hoher Wissensintensität abverlangt. Diesen Anforderung kann nur mit Mitarbeitern begegnet werden, die über das erfolgskritische Wissen und die erfolgskritischen Kompetenzen verfügen und bereit sind, diese kontinuierlich anpassen, die mit anderen Worten „beschäftigungsfähig" sind.

J. Rump (✉) · S. Eilers
Institut für Beschäftigung und Employability IBE, Ernst-Boehe-Str. 4,
67059 Ludwigshafen, Deutschland
E-Mail: Jutta.rump@ibe-ludwigshafen.de

S. Eilers
E-Mail: silke.eilers@ibe-ludwigshafen.de

A. Papmehl, H. J. Tümmers (Hrsg.), *Die Arbeitswelt im 21. Jahrhundert*,
DOI 10.1007/978-3-658-01416-2_10, © Springer Fachmedien Wiesbaden 2013

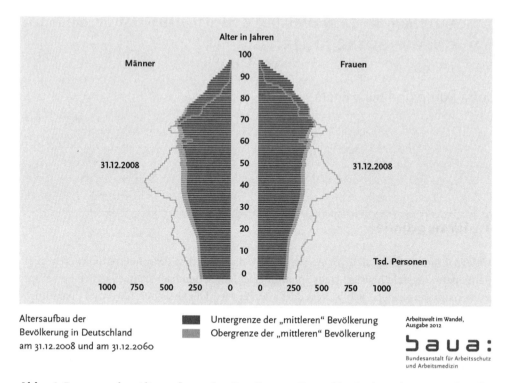

Abb. 1 Prognose des Altersaufbaus der Bevölkerung Deutschlands im Jahre 2060 (Quelle: Statistisches Bundesamt 2009)

Flankiert wird das beschriebene Spannungsfeld von weiteren Trends und Entwicklungen, die die Arbeitswelt betreffen. Hier ist zum einen die immer lauter werdende Forderung nach Nachhaltigkeit zu nennen, die längst mehr umfasst als die Berücksichtigung ökologischer Aspekte. Zu einer nachhaltigen Unternehmens- und Personalpolitik gehören ein fairer und glaubwürdiger Umgang mit allen Partnern entlang der Wertschöpfungskette ebenso wie die Wahrnehmung einer gesellschaftlichen und sozialen Verantwortung, die sich nicht zuletzt im Umgang mit den eigenen Mitarbeitern manifestiert. Diese Mitarbeiter wiederum verändern sich ebenfalls im Zuge zweier zentraler Trends. Zum einen steigt der Anteil gut qualifizierter Frauen am Erwerbsleben stetig an, vermehrt wird von der Notwendigkeit einer gleichberechtigteren Aufteilung der Erwerbs-, Haus- und Familienarbeit unter den Geschlechtern und einem Angleich des weiblichen Anteils an Führungskräften gesprochen. Hinzu kommt der gesellschaftliche Wertewandel, der sich dadurch zeigt, dass mehrere Generationen, die auf äußerst unterschiedliche Weise sozialisiert wurden, im Arbeitsleben aufeinander treffen. Gerade die Werte der Jüngeren gilt es hierbei genauer zu betrachten, denn für viele von ihnen wandelt sich in Zukunft der Arbeitsmarkt in einen Arbeitgebermarkt und sie werden nur noch bedingt die Notwendigkeit sehen, sich den Werten der älteren Generationen anzupassen. Handlungsleitend für die Jüngeren ist insbesondere das Streben nach Individualisierung und einem ausbalancierten Lebenskonzept.

2 Ausrichtung der Personalpolitik an den neuen Herausforderungen

Zusammenfassend lassen sich drei zentrale Herausforderungen für die Personalpolitik in Unternehmen identifizieren:

- Berücksichtigung der demografischen Entwicklung und Ausschöpfen aller Potenziale
  Zum einen gilt es, sich angesichts der demografischen Entwicklung vor Augen zu führen, dass die Zahl der verfügbaren Fachkräfte unumkehrbar in absehbarer Zeit sinken wird und deshalb die verbleibende (potenziellen) Fachkräfte in quantitativer wie qualitativer Hinsicht bestmöglich genutzt werden müssen. Dies bedeutet zum einen, dass noch stärker auf brachliegende Potenziale in den Reihen der älteren Arbeitnehmer, Frauen und Migranten zurückgegriffen werden muss, indem deren spezifische Bedürfnisse stärkere Berücksichtigung finden. Dies bedeutet aber auch, dass die Kompetenzen und Qualifikationen der künftig weniger werdenden Fachkräfte so erhöht werden müssen, dass ein Know-how-Verlust verhindert wird. Und schließlich scheint vor diesem Hintergrund einer Verlängerung der Lebensarbeitszeit unausweichlich.
- Sicherung der Beschäftigungsfähigkeit
  Darüber hinaus geht es darum, dafür Sorge zu tragen, dass auch über ein verlängertes Erwerbsleben hinweg Arbeitnehmer beschäftigungsfähig oder „employable" bleiben. Dabei bezieht sich das Profil der Beschäftigungsfähigkeit einerseits auf fachliche Kompetenzen, andererseits aber auch auf Methoden- und Sozialkompetenzen sowie persönliche Kompetenzen. Die Verantwortung für die Sicherung der Beschäftigungsfähigkeit obliegt in erster Linie dem Einzelnen, aber auch den Arbeitgebern – beide Seiten sollten die Bedingungen füreinander entsprechend gestalten.
- Förderung der Vereinbarkeit von Berufs-, Privat- und Familienleben
  An den Arbeitnehmer stellen die dargestellten Entwicklungen die Aufgabe, „in Bewegung zu bleiben", um sich auch in instabilen und unvorhersehbaren Arbeitsbeziehungen zu bewähren. Immer stärker setzt sich die Erkenntnis durch, dass dies über viele Erwerbslebensjahre hinweg nur dann möglich ist, wenn der Einzelne auch „in Balance bleibt" und sich einen Ausgleich zur beruflichen Sphäre im privaten Bereich schaffen kann. Hierzu ist die Vereinbarkeit von Berufs-, Privat- und Familienleben zwingend erforderlich und wird auch immer deutlicher von den Arbeitnehmern selbst – Männern wie Frauen – eingefordert.

Der Umgang mit diesen Herausforderungen steht in einem engen Zusammenhang mit „lebenslangem Lernen und lebenslangem Kompetenzerhalt", „lebenslanger Motivation" sowie „lebenslanger Gesundheit und lebenslangem Wohlbefinden". Dabei entsteht durch die langfristige Perspektive eine nachhaltige Personalpolitik. Abbildung 2 zeigt diese Zusammenhänge auf.

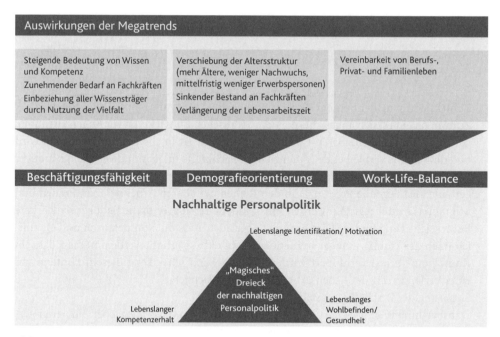

Abb. 2

3   Konzept und Umsetzung der Lebensphasenorientierten Personalpolitik

Es wird deutlich: Die Komplexität der gegebenen Herausforderungen macht ein ganzheitliches, integratives Konzept erforderlich, um diesen zu begegnen. Eine hohe Bedeutung für die Akzeptanz und Umsetzbarkeit eines solchen Konzeptes nimmt die Verknüpfung der betrieblichen Notwendigkeiten mit den Zielen, Bedürfnissen und Interessen der Beschäftigten ein. Eine sogenannte Lebensphasenorientierte Personalpolitik bietet hierzu vielfältige Gestaltungsmöglichkeiten, denn sie berücksichtigt alle relevanten betrieblichen Handlungsfelder und vermag gleichzeitig auch die individuelle Situation der Mitarbeiter abzubilden. Diese individuelle Situation wiederum spiegelt sich in bestimmten Lebens- und Berufsphasen wider, in denen sich die Mitarbeiter befinden. Die Lebensphasenorientierte Personalpolitik orientiert sich an fünf Leitfragen:

1. Wie kann die Beschäftigungsfähigkeit der Belegschaft unter Berücksichtigung der Lebensphasen und der Verlängerung der Lebensarbeitszeit gefördert werden?
2. Wie lassen sich Beschäftigte, insbesondere Fachkräfte, für Unternehmen gewinnen und langfristig an Unternehmen binden?
3. Wie können die unterschiedlichen Werte sowie Denk- und Handlungsmuster der verschiedenen Generationen und Beschäftigtengruppen berücksichtigt werden?

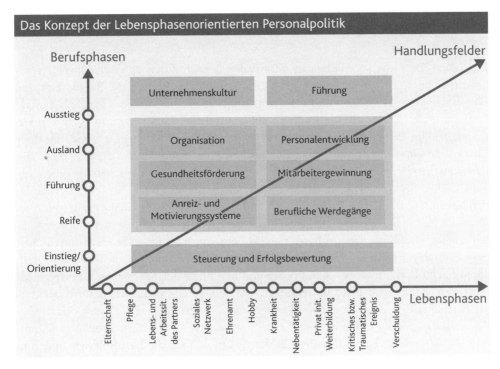

Abb. 3

4. Wie lassen sich Lebens- und Berufsphasen miteinander vereinbaren?
5. Wie lässt sich der so genannte „Lebensstau", die „Rush Hour" (Bittman und Rice 2000, S. 165–189), entzerren?

Auf Basis dieser Leitfragen konkretisiert sich die konzeptionelle und praktische Ausgestaltung einer Lebensphasenorientierten Personalpolitik im Unternehmen.

3.1 Das Konzept der Lebensphasenorientierten Personalpolitik

Es wird schnell deutlich, dass die Lebensphasenorientierte Personalpolitik einerseits ein hohes Maß an Individualisierung aufweist und damit auch den aufgezeigten Werten gerade der jüngeren Generation entspricht, dass sie jedoch hierdurch andererseits auch schnell an die Grenzen der Praktikabilität stößt. Es bedarf also eines Ordnungssystems, das dieses Konzept beherrschbar macht und auch eine Verknüpfung zu bereits vorhandenen personalpolitischen Instrumenten und Maßnahmen zulässt (Abb. 3).

3.2 Die konkrete Ausgestaltung der Lebensphasenorientierten Personalpolitik

Das Leben eines jeden Menschen ist im privaten Bereich durch unterschiedliche Phasen gekennzeichnet. Zu diesen Phasen gehören im familiären Bereich die Elternschaft und Pflege, aber auch die Lebens- und Arbeitssituation des Partners und das soziale Netzwerk. Hinzu kommen Lebensphasen, in denen außerberufliches Engagement in Form von Ehrenamt, Hobby, Nebentätigkeit oder privat initiierter Weiterbildung eine gewichtige Rolle für den Einzelnen einnimmt. Schließlich fordern Phasen mit Krankheit, kritischen bzw. traumatischen Ereignissen oder Verschuldung ihren Tribut. Denn Beschäftigte geben ihre persönlichen Belange nicht „an der Werkspforte" ab, sondern tragen sie in ihr Erwerbsleben hinein. Die skizzierten Lebensphasen sind mehr oder weniger unabhängig vom Alter und auch davon, in welcher beruflichen Phase sich ein Mitarbeiter befindet. Darüber können durchaus mehrere Lebensphasen parallel nebeneinander bestehen (z. B. Elternschaft bei gleichzeitiger privater Weiterbildung). Alleine die Lebensphasen zu betrachten, greift allerdings zu kurz. Inwieweit sich private und berufliche Belange miteinander vereinbaren lassen, hängt auch nicht unwesentlich von den unterschiedlichen Berufsphasen ab, die Beschäftigte im Zuge eines Erwerbslebens durchlaufen. Relevante Phasen sind hierbei der Einstieg bzw. die Orientierung, die Reife, Phasen mit Führungsverantwortung und/oder Auslandseinsätzen und schließlich der Ausstieg. Auch die Berufsphasen sind zum großen Teil altersunabhängig. Sie können sich wiederholen und erfolgen nicht zwangsläufig chronologisch. Zudem müssen nicht alle Phasen durchlaufen werden.

Um Mitarbeitern Lösungswege für ihre individuellen Bedarfssituationen anbieten zu können, wird nach Maßnahmen und Instrumenten gesucht, die gleichermaßen für die jeweiligen Berufs- bzw. Lebensphasen passend sind. So beispielsweise Führungspositionen in vollzeitnaher Teilzeit für Mitarbeiter mit Pflegeverantwortung. Diese Zusammenführung von Lebens- und Berufsphasen wird als „Matching" bezeichnet und führt zu einer Fülle von Einzelmaßnahmen, die eine lebensphasenorientierte Personalpolitik ausmachen. Abbildung 4 zeigt beispielhaft einige mögliche Maßnahmen und Instrumente auf.

Dabei wird deutlich, dass

- viele dieser Maßnahmen Beschäftigten in unterschiedlichen Lebens- und Berufsphasen gleichermaßen dienen,
- die Instrumente nicht neu sind, sondern zu den Bewährten zählen, mit denen Unternehmen bereits Erfahrungen haben,
- die Instrumente und Maßnahmen betrieblichen Handlungsfeldern zugeordnet werden können.

Die Zuordnung zu betrieblichen Handlungsfeldern führt zu einer weiteren Verbesserung der Systematisierung. Dabei bilden Unternehmenskultur und Führung in gewisser Weise das Fundament einer lebensphasenorientierten Personalpolitik. Darauf aufbauend lassen sich spezifische „Matchs" für die Handlungsfelder Organisation, Personalentwicklung, Mit-

Berufsphasen / Lebensphasen	Einstieg/ Orientierung	Reife	Führung	Ausland	Ausstieg (temporär/ endgültig)
Elternschaft	Flexible Arbeitsmodelle (Zei/Ort)	Kontakthalteprogramme während Elternzeit	Führung in Teilzeit	Unterstützung bei Kinderbetreuung	Elternzeit
Pflege	Erfahrungsaustausch	Kontakthalteprogramme während Pflegezeit	Führung in vollzeitnaher Teilzeit	Heimreise zur Organisation der Pflegeformalitäten	Pflegezeit
Lebens- und Arbeits-situation des Partners	Tag der Offenen Tür	Einladung des Partners zu Veranstaltungen	Dual Career Thematik	Interkulturelles Sprach-Training auch für den Partner	Austrittsgespräch
Soziales Netzwerk	Werben mit Öffnung für Netzwerke	Flexible Arbeitsmodelle (Zeit/Ort)	Förderung berufsbezogener Netzwerke	Soziale Netzwerke als Hilfestellung bei der Integration	Soziale Netzwerke als Unterstützung bei temporärem Ausstieg
Privat initiierte Weiterbildung	Ggf. finanzielle Unterstützung	Freistellung für Prüfungen und Prüfungsvorbereitung	Anerkennung der in der Weiterbildung erworbenen Kompetenzen bei der Personalentwicklung	Heimreise zur Teilnahme an Prüfungen	Kontakthalten während länger andauernder Freistellungen
Trauma-tisches bzw. kritisches Ereignis	Coaching	Durchlässigkeit von Werdegängen und Karrieren	Sabbatical	Vorzeitige Rückkehr bei Bedarf	Austrittsgespräch
Verschuldung	Beratung	Mitarbeitergespräch	Beratung	Vorzeitige Rückkehr bei Bedarf	Mitarbeitergespräch

Abb. 4 Beispielhaftes „Matching" von Lebens- und Berufsphasen

arbeitergewinnung, Berufliche Werdegänge sowie Anreiz- und Motivationssysteme bilden. Lebens- und berufsphasenunabhängig wirken zusätzlich eine entsprechende Steuerung und Erfolgsbewertung sowie eine betriebliche Gesundheitsförderung.

3.3 Die Implementation der Lebensphasenorientierten Personalpolitik im Unternehmen

Über den Erfolg der Einführung einer lebensphasenorientierten Personalpolitik entscheidet die Herangehensweise. Es kommt weniger darauf an, möglichst viele Maßnahmen umzusetzen – in der Regel ist weniger mehr! Stattdessen ist es wichtig, den für das individuelle Unternehmen passgenauen Weg einzuschlagen. In der Praxis hat sich eine Vorgehensweise in sieben Schritten bewährt.

3.4 Nutzen einer Lebensphasenorientierten Personalpolitik

Die Wettbewerbsfähigkeit von Unternehmen wird künftig immer stärker davon abhängen, sich als attraktiver Arbeitgeber zu positionieren und der Belegschaft Wege aufzuzeigen, wie sie trotz verlängerter Lebensarbeitszeit die Balance zwischen Beruf, Privat- und Familienleben meistern und dabei ihre Beschäftigungsfähigkeit aufrecht erhalten kann. Dabei verliert die lebensphasenorientierte Personalpolitik jedoch auch nicht die Interessen des Betriebes aus den Augen, sondern bringt diese in Einklang mit den Bedürfnissen der Beschäftigten, so dass eine Win-Win-Situation entsteht.

Stellt man eine Kosten-Nutzen-Betrachtung an, so lassen sich die Kosten für implementierte Maßnahmen und Instrumente vergleichsweise einfach beziffern. Der Nutzen hingegen wird nicht selten ausschließlich qualitativ erhoben. Er bezieht sich insbesondere auf Aspekte wie die erhöhte Bindung und Motivation von Beschäftigten, die Imageverbesserung auf den relevanten Märkten sowie die Unterstützung von Veränderungsprozessen durch eine erhöhte Loyalität der Mitarbeiter.

Für eine komparative Betrachtung kann es allerdings auch sinnvoll sein, die Opportunitätskosten zu berechnen, d. h. sich die Frage zu stellen „Was würde es kosten, wenn wir es nicht tun würden?" Auf diesem Wege lassen sich konkrete betriebswirtschaftliche Vorteile ermitteln, wie z. B. Einsparungen im Hinblick auf:

- Kosten im Zusammenhang mit Motivationsverlust.
- Kosten im Zusammenhang mit Kompetenzverlust.
- Kosten für Ersatzbeschaffung.
- Kosten für Einarbeitung.
- Kosten für Aufhebung des Arbeitsvertrags.
- Kosten in Bezug auf Fehlzeiten, ...

Es lässt sich die Faustregel formulieren, dass in der Regel jeder Euro, der investiert wird, sich innerhalb von zwei bis drei Jahren amortisiert.

4 Schlussbetrachtung

Die vorangehenden Ausführungen zu den Trends, die unsere Arbeitswelt heute und in Zukunft prägen und insbesondere zum Spannungsfeld zwischen steigendem Fachkräftebedarf und sinkendem Arbeitskräfteangebot lassen keinen Zweifel: Die lebensphasenorientierte Personalpolitik ist weit mehr als eine Modeerscheinung. Vielmehr wird sie den zentralen Herausforderungen im Hinblick auf die Dimensionen „lebenslanges Lernen und lebenslanger Kompetenzerhalt", „lebenslange Motivation" sowie „lebenslange Gesundheit und lebenslanges Wohlbefinden" gerecht. Dabei beachtet die lebensphasenorientierte Personalpolitik gleichermaßen die Interessen des Betriebes und die Bedürfnisse der Beschäftigten, so dass eine Win-Win-Situation entsteht. Aus der Vielzahl möglicher Maßnahmen und Instrumente lassen sich für jede Unternehmensgröße und Branche die jeweils passenden identifizieren und an die betrieblichen Gegebenheiten anpassen. Wichtig ist vor allem, von Kollektivregeln abzurücken und nach maßgeschneiderten Lösungen für die einzelnen Zielgruppen zu suchen, die idealerweise anhand eines vorab definierten Prozesses implementiert werden. Die lebensphasenorientierte Personalpolitik stellt damit einen entscheidenden Wettbewerbs- und Standortvorteil für Betriebe und Regionen dar, da sie einerseits dazu beiträgt, die Marktanforderungen zu bewältigen und Innovationskraft zu generieren und andererseits die Attraktivität als Arbeitgeber steigert. Denn sie bildet mit ihrer langfristigen Perspektive die Belegschaftsstruktur der Zukunft mit ihren vielfältigen Lebensentwürfen und Wertemustern ab und schöpft so die vorhandenen Potenziale im demografischen Wandel optimal aus. Eine solche Personalpolitik ist somit Investitionspolitik.

Literatur

BAuA (2012) Arbeitswelt im Wandel – Zahlen – Daten – Fakten; Ausgabe 2012; Bundesanstalt für Arbeitsschutz und Arbeitsmedizin, Dortmund
Bittman M, Rice JM (2000) The rush hour: the character of leisure time and gender equity. Social Forces 79(1):165–189
Rump J et al (2011) Strategie für die Zukunft – Lebensphasenorientierte Personalpolitik 2.0. Mainz

Die neue Arbeitswelt: Herausforderungen und Chancen

Jörg Hofmann und Christian Steffen

Dieser Beitrag konzentriert sich auf die Veränderungen der Lohnarbeit in Industrie und Dienstleistung und ihre Einbindung in die Gesellschaft. Denn trotz der medialen Aufmerksamkeit um neue Selbstständigkeit und andere alternative Formen nicht lohnabhängiger Arbeit, verstetigte sich in den letzten Jahrzehnten der Anteil der abhängig Beschäftigten an allen Erwerbstätigen um die 90 % (Statistisches Bundesamt 2012). Lohnarbeit ist daher weiter die prägende Form unserer Arbeitsgesellschaft und folglich macht es Sinn, die Suche nach neuen Arbeitswelten zunächst auch auf deren Entwicklung zu begrenzen. Die neue Arbeitswelt prägend, aber hier ausgeklammert sind die Veränderungen der „Hardware" der Arbeitswelt, wie sie sich in veränderten Produkten, Technologien, Gebäudekonzepten, etc. darstellt.

Die Verwendung des Begriffs neue Arbeitswelt im Singular ist allerdings problematisch. Denn weder ist vor dem Hintergrund teilweise widersprüchlicher Entwicklungen eindeutig zu klären, was „neu" und was „alt" ist, noch vollziehen sich Veränderungsprozesse quasi linear und gleichzeitig über alle Beschäftigtengruppen bzw. Tätigkeitsbereiche hinweg. Konstatieren kann man aber, dass die Etablierung des Nachkriegskapitalismus („Wirtschaftswunder") insbesondere in den 60er und 70er Jahren zu einer deutlichen Vereinheitlichung der Arbeitswelten („Normalarbeitsverhältnis"[1]) in Richtung langfristiger

---

[1] Unter einem Normalarbeitsverhältnis wird im Folgenden ein abhängiges Beschäftigungsverhältnis verstanden, das in Vollzeit und unbefristet ausgeübt wird. Ein Normalarbeitnehmer arbeitet zudem direkt in dem Unternehmen, mit dem er einen Arbeitsvertrag hat (keine Leiharbeit) und unterliegt Kündigungsschutzregeln. Arbeitnehmerinnen und Arbeitnehmer mit Normalarbeitsverhältnis sind weiterhin voll in die sozialen Sicherungssysteme wie Arbeitslosenversicherung, Rentenversicherung und Krankenversicherung integriert. Das heißt, sie erwerben über die von ihrem Erwerbseinkommen abgeführten Beiträge Ansprüche auf Leistungen aus den Versicherungen.

J. Hofmann (✉) · C. Steffen
IG Metall Bezirksleitung Baden-Württemberg, Stuttgarter Str. 23, 70469 Stuttgart, Deutschland
E-Mail: bezirk.baden-wuerttemberg@igmetall.de

C. Steffen
E-Mail: Christian.Steffen@igmetall.de

A. Papmehl, H. J. Tümmers (Hrsg.), *Die Arbeitswelt im 21. Jahrhundert,*
DOI 10.1007/978-3-658-01416-2_11, © Springer Fachmedien Wiesbaden 2013

Vollzeitbeschäftigung mit gefestigten Berufsbildern, stabilen Arbeitsinhalten und verlässlichen Arbeitszeitregimes führte, während wir uns heute in einer Phase einer erneuten Ausdifferenzierung befinden (vgl. Vester et al. 2007).

Eckpunkte dieser Ausdifferenzierung sind, dass

1. dauerhaft angelegte Normalarbeitsverhältnisse zunehmend durch in Zeit, Dauer, Entgelt und/oder Arbeitsinhalten flexible Arbeitsverhältnisse ersetzt werden, etwa durch Befristungen, Leiharbeit, Praktika, Minijobs sowie Teilzeit;
2. es zu neuen Anforderungen kommt, die die Arbeitswelt den Beschäftigten abverlangt und daraus neue Belastungen entstehen;
3. Strukturwandel und Globalisierung zu veränderten Beschäftigtenstrukturen führen, die auch die Arbeitskultur der Betriebe nachhaltig verändert;
4. sich damit das Koordinatensystem der kollektiven Interessensvertretung verschiebt und eine veränderte Praxis von Mitbestimmung und Tarifpolitik verlangt.

1 Veränderungen der Arbeitswelt

1.1 Die Erosion des Normalarbeitsverhältnisses

Niemals zuvor in der Geschichte der Bundesrepublik gingen mehr Menschen einer Erwerbsarbeit nach als heute (ca. 41,6 Mio.; Statistisches Bundesamt 2012a), was in längerer Sicht insbesondere auf die steigende Erwerbsneigung und -beteiligung von Frauen zurückzuführen ist. Diese auch im europäischen Vergleich hohe Erwerbsquote lässt den Schluss zu, dass die Menschen arbeiten wollen und können, zunehmend vor dem Hintergrund eines Umbaus des Sozialsystems[2] und veränderten Haushaltskontexten[3] es aber auch müssen. Dabei legt allerdings ein Blick auf die Empirie den Befund nahe, dass der Gewinn an Wohlfahrt durch die steigende Arbeitsmarktbeteiligung deutlich kleiner ausfällt, als dies die gute Beschäftigungsentwicklung (gemessen an der offiziellen Statistik) zunächst vermuten ließe. Mit anderen Worten: Die Qualität des Beschäftigungsaufbaus sinkt.

Der in Tab. 1 dargestellte Befund ist eindeutig. Mehr als ein Drittel der Gesamtbeschäftigung (Doppelzählungen eliminiert) findet heute in den verschiedenen Formen der atypischen Beschäftigung statt, was gegenüber 1991 ein Anstieg von 76 % und gegenüber 2000 immerhin noch von 25 % entspricht. Grob zusammengefasst verliert das sogenannte Normalarbeitsverhältnis an Gewicht (auch wenn es normativer Bezugspunkt bleibt), weil der Beschäftigungsaufbau seit Mitte der 90er Jahre und verschärft seit 2004/05 (Agenda 2010) in den Bereichen Teilzeit (Verdoppelung in den letzten 15 Jahren), Geringfügigkeit

---

[2] Z. B. durch ein Absenken des Leistungsniveaus der Arbeitslosenversicherung, sanktionsbewehrte Aktivierung (welfaretowork) oder Abschaffung von Rentenzugängen vor der Regelaltersgrenze.
[3] Z. B. der Anstieg der Single-Haushalte oder der Alleinerziehenden.

Tab. 1 Wandel der Erwerbsformen. (Quelle: Statistisches Bundesamt 2012b)

| | Anteil an den Erwerbstätigen gesamt (in tsd.) und in Prozent (Werte in Klammern) | | |
	1991	2000	2010
Standard-Erwerbsformen	26,957 (72,0)	23,393 (63,9)	22,590 (58,0)
Atypische Erwerbsformen	7,767 (20,7)	10,651 (29,1)	14,220 (36,5)
Sonderformen Erwerbsarbeit[a]	2,721 (7,3)	2,559 (7,0)	2,128 (5,5)
Insgesamt	37,445 (100)	36,603 (100)	38,938 (100)

[a]Auszubildende, Wehr- und Zivildienst, Sonstige mithelfende Familienangehörige

(Anstieg von ca. 1,1 Mio. seit 1999), Befristungen (Anstieg um mehr als 1. Mio. seit Mitte der 90er Jahre), Solo-Selbstständige (Zuwachs von knapp 1. Mio. seit Mitte der 90er Jahre) und Leiharbeit (Anstieg um über 500 % von 1994 bis heute) stattfindet (vgl. Statistisches Bundesamt 2012b). Dieser tiefgreifende Wandel betrifft einzelne Personengruppen und Teilarbeitsmärkte unterschiedlich. Gerade Berufseinsteiger und junge Erwachsene sind deutlich überproportional häufig atypisch beschäftigt (Schmeißer et al. 2012), nicht zuletzt weil inzwischen fast jede zweite neu geschaffene Stelle befristet ist (IAB 2012). Auch der Frauenanteil an atypischer Beschäftigung liegt sehr hoch (52,5 % gegenüber 23,0 % bei Männern), da diese überdurchschnittlich oft im Dienstleistungsbereich beschäftigt sind, der wiederum insgesamt hohe Anteile an atypischer Beschäftigung ausweist (42,1 % gegenüber 18,6 % im sekundären Sektor; Statistisches Bundesamt 2012b). Der Strukturwandel in Richtung Dienstleistungstätigkeiten wirkt in diesem Sinne als Trendbeschleuniger.[4] Allerdings hat gerade die Deregulierung der Leiharbeit dazu beigetragen, dass insbesondere neue Stellen im Bereich der „einfache" Industriearbeit immer seltener im Rahmen eines Normalarbeitsverhältnisses geschaffen werden (was erheblich zum starken Aufholen der Männer bei atypischer Beschäftigung beigetragen hat). Die Korrelation zwischen atypischer Beschäftigung und formaler Qualifikation ist hingegen weniger stark. Während 45,2 % der Erwerbstätigen ohne Ausbildung atypisch beschäftigt sind, liegen die Anteile auf mittlerem Qualifikationsniveau bei immerhin noch 35,2 und bei Hochschulabsolventen bei 33 % (Statistisches Bundesamt 2012b). Zugespitzt könnte man formulieren, dass Personen ohne Berufsabschluss nicht atypisch, sondern oft gar nicht beschäftigt sind (Arbeitslosenquote: ca. 22 %), andererseits auch eine formal hohe Qualifikation nicht zwingend vor atypischer Beschäftigung „schützt".

Der Trend in Richtung atypische Beschäftigung zulasten des Normalarbeitsverhältnisses ist vor dem Hintergrund der empirischen Evidenz unstrittig. Kontrovers diskutiert werden hingegen die Wirkungen. Zentrale Achsen der Debatte sind die Fragen, inwieweit die Ausbreitung atypischer Beschäftigung quasi Voraussetzung für eine hohe Erwerbsbeteiligung sind und in welchem Umfang atypisch mit prekär gleichgesetzt werden kann bzw. muss. Die

---

[4] Was auch der relativen Schwäche der kollektivvertraglichen Regulierung im Dienstleistungsbereich geschuldet ist.

Frage nach dem Prekarisierungspotenzial von atypischer Beschäftigung ist dabei zunächst einfacher zu klären. Große Nachteile gegenüber dem Normalarbeitsverhältnis bestehen beim Entgelt,[5] aber auch hinsichtlich der Dimensionen Beschäftigungsstabilität, Erhalt der Beschäftigungsfähigkeit (Rukwid 2011) und hinsichtlich der sozialen Absicherung bei Arbeitslosigkeit oder im Alter.[6] Atypisch bedeutet nicht zwangsläufig prekär, das Prekaritätsrisiko ist aber gegenüber dem Normalarbeitsverhältnis signifikant höher. Was auch angesichts der Motive zum Einsatz atypischer Beschäftigungsverhältnisse wenig verwundert, die ja gerade nicht auf eine langfristige, zu pflegende Bindung zwischen Arbeitnehmer und Arbeitgeber zielen, sondern (mit der Ausnahme von Teilzeitbeschäftigung) eher auf Kostensenkung und externe Flexibilität. Deshalb dürfen auch erhebliche Zweifel angemeldet werden, ob atypische und vielfach prekäre Beschäftigung die ihr zugeschriebene Rolle als niedrigschwelliger Einstieg mit anschließenden Aufstiegsoptionen tatsächlich erfüllen kann. Dagegen sprechen zumindest der starke Aufwuchs dieser Beschäftigungsformen, die große Gruppe der bereits formal gut oder Hochqualifizierten in diesem Segment (die nicht erst an höherwertige Beschäftigung herangeführt werden müssen) und empirische Untersuchungen, die z. B. den nachweisbaren „Klebe- oder Aufstiegseffekt" der Leiharbeit bei 7 % ansetzen (Lehmer und Ziegler 2010) oder nur eine sehr geringe Aufstiegsmobilität im Niedriglohnbereich nachweisen (Schank et al. 2008).[7]

Das mit einer umfassenden Deregulierung des Arbeitsmarktes Beschäftigung insgesamt erhöht werden kann, scheint nur auf den erste Blick plausibel. Die erste Ernüchterung: Trotz aller Deregulierung des Arbeitsmarkts zeigt die Entwicklung des Arbeitsvolumens seit Beginn der 90er Jahre (IAB 2011), dass es eher zu einer Neu- oder Umverteilung von Arbeit kam, in dessen Vollzug Millionen von Teilzeit- und geringfügigen Beschäftigungsverhältnissen geschaffen wurden.[8] Dass Deregulierung „mehr" Arbeit geschaffen habe, ist empirisch nicht evident. Die Substitution von Normalarbeitsverhältnissen durch atypische Arbeit hatte bis dato auch nicht den erhofften Effekt bezüglich der Entwicklung der Langzeitarbeitslosigkeit, die 2011 in Deutschland gemessen an der Gesamterwerbsbevölkerung mit 2,8 % rund doppelt so hoch lag wie in den beschäftigungspolitisch erfolgreichen

---

[5] Fast die Hälfte der atypisch Beschäftigten beziehen einen Bruttostundenlohn unterhalb der Niedriglohngrenze (vgl. Statisches Bundesamt 2012c).

[6] Insgesamt wird damit die Ausbreitung atypischer Beschäftigungsverhältnisse zunehmend auch zu einem verteilungspolitischen und makroökonomischen Problem, z. B. in Form einer sinkenden Lohnquote, der schwache Binnenkaufkraft, der Konzentration von Vermögen usw. Die aktuelle Debatte um Altersarmut zeigt zudem, dass im Rahmen atypischer Beschäftigung nur selten Rentenansprüche über dem Grundsicherungsniveau erworben werden können.

[7] Der Hinweis, dass gerade die Leiharbeit eine Chance für Arbeitslose sei vermag in diesem Zusammenhang auch nicht zu überzeugen, da es unter den gegebenen Bedingungen wohl seitens der bereits Beschäftigten wenig Anreize gibt, in ein Leiharbeitsverhältnis zu wechseln.

[8] Entsprechend hoch ist die Quote des ungenutzten Arbeitskräftepotentials (Anteil Summe aus Erwerbslosen, Unterbeschäftigten und Personen in stiller Reserve an der Gesamtheit aus Erwerbspersonen und stiller Reserve), die 2011 bei 17 % bzw. 7,4 Mio. Menschen lag (Statistisches Bundesamt 2012d).

Ländern Niederlande mit 1,5 %, Schweden mit 1,4 % oder Österreich mit 1,1 % (Eurostat 2012). In dieses Bild passt, dass die Wahrscheinlichkeit, aus der Arbeitslosigkeit direkt auf eine unbefristete Stelle zu „wechseln" in Deutschland zwischen 1996/97 und 2007/08 deutlich gesunken (−7 %), während sie in Dänemark um 13 % gestiegen ist (Konle-Seidl und Trübswetter 2011).

Viel spricht damit für die These, dass die Segmentierung des Arbeitsmarktes erhöht wurde. Mit der Schaffung eines intermediären und den Marktgesetzen unterliegenden „neuen zweiten Arbeitsmarkts", geprägt durch prekäre Beschäftigungsverhältnisse, wurden die Schwellen zum Zugang in ein Normalarbeitsverhältnis noch höher gezogen, was insbesondere Langzeitarbeitslose, Jugendliche und Frauen betrifft. Gleichfalls wurde das Risiko für Beschäftigte des ersten Arbeitsmarkts erhöht, durch die weitgefassten Zumutbarkeitsregelungen bei Arbeitslosigkeit dauerhaft in prekäre Beschäftigung abzurutschen.

Arbeitsmarktpolitische Erfahrungen anderer Länder zeigen, dass die Erhöhung der Erwerbstätigkeitsquote von Frauen und älteren Beschäftigten zwar mit einem Mehr an Flexibilität aber nicht zwangsläufig mit einem Anstieg von Prekarität verbunden ist. Insoweit muss sich die „Agenda"-Politik vorwerfen lassen, das eigentliche Ziel, den Abbau von Langzeitarbeitslosigkeit nur bedingt erreicht, dagegen die Segmentierung des Arbeitsmarktes durch die Implementierung eines intermediären prekären Arbeitsmarkts erhöht zu haben. Und dies mit extremen Folgen für die soziale Sicherung der Betroffenen und hohen Folgekosten für die Sozialsysteme.

1.2 Neue Arbeitswelt – gute Arbeit?

Verändert hat sich die Arbeitswelt nicht nur hinsichtlich einer neuen „Vielfalt" der Arbeitsvertragsgestaltung, sondern – über alle Wirtschaftszweige hinweg – auch in Bezug auf die Arbeitsorganisation. Während es z. B. in der industriellen Fertigung durch angereicherte Tätigkeiten, Taktentkopplung und Gruppenarbeit in den 80er Jahren bis Anfang der 90er deutliche Humanisierungsfortschritte bei der Arbeitsgestaltung („smart statt hart") gab, ist die Entwicklungen seit dem Jahrtausendwechsel durch steigende Arbeitsverdichtung und Arbeitsteilung geprägt. Dies gilt auch für indirekte Bereiche, wie Instandhaltung, Verwaltung und Entwicklung. Zudem führt diese Entwicklung zu einer weiteren Ausdifferenzierung von Belastungssituationen. Denn neben die – trotz technischen Fortschritts – nach wie vor weit verbreiteten „klassischen" Gefährdungen[9] sind neue oder zumindest hinsichtlich ihrer Intensität wachsende Probleme getreten. Dies gilt insbesondere für arbeitsstressinduzierte psychosoziale Erkrankungen als mittelbare Folge neuer (ganzheitlicher) Produktions- und Administrationskonzepte.

---

[9] Insbesondere das Heben schwerer Lasten, repetitive bzw. monotone Handgriffe, Lärm, Umgang mit Gefahrenstoffen.

Dieser arbeitspolitische „Rollback" betrifft alle Beschäftigtengruppen, wenn auch in unterschiedlicher Form (Hofmann 2012). So etwa die Produktionsarbeiter in Form von flexiblen Schichtmodellen mit bis zu 21 Schichten in Produktion und produktionsnahen Bereichen bzw. ungünstiger Lage von Arbeitszeiten (Statistisches Bundesamt 2012e)[10] oder in Form einer zunehmenden Leistungsverdichtung durch standardisierte Prozesse, verbunden mit immer kürzeren Taktzeiten, reduzierten Arbeitsumfängen, dem Wegfall nicht taktgebundener Arbeitsinhalte und damit von Handlungsspielräumen und Belastungswechseln. In den Bereichen Administration und Entwicklung kommt es vermehrt zu einem Verlust an Arbeitsinhalten, verbunden auch mit mangelnder Wertschätzung und ungenutzten Kompetenzen bzw. ausbildungsinadäquater Beschäftigung (Rukwid 2011). Hinzu kommen ausufernden (Vertrauens-) Arbeitszeiten[11] (verbunden mit deren Verfall) bzw. die implizite Erwartungshaltung der ständigen Verfügbarkeit, die die klaren Grenzen zwischen Arbeit und Privatleben porös werden lassen (Bosch et al. 2001). Nach einer repräsentativen Studie des BKK Bundesverbandes vom Nov. 2010 sind inzwischen 84 % der Beschäftigten außerhalb ihrer regulären Arbeitszeit für Kunden, Kollegen oder Vorgesetzte per Internet, Festnetzanschluss oder Mobiltelefon zu erreichen, die Hälfte davon sogar jederzeit. Jeder siebte Beschäftigte (14 %) gibt an, unter der ständigen Erreichbarkeit zu leiden (BKK Bundesverband 2010).

Die steigende Arbeitsverdichtung ist dabei „Nebenprodukt" neuer Rationalisierungsstrategien, in Folge derer den Beschäftigten die Verantwortung für das Erreichen vorab definierte Ziele zugewiesen wird,[12] ohne dass sie die Bedingungen, unter denen diese Ziele erreicht werden sollen, oft selbst ausreichend gestalten können (Faust et al. 2011). Auch die Leistungsziele wechseln: Die „klassischen" Kategorien Zeit/Menge/Qualität werden durch Kosten und Ertragskenngrößen ersetzt, die zentrale Steuerungsgrößen über alle Unternehmenshierarchien sind. Zu Recht spricht man von einer „Ökonomisierung" der Leistungspolitik in der die Leistungsziele nur noch einen vermittelten Bezug zur körperlichen und kognitiven Leistungsverausgabung haben[13]. Ein zentrales Ergebnis einer Betriebsräteumfrage im Organisationsbereich der IG Metall im Frühjahr 2011 in über 900

---

[10] Nach Auswertungen des Statistischen Bundesamtes ist der Anteil der Menschen, die nachts arbeiten müssen, in den vergangenen 20 Jahren von 7 auf 9 % gestiegen. Samstags arbeitete demnach im vergangenen Jahr mehr als ein Viertel der Erwerbstätigen (27 %). 19 Jahre zuvor waren es 20 % gewesen. Der Anteil der Sonntagsarbeiter stieg in dem Zeitraum von 10 auf 15 %.

[11] Dieser Befund wird auch nicht dadurch eingeschränkt, dass gleichzeitig eine große Zahl von bereits erwerbstätigen Personen ihre Stundenzahl gerne ausweiten würde, insbesondere Frauen in Teilzeitbeschäftigung sowie Männer mit wöchentlichen Arbeitszeiten von mehr als 32 Wochenstunden (vgl. Statistisches Bundesamt 2012d). So wie insgesamt die statistischen Durchschnittswerte bezüglich von Arbeitszeiten aufgrund der hohen Teilzeitquote im aggregierten Zustand nur wenig Aussagekraft haben.

[12] Damit wird ein zentraler Bestandteil der unternehmerischen Verantwortung auf die Arbeitnehmer/innen abgewälzt.

[13] Siehe die Debatte um den „Arbeitskraftunternehmer" und ihre leistungspolitischen Implikationen im Unternehmen; s. beispielhaft Pongratz und Voß 2004 oder Faust 2002.

Betrieben in Baden-Württemberg lautet entsprechend, dass es in fast 70 % der befragten Betriebe wachsende Probleme mit Leistungsvorgaben und (unzureichenden) Personalbemessungen gibt. Psychische Erkrankungen sind nicht selten die unmittelbare Folge. Nach Auswertungen der Krankenstandstatistik sind diese erstmalig die dritthäufigste Ursache für Arbeitsunfähigkeit (13,2 % der Krankentage), was sowohl an den stark steigenden Fallzahlen als auch der langen Ausfallzeit (37 Tage pro Fall) liegt (BKK Bundesverband 2011).

Diese Entwicklung der Arbeitswelt – also die Leistungsverdichtung in Kombination mit einer expansiven Flexibilisierung von Arbeitszeiten – vollzieht sich vor dem Hintergrund eines tiefgreifenden Wandels von Lebensentwürfen, veränderten Familienkonstellationen sowie familiären Herausforderungen,[14] die ebenfalls neue Anforderungen mit sich bringen, bisher aber völlig unzureichend durch z. B. neue Arbeitszeitregime im Sinne einer lebenslang orientierten Arbeitszeitpolitik flankiert werden. Hinzu kommt, dass die öffentliche Infrastruktur (Kinderbetreuung, Pflege, Öffnungszeiten) sich bislang unzureichend auf die Ausweitung der Betriebsnutzungszeiten und Flexibilität der Arbeitszeiten eingestellt hat.

1.3   Strukturwandel in der Beschäftigung

Der Wandel der Arbeitswelt ist immer auch Ausfluss von Veränderungen in makroökonomischen Zusammenhängen (Globalisierung), auf Ebene der Wirtschaftssektoren (Strukturwandel durch Produkt- und Prozessinnovation) sowie der Anpassung auf Unternehmensebene an eben diesen Wandel (Unternehmensorganisation). Dabei ist der (exportstarke) industrielle Sektor einschließlich der unternehmensnahen Dienstleistungen[15] stärkerem Veränderungsdruck ausgesetzt, als z. B. der Bereich der eher binnenwirtschaftlich orientierten personenbezogenen Dienstleistungen.[16]

In den letzten 15 Jahren ist es zu einer gravierenden Verschiebung der Handelsströme und damit einhergehend der internationalen Arbeitsteilung gekommen.[17] Etwas vereinfacht ausgedrückt ist es unter Ausnutzung der spezifischen Standortvorteile gelungen, die

---

[14] Z. B. die steigende Erwerbstätigkeit von Frauen, der Wunsch nach Vereinbarkeit von Privatleben und Arbeit, der Anstieg der Alleinerziehenden und die Pflege von Angehörigen.

[15] Die wirtschaftliche (auch beschäftigungspolitische) Bedeutung der Industrie reicht weit über die statistisch erfassten Wertschöpfungsanteile hinaus, da der Anteil an Dienstleistungsvorleistungen sehr hoch ist und industrielle Produktion und Dienstleistung sich komplementär entwickeln.

[16] Die allerdings durch Privatisierungen, verschärften Wettbewerb, Öffnung der (Arbeits-) Märkte, Liberalisierung usw. ebenfalls Gegenstand struktureller Veränderungen sind.

[17] So stiegen allein die deutschen Exporte nach China und Osteuropa zwischen 1998 und 2008 um jeweils etwa 900 % und erreichten einen Gesamtumfang von fast 150 Mrd. EUR in 2008. Daraus allein ergibt sich laut einer aktuellen Studie des Instituts für Arbeitsmarkt- und Berufsforschung zusätzliche Beschäftigung von etwa 500.000 Stellen, die maßgeblich dazu beigetragen haben, industrielle Produktion in Deutschland auf einen auch im internationalen Vergleich hohen Niveau zu halten (Dauth et al. 2012).

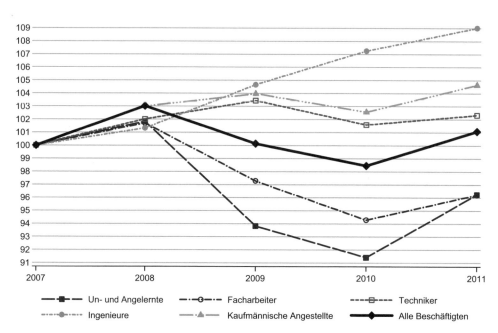

Abb. 1 Entwicklung der sozialversicherungspflichtigen Beschäftigung (Bereich „Metall und Elektro",
Baden-Württemberg, in %)

Rolle Deutschland als Hersteller hochwertiger Konsum- (z. B. Fahrzeugbau) und Inve-
stitionsgüter (z. B. Maschinenbau) weiter auszubauen (Hochtechnologie), während vgl.
einfache und personalintensive Tätigkeiten vermehrt Rationalisierung oder Verlagerung
zum Opfer fielen.[18] Dieser skizzierte Prozess der Spezialisierung (der anhalten wird und
sollte) ist an sich nicht neu, hat aber durch die Globalisierung neuen Schub erlangt und
wirkt sich in mehrfacher Hinsicht immer stärker auf den Arbeitsmarkt im Allgemeinen und
die Beschäftigung in den Unternehmen im Besonderen aus. So zeigen z. B. Auswertungen
der Beschäftigtenstatistik der Bundesagentur für Arbeit, dass es in Baden-Württemberg[19] in
den letzten Jahren zu einer nicht unerheblichen Strukturverschiebung bei der Beschäftigung
in der Metall- und Elektroindustrie (Rukwid 2012a) kam. Grob zusammengefasst steht bei
einem insgesamt stabilen Beschäftigungsniveau zu den beiden Betrachtungszeitpunkten
2007 und 2011 ein offensichtlich krisenunabhängiger Mehrbedarf an Ingenieuren und
etwas weniger stark ausgeprägt kaufmännischen Angestellten einer tendenziell eher rück-
läufigen Nachfrage nach Facharbeitern und Un- und Angelernten gegenüber (s. Abb. 1).[20]

---

[18] Ein in diesem Zusammenhang häufig angeführtes Beispiel ist der Niedergang der deutschen
Bekleidungsindustrie.

[19] Diese Entwicklung trifft auch auf andere Bundesländer zu. Aufgrund der Bedeutung der Industrie in Baden-Württemberg ist die dortige Entwicklung allerdings von besonderer Relevanz und
Aussagekraft.

[20] Der Anstieg nach 2010 ist der guten Konjunktur geschuldet und vollzog sich größtenteils im Bereich
der Leiharbeit.

Die Entwicklung unterhalb der tertiären Ausbildung mag durch die Krise verzerrt sein (wobei 2011 gemessen an Umsatz und Stückzahlen ein sehr erfolgreiches Jahr war); dennoch spricht vieles dafür, dass im Zuge der internationalen Arbeitsteilung und vor dem Hintergrund forcierter Produktivitätsfortschritte z. B. in der Automobilindustrie von 3–5 % pro Jahr (Meißner 2012) sowie technologischen Wandels die größten Beschäftigungszuwächse und individuellen Beschäftigungschancen in den Bereichen Forschung und Entwicklung, Administration und Verwaltung, sowie in qualifizierter Facharbeit in Zukunftsfeldern (z. B. Mobilität, Energie, Medizintechnik usw.) stattfinden werden. Dass solche Verschiebungen keine zu vernachlässigende Randnotiz sind, zeigt ein Blick auf die absoluten Zahlen. Denn 2011 standen allein in der M&E Industrie Baden-Württembergs 74.000 Ingenieuren ca. 170.000 Un- und Angelernte gegenüber.[21]

Diese Verschiebungen in der Beschäftigtenstruktur folgen in besonderer Weise auch einem Wandel der Geschäftsmodelle und Unternehmensorganisation. Denn gerade die exportabhängigen Unternehmen bauen den Bereich der produktbegleitenden Dienstleistungen systematisch aus, um sich vom Sachgutersteller zum kompletten Problemlöser ihrer Kunden zu entwickeln und sich mit diesen hybriden Produkt-Dienstleistungs-Kombinationen besser vom Kostenwettbewerb differenzieren zu können (Kinkel et al. 2008). Dass dies mit zusätzlichen Qualifikationsanforderungen einhergeht, ist evident. Zu nennen sind insbesondere wissensintensive Pre-Sales-Dienstleistungen, wie z. B. Engineering oder Beratungsleistungen zur Produktauslegung (Ingenieure), aber auch After-Sales-Dienstleistungen wie Wartung, Stördiagnose, Inbetriebnahme, die z. B. neben einer Facharbeiterqualifikation als Mechaniker auch Kenntnisse in Elektrik, Elektronik, Informations- und Kommunikationstechnologien sowie betriebswirtschaftliche Grundkenntnisse erfordern, also eine anspruchsvolle Kombination aus technischer- und Dienstleistungskompetenz (Kinkel et al. 2008).

Hinzu kommt der strukturelle Wandel, den Innovationen in Produkte und Prozesse auslösen, beispielsweise in der Automobilindustrie. Neben den Herausforderungen durch die fortschreitende Globalisierung und den technologischen Wandel[22] steht diese vor dem politisch eingeleiteten Systemwechsel der Elektrifizierung des Antriebsstrangs.[23] Diese hat bisher bestenfalls annäherungsweise abzuschätzenden Folgen für Industrie, Gesamtbeschäftigung und Arbeitnehmer (siehe hierzu ausführlich Hans Böckler Stiftung 2012). Nicht nur, dass neue Qualifikationen in der Tiefe der Wertschöpfungskette von Zulie-

---

[21] Dies entspricht fast 20 % aller Beschäftigten in der baden-württembergischen Metall- und Elektroindustrie und stellt damit eine nicht unwesentliche arbeitsmarktpolitische Herausforderung dar (Rukwid 2012a).

[22] Elektronisierung und Vernetzung, Leichtbau, Kraftstoffeffizienz usw.

[23] Der Begriff Systemwechsel scheint schon allein deshalb gerechtfertigt, weil es zumindest auf längere Sicht um mehr geht, als die Implementierung einer neuen Antriebstechnik. Vielmehr ist E-Mobilität ein Baustein in einem grundlegenden Wandel hin zu neuen Mobilitätskonzepten, die branchenübergreifend (z. B. Energieversorgung und –verteilung) organisiert werden müssen, alle Verkehrsträgersysteme mit einbindet, intelligent miteinander vernetzt und somit auch für die Automobilbranche neue Geschäftsmodelle eröffnet bzw. erfordert (Mobilitätsanbieter).

ferer bis zur KfZ-Werkstatt gefordert sind. In Folge dieses Wandels wird es zu gänzlich neuen Aufteilungen der Wertschöpfung zwischen Zuliefern und Herstellern geben und damit auch eine Neustrukturierung der Beschäftigung in diesen Unternehmen. Zudem ist unentschieden, wo diese Beschäftigung stattfindet: Als Substitution wegfallender konventioneller Antriebstechnik in bestehenden Werken oder in neue Produktionsstätten auch außerhalb Deutschlands. Eine nähere Analyse würde den Rahmen dieses Beitrags sprengen. Fest steht aber, dass die Chancen (sowie die Risiken) der Arbeitswelt – um den Titel dieses Beitrags aufzugreifen – ganz erheblich davon abhängen, wie erfolgreich der deutsche Industrie-Dienstleistungsverbund zentrale Zukunftsfelder wie Nachhaltige Mobilität, Erneuerbare Energien, Greentech usw. besetzen kann.[24] Aktive, dialogorientierte Industrie- und Technologiepolitik ist in diesem Sinne ein elementarer Bestandteil von guter Beschäftigungspolitik.

1.4 Herausforderung des Flächentarifs und Anpassung des Tarifsystems

Die Gestaltung der Arbeits- und Wirtschaftsbedingungen sind eine durch die Tarifautonomie gesicherte Aufgabe der Tarifparteien. Dabei geht es um mehr als die Sicherung des Lebensstandards und der gerechten Beteiligung am Zuwachs der gesellschaftlichen Wertschöpfung. Neben dieser Verteilungsfrage sind die wesentlichen Ansprüche aus den Schutzbestimmungen des Arbeitsverhältnisses durch Tarifverträge geregelt, und nur im Ausnahmefall kommen gesetzliche Mindeststandards zur Anwendung.

Die Erosion der Tarifbindung der Betriebe gerade an den Rändern der Kernbranchen, etwa in Bereichen industrienaher Dienstleistungen (Logistik, IT, Instandhaltung), aber auch die nur zögerliche Herausbildung von Tarifstandards in neuen Branchen, wie etwa der Windkraft-, oder Solarbranche, setzt dieses Regulativ für eine wachsende Zahl der Beschäftigten außer Kraft. Zudem begrenzt die Ausweitung von tariflich nicht oder unzureichend geregelten Jobs im Niedriglohnsektor (Praktika, Minijobs, etc.) die Wirkung von Flächentarifen. Die Schere zwischen weiter wachsendem gesellschaftlichen Wohlstandsniveau und der Entwicklung des individuellen Einkommen und der Arbeitsbedingungen geht für diese Beschäftigten weiter auf. Dass Deutschland im OECD-Vergleich das entwickelte Industrieland mit der stärksten Zunahme von Einkommensungleichheit ist, ist diesem Sachverhalt geschuldet (OECD 2012).

Für das Tarifsystem, das auf der Tarifautonomie der Arbeitsmarktparteien beruht und dem Gesetzgeber eher eine subsidiäre Funktion zuweist, bedeutet diese Entwicklung eine Zäsur: Dort wo es keine funktionierende Tarifautonomie gibt, ist der Staat aus sozialpolitischer Verantwortung in der Aufgabe, Mindestentgelte zu sichern und Dumpinglöhne zu verhindern. Daher ist die Forderung nach einem gesetzlichen Mindestlohn oder der Ausweitung der in das Entsendegesetz aufgenommenen Branchen berechtigt. Denn die Teilerosion des Tarifsystems zeigt sich besonders deutlich bei einer sektoral differenzierten

---

[24] Diese Nachfragedimension nach qualifizierter Arbeit wird auch in der gegenwärtigen Fachkräftedebatte nicht ausreichend in den Blick genommen.

Betrachtung, also bei einer Unterscheidung zwischen den gewerkschaftlich gut organisierten Sektoren der Industrie auf der einen und der Mehrzahl der Dienstleistungsbereiche auf der anderen Seite. Dies verweist auf zwei Momente:

1. die Bedeutung des gewerkschaftlichen Organisationsgrad und der Verankerung in den Betrieben und Belegschaften für eine Lohnentwicklung, die die Beschäftigten am wachsenden gesellschaftlichen Wohlstand beteiligt,
2. die Bedeutung einer einheitlichen gewerkschaftlichen Interessensvertretung, um an dieser Entwicklung alle Beschäftigten der Branche zu beteiligen.

Der letztgenannte Punkt spielt dabei auf den Umstand an, dass in Teilen des Dienstleistungssektors am Arbeitsmarkt starke Berufsgruppen durch die Gründung von Berufsgewerkschaften sich von dem Ziel einer solidarischen Lohnpolitik verabschiedeten und partikulare Interessenspolitik betreiben, mit der Folge, dass die Lohnschere zwischen den Beschäftigten eines Sektors immer größer wird.

In den industriellen Sektoren ist die relative Stabilität des Flächentarifsystems auf rechtzeitig in Angriff genommene Anpassungen insbesondere in den letzten 10 Jahren zurückzuführen.[25] Voraussetzung waren stabile Tarifparteien auf beiden Seiten. Um dies am Beispiel der Metall- und Elektroindustrie aufzuzeigen:

- in diesem Zeitraum wurde das gesamte Tarifsystem überarbeitet und der Arbeitswelt von heute angepasst. Dies betrifft vor allem die Beseitigung des Unterschiedes zwischen Arbeitern und Angestellten, die stärkere Berücksichtigung kognitiver und sozialer Kompetenzen in der Entgeltfindung, die Verankerung von Mitbestimmung auch für neue Methoden der Leistungspolitik wie z. B. von Zielvereinbarungen. Weiter wurden neue Themen eingeführt, wie tarifliche Regelungen zur Qualifizierung, zu flexiblen Altersübergängen, zu einer erweiterten Arbeitszeitflexibilität durch Arbeitszeitkonten und Möglichkeiten temporärer Arbeitszeitabsenkung, um nur einige Beispiele zu nennen.
- mit der sogenannten „Pforzheim-Regelung" von 2004 öffnete sich der Flächentarif für tarifliche Regelungen, die auf betrieblicher Ebene die Entwicklung von Beschäftigung, Standorten, Produktlinien und Investitionen zum Gegenstand machten, dafür aber auch temporäre betriebliche Abweichungen vom Flächentarif erlaubten. Diese „Pforzheim-Regelung" trug wesentlich zur Stabilisierung des Flächentarifs bei, nahm aber auch beide Seiten in eine größere Verantwortung für Beschäftigung.
- die stärkere Akzentuierung qualitativer Themen bzw. Themen der Entwicklung von Beschäftigung und Ausbildung (aktuell in der Tarifrunde 2012, ergänzt um die Ansprüche auf unbefristete Übernahme der Auszubildenden und die Stärkung der Mitbestim-

---

[25] So sank etwa der Anteil der Beschäftigten in Betrieben die dem Flächentarif der Metall- und Elektroindustrie unterliegen bis 2004 um über 20 %, stabilisierte sich aber seither bei deutlich über 50 %. Dies ist auch gegenüber anderen Tarifgebieten auch in dieser Kernbranche ein überdurchschnittlicher Wert (Haipeter und Schilling (2006).

mungsrechte bei Leiharbeit) stärken den Betrieb als Bezugspunkt gewerkschaftlicher Arbeit und einer Erweiterung der Mitbestimmung der Betriebsräte als notwendige Ergänzung einer modernen Flächentarifpolitik. Dies förderte auch die Öffnung gewerkschaftlicher Interessensvertretung für eine stärkere Beteiligung von Mitgliedern und Beschäftigten bei Aushandlungsprozessen.

2   Funktionswandel der Arbeitsgesellschaft

Wir sind eine Arbeitsgesellschaft und werden es auch bleiben (Huber 2009). Denn die historischen Gründe und sozialen sowie wirtschaftlichen Triebkräfte, die zu deren Ausbildung geführt haben, sind nach wie vor wirkungsmächtig. Hinzu kommt die Abwesenheit einer auch nur halbwegs plausiblen Alternative zu diesem Modell der gesellschaftlichen Selbstorganisation, die an die Stelle von (arbeitsteiliger) Erwerbsarbeit treten könnte. Die Verfasstheit und Ausgestaltung der Arbeitswelt und des Arbeitsmarktes hat damit nicht nur entscheidenden Einfluss auf die Lebensqualität des Einzelnen, sondern nimmt im weiteren Sinne eine, wenn nicht sogar die zentrale Schlüsselstellung hinsichtlich der Fähigkeit zur Bewältigung aktueller und zukünftiger gesellschaftlicher Herausforderungen ein.

Dabei ist die Arbeitsgesellschaft mehr als die Summe aller Arbeitsplätze. Sie ist das bestimmende gesellschaftliche Organisationsmodell (s. hierzu auch Brümmer et al. 2011) als

1. Voraussetzung für ein (materiell) produktives Gemeinwesen und damit bestimmend für das Wohlstandsniveau;
2. Klammer für die soziale und politische Integration gesellschaftlicher Klassen, Schichten und Gruppen;
3. Voraussetzung und Bezugspunkt eines selbstbestimmten Lebens und Arena von individuellen Verwirklichungschancen.

2.1   Die Arbeitsgesellschaft als Produktivkraft

Ohne Wachstum stehen keine Güter und Dienstleistungen in ausreichender Menge zur Verfügung, um individuelle und kollektive Bedürfnisse zu befriedigen. So ist, um nur ein Beispiel zu nennen, die unstrittig notwendige Energiewende nur mit einem wachsendem Sozialprodukt zu schaffen, soll der bisherige Lebensstandard auch nur annähernd auf dem heutigen Niveau gehalten werden. So wie qualifizierte Erwerbsarbeit die Voraussetzung dafür ist, die dafür notwendigen ressourcenschonenden Technologien und Dienstleistungen zu entwickeln und zu industrialisieren.

Die Krise an den Finanzmärkten hat das Verständnis dafür geschärft, dass nachhaltiges Wachstum nicht durch (extrem risikoreiche) Maximalrenditen an den Finanzmärkten entsteht, sondern in der sogenannten Realwirtschaft. Denn die Ausschöpfung des Potentialwachstums ist in besonderem Maße von der Erwerbsbeteiligung und der Produktivität der Beschäftigten abhängig. So wie spiegelbildlich Wachstum überhaupt erst die Voraussetzung für eine ausreichende Nachfrage nach Arbeitsleistung schafft und damit der Spaltung der Gesellschaft aufgrund von Unterbeschäftigung, Arbeitslosigkeit oder unterfinanzierten sozialen Sicherungssystemen bzw. sozialen Dienstleistungen entgegen wirkt. Eine materiell produktive (Arbeits-) Gesellschaft und dadurch ausgelöste Wachstumseffekte sind damit nicht Teil der gegenwärtigen Probleme, sondern im Gegenteil zwingend für deren Überwindung. Dies gilt auch für Deutschland, ungeachtet der im internationalen Vergleich günstigen Entwicklung am Arbeitsmarkt. Denn nach wie vor ist das Ausmaß an Unterbeschäftigung beträchtlich, sind große Gruppen nicht ausreichend in den Arbeitsmarkt integriert (Frauen), werden wichtige Potenziale an ihrer Entfaltung behindert (Frauen, Personen mit Migrationshintergrund, aber auch Ältere oder formal Geringqualifizierte) und, wie ausgeführt, ein wachsender Anteil von Beschäftigten in atypische und vielfach prekäre Beschäftigungsverhältnisse mit oft unterwertigen Qualifikationsanforderungen und mit geringen Aufstiegschancen abgedrängt.

Dabei wird Deutschland mit einer deutlich schrumpfenden Erwerbsbevölkerung auf Grund des demographischen Wandels konfrontiert sein. Sehen wir von den begrenzten Optionen einer Zuwanderungspolitik ab, gilt es nicht nur quantitativ die Erwerbstätigenquote zu erhöhen, sondern qualitativ die vorhandenen Potentiale zu nutzen und weiterzuentwickeln. Hier steht die Arbeitsmarktpolitik, wie die Personalpolitik der Unternehmen vor der Herausforderung einer deutlichen Kehrtwende.

2.2 Gesellschaftliche Inklusion

Ungeachtet der wichtigen produktiven Funktion von Arbeit greift es zu kurz, selbige im engen Sinne wachstumstheoretisch zu vereinnahmen. Denn Arbeit ist eben nicht nur der damit verbundene materielle „Output", sondern auch die Klammer, die die Gesellschaft zusammenhält. So ist dem Historiker zuzustimmen wenn er schreibt, dass „Erwerbsarbeit der einen oder anderen Art weiterhin mehr über die Zuteilung von Status und Lebenschancen entscheidet als jeder andere Regelungsmechanismus, mit Ausnahme der Herkunft" (Kocka 2010). Deshalb ist und bleibt Arbeit auch der zentrale Motor der gesellschaftlichen Integration und individueller Entwicklungsmöglichkeiten.

„Teilhabe gegen Leistung" – dieses Grundversprechen des deutschen Sozialmodells ebnete einerseits den Weg für ein Mehr an Teilhabegerechtigkeit in Bildung, Kultur, gesellschaftlicher Mitsprache. Eine moderne Bürgergesellschaft, die sich als Arbeitsgesellschaft versteht, verlangt ein Mehr an Chancengleichheit und ein Mehr an Mitsprache. Sei es im Betrieb, im Unternehmen, in der öffentlichen Arena. Mitbestimmung der Menschen ist notwendige Voraussetzung einer modernen Arbeitsgesellschaft. Andererseits ist dieses Grundversprechen Basis einer leistungs- und produktivitätsorientierten Arbeitskultur, die persönliche Entwicklungs- und Aufstiegschancen an der individuellen Leistung der Beschäftigten festmacht und dazu beitragen soll, diese von Herkunft, Elternhaus, Wohnort zu emanzipieren.

Dieses Versprechen wird in den letzten Jahren mehrfach brüchig.

1. Die Prekarisierung von Arbeit jenseits aller unmittelbaren wirtschaftlichen Folgen führt zu einer erstzunehmenden Funktionsstörung dieses Integrationsmechanismus, weil sich das Teilhabeversprechen von den Rändern her aufzulösen droht. Die bisherige Trennungslinie „Arbeit/integriert – Arbeitslos/nicht integriert" gilt für prekäre Beschäftigung nicht. Hier gilt vielmehr „Arbeit/nicht integriert", also Leistung ohne Teilhabechancen. Die 1,4 Mio. „Aufstocker" die von ihrem Arbeitslohn nicht leben können, sind ein Beispiel dafür. Ein weiteres sind die 4,66 Mio. sozialversicherungspflichtig Vollzeitbeschäftigten (22,8 %), die Ende 2010 ein Entgelt von unter 1,802 EUR pro Monat erzielten (einschließlich von Sonderzahlungen wie Urlaubs- oder Weihnachtsgeld) und damit im Niedriglohnsektor[26] zugeordnet werden müssen (DGB 2012).

2. Die zunehmende Verlagerung von Kosten der Gesundheits- und Altersvorsorge ausschließlich auf die Beschäftigten führt zu einer Zunahme des Armutsrisikos insbesondere im Alter trotz einer lebenslang erbrachten Arbeitsleistung. Betroffen sind insbesondere untere Einkommen, die sich zusätzliche Altersvorsorge faktisch nicht leisten können. „Teilhabe gegen Leistung" – erweist sich für viele zunehmend im Alter als Täuschung, wie auch die aktuelle Debatte um den erwarteten Anstieg der Altersarmut zum Ausdruck bringt.

3. Konnte in den 70er Jahren durch eine offensive Bildungspolitik ein deutliches Mehr an Chancengleichheit erreicht werden, entscheidet heute wieder stärker denn je die soziale Herkunft über die Bildungschancen (OECD 2011). Die soziale Selektivität des Bildungssystems, bei einem deutlich angestiegenen Qualifikationsniveau, ist so hoch wie in den Frühphasen der Bundesrepublik. Oder anders: Die wachsenden Anforderungen an Qualifikation, wie sie sich in deutlich gestiegenen Anforderungen in der beruflichen Ausbildung, oder dem wachsenden Anteil von Hochschulabsolventen verdeutlicht, führten zu einer Restauration der Herkunft als wesentlicher Bestimmungsfaktor beruflicher Entwicklungschancen. Die Bildungspolitik vollzog das insgesamt höhere Qualifikationsniveau nicht durch Maßnahmen zur Sicherung von Chancengleichheit nach. Zwischenzeitlich ist dieser Fakt zwar unbestritten und das notwendige Maßnahmenbündel (Ganztagsbetreuung, bessere Durchlässigkeit des Schulsystems, systematischere Weiterbildung) bekannt. Doch scheitert die Umsetzung häufig an der faktischen Unterfinanzierung von Kommunen und Staat.

---

[26] Die dieser Berechnung zugrundeliegende Definition sind Entgelte unterhalb zwei Drittels des mittleren Entgeltes (Median). Der Anteil von 22,8 % an allen Vollzeitbeschäftigten ist auch im internationalen Vergleich hoch und zudem ein Beleg dafür, dass auch Normalarbeitsverhältnisse prekär sein können.

2.3   Arbeit als Basis eines selbstbestimmte Lebens

Arbeit ist Basis eines selbstbestimmten Lebens und individueller Freiheit dann, wenn durch sie die materielle Lebensgrundlage gesichert ist. Dass dies nicht bei jeder Arbeit auch heute der Fall ist, wurde am Beispiel prekärer Beschäftigung dargelegt. Hier bedarf es des Sozialstaates, individuelle Freiheit auch materiell abzusichern. Der demokratische Sozialstaat ist eben mehr als Armutsfürsorge. Er hat die Aufgabe, die Teilhabe der Menschen am gesellschaftlichen Leben, an Bildung und Kultur zu sichern.

Arbeit ist jenseits der Notwendigkeit der Sicherung der materiellen Lebensgrundlage aber auch Ort der Sinnstiftung, der Anerkennung für erbrachte Leistung und der Verwirklichungschancen; (dies erklärt wohl auch, warum z. B. nicht wenige Beschäftigte einer Arbeit nachgehen, selbst wenn das erzielte Entgelt unterhalb des Existenzminimums liegt). Was – und auch dies kennzeichnet die Vielfalt der Arbeitswelt – natürlich nicht ausschließt, dass Arbeit auch monoton, auszehrend, fremdbestimmt und sogar erniedrigend und ohne Würde sein kann.

Das Deutschland prägende Wettbewerbsmodell, das durch Innovations- und Qualifikationsvorteile seine komparativen Vorteile im globalen Umfeld sieht, steht im Widerspruch zur Logik eines globalen Wettbewerbs, der hohe Profitabilität mit Strategien der Entwertung der Arbeitskraft, ständiger Leistungsverdichtung und einer weitgehenden Beseitigung von Schutzbestimmungen verfolgt. Dieser Widerspruch wächst mit steigenden Qualifikationsanforderungen bzw. erweist sich als unvereinbar mit steigendem Produzentenstolz auf innovative, gesellschaftlich sinnvolle und qualitativ hochwertige Produkte, die Beruflichkeit und Berufsethos stärken. Die daraus abgeleiteten Erwartungen an „gute Arbeit" ergänzen die „klassischen" Erwartungen, wie faire Vergütung und Arbeitsplatzsicherheit durch den Wunsch

- nach flachen Hierarchien, mehr Mitsprache- und Mitwirkungsmöglichkeiten;
- nach Angeboten auf Weiterbildung und beruflicher Entwicklung und
- nach Arbeitszeitmodellen, die individuell eine lebensphasengerechten Arbeitszeitgestaltung ermöglichen,

um einige Beispiele aufzuzählen.

Wie selbstbewusst und mit welchen Erfolgschancen dies eingefordert wird ist nun wiederum stark von der arbeitsmarktpolitischen Stellung abhängig. Der Widerspruch zwischen Rationalisierungsstrategien industrieller Produktion und einer durch Beruflichkeit und Produzentenstolz geprägten Arbeitskultur, ist kein neues Phänomen und führte bis dato dazu, dass industrielle Rationalisierungsstrategien sich faktisch im Wesentlichen auf manuelle Fertigung und Montage begrenzten. Neu ist, dass durch die Ökonomisierung der Leistungspolitik, die Steuerung nach Kostengrößen und Ertragszielen auch hochqualifizierte Beschäftigung mit Rationalisierungsstrategien konfrontiert wird, die gerade auf weniger Handlungsspielräume, stärkere Arbeitsteilung, Druck auf die Entgeltstruktur nach unten setzen und immanent die Angst vor Arbeitsplatzverlust und damit Statusverlust erhöhen.

3 Moderne Arbeitswelten in einem sozial und ökologisch nachhaltigen Wachstumsmodell

Die Schlussfolgerungen aus den Krisenerfahrungen der andauernden Finanzmarktkrise verweisen auf die Bedeutung eines stabilen Wachstumspfads der Realwirtschaft und ihres Kerns der Wertschöpfung: der Produktion von Gütern und der damit verbundenen Dienstleistungen. Dieser Wachstumspfad muss die ökologischen und sozialen Herausforderungen global wie national berücksichtigen. Daher brauchen wir ein sozial und ökologisch nachhaltiges Wachstumsmodell als Leitbild notwendiger Anpassungen.

Allerdings wäre es naiv darauf zu hoffen, dass der dafür notwendige Kurswechsel sich allein aus der Einsicht in die Notwendigkeit speist und damit wirkungsmächtig wird. Deshalb ist es zwingend, diesen Kurswechsel durch aktives Handeln gezielt einzuleiten.

3.1 Neue Ordnung auf dem Arbeitsmarkt

Unter den heutigen Bedingungen führt Wachstum nicht zu einer Steigerung der Qualität des Beschäftigungsaufbaus. Vielmehr hat sich gezeigt, dass die Spaltung (bzw. Segmentierung) des Arbeitsmarktes sich auch im konjunkturellen Aufschwung ungebrochen fortsetzt und insbesondere neu geschaffene Arbeitsplätze mehrheitlich zur Kategorie „atypisch" gehören. Um diese Entwicklung umzukehren, ist eine Reregulierung des Arbeitsmarktes zwingend.

Dabei geht es darum, das Normalarbeitsverhältnis arbeitsrechtlich zu sichern, damit der normative Grundpfeiler unserer Arbeitsgesellschaft („Teilhabe gegen Leistung") zukunftsfähig bleibt. Dies schließt ein, dass die gravierenden Veränderungen in den Erwerbsbiographien, den Qualifikationsanforderungen und der Arbeitsorganisation und Technologie zu einer Weiterentwicklung der konkreten Praxis und Regeln der Arbeitswelt im Rahmen des Normalarbeitsverhältnisses führen müssen. Gefordert sind hier Gesetzgeber und Tarifvertragsparteien gleichermaßen.

Konkrete Maßnahmen zur Sicherung des Normalarbeitsverhältnisses sind z. B. die Einführung eines allgemeinen gesetzlichen Mindestlohns von derzeit 8,50 EUR mit angemessener Dynamisierung,[27] das Streichen der sachgrundlosen Befristung sowie die Neuordnung des subventionierten Niedriglohnbereichs, etwa durch die Eindämmung der Minijobs durch eine schrittweise Absenkung der Verdienstgrenzen[28] und Einführung einer Stundenobergrenze.

Zusätzlich muss der Bereich der Leiharbeit so neu geordnet werden, dass die Einsatzbedingungen dem originären Begründungszusammenhang entsprechen, also dem Auffangen

---

[27] Als untere „zivilisatorische" Auffanglinie; die vom Bundesministerium für Arbeit und Soziales in Auftrag gegebenen Evaluation von Mindestlöhnen auf Branchenebene haben keine ökonomisch negativen Folgen nachweisen können, was dann auch für einen allgemeinen Mindestlohn gelten dürfte.

[28] Die seitens der Bundesregierung geplante Erhöhung der Verdienstgrenzen auf 450 EUR ist vor diesem Hintergrund ein Schritt in die falsche Richtung.

von kurzfristigen Auftragsspitzen.[29] Erreicht werden kann dies durch Gleichbehandlung der Leiharbeitnehmer vom ersten Einsatztag an, eine arbeitsplatzbezogene Höchstüberlassungsdauer, bei deren Überschreiten ein gesetzlich fingiertes Arbeitsverhältnis zustande kommt sowie die Wiedereinführung des Synchronisationsverbots. Hinzu kommt die Notwendigkeit, den möglichen Umgehungstatbestand der Werkverträge hinsichtlich deren Status rechtlich klar zu bestimmen, um ggf. Missbrauch (Scheinüberlassung) überprüfen und sanktionieren zu können.

Das Normalarbeitsverhältnis muss sich auch innerhalb seines arbeits- und sozialrechtlichen Rahmens weiterentwickeln, um zukunftsfähig zu bleiben. Beispielhaft sei hier die Herausforderung benannt, durch Flexibilität Beschäftigungssicherheit trotz konjunktureller Schwankungen zu sichern, ohne im globalen Kostenwettbewerb zurückzufallen. Beschäftigungssicherheit liegt dabei originär im Interesse der Arbeitnehmer, zunehmend aber auch im Interesse der Arbeitgeber, um gut qualifizierte und spezialisierte Arbeitskräfte zu binden. Statt Kündigungen und Personalabbau in Abschwungphasen und Mehrarbeit und prekäre Beschäftigung in Aufbauphasen, bietet heute ein tariflich gesichertes System von Arbeitszeitkonten Möglichkeiten der befristeten Arbeitszeitabsenkungen, sowie insgesamt einen Flexibilitätsrahmen von über 30 % der Jahreskapazität. Hinzu kommt in Krisensituationen das zusätzliche Instrument der Kurzarbeit. Dieses Instrumentarium erlaubte es, selbst den massiven Abbruch der Wirtschaftskrise 2008/2009 weitgehend ohne Kündigungen, aber auch ohne wesentliche zusätzliche Kostenbelastungen durch Kostenremanenzen zu meistern und danach durchzustarten (Hofmann 2011).

3.2 Mitbestimmte Gestaltung der Arbeitswelt

Arbeitsverdichtung, entgrenzte Arbeitszeiten und besondere körperliche und psychische Belastungssituationen prägen steigende Anteile der Normalarbeitsverhältnisse. Hier ist die klassische Schutz- und Gestaltungaufgabe kollektiven gewerkschaftlichen und betriebsrätlichen Handelns gefordert. Dies setzt voraus, die vielfältigen und unterschiedlichen Belastungssituationen zu „entindividualisieren" und diese zum Gegenstand von kollektiven Aushandlungsprozessessen auf der Betriebsebene zu machen.[30] Dabei können Tarifverträge und gesetzliche Regelungen nur Rahmenbedingungen und Mindeststandards festlegen, die

---

[29] Die IG Metall hat bezüglich der Einsatzbedingungen von Leiharbeit in den letzten Jahren über Betriebsvereinbarungen und den Tarifabschlüssen 2012 (Metall- und Elektroindustrie sowie mit den Leiharbeitsverbänden) deutliche Verbesserungen erreicht. Dies entbindet den Gesetzgeber allerdings nicht von seiner Verantwortung, für faire Bedingungen am Arbeitsmarkt für alle zu sorgen.

[30] Damit verengt sich die Debatte auf Betriebe mit einer Mindestzahl an Beschäftigten sowie betrieblichen Strukturen der Interessenvertretung. Dies geschieht auch in der Annahme, dass grundlegende Verbesserungen nicht allein vom Gesetzgeber verordnet, sondern von den Beschäftigten selber reklamiert und notfalls erstritten werden müssen. Dass die jeweiligen Arbeitsbedingungen damit in starkem Maße von den jeweiligen Bedingungen vor Ort abhängen, ist nicht zu verhindern. Allerdings können so Normen gesetzt werden, die eine Ausstrahlkraft haben, Lösungswege aufzeigen und im besten Fall zu einem Wettbewerb um die besten Ideen und Köpfe führen.

aber betriebsspezifisch durch Mitbestimmung konkretisiert werden müssen. Die Stärkung einer zeitgemäßen Mitbestimmungspraxis in diesem Sinne erfordert vor allem auch die direkte Einbeziehung der betroffenen Beschäftigten.

Um dies an einem klassischen Thema des Arbeits-und Gesundheitsschutzes zu verdeutlichen: Die beste Betriebsvereinbarung zur ergonomischen Gestaltung von Bildschirmarbeit läuft ins Leere, wenn Beschäftigte ihr subjektives Wohlbefinden an eine nichtergonomische Aufstellung des Bildschirms gekoppelt sehen. Daher verlangt eine moderne Mitbestimmungspraxis eine für die Wirksamkeit der Durchsetzung von Schutznormen breite Information und Einbeziehung der Beschäftigten im Vorfeld. Hier haben wir nicht nur bei Mitbestimmungsrechten, sondern vor allem im Selbstverständnis und Handeln der Mitbestimmungspraktiker Nachholbedarf.

Die Mitbestimmungspraxis verlangt, sehr differenzierte Problemlagen adäquat zu beantworten. So sind Lösungsstrategien gegen eine Leistungsverdichtung an taktgebundenen Arbeitsplätzen deutlich andere als etwa im projektgetriebenen Entwicklungsbereich, auch wenn sich subjektiv die Folgewirkungen der dadurch erzeugten psychischen Belastungen bei den Beschäftigten nicht stark unterscheiden. Gerade an diesem Beispiel zeigt sich, dass die Zeit der „dauerhaften Einheitslösungen für dauerhafte Einheitsprobleme" (Streeck 1987) vorüber ist, zumal sich die Geschwindigkeit, mit der immer neue Rationalisierungstechniken in den Betrieben ausgerollt werden, deutlich erhöht hat.

Während die IG Metall in den 70er Jahren ihre Tarifpolitik nutzte, um die Arbeits-und Leistungsbedingungen eines Typus von Beschäftigten – den in Systeme kurzzyklischer Leistungsvorgaben eingezwängten Massenarbeiters – zu gestalten (Hatzfeld et al. 2005), verlangt die Ausdifferenzierung der Beschäftigungsstruktur und Arbeitsorganisation heute von Tarifverträgen, vorrangig auf eine Verbesserung der Mitbestimmungsmöglichkeiten der Betriebsräte und Mindestnormen zu setzen (z. B. im ERA-TV Baden-Württemberg) und diese durch betriebspolitische Strategien zu füllen.

Dies gilt in gleichem Maße für die Gestaltung der Arbeitszeit. Hier lässt sich zudem ein weiteres Moment einer notwendig veränderten Mitbestimmungspraxis verdeutlichen: Zwar lassen sich auch hier Schnittmengen finden, die alle Beschäftigten betreffen, (etwa die Verhinderung einer unregulierten Verlängerung von Arbeitszeiten und Ausweitung der Betriebsnutzungszeiten bzw. die vollständige Erfassung von geleisteten Arbeitsstunden und ihre Vergütung), allerdings wirken nun hier, quer zur betrieblichen, durch die Arbeitssituation geprägten Interessenslage, auch die unterschiedlichen persönlichen Lebenslagen. Diese führen zu anderen Prioritäten. So hat etwa ein lediger Jungingenieur der „durchstarten" will, andere Arbeitszeitpräferenzen als ein Schichtarbeiter, der zur Abstimmung der Kinderbetreuung auf einen verlässlichen Schichtplan angewiesen ist, oder der Sekretärin, die neben der Arbeit einen Pflegefall in der Familie zu versorgen hat, was wiederum nach flexiblen Auszeiten verlangt. Kurzum: Gefordert ist eine lebenslagengerechte Arbeitszeitgestaltung, die letztlich darauf zielt, Freiräume und Wahloptionen für die Beschäftigten zu eröffnen.

3.3 Wirtschaftliche Dynamik und Fachkräfteentwicklung

Notwendig sind, um es salopp zu formulieren, nicht nur gute Arbeitsplätze, sondern davon auch eine ausreichende bzw. möglichst große Anzahl.[31] Voraussetzung ist ein nachhaltiges Wachstum, das unter den Wettbewerbsbedingungen Deutschlands innovationsgetrieben sein muss. Dies wiederum können nur gut qualifizierte Belegschaften. Deshalb ist es zwingend, bestehende Defizite im System der (beruflichen) Aus- und Weiterbildung abzubauen,[32] erfolgreiche Institutionen an veränderte Bedarfe und Rahmenbedingungen anzupassen, sowie Arbeitsorganisation und betriebliche Personalentwicklung so zu organisieren, dass Erfahrungen und Qualifikationen auch tatsächlich eingebracht werden können und zur Grundlage für (innerbetriebliche) Aufstiege werden.[33]

Beispielhaft sei hier die Entwicklung des Berufsbildungssystems herausgegriffen, und hier die Ausgestaltung der bestehenden Systeme, weniger die nicht minder wichtige und zumindest indirekt damit verbundenen Frage des besseren Zugangs bzw. des Einstieges.[34]

Kern des deutschen Berufsbildungssystems ist die Duale Ausbildung (auch bezogen auf die Fallzahlen), welches die Vorzüge von hoher sozialer Kohäsion und Teilhabe,[35] tiefer beruflicher Sozialisation,[36] der Regulationsfähigkeit durch die Tarifvertragsparteien[37] sowie der Sicherstellung der Fachkräftebasis für den deutschen Industrie- und Dienstleistungsverbund[38] mit sich bringt (Solga 2012). Diese Vorzüge zu erhalten, indem die Duale

---

[31] Das demographiebedingte Absinken des nummerischen Arbeitskräftepotentials ändert an diesem Befund nichts, da der demographische Wandel selbst viele Herausforderungen mit sich bringt, deren Bewältigung eine hohe Erwerbsbeteiligung und leistungsfähige Volkswirtschaft erfordert.

[32] Auf notwendige Reformen im allgemeinen Bildungssystem wird an dieser Stelle nicht näher eingegangen, auch wenn der Zugang zu einer guten frühkindlichen Betreuung und schulischer Bildung (längeres gemeinsames Lernen, Ganztagsschulen etc.) für Alle nicht nur ein sozialstaatliches Gebot der Bildungsgerechtigkeit, sondern auch Voraussetzung für eine erfolgreiche berufliche Bildung im weiteren Lebenslauf ist.

[33] Zum Umfang „unterwertiger Beschäftigung" s. Rukwid 2012.

[34] Womit dieses Problem in keiner Weise relativiert werden soll. So zeigen z. B. neue Auswertungen, dass 1,44 Mio. junge Menschen zwischen 20 und 29 über keinen Berufsabschluss verfügen (2,2 Mio. bis 34 Jahre), was einem Anteil von 17,2 % an dieser Altersgruppe entspricht (Allmendinger et al. 2011). Darüber hinaus befinden sich trotz einer Entspannung am Ausbildungsmarkt fast 300.000 Jugendliche im sogenannten Übergangssystem, welches nach einhelliger Expertenmeinung teuer und ineffizient ist und durch dessen schiere Größe die jährliche Ausbildungsbilanz erheblich verzerrt (bzw. beschönigt).

[35] Z. B. im Gegensatz zu den angelsächsischen Ländern, in denen die Zugangsvoraussetzung zu einer erfolgreichen Erwerbsbiographie der Besuch einer Hochschule ist.

[36] Auch durch die Verbindung der Lern- und Erfahrungsorte Berufsschule und Betrieb.

[37] Was eine Weiterentwicklung entlang realer Bedürfnisse unter Einbeziehung der Betroffenen ermöglicht.

[38] Gemeint ist eine gute Passung zwischen Dualer Ausbildung und den Qualifikationsanforderungen der deutschen Wirtschaft, auch aufgrund der Möglichkeit der Anpassung der Ausbildungsinhalte an neue Bedarfe.

Ausbildung an neue Anforderungen angepasst wird, ist eine zentrale (bildungspolitische) Herausforderung der kommenden Jahre.[39]

Konkret geht es zunächst darum, die materielle und personelle Ausstattung der im Bildungssystem vernachlässigten Berufsschulen zu verbessern, sowie neue Rekrutierungswege für qualifiziertes Lehrpersonal zu erschließen. Auf mittlere Sicht sollten zudem die Berufsschulen zu regionalen Kompetenzzentren für berufliche Aus-, aber auch für Fort- und Weiterentwicklung aufgewertet werden. Denn ein solcher Ausbau von bestehenden Strukturen ist weitaus effizienter als die Schaffung kostspieliger Doppelstrukturen. Bezogen auf die Ausbildung muss am bewährten Prinzip der Beruflichkeit festgehalten werden; allerdings sollte die in der Vergangenheit zunehmende Spezialisierung von Ausbildungsgängen und –inhalten zugunsten einer breiten und nach vielen Seiten anschlussfähigen Ausbildung im Rahmen von Kernberufen zurückgedrängt werden.[40] Erste Schritte sind hier etwa mit der Neuordnung der Metallberufe gemacht.

Dies reicht aber nicht aus. Angesichts einer immer kürzeren Halbwertszeit von Wissen, neuen Technologien, Produkten und Verfahren sowie sich wandelnden Geschäftsmodellen (s. oben) ergeben sich ebenfalls Anpassungsbedarfe, die neben der fachlichen Dimension auch die Frage der Fähigkeit zur Selbstorganisation von Wissen[41] aufwerfen. Vor diesem Hintergrund ist das Mischungsverhältnis zwischen fachlichen (beruflichen) Kenntnissen und systemisch-theoretischem (Kontext-) Wissen in der Dualen Ausbildung neu zu gewichten. Weiter sind abgestimmte modulare ergänzende Lernangebote notwendig, um neue Prozesse, Produkte, Werkstoffe etc. in Erstausbildung und Weiterbildung möglichst schnell in die Fläche zu bringen; (s. dazu Vorschlag der Berufsschulen als regionale Kompetenzzentren für berufliche Bildung). Auch hier sei beispielhaft die e-Mobilität genannt, die zumindest Grundkenntnisse in Hochvoltsystemen verlangt – vom KfZ-Handwerker, über die Feuerwehr bis zum Montagearbeiter in der Automobilindustrie. Wie schnell und qualitativ gut ein Berufsbildungssystem Innovationswissen vermittelt, wird ein wesentlicher Faktor von Wettbewerbsfähigkeit von Volkswirtschaften.

Angesichts des strukturellen Mehrbedarfs an Fachkräften ist es zudem notwendig, die Duale Ausbildung stärker als bisher als Einstieg in eine berufsfachliche Entwicklung, nicht als deren vorläufigen Schlusspunkt zu betrachten. Die dazu erforderliche Durchlässigkeit zwischen den Bildungswegen – die Verzahnung von beruflicher und akademischer Bildung[42] – nimmt dabei eine besondere Bedeutung ein, gerade auch mit Blick auf die lang-

---

[39] Das auch die Hochschulen hinsichtlich der Finanzierung, der Kapazitätsausweitung, der Umsetzung der Bolonga-Reform sowie der Öffnung gegenüber der Gesellschaft vor großen Herausforderungen stehen, soll damit nicht bestritten werden.

[40] Ziel der Ausbildung kann nicht sein, die spezifischen Bedürfnisse eines spezifischen Arbeitsplatzes zu befriedigen, sondern grundlegende und breit verwertbare Qualifikationen eines Berufsbildes zu vermitteln.

[41] Gemeint sind hiermit in erster Linie das Erkennen von Bedarfen/Optionen sowie die Suche bzw. Auswahl von Angeboten etc., nicht das Abwälzen von Verantwortung auf die Beschäftigten.

[42] Auch die Hoch- und Fachhochschulen müssen sich stärker für den Bereich der Fort- und Weiterbildung öffnen und entsprechende Angebote für unterschiedliche Zielgruppen entwickeln.

fristige Sicherung der Fachkräftebasis.[43] Beruflich qualifizierten Personen (ohne formale Hochschulzugangsberechtigung) müssen weitaus stärker als bisher unter Anrechnung bisher erworbener Kompetenzen ein Studium aufnehmen können, wobei es seitens der Hoch- und Fachhochschulen auch darauf ankommt, flächendeckend Angebote zu entwickeln, die dieser Zielgruppe in besonderem Maße gerecht werden, (z. B. flexible Studienzeitmodelle, berufsbegleitende und/oder praxisnahe Studiengänge, Brückenkurse zum Ausgleichen fehlenden Vorwissens, Anrechnung beruflicher Kompetenzen auf das Studium, Möglichkeit, zumindest Teile des Studiums per E-Learning zu absolvieren usw.). Die bisherigen Fortschritte bezüglich der Durchlässigkeit lassen zwar Fortschritte erkennen (Nickel und Duong 2012), die hohe prozentuale Steigerung zwischen 2007 und 2010 von 1,09 % auf 2,08 % resultiert aber in erster Linie aus den nach wie vor sehr niedrigen Fallzahlen, die zudem auch im Bundesländervergleich sehr verschieden sind.[44]

Die Tarifparteien haben hier den tarifrechtlichen Rahmen weit geöffnet. So besteht z. B. schon seit 2001 in der Metall- und Elektroindustrie Baden-Württembergs ein Anspruch des Einzelnen auf Qualifizierung, wenn sich Arbeitsinhalte nicht nur in der konkreten Arbeitsaufgabe, sondern auch im weiteren Berufsfeld verändern. Weiter können sich Beschäftigte ohne Verlust ihres Arbeitsplatzes bis zu fünf Jahre freistellen lassen, um eine weiterführende Schule, etwa zum Erwerb des Hochschulzugangs und ein Studium zu absolvieren. Hierzu wurde auch die Möglichkeit verankert, dies in Teilzeit berufsbegleitend zu tun. Fakt ist aber: Diese Angebote werden noch zu zögerlich umgesetzt. Die Unternehmen müssen gezielter und konsequenter mehr Ressourcen für Fort- und Weiterbildung über alle Beschäftigtengruppen hinweg investieren bzw. hinsichtlich der anzustrebenden Durchlässigkeit von Bildungs- und Qualifizierungswegen ihre Personalentwicklung an aktuelle und zukünftige Veränderungen und Bedarfe anpassen. Denn die bisherige Weiterbildungspraxis ist höchst eingeschränkt und zudem im hohen Maße selektiv bzw. schließt große Beschäftigtengruppen aus (Bellmann et al. 2012). Zudem ist die Bildungspolitik gefordert, durch geeignete Maßnahmen eine Ermöglichungskultur zu schaffen, die es z. B. auch älteren Beschäftigten mit familiären Verpflichtungen ermöglicht, den Schritt hin zu einer beruflichen Weiterentwicklung zu wagen. Dabei kann perspektivisch auch der Umbau der Arbeitslosenversicherung hin zu einer Beschäftigungsversicherung, die Übergänge und Neuorientierungen im Rahmen eines rechtlichen Anspruches finanziell absichert, eine wichtige Rolle spielen.

Im Grundsatz geht es um die Entwicklung eines schlüssigen Gesamtkonzeptes durchgängiger Bildungswege und berufsbegleitendes Lernen, welches Staat, Verbände, Unternehmen und Hochschulen gleichermaßen in die Pflicht nimmt. Denn die nationale Bildungs-

---

[43] Gerade auch mit Blick auf die vielfach beklagten Engpässe in den sogenannten MINT Fächern. So nehmen bereits heute fast 30 % der Studienanfänger ohne Abitur ein MINT-Studium auf (Nickel und Duong 2012); hinzu kommt, dass gerade die Ingenieurwissenschaften klassische Aufsteigerstudienfächer sind, die in besonderen Maße auch von Personen aus eher „bildungsfernen" Familien (und ohne Abitur) gewählt werden.

[44] So lag der Anteil der Studienanfänger ohne Abitur 2010 in Baden-Württemberg bei 0,93 %, in Nordrhein-Westfalen hingegen bei 4,23 % (Nickel und Duong 2012).

landschaft ist bislang vielmehr das Ergebnis eines unkoordinierten Nebeneinanders unterschiedlicher (Reform-) Bausteine und föderaler Eigenheiten. Diese stärker aufeinander abzustimmen und vertikale sowie horizontale Durchlässigkeit zu gewährleisten, gehört zu den zentralen Herausforderungen der weiteren Gestaltung der Bildungsrepublik Deutschland. Und damit auch zu den notwendigen Bedingungen, die Arbeitsgesellschaft den neuen Anforderungen anzupassen.

4   Gewerkschaften in der neuen Arbeitswelt

Waren die Gewerkschaften noch vor wenigen Jahren die Gewerkschaften in der (ver-) öffentlichen Meinung Dinosaurier eines vergangenen Zeitalters korporatistischer Regulation,[45] die sich – geplagt von permanenten Mitgliederrückgängen und in deren Folge geringer Organisationsmacht – ohne Aussicht auf Erfolg der Liberalisierung der Märkte entgegen stemmten, stellt sich das Bild heute weitaus differenzierter dar.

Die Hoffnung, alleine die Liberalisierung der Märkte würde Wachstum und Wohlstand fördern, ist spätestens mit der Finanzmarktkrise als ideologische Blase zerplatzt. Im Gegenteil: Nur mit Hilfe korporatistischer Regulation konnte die Krise in Deutschland ohne nachhaltigen Schaden in der Wertschöpfungsstruktur und vor allem ohne ein dramatisches Anschwellen der Arbeitslosigkeit zunächst überwunden werden und mündete in einen rasanten Aufschwung. Die Haltung und der Beitrag der Gewerkschaften waren für den Erfolg dieser Form der Krisenbewältigung konstitutiv, was auch dem öffentlichen Ansehen der Gewerkschaften sowie dem gesamten System der verbandlichen Regulierung der Wirtschafts- und Arbeitsbeziehungen zu Gute kam. Dennoch wäre es zu früh, von einer allgemeinen Umkehr der Entwicklung zu sprechen, zumal sich das Bild zwischen den Gewerkschaften sehr differenziert darstellt und eine Reihe von Herausforderungen noch zu lösen sind.

Um dies am Beispiel der IG Metall zu skizzieren:

Die IG Metall ist bezogen auf die Mitgliederzahlen nicht nur die größte DGB Einzelgewerkschaft, sondern auch hinsichtlich der Mitgliederentwicklung eine der erfolgreicheren. Und vor allem: Es sind insbesondere junge Menschen, die diesen Mitgliederzuwachs prägen. Dennoch gelang es auch der IG Metall nicht, den vollen Umfang des Beschäftigungsaufbaus in der Mitgliederentwicklung abzubilden.

Dagegen standen im Wesentlichen die folgenden Faktoren:

• Der Beschäftigungsaufbau in den „klassischen" organisationsstarken Tätigkeiten in Fertigung und Montage erfolgte vor allem durch ein Aufwuchs an prekären Jobs. Prekär Beschäftigte sind aus mehrfachen Gründen schwieriger zu organisieren. Sie stehen unter größerem Druck, sich „opportun" zu verhalten, da immer die Hoffnung mitschwingt, doch fest übernommen zu werden. Zudem sehen sie weniger den unmittelbaren Vorteil einer Gewerkschaftsmitgliedschaft, da für sie tarifliche Ansprüche und Schutzrechte

---

[45] Zur Einbindung der Gewerkschaften in den deutschen Sozialstaat s. Hofmann 2007.

nicht oder nur bedingt zur Anwendung kommen. Und nicht zuletzt: Sie sind Arbeitsnomaden, die an keine Branche gebunden sind. Die Bindung an eine Spartengewerkschaft ist entsprechend keine zwingende Logik. Insoweit ist das Bemühen der IG Metall um eine Eingrenzung prekärer Beschäftigung oder zumindest das Erstreiten von tariflich fixierten besseren Standards wie im Bereich der Leiharbeit, auch organisationspolitisch motiviert.

- Der Beschäftigungsaufbau in den Stammbelegschaften erfolgte dagegen weitgehend bei qualifizierten kaufmännischen und technischen Berufen, insbesondere mit Hochschulabschluss. Hier konnte die IG Metall zwar in den letzten Jahren Fortschritte in der Organisierung erzielen, doch noch immer steht der große organisationspolitische Durchbruch aus, der die Mitgliederstruktur einer rasant veränderten Beschäftigtenstruktur anpasst (s. Huber 2003). Die Herausforderung wird sein, ohne die Klammer einer solidarischen Betriebs- und Tarifpolitik aufzugeben, eine differenzierte Arbeitskultur zwischen den Beschäftigtengruppen, einen wachsender Berufsethos anzuerkennen und zum Ausgangspunkt differenzierter Ansprache und auf die Beschäftigtengruppe bezogene Lösungsansätze zu machen (Hofmann 2003).
- Weiter bestehen große „weiße Flecken" in der Organisationslandkarte in den wachsenden peripheren unternehmensnahen Dienstleistungsbereichen (IT, Entwicklung, Logistik, Instandhaltung), aber auch bei Neugründungen auf der grünen Wiese im angestammten Organisationsbereich.

Die IG Metall hat den Vorteil, über ausreichende Ressourcen zu verfügen und diese Bereiche nun gezielt zu bearbeiten. Eine wesentliche Voraussetzung dafür war eine erfolgreiche Restrukturierung, die mehr Personal und Geld in die Fläche brachte. Statt den Weg des Rückzugs aus der Fläche zu wählen, den viele Gewerkschaften einschlagen mussten, investiert die IG Metall in dezentrale Stärke. Das ist notwendig, aber nicht hinreichend.

Eine moderne Arbeitskultur erträgt weder paternalistisches Gehabe des Arbeitgebers, noch eine reine Stellvertreterpolitik der Interessensvertretung durch Betriebsrat und Gewerkschaft. Partizipation durch Beteiligung und Mitbestimmung ist nicht nur eine Forderung an die Gegenseite, sondern wird von den Gewerkschaften auch als Erfolgsrezept aufgegriffen, die eigene Durchschlagskraft und Attraktivität zu erhöhen. Die Beschäftigten an Debatten aktiv zu beteiligen, die Mitglieder über Forderungen und Ergebnisse von Betriebs- und Tarifpolitik mitbestimmen zu lassen – dieser Kulturwandel auch in der gewerkschaftlichen Arbeit überzeugt durch Erfolge. Diese schlagen sich nicht nur in der Mitgliederentwicklung nieder, sondern auch in der Tiefe der Verankerung von Zielen und Forderungen der Gewerkschaft bei den Beschäftigten. Zu einer neuen Beteiligungskultur gehört zudem, neben den Betriebsräten auch mit Hilfe der gewerkschaftlichen Vertrauensleute die Kommunikation zwischen Beschäftigten und Interessensvertretung zu stützen. Dies verlangt viel ehrenamtliches Engagement. Hier kommt es zu neuen Formen des auch nur projektbezogenen, zeitlich befristeten Engagements von Beschäftigten in der Interessensvertretung.

Den Gewerkschaften stehen zur Durchsetzung ihrer Ziele die Ebene des Betriebs, (vor allem gestützt durch die betriebliche Mitbestimmung), die des Tarifvertrags, aber auch die der öffentlichen Tribüne zur Verfügung, um ihren politischen Vorstellungen Gewicht zu verleihen. Dieses Gewicht hat sich in den letzten Jahren wieder sichtbar erhöht. Dies hängt einerseits an der wachsenden positiven öffentlichen Einstellung zu Gewerkschaften zusammen. Daneben gewinnt sie an Profil durch ihre breite betriebliche Verankerung und die Präsenz vor Ort. Dies umso mehr, insoweit sie mit einer starken Beteiligung der Beschäftigten auch in der regionalen Öffentlichkeit als kompetenter Problemlöser von Arbeitnehmerinteressen sichtbar ist.

Dennoch gibt es keinen Grund, Entwarnung zu geben, wenn es um die Rolle der Gewerkschaften in der neuen Arbeitswelt geht. Die offenen Fragen für die Gewerkschaften sind sichtbar. Fest steht nur, dass es entscheidend von ihrer Durchsetzungsfähigkeit abhängen wird, ob sich ein ökologisch und sozial nachhaltiges Wachstumsmodell durchsetzen und damit auch die Arbeitswelt von morgen prägen wird. Denn, um es mit den Worten den US-Ökonom und Nobelpreisträgers Paul Krugman zu sagen: „Ohne Gewerkschaften sieht eine Gesellschaft anders aus" (Krugman 2008).

Literatur

Allmendinger J, Johannes GJ, Oberschachtsiek D (2011) Unzureichende Bildung – Folgekosten für die öffentlichen Haushalte. Gütersloh

Bellmann L, Leber U, Stegmaier J (2012) Faktor Mensch – Zur Diskussion um lebenslanges Lernen und den Fachkräftebedarf. In: Allespach M, Ziegler A (Hrsg) Zukunft des Industriestandortes Deutschland 2020. Marburg

Bosch G, Kalina T, Lehndorff S, Wagner A, Weinkopf C (2001) Zur Zukunft der Erwerbsarbeit. Arbeitspapier der Hans-Böckler-Stiftung 43

BKK Bundesverband (2011) BKK Gesundheitsreport – Zukunft der Arbeit. Essen

BKK Bundesverband (2010) Arbeit und Schlaf 2010. Essen. http://www.bkk.e/presse-politik/presse/studien/umfrage-arbeit-und-schlaf-2010/

Brümmer U, Fischer A, Nullmeier F, Rulff D, Schroeder W, Wiesenthal H (2011) Weg in eine inklusive Arbeitsgesellschaft. Heinrich-Böll-Stiftung

Dauth W, Findeisen S, Suedekum J (2012) The rise of the east and the far east—German labor markets and trade integration. IAB Discussion Paper 16/2012

Deutscher Gewerkschaftsbund (DGB) (2012) Arbeitsmarkt aktuell – Vollzeitbeschäftigte mit Niedriglohn. Berlin, September 2012. http://www.dgb.de/themen/++co++ac230114-fcb8-11e1-904e-00188b4dc422

Eurostat (2012) Langzeitarbeitslosenquote nach Geschlecht. http://epp.eurostat.ec.europa.eu/tgm/table.do?tab=table&init=1&language=de&pcode=tsdsc330&plugin=1

Faust M (2002) Der „Arbeitskraftunternehmer" – eine Leitidee auf dem ungewissen Weg der Verwirklichung. In: Kuda E (Hrsg) Arbeitnehmer als Unternehmer? Herausforderungen für Gewerkschaften und berufliche Bildung. Hamburg

Faust M, Bahnmüller R, Fisecker C (2011) Das kapitalmarktorientierte Unternehmen. Berlin

Haipeter T, Schilling G (2006) Arbeitgeberverbände in der Metall- und Elektroindustrie. Hamburg

Hans-Böckler-Stiftung (2012) Elektromobilität und Beschäftigung – Wirkungen der Elektrifizierung des Antriebsstrangs auf Beschäftigung und Standortumgebung (ELAB). Düsseldorf

Hatzfeld N, Berta G, Hofmann J (2005) Syndicats de l'automobile;au temps de l'ouvrier-masse. In: Michel P et al L'apogée du syndicalisme en Europe occidentale. Paris

Hofmann J (2003) Wieviel Differenzierung benötigt der Flächentarifvertrag. In: Beerhorst J, Berger J-J (Hrsg) Die IG Metall auf dem Weg in die Mitte. Hamburg

Hofmann J (2007) Stichwort Gewerkschaften. In: Handwörterbuch der Betriebswirtschaft, 6 Aufl. Stuttgart

Hofmann J (2011) Flexicurity in post-crisis labour markets – more flexibility and security needed? In: European Commision; The Future of European Labour Markets. Brüssel

Hofmann J (2012) Wachsenden Belastungen für Arbeitnehmer strategisch begegnen. RATIO, Nr 4; S 8 ff

Huber B (2003) Gewerkschaftliche Schlussfolgerungen aus der Differenzierung der Arbeitnehmerschaft. In: Beerhorst J, Berger J-J (Hrsg) Die IG Metall auf dem Weg in die Mitte. Hamburg

Huber B (2009) Zukunft der Gewerkschaften – Zukunft der Arbeitsgesellschaft. Friedrich-Ebert-Stiftung. http://library.fes.de/pdf-files/akademie/06944.pdf

IAB Aktuell (2012) Befristete Neueinstellungen. Nürnberg. http://doku.iab.de/aktuell/2012/Befristete_Beschaeftigung_Uebernahme.pdf

IAB (2010) Arbeitszeit und Arbeitsvolumen von Frauen und Männern in Deutschland 1991 bis 2010. http://doku.iab.de/kurzber/2011/kb0911anhangtabelle3.pdf

Kinkel S, Friedewald M, Hüsing B, Lay G, Lindner R (2008) Arbeiten in der Zukunft – Strukturen und Trends der Industriearbeit. Studien des Büros für Technikfolgen- Abschätzung beim Deutschen Bundestag. Berlin

Kocka J (2010) Mehr Last als Lust. Arbeit und Arbeitsgesellschaft in der europäischen Geschichte. In: zeitgeschichte-online, Januar 2010. http://www.zeitgeschichte-online.de/zol-arbeitsgesellschaft-2010

Konle-Seidl R, Trübswetter P (2011) Dynamik auf den europäischen Arbeitsmärkten – Sind unsichere Verträge der Preis für mehr Beschäftigung? IAB Kurzbericht 25/2011

Krugman P (2008) Ohne Gewerkschaften sieht eine Gesellschaft anders aus. Interview Mitbestimmung. Düsseldorf

Lehmer F, Ziegler K (2010) Brückenfunktion der Leiharbeit – Zumindest ein schmaler Steg. IAB Kurzbericht 13/2010

Meißner HR (2012) Strukturbruch in der Automobilindustrie. In: Allespach M, Ziegler A (Hrsg) Zukunft des Industriestandortes Deutschland 2020. Marburg

Nickel S, Duong S (2012) Studieren ohne Abitur – Monitoring der Entwicklungen in Bund, Ländern und Hochschulen. CHE Arbeitspapier 157. Gütersloh

OECD (2011) Divided we stand – Why inequality keeps rising. Paris

OECD (2012) Education at a Glance. Paris

Pongratz HJ, Voß GG (Hrsg) (2004) Typisch Arbeitskraftunternehmer? Befunde der empirischen Arbeitsforschung. Berlin

Rukwid R (2011) Beschäftigungsverluste bei Un- und Angelernten. Universität Hohenheim (inzwischen aktualisiert). http://www.bildung-und-beschaeftigung.de/aktuelles/analyse-beschaeftigungsentwicklung-baden-wuerttemberg.pdf

Rukwid R (2012) Grenzen der Bildungsexpansion? Ausbildungsinadäquate Beschäftigung von Ausbildungs- und Hochschulabsolventen in Deutschland. Stuttgart. http://www.bildung-und-beschaeftigung.de/aktuelles/studie-rukwid-qualifikation/studie-rukwid.pdf

Schank T, Schnabel C, Stephani J, Bender S (2008) Niedriglohnbeschäftigung – Sackgasse oder Chance zum Aufsteig? IAB Kurzbericht 8/2008

Schmeißer C, Stuth S, Behrend C, Budras R, Hipp L, Leuze K, Giesecke J (2012) Atypische Beschäftigung in Europa 1996–2009. Wissenschaftszentrum Berlin für Sozialforschung

Solga H (2012) Das Gute durch Veränderung stärken – Herausforderungen an das deutsche Ausbildungssystem. In: Allespach M, Ziegler A (Hrsg) Zukunft des Industriestandortes Deutschland 2020. Marburg

Statistisches Bundesamt (2012) Erwerbstätige in Deutschland, Jahre, Stellung im Beruf und Geschlecht. https://www.genesis.destatis.de/genesis/online;jsessionid=923FAD12B98D55ACC6B46 397BE210BB4.tomcat_GO_2_2?operation=previous&levelindex=2&levelid=1347980773043& step=2

Statistisches Bundsamt (2012a) Erwerbstätigkeit weiterhin auf hohem Niveau. Pressemitteilung Nr 296 vom 30.08.2012. https://www.destatis.de/DE/PresseService/Presse/ Pressemitteilungen/2012/08/PD12_296_132.html

Statistisches Bundesamt (2012b) Sonderauswertung aus dem Mikrozensus, Bundesagentur für Arbeit. https://www.destatis.de/DE/UeberUns/Veranstaltungen/VeranstaltungenArchiv/ BeitragDietz.pdf?__blob=publicationFile

Statistisches Bundesamt (2012c) Anteil der Beschäftigten mit Niedriglohn ist gestiegen. Pressemitteilung vom 10. September 2012–308/12. https://www.destatis.de/DE/PresseService/ Presse/Pressekonferenzen/2012/niedriglohn/pm_niedriglohn_PDF.pdf?__blob=publicationFile

Statistisches Bundesamt (2012d) Ungenutztes Arbeitskräftepotenzial im Jahr 2011 bei 7,4 Millionen Menschen. Pressemitteilung Nr 279 vom 15.08.2012. https://www.destatis.de/DE/ PresseService/Presse/Pressemitteilungen/2012/08/PD12_279_132.html;jsessionid=6DCA87195F 54CFD6D789522F3127BACA.cae1

Statistisches Bundesamt (2012e) Mehr Nacht- und Wochenendarbeit in Deutschland. Pressemitteilung vom 20. August 2012–284/12. https://www.destatis.de/DE/PresseService/Presse/ Pressemitteilungen/2012/08/PD12_284_13411pdf.pdf?__blob=publicationFile

Streeck W (1987) Vielfalt und Interdependenz – Überlegungen zur Rolle von intermediären Organisationen in sich ändernden Umwelten. In KZfSS, Heft 3, Jg 39. Köln

Vester M, Teiwes-Kügler C, Lange-Vester A (2007) Die neuen Arbeitnehmer. Hamburg

Corporate Social Responsibility – eine neue Herausforderung für unsere Unternehmen?

Artur Wollert

1 CSR – Initiativen der EU und der Bundesrepublik Deutschland

Die Finanzkrise von 2009 und die aktuelle nicht endende Staatsschuldenkrise haben das Vertrauen in unsere Wirtschaftsordnung, in die Unternehmen und in die sie repräsentierenden Führungspersönlichkeiten erschüttert. Zahlreiche Fehlallokationen von Ressourcen, die Glorifizierung von Eigeninteressen und fehlende staatliche Führungs- und Kontrollsysteme verunsichern breite Bevölkerungsschichten. Auch wegen dieser Fakten hat die EU-Kommission den bereits mit dem Grünbuch 2001[1] eingeschlagenen Weg zur Förderung von Corporate Social Responsibility (CSR) 2011 mit „Eine neue EU-Strategie (2011–14) für die soziale Verantwortung der Unternehmen (CSR)" fortgesetzt und untermauert.[2] Sie geht davon aus, dass CSR ein Zusammenwirken von internen und externen Stakeholdern bewirkt und damit zu einer ökonomischen und gesellschaftlichen Gesundung beiträgt: „Wenn sich die Unternehmen ihrer sozialen Verantwortung stellen, können sie bei den Beschäftigten, den Verbrauchern und den Bürgern allgemein dauerhaftes Vertrauen als Basis für nachhaltige Geschäftsmodelle aufbauen."[3] Kernelemente von CSR nach der Definition der EU-Kommission sind: Freiwilligkeit, soziale und ökologische Verantwortung sowie der erwähnte Austausch mit den unternehmensrelevanten Stakeholdern. Die Verantwortung der Unternehmen beschränkt sich demnach nicht mehr nur auf imagewirksame Aktivitäten wie Sponsoring und Spenden, sondern betrifft ihr Kerngeschäft und die gesamte Lieferkette. „Unternehmensverantwortung bedeutet also, dass sich Subjekte (Unternehmensmitglieder sowie die Unternehmung selbst) für ihr Tun und Lassen und die Folgen daraus verantwortlich erklären und sich gemäß dieser Verantwortung auf der Grundlage

---

[1] KOM (2001) 366.
[2] KOM (2011) 681.
[3] KOM (2011) 681, S. 4.

A. Wollert (✉)
Karl-Theodor-Str. 27, 83700 Rottach-Egern, Deutschland
E-Mail: a.wollert@t-online.de

A. Papmehl, H. J. Tümmers (Hrsg.), *Die Arbeitswelt im 21. Jahrhundert*,
DOI 10.1007/978-3-658-01416-2_12, © Springer Fachmedien Wiesbaden 2013

sittlicher Verbindlichkeiten richtig verhalten wollen."[4] Bereits 2009 hat in der Bundesrepublik Deutschland das Bundesministerium für Arbeit und Soziales (BMAS) das Nationale CSR-Forum einberufen, dem Experten aus Wirtschaft, Gewerkschaften, Nichtregierungsorganisationen und Politik angehören. Mit deren Hilfe wurde eine nationale Strategie zur CSR entworfen. Diese wurde von der deutschen Bundesregierung im Oktober 2010 zusammen mit einem entsprechenden Aktionsplan vorgestellt.[5] Die Definition von CSR entspricht derjenigen der Europäischen Kommission. „Wichtiges Ziel des ‚Aktionsplans CSR' ist es, einen Bewusstseinswandel dahingehend herbeizuführen, dass CSR sich für Unternehmen und Gesellschaft lohnt."[6] Mit den Zielen und Maßnahmen des „Aktionsplans CSR" verfolgt die Bundesregierung die strategische Intention

- CSR in Unternehmen stärker zu verankern,
- Glaubwürdigkeit und Sichtbarkeit von CSR zu erhöhen,
- CSR in Bildung, Qualifizierung, Wissenschaft und Forschung zu integrieren,
- CSR in internationalen und entwicklungspolitischen Zusammenhängen zu stärken,
- den Beitrag von CSR zur Bewältigung gesellschaftlicher Herausforderungen herauszustellen und
- ein CSR-förderliches Umfeld weiterzuentwickeln.

Im Aktionsplan sind die Maßnahmen detailliert dargelegt, mit denen die gesteckten Ziele erreicht werden sollen. Das Nationale CSR-Forum wird fortgeführt, und es wird die Bundesregierung bei der Umsetzung des Aktionsplans CSR unterstützen.

Eng mit dem Begriff Corporate Social Responsibility (CSR) sind die Begriffe Corporate Citizenship (CC) und Nachhaltigkeit verbunden. Als „gute Bürger"[7] müssen sich die Unternehmen für das Gemeinwohl einsetzen. Darunter werden Aktivitäten bezeichnet wie Spenden (Corporate Giving) oder Freistellungen von Mitarbeitern (Corporate Volunteering). Die entsprechenden Maßnahmen liegen jedoch außerhalb der Wertschöpfungskette. Bei CSR ist hingegen die unternehmensbezogene Wertschöpfungskette betroffen, sind Kunden und Lieferanten integriert.

Unter Nachhaltigkeit (Sustainability) versteht man ein Handeln, welches die ökonomischen, ökologischen und sozialen Bedürfnisse der Gesellschaft in einer Art befriedigt, die die Zukunft der nachfolgenden Generationen nicht gefährdet. Das Leitbild einer nachhaltigen Entwicklung geht insbesondere auf den Brundtland-Bericht „Unsere gemeinsame Zukunft" von 1987 zurück. Vom 20.6. bis 22.6.2012 findet übrigens die dritte Nachfolgekonferenz des sog. „Weltgipfels" von Rio de Janeiro 1992 statt. Damals vereinbarte die Weltgemein-

---

[4] Göbel, E. „Unternehmensethik", Stuttgart 2010, S. 116.

[5] BMAS Okt. 2010 „Nationale Strategie zur gesellschaftlichen Verantwortung von Unternehmen (Corporate Social Responsibility-CSR) – Aktionsplan CSR – der Bundesregierung".

[6] BMAS Okt. 2010, a. a. O., S. 10.

[7] Fetzer lehnt den Personenbegriff für Unternehmen ab, gesteht ihnen jedoch Personalität zu (Fetzer, J. „Die Verantwortung der Unternehmung", Gütersloh 2004, S. 134 ff).

schaft u. a. das entwicklungs- und umweltpolitische Aktionsprogramm „Agenda 21" – ein Meilenstein auf dem Ziel zur Nachhaltigkeit.

Hierzulande hat der Rat für Nachhaltige Entwicklung (RNE) am 26.9.2011 den Deutschen Nachhaltigkeitskodex (DNK)[8] vorgestellt; er ist ebenfalls in einem Dialogprozess von Stakeholdern entstanden. Der Kodex deckt die Bereiche Strategie, Prozessmanagement, Umwelt und Gesellschaft ab. Er sorgt für Verbindlichkeit in der transparenten Darstellung der unternehmerischen Verantwortung für eine nachhaltige Entwicklung. Der Kodex wird im Sinne einer freiwilligen Selbstauskunft gegenüber der Öffentlichkeit praktiziert. „Der Deutsche Nachhaltigkeitskodex gibt zu den Kodexkriterien sogenannte Leistungsindikatoren (KPIs) an, die der Vergleichbarkeit und ggf. Quantifizierung dienen und ergänzend zu den Kodexkriterien angewendet werden sollen. Die KPIs sind den Standards der Global Reporting Initiative (GRI) und dem Dachverband der europäischen Finanzanalysten (EFFAS) entnommen."[9]

Die Bundesvereinigung der Deutschen Arbeitgeberverbände (BDA) unterstützt das Anliegen nachhaltigen Wirtschaftens, wehrt sich aber gegen den Anspruch, dass der DNK für alle Unternehmen gültig sein soll. „Der DNK des RNE ist aufgrund seiner komplexen und bürokratischen Vorgaben für viele Unternehmen problematisch und nicht mittelstandstauglich."[10] Außerdem ist die BDA gemeinsam mit weiteren Organisationen wegen der Problematik der Vergleichbarkeit von Nachhaltigkeitsleistungen dagegen, ein standardisiertes Instrument einzuführen. Erreicht wurde, dass der RNE der Bundesregierung empfiehlt, den DNK als freiwilliges Instrument umzusetzen.

2   Die OECD-Leitsätze für multinationale Unternehmen

Die Organisation for Economic Co-operation and Development (OECD) verabschiedete bereits 1976 Leitsätze für multinationale Unternehmen. Eine aktualisierte Fassung der Leitsätze wurde am 25. Mai 2011 von den Regierungen angenommen. Die Leitsätze sind Empfehlungen für verantwortliches unternehmerisches Verhalten bei Auslandsinvestitionen. Sie erstrecken sich auf zehn Bereiche unternehmerischen Handelns und umfassen:

- allgemeine Grundsätze,
- Offenlegung von Informationen,
- Menschenrechte,
- Beschäftigung und Beziehungen zwischen den Sozialpartnern,
- Umwelt,

---

[8] RNE „Der Deutsche Nachhaltigkeitskodex (DNK)", texte Nr. 41, Jan. 2012.

[9] RNE, a. a. O., S. 21.

[10] BDA, Geschäftsbericht 2011, S. 126.

- Bekämpfung von Bestechung und Schmiergelderpressung,
- Verbraucherinteressen,
- Wissenschaft und Technologie,
- Wettbewerb und
- Besteuerung.[11]

Die Leitsätze beziehen sich ausdrücklich auch auf kleinere und mittlere Unternehmen, sofern sie multinational aktiv sind.

Zur Umsetzung der Leitsätze sollen sich die Unternehmen bei ihren Auslandsinvestitionen in Anbetracht ihrer Sorgfaltspflicht einer risikoabhängigen Due-Diligence-Prüfung unterziehen. Danach sollen die Unternehmen die von ihnen ausgehenden tatsächlichen und potentiellen negativen Effekte ermitteln, verhüten und mindern bzw. ihnen im Rahmen ihrer Entscheidungsfindungs- und Risikomanagementsysteme begegnen. Jedes Vertragsland verpflichtet sich zu Errichtung einer Nationalen Kontaktstelle, die durch entsprechende Maßnahmen die wirksame Anwendung der Leitsätze fördert und bei Unstimmigkeiten vermittelt und schlichtet. Insgesamt sind die OECD Leitsätze auf globale Verbreitung angelegt. Auch Länder wie z. B. China, Russland und Indien sollen für die Annahme der Leitsätze gewonnen werden.

3 Der UN Global Compact

Einer der oft genannten internationalen Prinzipienkataloge ist der Global Compact, der 1999 auf dem Weltwirtschaftsgipfel in Davos auf Betreiben des damaligen UN-Generalsekretärs Kofi Annan ins Leben gerufen wurde. Die Umsetzung begann im Juli 2000 mit der Errichtung eines Global Compact Büros am Amtssitz der Vereinten Nationen in New York. Der Global Compact umfasst derzeit 10 Prinzipien, zusammengefasst in den vier Kerngebieten

- Menschenrechte,
- Arbeitsnormen,
- Umweltschutz und
- Korruptionsbekämpfung.

„Mit seinen Prinzipien will der Global Compact an allgemein akzeptierten Verhaltensstandards anknüpfen, in denen die zentralen Grundwerte der menschlichen Gemeinschaft zum Ausdruck kommen. Hierzu zählen: Die Allgemeine Menschenrechtserklärung der Vereinten Nationen, die Deklaration der International Labour Organization über die fundamentalen

---

[11] BDA „OECD-Leitsätze für multinationale Unternehmen (Neufassung 2011)", November 2011.

Rechte der Arbeiter, die Rio-Deklaration der Vereinten Nationen über Umwelt und Entwicklung sowie das Übereinkommen der Vereinten Nationen gegen Korruption."[12] Ziel der im Global Compact zusammengefassten Unternehmen ist es, die Vision einer nachhaltigeren und gerechteren Weltwirtschaft zu verwirklichen.

Derzeit sind über 7000 Unternehmen/Organisationen im Global Compact zusammengeschlossen. In Deutschland hat die Koordination des Netzwerks die Deutsche Gesellschaft für technische Entwicklung übernommen. Neben anderen Aktivitäten im Sinne des Compacts erklären sich die Mitglieder bereit, jährlich einen Fortschrittsbericht über ihre Fortschritte bei der Umsetzung der Global Compact Prinzipien zu veröffentlichen. Die Einhaltung der Kriterien geschieht freiwillig; Sanktionen bestehen nicht. Empfohlen wird, bei der Berichterstellung die GRI (Global Reporting Initiative) -Richtlinien zu verwenden.

In ihrem Bemühen, die Nachhaltigkeitsberichterstattung der einzelnen Organisationen zu unterstützen, hat die GRI einen umfassenden Rahmen für die Nachhaltigkeitsberichterstattung erarbeitet. Er umfasst die Prinzipien und Indikatoren mit deren Hilfe die Organisationen ihre ökonomischen, ökologischen und sozialen Leistungen messen können. Die GRI ist eine gemeinnützige Multi-Stakeholder Stiftung und wurde 1997 von der Coalition for Environmentally Responsible Economies (CERES) und dem Umweltprogramm der Vereinten Nationen gegründet. Hauptsitz ist seit 2002 Amsterdam. Die Initiative hat ein weltweites Netzwerk von ca. 30.000 Personen.[13]

4   ISO 26000

Die Fragen von Inhalt und Grenzen der unternehmerischen Verantwortung und der praktischen Umsetzung des Gewollten stellen sich heute dringender je. Nach sechsjähriger Entwicklungszeit wurde im November 2010 von der International Organization for Standardization (ISO) der Leitfaden zur gesellschaftlichen Verantwortung von Unternehmen (ISO 26000) veröffentlicht.[14] „ISO 26000 bietet einen sowohl international verbindlichen als auch integrativen Orientierungsrahmen, um tragfähige und praktisch umsetzbare Antworten auf diese zentralen ‚Gretchenfragen' der Unternehmensethik zu entwickeln."[15]

Die Norm deklariert sieben Prinzipien gesellschaftlicher Verantwortung. „Diese Grundsätze können als eine Art allgemeingültiger ‚Verhaltenskodex' zur Wahrnehmung gesellschaftlicher Verantwortung in einer globalen Wirtschaft interpretiert werden."[16] Ihre

---

[12] Aßländer, M.S. „Grundlagen der Wirtschafts- und Unternehmensethik", Marburg 2011, S. 206.

[13] GRI, abgerufen am 31.5.2012 von https://www.Globalreporting.org/languages/german/Pages/default.aspx

[14] DIN ISO 26000:2011-01– Leitfaden zur gesellschaftlichen Verantwortung (ISO 26000:2010), Beuth Verlag, Berlin-Wien-Zürich.

[15] Kleinfeld, A./Kettler, A. „Unternehmensethik auf dem Vormarsch: ISO 26000 macht Ethik zur Norm globalen Wirtschaftshandeln" in Forum, 19. Jg. Nr. 1/2011, S. 18.

[16] Kleinfeld, A. a. a. O., S. 22.

Einhaltung ist Voraussetzung für eine glaubwürdige Auseinandersetzung mit dem Thema gesellschaftlicher Verantwortung. Die Grundsätze lauten:

*   Rechenschaftspflicht,
*   Transparenz,
*   Ethisches Verhalten,
*   Achtung der Interessen der Anspruchsgruppen,
*   Achtung der Rechtsstaatlichkeit,
*   Achtung internationaler Verhaltensstandards,
*   Achtung der Menschenrechte.

Neben den sieben Grundsätzen definiert die Norm sieben Kernthemen gesellschaftlicher Verantwortung:

*   Organisationsführung,
*   Menschenrechte,
*   Arbeitspraktiken,
*   Umwelt,
*   Faire Betriebs- und Geschäftspraktiken,
*   Konsumentenanliegen,
*   Einbindung und Entwicklung der Gemeinschaft.

Die einzelnen Kernthemen sind in mehrere Handlungsfelder aufgesplittert und ausführlich erläutert. Das Handlungsfeld Menschenrechte umfasst z. B. acht Unterpunkte von gebührender Sorgfalt (Due Diligence) bis grundlegende Prinzipien und Rechte bei der Arbeit.

Die DIN ISO 26000 ist ganzheitlich, global und freiwillig; sie ist aber nicht zertifizierbar. Jedes Unternehmen soll beim Umsetzen des Leitfadens seine individuelle Antwort finden. Für die Unternehmen ist entscheidend, die gesellschaftliche Verantwortung systematisch in ihre Führungs- und Steuerungssysteme einzugliedern. Unternehmen sind also aufgefordert, sich auf dem Feld „gesellschaftlicher Verantwortung" ebenfalls klare, messbare Ziele zu setzen und deren Einhaltung konsequent zu verfolgen und zu bewerten.

5   Unternehmensethik

Die in diesem Aufsatz vorgestellten Initiativen und Maßnahmen zur Übernahme von gesellschaftlicher Verantwortung durch Organisationen und Unternehmen sind Beispiele für erfolgversprechende Konzepte aus dem Gebiet Wirtschafts- und Unternehmensethik, das sich in den letzten Jahren in Theorie und Praxis großer Nachfrage erfreut – insbesondere

u. a. wegen der eingangs zitierten Erschütterung des Glaubens an unsere Wirtschaftsordnung. Ethik im Wirtschaftsleben gründet auf Werten, Grundsätzen und Regeln „guten" und „rechten" unternehmerischen Verhaltens; sie stellt neben Gesetz und erwerbswirtschaftlichem Prinzip eine dritte Ordnungsfunktion für die Unternehmensführung dar. Unternehmen – wie der einzelne Bürger – müssen und wollen erfolgreich sein, und sie wollen und sie müssen von ihrer Umwelt akzeptiert und anerkannt werden. „Auch in und von der Wirtschaft wird moralisch einwandfreies Handeln abverlangt. Es wäre unsinnig, den Mitarbeitern zu sagen, ‚in Eurer Freizeit könnt Ihr Euch anständig benehmen, hier im Betrieb habt Ihr . . .'. Es gibt in unserer Gesellschaft keinen ethikfreien Raum. Maßstäbe guten Handelns wie Gleichberechtigung, Fairness, Gerechtigkeit, Solidarität, Leistungsangemessenheit gelten überall."[17]

Schon aus der Aufgabenstellung von Unternehmen ergibt sich, dass in unserer Wirtschaftsordnung gesellschaftlich verantwortliches Handeln und erfolgreiche Unternehmensführung zusammengehören. Unternehmen sollen

- die Gesellschaft mit Gütern und Dienstleistungen versorgen,
- dafür sorgen, dass die Arbeitsplätze im Unternehmen möglichst sicher und
- langfristig angelegt sind,
- auf eine angemessene Verzinsung des eingesetzten Kapitals achten und
- den ökologischen Notwendigkeiten Rechnung tragen.[18]

Über die Notwendigkeit, dass auf Sicht in einer Firma die Einnahmen die Ausgaben übersteigen müssen, braucht man heute nicht mehr zu streiten. Unternehmen, die Verluste machen, verursachen erhebliche, sozial nachteilige Folgelasten und führen zu Arbeitsplatzverlusten. Ohne Gewinn kein Überleben. Neben dem Gewinnziel gibt es jedoch eine Reihe weiterer, ebenso relevanter Ziele wie z. B. Marktanteilszugewinne, Steigerung der Innovationsfähigkeit, Attraktivität für Mitarbeiter und Sicherstellung der Liquidität. Oberste unternehmenspolitische Zielsetzung der Führung muss es sein, die langfristige Überlebensfähigkeit „ihres" Unternehmens zu gewährleisten. Das wird seit Jahren zunehmend schwieriger. Es gelingt in einer Wettbewerbsgesellschaft dann, wenn das betreffende Unternehmen die Bedürfnisse der Konsumenten befriedigt, die hierfür erforderlichen Ressourcen effizient einsetzt und die relevanten Anspruchsgruppen ausgewogen berücksichtigt.

Unternehmen sind gesellschaftliche Veranstaltungen. Sie sind auf mannigfache Kooperation angewiesen. Kooperatives Verhalten fußt auf gegenseitigem Vertrauen. Regelverstoß des Partners führt zu Misstrauen. In diesem Kontext ist Unternehmensethik „eine Verfahrenslehre zur Gestaltung von Dialogprozessen, die dann durchgeführt werden sollen, wenn das Gewinnprinzip und das geltende Recht nicht in der Lage sind, Interessenkonflikte mit

---

[17] Wollert, A. „Ethik-Kodex für Personalmanager" in Kaiser, St./Kozica, A. (Hrsg.) „Ethik im Personalmanagement", München und Mering 2012, S. 190.

[18] Dürr, H. „Das Unternehmen als gesellschaftliche Veranstaltung" in Bausch, Th./Kleinfeld, A./Steinmann, H. (Hrsg.) „Unternehmensethik in der Wirtschaftspraxis", München 2000, S. 13.

den internen und externen Bezugsgruppen des Unternehmens zu vermeiden oder fried-
lich beizulegen".[19] Heute gehört das Management ethischer Orientierung und Werte zum
integrierten Bestandteil jeder Unternehmenspolitik. Sie trägt dazu bei, die wirtschaftliche
Entwicklung störungsfreier und für alle Stakeholder gedeihlicher zu gestalten.

6   Wertemanagement

„Die Grundlage jedes Ethik-Managements ist die Festlegung und Kodifizierung derjenigen
Werte eines Unternehmens . . . , die seine Identität bestimmen und seine Entscheidungen
strukturieren."[20] „Werte sind Leitbilder menschlicher Daseinsgestaltung, also Vorstellungen von etwas, das als gut, richtig und wichtig angesehen wird. Sie sind maßgebende
Richtschnur für unser Handeln und für die Beurteilung des Handelns Anderer."[21] Erst
wenn wir uns klar sind, welche Werte für uns erstrebenswert und zielführend sind, sind
wir entscheidungsfähig. Da Werte oft schwer zu interpretieren sind, sollten sie für den All-
tagsgebrauch konkretisiert und in klare, verständliche Normen transformiert werden. Was
heißt z. B. der Wert „Integrität" für den Vertriebsmitarbeiter? Darf er einen Kunden zum
Essen einladen, darf er eingeladen werden? Wie teuer darf eine solche Einladung ausfallen?

In der Praxis unterscheidet man bezogen auf ein Wertemanagement zwischen
Compliance- und Werte- bzw. Integrity-Programme:

> Compliance-Programme zielen darauf ab, dass die gesetzlichen Bestimmungen im Unterneh-
> men eingehalten werden, indem z. B. die Mitarbeiter über die aktuelle Rechtslage aufgeklärt
> werden und deutlich kommuniziert wird, dass die Rechtsbestimmungen von allen Managern
> und Mitarbeitern einzuhalten sind.
> Werteprogramme sind demgegenüber Instrumente zur Implementierung moralischer Kom-
> munikation im Unternehmen, die über die Einhaltung von Gesetzen hinausgeht und damit die
> Übernahme freiwilliger Verantwortung regelt. Hierzu gehören beispielsweise Verhaltensstan-
> dards und entsprechende Kommunikationsmedien, Schulungs- und Trainingsmaßnahmen,
> Rekrutierungsverfahren, Lieferantenbewertungssysteme, ein Risikoscreening etc.[22]

Man hat den Eindruck, dass sich in den letzten Jahren gerade Großunternehmen damit brüsten, umfangreichste Compliance-Systeme aufgebaut zu haben.[23] Die Bürokratie
wuchert. Es wäre schlimm, wenn die Unsicherheit gerade von Führungskräften eher
ab- als zunehmen würde; insbesondere weil der Erfolgsdruck ja bleibt. Ombudsmänner
und -frauen und Whistleblowing-Hotlines wiederum sollen die Aufdeckung von Unre-
gelmäßigkeiten erleichtern. Ein effizientes Compliance-System sichert erfahrungsgemäß

---

[19] Steinman, H./Zerfass, A. in „Lexikon der Wirtschaftsethik", Freiburg 1993, S. 1118.
[20] Wieland, J. „Die Ethik der Governance", Marburg 2007, S. 98.
[21] Wollert, A. „Werteorientierte Unternehmenspolitik" in Wollert, A./Knauth, P. (Hrsg.) „Human
Resource Management" (digitale Fachbibliothek), Symposion Publishing, Düsseldorf 2012, S. 4.
[22] Schwegler, R. „Moralisches Handeln von Unternehmen", Wiesbaden 2008, S. 266.
[23] Siehe Manager Magazin Nr. 6/2012 „Terror der Tugend", S. 50 ff.

die Rechtmäßigkeit unternehmerischen Tätigkeiten und vermindert Risiken. Nach Auffassung des Verfassers stellen jedoch Werteprogramme ein noch besseres Kontrollsystem dar; sie lösen Fremdkontrolle (mit Sanktionsandrohungen) durch eine Selbstkontrolle ab. Eine durchdachte Integrity-Strategie zeichnet sich durch eine Werteorientierung, eine persönliche Werte-Bindung und eine ethische Sensibilität gegenüber ethischen Fragen aus. Intrinsische Motivation ist langfristig erfolgsversprechender als extrinsische.

Wir müssen sowieso davon ausgehen, dass alle Anspruchsgruppen ihre Anliegen und Forderungen vor dem Hintergrund ihrer Werte und Normen zunehmend schärfer gegenüber den Unternehmen geltend machen werden: egal ob es sich um Fragen zur Art und Weise der Gewinnerzielung, Methoden der Mitarbeiterführung, Umgang mit Lieferanten, der Verwendung des Ertrags handelt oder ob die Preispolitik, die Verwendung von Rohstoffen oder die Forschungsaktivitäten im Fokus stehen. In unseren Betrieben benötigen wir jedenfalls unabdingbar das Commitment unserer Mitarbeiter, d. h. ihre affektive und normative Bindung an ihr Unternehmen. Voraussetzung hierfür ist, dass die Mitarbeiter ihrer Führung vertrauen. Die Kunden und Verbraucher wiederum fordern nicht nur eine bestimmte Produktqualität, sondern interessieren sich gleichzeitig für die Art der Produktion, die Wertschöpfungskette, den Vertrieb, die Organisation des Unternehmens. Viele Menschen wollen mit ihrem Einkauf nicht nur ein notwendiges Konsumbedürfnis befriedigen, sondern etwas für ihr Gewissen tun (Fair Trade, Öko-Siegel). In einer Zeit von Wikipedia und Facebook sind die interessierten Mitarbeiter und Verbraucher über ihr jeweiliges Unternehmen und ihre benutzten Einkaufsstellen in der Regel bestens informiert, wollen aber noch mehr wissen – und vor allem können Sie Sanktionen zu Lasten des Unternehmens vornehmen. Die digitale Technologie schafft eine für manche Bürger ungewohnte Transparenz. Zahlreiche Netzwerke ermöglichen die Beteiligung zahlreicher Interessierter an gemeinsamen Diskussionen und Aktivitäten (shitstorm). Wir sind zwar alle Individualisten, fühlen uns aber offensichtlich wohl in der Netz-Community und erhoffen uns in und durch die Gemeinschaft Orientierung in einer unübersichtlicher werdenden Welt.

Die Sanktions- und Verfügungsmacht der einzelnen Stakeholder hinsichtlich der für ein Unternehmen notwendigen Ressourcen ist unterschiedlich hoch, trotzdem empfiehlt es sich, in der Regel gegenüber allen Anspruchsberechtigten eine verständigungsorientierte Austragung von Interessenkonflikten anzustreben; faires Geben und Nehmen ist das Gebot. Die Qualität der Unternehmensführung kann man daran messen, inwieweit es ihr gelingt, eine Synthese zwischen den unterschiedlichen Werten und Zielen der einzelnen Anspruchsberechtigten herbeizuführen. Letztere erwarten dabei, dass sich die Unternehmen nicht nur aus strategischen Gründen aufgeschlossen und zuverlässig verhalten, also nicht nur wegen ihrer Reputation die moralische Fahne zeigen. In einem solchen Fall würden Glaubwürdigkeit des Unternehmens und daraus folgend die Kooperationsbereitschaft der Anspruchsberechtigten schnell verloren gehen. Mangelndes Vertrauen würde die Transaktionskosten in Wirtschaft und Gesellschaft erhöhen und die Wachstumschancen mindern.

7 Ethikkodizes

Im Rahmen eines Wertemanagements haben sich in der Bundesrepublik viele Unternehmen Ethikkodizes und Leitlinien gegeben, die die erarbeiteten moralischen Werte und Normen festschreiben und die für die gesamte Organisation sowie jeden einzelnen Mitarbeiter verbindlich sind.[24] In diesen Leitlinien wird zuweist betont, dass das Engagement des jeweiligen Unternehmens sowohl gesellschaftlich wie unternehmensbezogen Sinn macht. Moralische Integrität lohnt sich. Das heißt: Sie darf nicht (nur) zur Last werden: in dem Sinne „der Ehrliche ist immer der Dumme".

Damit die Grundsätze nicht nur gepredigt und zu Worthülsen werden, müssen sie Bestandteil der Unternehmenskultur sein. Insbesondere drei Faktoren bedingen die Stärke einer Unternehmenskultur: ihr Verankerungsgrad, d. h. das Ausmaß, in dem die gewählten Werte in das Wertgefüge der einzelnen Mitarbeiter Eingang gefunden haben, inwieweit sich vorhandene Subkulturen funktional sinnvoll ergänzen und inwieweit die unternehmensbezogenen Werte und Unternehmensstrategie und -struktur zusammenpassen.[25] In der Praxis ist der Unterschied zwischen den offiziell erwünschten und den praktizierten Spielregeln des Miteinanderumgehens oft erheblich. Die Mitarbeiter beobachten kritisch, wie sich Führungskräfte und erfolgreiche(re) Kollegen verhalten und was ihnen firmenintern nützt. Daher ist das Thema Führung und Zusammenarbeit bei der Gestaltung von Unternehmenskultur so wichtig: inwieweit werden alle Mitarbeiter wertgeschätzt, in ihrem individuellem Potential weiterentwickelt und gefordert, inwieweit wird eine „offene Diskussionskultur" gepflegt? „Ein absolutes Gleichgewicht zwischen den Interessen der Mitarbeiter und den Unternehmen gibt es nicht."[26] Aber fairen Umgang sollte man voraussetzen dürfen.

Eine besondere Rolle bei der Weiterentwicklung der Unternehmenskultur haben hierbei die Verantwortlichen für die Personalpolitik. „Die Personalmanager entwickeln die Sozialpartnerschaft, verstehen sich sowohl als Change Manager wie als Gestalter der Unternehmenskultur"[27] Eine wichtige Maßnahme der Beeinflussung der Unternehmenskultur ist z. B. die richtige Mitarbeiterauswahl bei der Einstellung und der Förderung. Unabhängig davon ist bei der Gestaltung der Unternehmenskultur entscheidend „die Vorbildfunktion des Top-Managements und jeder Führungskraft als Multiplikator und Promotor in dem Sinne, dass sie

- die Leitlinien selber leben.
- reflektieren, ob sie diese selbst leben.

---

[24] Siehe Langenscheidt, F. (Hrsg.) „Deutsche Standards: Unternehmerische Verantwortung", Wiesbaden 2006.

[25] Wollert, A. „Erfolgsfaktor Unternehmenskultur" in Papmehl, A./Gastberger, P/Budai, Z. „Die kreative Organisation", Wiesbaden 2009, S. 82.

[26] Scholz, Ch./Müller, St. „Darwiportunismusethik als Lösung für Arbeitsweltkonflikte" in Kaiser, St./Kozica, A. „Ethik im Personalmanagement", München und Mering 2012, S. 128.

[27] Wollert, A. 2012, a. a. O., S. 201.

- die Mitarbeiter ermuntern und loben, aber auch kritisch nachfragen und die Verhaltensregeln einklagen (z. B. indem sie diese zum Bestandteil von Mitarbeitergesprächen machen)".[28]

Positiv ist es, wenn die Führungskräfte und in Zukunft alle qualifizierten Mitarbeiter ein gewisses Maß an moralischer Kompetenz aufweisen. In einigen Hochschulen wird deswegen Ethik bereits als Schlüsselqualifikation anerkannt und gelehrt. „Wir verstehen unter allgemeiner ethischer Kompetenz die Fähigkeit ethische Probleme identifizieren und artikulieren zu können, normative Implikationen in alltäglichen Kommunikationen wahrnehmen, explizieren und erläutern zu können, ebenso die Fähigkeiten, eigene gelebte Präferenzen und Überzeugungen reflektieren zu können und gestalten zu wollen, eigene ethische Urteile mit Bezug auf theoretische Kenntnisse bilden und gegenüber Anderen begründen und adäquat darlegen zu können."[29]

Von unseren Mitarbeitern wird bei flacher werdenden Hierarchien zunehmend größere Selbständigkeit abverlangt; nach außen z. B. besonders im Ausland, und nach innen, z. B. in den Teams, sind Sensibilität und verständliches Argumentieren gefordert. „Menschen mit hohem moralischem Urteilsniveau streben nach Verantwortung und erfüllen diese selbstgesteuert anhand der eigenen hochgesteckten Qualitätsstandards."[30] Die Lernfähigkeit des Unternehmens wird durch die Entwicklung dieser Schlüsselqualifikation „moralische Kompetenz" verbessert, gleichzeitig werden durch sie die Kontrollkosten gesenkt. Eine ethikorientierte Unternehmenskultur ist geeignet das Gespür der Mitarbeiter für ethische Fragen zu wecken und durch entsprechende Anreizsysteme zu intensivieren. Mit der Verbesserung der moralischen Kompetenz eines Menschen wird gleichzeitig die Entfaltung seiner gesamten Persönlichkeit gefördert. Dadurch entsteht eine win-win-win Situation. In dieser sind sowohl das Individuum wie das Unternehmen und die gesamte Gesellschaft zufriedene Profiteure.

8   Resümee

Die Unternehmen Deutschlands bauen seit Jahren CSR verstärkt in ihre Unternehmensstrategien ein. Dies geschieht nicht nur, weil es die Politik wünscht, sondern weil sie überzeugt sind, dass eine gleichzeitige Förderung von unternehmerischen und gesellschaftlichen Interessen der richtige Weg in eine nachhaltige Zukunft darstellt. CSR ist kein bloßes Marketing-Tool. Für manche kleine und mittlere Unternehmen mag das Thema noch einen

---

[28] Frey, D. u. a. „Wieviel Moral braucht der Mensch? Die Bedeutung von Werten und ethischen Prinzipien bei der Führung von Mitarbeitern" in Bohlander, H./Büscher, M. „Werte im Unternehmensalltag erkennen und gestalten", München und Mering 2004, S. 65.

[29] Fehling, J. (Hrsg.) „Ethik als Schlüsselkompetenz in Bachelor-Studiengängen", Tübingen 2009, S. 9.

[30] Schacher, U./Fornefett, A. „Die moralische Urteilsfähigkeit von Mitarbeitern entwickeln" in Wollert, A./Knauth, P. (Hrsg.) „Human Resource Management" (digitale Fachbibliothek), Symposion Publishing, Düsseldorf 2012, S. 24.

künstlichen, fremden Beigeschmack haben. Aber gerade im deutschen Mittelstand hat die aktive gesellschaftliche Verantwortung eine große Tradition. Unsere Familienunternehmen waren und sind stets ein überzeugendes Beispiel für verantwortliches Handeln gegenüber den Mitarbeitern, der Umwelt, dem Gemeinwesen, auch wenn sie für ihr Handeln nicht unbedingt den Begriff CSR verwenden.

Die KMUs stellen die ganz überwiegende Mehrzahl der deutschen und der europäischen Unternehmen. Sie sind gesellschaftlich aktiv, aber es fehlen die Ressourcen, ihr gesellschaftliches Engagement in formalisierter, administrierter Art und Weise zu kommunizieren. Die größeren Unternehmen können und sollen natürlich – und das ist positiv – ausführliche Nachhaltigkeits-, Umwelt-, Sozialberichte usw. veröffentlichen. Sowohl der Nutzen von CSR wie die Berichterstattung hierüber muss letztlich aber von jedem Unternehmen individuell beurteilt werden. Je nach Branche, nach Größe, nach Geschäftssituation und nach den jeweiligen Bedürfnissen der verschiedenen Stakeholder werden die Unternehmen auf unterschiedliche Art ihren gesellschaftlichen Verpflichtungen nachkommen und die gebotene Transparenz zeigen. Die gelebte Verantwortung muss im Vordergrund stehen und nicht die Anzahl der Berichte und Dokumentationen.

Das Handeln eines Unternehmens hängt eng von dem Selbstverständnis der in ihm leitenden Menschen ab. Jeder Verantwortliche weiß heute, dass Unternehmen Teil der Gesellschaft sind und dass unternehmerisches Verhalten Auswirkungen auf viele Anspruchsgruppen auslöst. Maßstäbe und Hinweise für „richtiges" Verhalten bieten Theorie und Praxis heute in genügendem Umfang. Auch der hier geschriebene Beitrag leistet hierfür einen kleinen Beitrag. Die Unternehmen müssen freilich dafür sorgen, dass die gesellschaftlichen Themen, die ihre Führungskräfte und Mitarbeiter bedrücken, offen diskutiert und klar geregelt werden. Auf der individuellen Ebene geht es dabei um Karrierechancen, fehlende Schulungsmöglichkeiten in ethischen Fragen, mangelnde Entscheidungskompetenz, Bonusregelungen usw. Auf der Organisationsebene muss z. B. über Zentralisierung und Dezentralisierung, Kurz- oder Langfristhandeln, Wettbewerbsdruck, Stakeholder oder Shareholder Doktrin und Rollenkonflikten mit dem Sozialpartner diskutiert und entschieden werden.[31]

In jedem Fall sollten für unsere gegenwärtigen und zukünftigen Schlüssel- und Führungskräfte die Begriffe „Kaufmann" und „ehrbar" wieder untrennbar zusammengehören. Ausdruck hierfür wäre die breite Akzeptanz der Sozialen Marktwirtschaft, der Unternehmen und deren Führungskräfte von Seiten der Bevölkerung. „Die Erlangung der gesellschaftlichen ‚License to Operate' steht und fällt mit der Glaubwürdigkeit von Unternehmen".[32] Daher ist es gerade heute wichtig, dass sich die Unternehmen dem Thema CSR aufgeschlossen und positiv widmen.

---

[31] Siehe Litschka, M./Suske, M./Brandtweiner, R. „Managemententscheidungen in moralischen Dilemma-Situationen", Wien 2011, 136 f.
[32] Kleinfeld, A./Henze, B. „Wenn der Maßstab fehlt – oder wann ist CSR (unternehmens)ethisch vertretbar?" in Aßländer, M.S./Löhr, A. „Corporate Social Responsibility in der Wirtschaftskrise", München und Mering, 2010, S. 68.

„Beruf und Familie" – Wie sich Stiftungen für eine familiengerechte Arbeitswelt einsetzen

Stefan Becker und Michael Knoll

Gesellschaftspolitisch hat sich in den letzten Jahrzehnten Vieles verändert. Dabei waren es vor allem Frauen, die diesen Wandel vorangetrieben haben. Längst stellt sich für sie nicht mehr die Wahl zwischen Kinder oder Karriere. Frauen möchten das für sich als Normalität definiert haben, was für Männer schon immer galt: Karriere UND Familie. Gleichzeitig haben auch Männer erkannt, dass Familie eben nicht nur am Wochenende stattfindet, sondern wesentlich auch an den Tagen zwischen Montag und Freitag geschieht. Auch hier ist ein Bewusstseinswandel festzustellen: Immer mehr Väter möchten am Heranwachsen ihrer Kinder aktiv teilhaben.

Die Arbeitswelt ist, wieder einmal, einem großen Strukturwandel unterworfen. Der sich weiter verschärfende globale Wettbewerb und die ersten konkreten Auswirkungen des demographischen Wandels stellen Unternehmen, Beschäftigte und die Gesellschaft vor gewaltige Herausforderungen. Die Prognosen sind eindeutig: Das Durchschnittsalter der Belegschaften wird steigen, die Anzahl der Menschen im erwerbsfähigen Alter wird um mehr als sechs Millionen Personen sinken, der Wettbewerb um Fachkräfte wird dementsprechend zunehmen. Doch für die Zukunft gilt auch, dass Mitarbeiterinnen und Mitarbeitern mehr abverlangt werden wird. Die Nachfrage nach hochqualifizierten Arbeitskräften wird ebenso steigen wie die Anforderungen an ihre Flexibilität und Veränderungsbereitschaft. Arbeitnehmerinnen und Arbeitnehmer werden noch beweglicher und mobiler sein müssen als dies heute schon der Fall ist.

Natürlich haben die wachsenden Anforderungen des Arbeitslebens, die immer dominanter Tages- und Lebensrhythmus bestimmen, Konsequenzen für das Privatleben. In jeglicher Hinsicht: Gemeinsame Zeit von Paaren, von Eltern und ihren Kindern, von und mit Freunden wird immer schwerer zu organisieren sein. Gemeinsame Interessen und familiäre Unternehmungen sind immer schwerer zu planen.

S. Becker (✉) · M. Knoll
Berufundfamilie gGmbH, Friedrichstr. 34, 60323 Frankfurt a.M., Deutschland
E-Mail: St.Becker@beruf-und-familie.de

M. Knoll
E-Mail: KnollM@ghst.de

A. Papmehl, H. J. Tümmers (Hrsg.), *Die Arbeitswelt im 21. Jahrhundert*,
DOI 10.1007/978-3-658-01416-2_13, © Springer Fachmedien Wiesbaden 2013

Aber auch Arbeitgeber stehen angesichts dieser Veränderungen vor gravierenden Herausforderungen. Sie müssen ihre Innovations- und Wettbewerbsfähigkeit sichern. Das wird ihnen nur gelingen, wenn sie den Strukturwandel aktiv gestalten.

Diesen Strukturwandel gestaltet seit Jahren die „berufundfamilie gGmbH", eine Tochterstiftung der Gemeinnützigen Hertie-Stiftung. Bereits Mitte der 90er Jahre etablierte die Hertie-Stiftung das Projekt „Beruf und Familie". Die Begründung von damals klingt immer noch aktuell und drängend: „Neue Rollenverständnisse von Mann und Frau sowie neuartige Anforderungen der Wirtschaft an die Flexibilität der Mitarbeiter haben die Gemeinnützige Hertie-Stiftung dazu veranlasst, tragfähige Modelle für eine familienbewusste und zugleich unternehmensgerechte Personalpolitik zu fördern." Und weiter: „In der Berufs- und Arbeitswelt greift die Gemeinnützige Hertie-Stiftung soziale Fragen auf, die beim Übergang von der Industriegesellschaft in die so genannte globale Wissensgesellschaft entstehen. Dabei hat sich die Stiftung besonders dem Thema Beruf und Familie zugewandt."[1]

Für das Projekt „Beruf und Familie" war der Fokus der Arbeit recht schnell klar. Es ging zunächst vor allem darum, die kleinen und mittleren Unternehmen auf die Veränderungen der Arbeits- und Familienwelt hinzuweisen und konkrete Verbesserungen bei der Umsetzung einer familienbewussten Personalpolitik zu initiieren.

> Diese Unternehmen verfügen – anders als Großunternehmen – meist nicht über systematische Instrumente der Personalentwicklung, sind jedoch stärker von der Qualifikation und der Kompetenz ihrer Mitarbeiter abhängig. Engagement und Betriebstreue der Mitarbeiter werden zum wichtigen Kapital. Wird den Mitarbeitern die Vereinbarkeit von beruflichen Pflichten und privaten Interessen ermöglicht, steigt die Motivation der Mitarbeiter nachhaltig.[2]

In der Zwischenzeit liegt der Fokus aber nicht nur auf den KMUs. Heute nutzen auch große DAX-Konzerne und Hochschulen ebenso wie Landes- und Bundesministerien das Knowhow der „berufundfamilie gGmbH" um ihre Personal- und Organisationsentwicklung zu optimieren.

Hier wird bereits deutlich, dass „berufundfamilie" sich nie als soziales Beglückungsinstrument verstand, sondern als Aufklärerin, welche Möglichkeiten und Opportunitäten familienbewusste Personalpolitik bietet. Vätern und Müttern soll die Chance gegeben werden, Beruf und Familie besser in Einklang zu bringen, im Interesse der Eltern wie der Unternehmen. Familienbewusste Personalpolitik vereinfacht daher die Entscheidung für Kinder und das Leben mit Familie. Letztlich treibt die Arbeitgeberseite jedoch die Frage um, ob und welchen Gewinn das Unternehmen mit einer solchen Politik aufweisen kann. Kurz und gut: Welche betriebswirtschaftlichen Effekte sind mit familienbewusster Personalpolitik verbunden?

---

[1] Tätigkeitsbericht der Gemeinnützigen Hertie-Stiftung 2000. Im Internet abrufbar unter: http://www.ghst.de/fileadmin/images/download_multimedia/publikationen/taetigkeitsberichte/2000/Erziehung_zur_Demokratie.pdf
[2] ebd.

Um dieser Frage wissenschaftlich fundiert nachzugehen, initiierte die „berufundfamilie gGmbH" 2005 die Gründung des „Forschungszentrums Familienbewusste Personalpolitik" (FFP) an der Universität Münster und förderte fünf Jahre dessen wissenschaftliche Arbeit. Eine Untersuchung aus dem Jahr 2008 hat dabei erstaunliches ergeben. So wurde der mögliche Output einer familienbewussten Personalpolitik über elf Zielbereiche (z. B. Bewerberpool, Mitarbeiterproduktivität, Motivation, Mitarbeiterbindung, Fehlzeiten, Kundenbindung etc.) erfasst, die sich den personalwirtschaftlichen Handlungsfeldern zuordnen lassen. Es zeigte sich, dass eine familienbewusste Personalpolitik bei allen elf untersuchten Zielbereichen einen signifikant positiven Beitrag leistet. Insofern wirkt eine familienbewusste Personalpolitik umfassend; sie verstärkt die Mitarbeiterbindung, erhöht die Zufriedenheit und Motivation der Beschäftigten, vermindert Fehlzeiten und erleichtert die Akquisition von Personal. Das Ergebnis konkret in Zahlen: „Familienbewusste Unternehmen stellen sich in allen relevanten betriebswirtschaftlichen Kennzahlen eindeutig besser. Sie weisen eine um 17 % höhere Mitarbeiterproduktivität auf. Dieser Mehrwert lässt sich unter anderem zurückführen auf eine um 17 % höhere Motivation der Beschäftigten, 13 % geringere Fehlzeiten und eine um 17 % höhere Bindung von Fachkräften. Damit gelingt es familienbewussten Unternehmen, ihre Kunden langfristiger an sich binden (12 %)."[3]

Von den Verantwortlichen in den Betrieben wird der unternehmerische Nutzen familienbewusster Personalpolitik mehr und mehr erkannt. Durch die Aktivitäten der berufundfamilie gGmbH in den vergangenen Jahren ist es gelungen, familienbewusste Personalpolitik immer stärker zum Markenzeichen der deutschen Wirtschaft zu machen.

Das wesentliche Instrument, das die „berufundfamilie gGmbH" hierzu für private Unternehmen und öffentliche Institutionen entwickelt hat, ist das „audit berufundfamilie" bzw. das „audit familiengerechte hochschule" für Fachhochschulen und Universitäten. Beide verstehen sich als strategische Managementinstrumente, sie halten maßgeschneiderte Lösungen zur besseren Vereinbarkeit von Beruf und Familie bereit. In den vergangenen Jahren hat sich das Zertifikat audit berufundfamilie bzw. audit familiengerechte hochschule zum anerkannten Qualitätssiegel familienbewusster Personalpolitik entwickelt. Unternehmen und Institutionen bzw. Hochschulen, die ein solches Zertifikat erhalten, haben bewiesen, dass sie eine nachhaltig familienbewusste Personalpolitik betreiben. Das Audit wird empfohlen von den führenden deutschen Wirtschaftsverbänden BDA, BDI, DIHK und ZDH und steht unter der Schirmherrschaft der Bundesfamilienministerin und des Bundeswirtschaftsministers.

Rund vierzehn Jahre nach ihrer Gründung gilt die berufundfamilie gGmbH heute bundesweit als herausragender Kompetenzträger in Fragen der Vereinbarkeit von Beruf und Familie. Sie ist eine Erfolgsgeschichte deutscher Stiftungen geworden: Aus einem gemeinnützigen Projekt hat sich eine sich selbst tragende Geschäftsidee entwickelt. Unternehmen müssen nicht mehr aufgesucht werden, nein, sie suchen aktiv um Beratung, um ihren Mitarbeiterinnen und Mitarbeitern eine bessere Vereinbarkeit von Beruf und Familie zu

---

[3] http://www.beruf-und-familie.de/index.php?c=30&sid=&cms_det=474

ermöglichen. So hat zum Jahresbeginn 2010 die berufundfamilie Service GmbH ihre Arbeit aufgenommen. Die Service GmbH zeichnet für die Vertriebsaufgaben, die Durchführung des audit und für weitere Veranstaltungs- und Beratungsangebote verantwortlich, die auch nicht zertifizierten Unternehmen offen stehen. Die gGmbH, die Initiatorin, hat weiterhin die Rolle des „Think Tank" und Impulsgebers inne. Auf der Grundlage der Zertifizierungsergebnisse, einer einzigartigen Datenbank mit derzeit 2.300 Datensätzen und einem breit gefächerten Netzwerk in Wirtschaft, Politik und Wissenschaft ermittelt die gGmbH gesellschaftlich relevante Trends im Themenfeld und gibt konkrete familien- und personalpolitische Handlungsempfehlungen. Gemeinsam bieten beide Gesellschaften ein umfangreiches und fundiertes Angebot „aus einer Hand" und sind Marktführer bei der Zertifizierung familienbewusster Arbeitgeber.

Getragen wird die Arbeit der berufundfamilie Service GmbH von mehr als dreißig freiberuflichen Auditorinnen und Auditoren, die über eine langjährige Berufserfahrungen verfügen und von „berufundfamilie" qualifiziert und lizensiert wurden. Die Auditoren begleiten den gesamten Auditierungsprozess, von der Erhebung des Status quo bis zur Formulierung der Zielvereinbarungen.

Noch einmal: Aktiv betriebene familienbewusste Personalpolitik ist nicht mit einer wohltätigen Sozialpolitik, die lediglich Kosten verursacht, gleichzusetzen. Wenn sich Unternehmen für familiäre Belange der Beschäftigten engagieren, entstehen ihnen dadurch vor allem auch betriebswirtschaftliche Vorteile. Denn die Kosten für flexible Arbeitszeitkonzepte, Telearbeit oder die Vermittlung von Betreuungsangeboten sind deutlich geringer als die Kosten, die durch Neubesetzung, Fehlzeiten, Überbrückungszeiten und Fluktuation verursacht werden.

Um auf die spezifischen Interessen und Anliegen der Unternehmen und öffentlichen Behörden am besten einzugehen, hat das audit berufundfamilie ein hohes Maß an dialogischem Miteinander und Rückkopplungen entwickelt. In Strategieworkshops werden Zielsetzungen und Rahmen der Auditierung abgesteckt, in den Auditierungsworkshops die spezifischen Handlungsansätze. Das audit berufundfamilie wird als Prozess verstanden. Erst nach Abschluss der Auditierung, in deren Rahmen konkrete Ziele und Maßnahmen zur Umsetzung einer familienbewussten Personalpolitik erarbeitet werden, steht die Vergabe eines Zertifikats. Durch Re-Auditierungen, die im 3-Jahres-Rhythmus erfolgen, wird das Zertifikat bestätigt. Diese dienen dazu, den Status quo zu überprüfen und die Angebote einer familienbewussten Personalpolitik, wenn nötig und gewünscht, neu zu justieren, auf jeden Fall aber zu optimieren. Mit der Bestätigung des Zertifikats erhalten die Unternehmen und Institutionen weiterhin die Möglichkeit, das Qualitätssiegel des audit berufundfamilie zu führen und die Angebote der „berufundfamilie" zu nutzen.

Dabei weiß die „berufundfamilie": Jeder Arbeitgeber ist anders. Um die individuellen Ziele und Maßnahmen passgenau zu entwickeln, gliedert sich das audit berufundfamilie in acht Handlungsfelder auf, die die klassischen Bereiche der Personalpolitik abdecken. Innerhalb dieser Handlungsfelder wird wiederum zwischen zahlreichen Einzelmaßnahmen unterschieden. Insgesamt stehen mehr als 150 Einzelmaßnahmen zur Disposition.

Das wohl wichtigste Handlungsfeld umfasst die Arbeitszeiten von Arbeitnehmerinnen und Arbeitnehmern. Flexible Arbeitszeiten vergrößern den unternehmerischen Gestaltungsspielraum, gleichzeitig können Beschäftigte Umfang und Zeitpunkt der Arbeitszeit besser mit den familiären Anforderungen vereinbaren. Als Maßnahmenbeispiele seien Servicezeiten, lebensphasenorientierte Arbeitszeiten, Kinderbonuszeiten und Sabbaticals genannt.

Das nächste Handlungsfeld umfasst die Arbeitsorganisation. Gestaltet man sie familienbewusst, erhöhen sich die Einsatzmöglichkeiten und die Einsatzbereitschaft der Beschäftigten. Die Balance von Beruf und Familie wird durch eine flexible Gestaltung von Arbeitsaufträgen, durch multifunktionalen Personaleinsatz und Mitarbeiterbeteiligung erleichtert. Teamarbeit, Qualitätszirkel, Vertretungsregelungen und die Überprüfung von Arbeitsabläufen sind effektive Maßnahmen, die oft nur eines geringen Aufwands bedürfen.

Neue Informations- und Kommunikationstechnologien ermöglichen den Unternehmen weitere Zeit- und Kosteneinsparungen. Der Ort, an dem gearbeitet wird, muss nicht mehr identisch mit dem Arbeitsort sein. Den Beschäftigten eröffnen sie flexiblere Arbeitsformen und damit die Chance, Familienbedürfnisse mit den beruflichen Anforderungen in Einklang zu bringen. Alternierende bzw. mobile Telearbeit bieten in Zeiten der Digitalisierung nützliche und effiziente Möglichkeiten.

Wesentlich dabei ist, die eigenen Mitarbeiterinnen und Mitarbeiter von den vielfältigen Möglichkeiten familienunterstützender Angebote zu informieren. Die kontinuierliche Information über Möglichkeiten und Nutzen familienunterstützender Angebote nutzt nicht nur dazu, die Wirksamkeit der Maßnahmen im Unternehmen zu verstärken, sondern sie sorgt nachhaltig für eine Imageverbesserung nach außen. Dabei sind die Möglichkeiten zur Information verschieden wie leicht zu bewerkstelligen: Berichte in der Betriebszeitung, eine Kontaktperson zum Thema und vielleicht ein Familientag im Betrieb.

Ohne das Engagement der Führungskräfte sind viele Maßnahmen jedoch untauglich. Neuerungen müssen vorgelebt und getragen werden, vor allem von denjenigen aus den oberen Etagen der Unternehmen. Sie tragen wesentlich dazu bei, dass die Angebote zur Vereinbarkeit von Beruf und Familie im Arbeitsalltag umgesetzt werden können. Ihr familienbewusstes Verhalten ist Spiegelbild einer modernen Unternehmenskultur. Beurteilungsgrundsätze, Coaching, Führungsleitbild oder Führung in Teilzeit sind wesentliche und erfolgreiche Maßnahmenbeispiele.

Familiäre Veränderungen sind Bestandteile jedes Lebensweges. Das A und O stellt daher die Personalentwicklung dar. Ihre Aufgabe ist es, nicht nur bei Einstellungen die familiäre Situation zu berücksichtigen. Bei einer klugen Planung der Laufbahn hilft, qualifiziertes Personal zu gewinnen und zukunftssichernde Kompetenzen zu erhalten. Erfolgversprechende Maßnahmen ist ein Personalentwicklungsplan, den Kontakt auch in Elternzeiten zu halten und ein Wiedereinstiegsprogramm zu entwickeln, Männer bei ihrer Vaterrolle zu unterstützen und bei Weiterbildungsmaßnahmen auf eine Kinderbetreuung zu achten.

Beschäftigte mit Familie können auf vielfältige Weise finanziell und sozial unterstützt werden. Individuelle Angebote wie z. B. Darlehen bei der Haushaltsgründung, Anrechnung von Erziehungszeiten, ein Haushaltsservice oder Personalkauf tragen unmittelbar zu einer bedarfsgerechten Familienförderung bei.

Um Arbeits- wie auch Studienbedingungen familiengerecht zu gestalten, gilt es, eine geeignete Betreuung sowohl der Kinder als auch pflegebedürftiger Angehöriger sicherzustellen. Familiär bedingte Fehlzeiten sollten so gering wie möglich sein, für Angestellte in Unternehmen und Verwaltungen wie für Studierende an Hochschule. Es lohnt sich, die lokalen Angebote von Dienstleistungen abzugleichen. So bieten z. B. Servicestellen für Familien vielfältige Möglichkeiten der Betreuung, ebenso Senioren-Services, über die sich leicht z. B. Hilfe im Haushalt organisieren lässt. Ebenso sollten Unternehmen wie Verwaltungen darüber nachdenken, ob und wie sie die Regel- und Ferienbetreuung ausbauen. Weitere Maßnahmen können Relocation-Services oder Belegplätze im Altenheim für pflegebedürftige Angehörige sein.

Letzter Punkt verweist auf eine der großen Arbeitsfelder der Zukunft von „berufundfamilie": Die Vereinbarkeit im Hinblick auf hilfe- und pflegebedürftige Angehörige. Dies ist vor dem Hintergrund einer älter werdenden Gesellschaft ein drängendes Problem. Nicht nur weil die Gesellschaft an sich altert, sondern auch die Anzahl alter und sehr alter Menschen deutlich wachsen wird. Wie gehen Unternehmen mit dieser Herausforderung um, denn die Ansprüche an sie steigen? Können Elternzeit und die Betreuung von Kleinkindern mit einem gewissen zeitlichen Vorlauf geregelt werden, sind Herzinfarkt des Vaters oder Hirnschlag der Mutter Ereignisse, die von heute auf morgen das Leben der Angehörigen verändern. Leider gibt es in den Unternehmen noch kaum zufriedenstellende Lösungen, wie eine repräsentative Umfrage vom November 2011 zeigte[4]: 62 % der deutschen Arbeitgeber ignorieren bislang das Thema Vereinbarkeit von Beruf und Pflege. Auch weitere Zahlen, die die berufundfamilie gGmbH und das Marktforschungsunternehmen GfK erhoben haben, verdeutlichen die Relevanz des Anliegens von „berufundfamilie" und machen die Notwendigkeit nach Unterstützung von Unternehmen in diesem Bereich öffentlich: 83 % der Arbeitgeber geben an, dass sie in Fragen der Vereinbarkeit von Beruf und Pflege bis jetzt nicht aktiv waren, weil es an Umsetzungshilfen und Tipps mangelt. 80 % halten betriebliche Angebote zur Vereinbarkeit für zu kosten- und 85 % sogar für zu organisationsintensiv. Rund 30 % der Arbeitgeber sehen sich selbst nicht in der Verantwortung, stattdessen sehen sie diese bei den betroffenen Familien oder dem Staat.

Diese Zahlen verdeutlichen die dramatische Unterschätzung eines demographischen Phänomens: Modellrechnungen des Statistischen Bundesamtes zeigen, dass der absehbare demographische Wandel in Deutschland zu 20 % mehr Pflegebedürftigen im Jahr 2020 führt. Damit steigt auch die Zahl der Arbeitnehmer, die ihre berufliche Tätigkeit mit der Pflege eines Angehörigen vereinbaren müssen.

Die Konsequenzen sind absehbar: Steigender Krankenstand, sinkende Motivation und verminderte Produktivität sind nur einige der möglichen negativen Auswirkungen auf die betrieblichen Abläufe. Es gilt für die Unternehmen, diese Herausforderung proaktiv

---

[4] http://www.beruf-und-familie.de/system/cms/data/dl_data/3e83fbc7a463bc5aca9475abb269e8a2/01_GFK_Befragung.pdf

anzupacken. Welche zukunftsweisende Antworten auf das Thema Beruf und Pflege zu geben sind, sollte viel weiter oben auf der Prioritätenliste der deutschen Wirtschaft stehen – nicht zuletzt, um die Wettbewerbsfähigkeit zu sichern.

Wie die Umfrage weiter verdeutlicht, kennen die Arbeitgeber kaum eine konkrete Maßnahme. Von den lediglich 29 % der Arbeitgeber, die überhaupt Maßnahmen benennen können, zählen jeweils knapp ein Drittel flexible Arbeitszeitmodelle und Teilzeitarbeit auf, noch weniger nennen die Pflegezeit. Praxishilfen gibt es aber bereits. Die berufundfamilie gGmbH hat zahlreiche Materialien erstellt, die Arbeitgebern konkrete Unterstützung bei der Einführung und Umsetzung einer pflegesensiblen Personalpolitik bieten. So z. B. einen Schnelltest „Beruf und Pflege", mit dem Arbeitgeber anhand von zehn Fragen den Status Quo zur Vereinbarkeit von Beruf und Pflege ermitteln können. Er ermöglicht ihnen eine erste Einschätzung, inwieweit der Betrieb mit der Pflegeproblematik konfrontiert ist oder dies in Zukunft sein wird. Ein Stufenplan gibt eine Übersicht zur systematischen Entwicklung einer pflegesensiblen Personalpolitik und nennt geeignete Maßnahmen, die pflegende Beschäftigte wirksam unterstützen können. Im Baukastenprinzip werden Lösungen für unterschiedliche Entwicklungsstände der jeweiligen Unternehmen aufgeführt. Dabei wird in der ersten Stufe das Thema Pflege enttabuisiert, in der zweiten Stufe pflegende Mitarbeitern erste Hilfestellungen gegeben, die dritte Stufe hat das Ziel, die Leistungsfähigkeit der pflegenden Mitarbeiter zu erhalten bzw. zu fördern und schließlich in der vierten Stufe eine pflegesensiblen Unternehmenskultur zu vertiefen. Dieser Stufenplan kann um eine Maßnahmen-Checkliste ergänzt werden. Hier werden über 130 Maßnahmen in den acht Handlungsfeldern – Arbeitszeit, Arbeitsorganisation, Arbeitsort, Information und Kommunikation, Führung, Personalentwicklung, Entgeltbestandteile und geldwerte Leistungen sowie Service für Familien – zur Vereinbarkeit von Beruf und Pflege aufgelistet. Die bisherigen Erkenntnisse und Erfahrungen sind in die Publikation „für die praxis' – Eltern pflegen"[5] eingegangen. Diese Publikation ist ein Leitfaden für Arbeitgeber, der die wichtigsten Fragen zur Vereinbarkeit von Beruf und Pflege beantwortet, erste Maßnahmen erläutert sowie Best-Practice-Beispiele auditierter Arbeitgeber und die unternehmensspezifischen Ausgestaltungen verschiedener Maßnahmen aufzeigt.

Die Notwendigkeit einer verbesserten Vereinbarkeit von Beruf und Familie ist mittlerweile normativ anerkannt. Mit Hilfe des audit berufundfamilie sind konkrete Maßnahmen entwickelt worden. Die Grundlagenforschung, die Öffentlichkeitsarbeit und die strategischen Kooperationen der berufundfamilie gGmbH haben einen wesentlichen Beitrag zur Gestaltung des gesellschaftlichen Diskurses zum Thema Vereinbarkeit von Beruf und Familie geleistet. Öffentlich finden sich heute kaum noch Arbeitgeber, die sie explizit gegen entsprechende Maßnahmen aussprechen.

Nun gilt es, dass die entwickelten, bekannten und grundsätzlich akzeptierten Maßnahmen auch tatsächlich auf breiter Ebene umgesetzt und im Rahmen einer familienbewussten Personalpolitik gelebt werden. Nur so wird auch eine tatsächliche familienbewusste Unter-

---

[5] http://www.beruf-und-familie.de/system/cms/data/dl_data/5349e68eb46f2e47f4e8d1c061090852/fuer_die_praxis_01_Eltern_pflegen.pdf

nehmenskultur entstehen. Denn dies ist die Quintessenz der Aktivitäten der letzten Jahre: Die Umsetzung einer gelebten Unternehmenskultur ist der kritische Punkt, gewissermaßen das Nadelöhr, das über das Gelingen oder Nichtgelingen einer familiengerechten Arbeitswelt entscheidet. Dringend notwendig ist dazu ein über alle Hierarchie-Ebenen hinweg offen geführter Dialog über Bedarfe und Möglichkeiten von betrieblichen Angeboten, die Familie unterstützen und familiäres Zusammenleben ermöglichen. Nur so werden mögliche Ängste und Vorbehalte abgebaut und können neue, tragfähige Lösungen gefunden werden. Stiftungen können hier mit Ihrer Arbeit weitere Impulse geben.

Change – Challenges for the Society

Ervin László

The challenge to today's society is the challenge of change. It is the challenge of starting the process of change – of profound change, a true "Weltenwende".

The world will not change all at once at the end of 2013, but it will reach a point of no return where it will begin to change, because it will have to change. It will have reached the point where the momentum for change will reach a critical mass of people and a Weltwende will grow "from below." It will become inevitable and irreversible.

A Weltwende has already started. It is ignored or denied only by those whose economic and political interests are tied to maintaining the status quo. These people, among them the greater part of the business and political leaders of our day, believe, or at least pretend to believe, that the status quo can still be maintained. They are trying to restabilize the current system in business and in politics, rather than endeavoring to transcend it and find a system that would allow all people on this small and ever more exploited and interdependent planet to live in peace with themselves and with the environment.

A peaceful and sustainable world is not achievable by following the principle of "business as usual." Creating a new world calls for innovation, for creativity. Einstein was right when he said that we cannot solve a problem with the same kind of thinking that gave rise to that problem. The problem we face today is that the kind of world that we have created in the last two centuries, and especially since the "economic miracles" of the post-war period, is no longer sustainable. This condition could have been recognized at least since the end of World War II, but the earliest warning voices were raised only when Rachel Carson wrote her seminal study *Silent Spring* (1962) and the Club of Rome published the report *The Limits to Growth* (1972). A few people paid attention, but the leadership of established society paid polite compliment to the ideas but ignored them in practice. Now, in 2012, the unsustainability of the world can no longer be ignored, although one can still refuse to act on it.

E. László (✉)
The Club of Budapest Foundation, Tóth Árpád sétány 29,
1. em. 4, 1014 Budapest, Hungary
e-mail: Ervin@ervinlaszlo.it

A. Papmehl, H. J. Tümmers (Hrsg.), *Die Arbeitswelt im 21. Jahrhundert*,
DOI 10.1007/978-3-658-01416-2_14, © Springer Fachmedien Wiesbaden 2013

An important feature of the relevant insight is that crisis is a two-pronged bifurcation. It is both a danger and an opportunity. It harbors the danger of spiraling into chaos and anarchy, and the opportunity to launch a new movement toward a different world.

The Chinese people knew that crisis is both danger and opportunity: they learned this lesson in the course of centuries during which powerful dynasties were challenged and ultimately toppled. The crisis was a danger for the old dynasty, and an opportunity for the movement that sought to replace it. This is the insight expressed in the single word for crisis in Chinese: WeiJi. Wei means danger, and Ji means opportunity.

In our time the danger is worldwide, and it is becoming globally evident. Climate change, manifested in rapidly increasing periods of drought, violent storms, and rising sea levels, threatens the wellbeing and even the survival of hundreds of millions. The pollution of air, water, and land poses critical threats worldwide, and so does the spread of poverty and the massive migration triggered by people searching for a place to live, or just survive. The thousands of migrants who reach Lampedusa, the Italian island closest to the African coast, is but the advance wave of a veritable tsunami made up of destitute human beings. Originating in Africa, it is a social and economic threat for Europe, and originating in Latin America, the same kind of threat for North America.

The cataclysm that started on March 11, 2011 in Japan is a further indication that the way we live on this planet is vulnerable and needs to be changed. We cannot control the movement of the tectonic plates that create earthquakes along the fault-lines, but we could organize our existence in ways that these and other natural events do not produce catastrophic consequences. In coastal regions we could prepare for the rise of the sea both in the sudden and violent form of a tsunami and in the slower but just as lethal form of a steady rise of the sea-level, flooding the homes and destroying the livelihood of hundreds of millions. We could organize our patterns of habitation and our systems of production for more resilience. Every other species is inserted in its natural environment in a relatively self-reliant and sustainable way; only human society is detached from its natural environment and its natural resources. We could revise and upgrade the way we use energy. Our world is driven by artificial sources of energy in ever more gigantic conglomerations: in urban and industrial megacomplexes such as the Tokyo-Yokohama area of Japan, the region of Shanghai in China, San Paolo in Brazil, and New York-New Jersey in the United States. With the earthquake off the coast of Japan, Nature reminded us that such demographic concentrations, while economically advantageous in the short term, are inherently vulnerable to unexpected events, whether they are earthquakes, droughts, floods, or hurricanes produced by nature, or unrest and violence created by hungry, jobless and life-threatened masses of human beings.

Now that the dangers of the global crisis have become more and more evident, we need to concentrate on the opportunities it offers. Our economically stupendously successful technological civilization is stupendously vulnerable – and that is not only a danger; it is also an opportunity. Because a vulnerable system is sensitive to changes, and it cannot maintain the status quo beyond the limits of its vulnerability. Such a system can be transformed or replaced when it has reached the crisis point. It is in our best interest to replace it with a system that offers more resilience to changes and fluctuations and more sustainability in regard to the resources on which it relies for its functioning. This change is feasible: society could rely more on energies and resources that are part of its natural environment, rather than on artificial substances, artificially modified foods, and artificially generating energy.

The energy issue has now been raised dramatically by the near-meltdown of the Fukushima reactors in Japan. It reminds us that nuclear energy is foreign and artificial in the context of the biosphere. Reliance on it is dangerous in regard to both natural and man-made accidents. It is unsustainable also under controlled circumstances because it heats up the atmosphere – unlike solar-based energies that do not add further energies to the thermal balance of the biosphere, but convert and make use of the energy that streams endlessly into the biosphere from the Sun.

The events that shake the Middle and the Far East, though different on the surface, are not unrelated. They are due to the way we manage ourselves, and our environment. We need to find new ways to manage our societies and our economies. This is urgent, because the dangers of persisting with the current system are becoming less and less tolerant of delay. Fortunately, also the opportunities to create an effective transformation grow at the same time. Resistance to change in business and politics is less strong, and in society at large the will to try alternatives is growing. There are unmistakable indications that humanity is beginning to rise to the challenge. Electoral surprises in Germany, the Aufstand of suppressed masses in the Arab countries, movements such as "occupy Wall Street" are unmistakable indications that new thinking is on the horizon. It is occupying more and more of the radar-screen of humanity's everyday consciousness.

Today our thinking, our values and our aspirations could and must focus on concrete and practicable measures to launch the kind of change that could bring peace and sustainability to our world. This means not only making others change: it means being ourselves the change we want to see in the world. It means evolving the kind of consciousness that, when spreading in the world, could lead us toward a world where all people can live; toward a world that we can leave with good conscience to our children.

We cannot meet a challenge by ignoring it. We also cannot meet it by being frightened of it. Yet these are the two principal attitudes we find in society today. We hear either that all discussion of real change is just wishful thinking – things will not change, and they had never really changed in the past either. Or we hear that the change that awaits us will bring deprivation and suffering – perhaps a global cataclysm that nobody could escape. Neither attitude is helpful or angebracht. Change, as we said, is both danger and opportunity. We must face the danger: we only ignore it at our peril. But we must also face the opportunity and be ready to make the best of it.

Nobody can make a new world while the old world is still functional: it will defend itself against all attempts to change it. This is not an insuperable problem today: the current world is not functional; its defenses are weakening. Now is our opportunity to create a new world. There is money enough in this world to vanquish hunger and poverty; enough money to bring new, energy- and environment-saving technologies online. There is enough knowledge in this world for restructuring the principal operative systems, not only in technology blut in society. We are squandering money on short-sighted and ecocentric projects, seeking to reinforce the wealth of the wealthy and the power of the powerful. We are also failing to make use of the skills, the information, and the knowledge that would be at our disposal. We still lack the will and the determination to embark on real and profound change – on a Weltwende. We do not have the will because we do not have the vision that tells us that a Weltwende is truly necessary – that it is inevitable. Only the time when it starts is in question. We can postpone the starting date for a while, but we cannot postpone it forever.

We need a better vision. To change or not to change is not the question. The question is when to change, and how well to manage it. The longer we wait, the more difficult it will be to manage the process. To start the Weltwende without further delay is in our absolute best interest.

1   My Credo

Launching a Weltwende is not merely a dream. It may seem unlikely when we look at how people and societies behave today, but these behaviors do not mirror the unalterable nature of humanity. They are a temporary phenomenon; an aberration in the long history of our species in the biosphere.

The self-centered values and materialistic consciousness that dominated the world for the past two centuries have lead us to a state of global emergency. They have reached the stage where they will change, because they must change. Their reign we exceptional, and it is now over. For most of the twenty or thirty thousand years that humanity possessed a higher form of culture and consciousness, people didn't define their interests in purely material terms, and they didn't think of themselves as separate from the world that surrounded them. They lived in the conviction that there is more to the world than matter and possessions made of matter, and that the world is one and humans are an intrinsic part of it. The radical separation of a thinking, feeling human from an unthinking and unfeeling world came only with the modern age, and came mainly in the West. It prompted the uninhibited exploitation of unthinking and unfeeling nature by the thinking and feeling, and therefore superior, human species.

People with deep insight have never accepted this narrowly anthropocentric view, whether they were artists, poets, mystics, or scientists. Giordano Bruno, Leonardo da Vinci, Galileo Galilei, Isaac Newton, Nicolas Copernicus, and in more recent times Albert Einstein, gave eloquent testimony of their belief that the world around us, though it remains in many respects mysterious, is intrinsically and integrally whole – and we are intrinsically and integrally part of it.

Scientists have now discovered that the universe is indeed an interconnected whole. The kind of space- and time-transcending connection that occurs in the super-microscopic world of quanta is also found in the macroscopic world of the living, and even at the super-macroscopic dimension of the cosmos. It renders organisms, ecologies, the whole biosphere, and the universe itself, instantly and multidimensionally coherent.

Scientists have also discovered that in our own world our connections to each other have a physical basis: care for others is not contrary to human nature, it's an integral part of it. This is the implication of the discovery of "mirror neurons" in our brain (though their existence has been already inferred from the behavior of primates and from data furnished by functional magnetic resonance imaging). Mirror neurons fire not only when we are doing or experiencing something, but also when somebody around us does. Seeing another person grieving or joyful, triggers the same response in our brain as our own grieving and joyfulness. Compassion and empathy are not just something we delude ourselves with, and at best are capable of – it's woven into the fabric of our nervous system. This makes perfect sense: if we weren't hard-wired for connecting with the feelings and experiences of others, genuine community life could never have evolved – we would still be living in self-centered bands, competing for survival.

The insight we are coming to is that all things are subtly tuned to all other things, and in some respects act as one. This has been known for thousands of years in the great religious and spiritual traditions, and is now rediscovered in the sciences. For religions and spirituality the key words have been *love* and *oneness*, and for scientists they are *connection* and *coherence*. In the final count, they mean the same thing. There is connection ("love") among all the particles, atoms and galaxies in the universe, and the coherence ("oneness") it produces underlies the processes of evolution. There is no evolution but co-evolution, and co-evolution can only happen when the evolving partners are in syntony – when they are connected to each other and are coherent with each other.

With the new discoveries in the sciences – that are really *re*-discoveries – we reach a new concept of who we really are. We are not skin-enclosed, material parts in a vast machine-like universe, but interconnected organic elements of a living cosmos. In us nature's penchant toward structure, order and coherence has reached a pinnacle unparalleled in this corner of the galaxy. Only in the last few hundred years has modern civilization suppressed our natural bent for empathy and coherence in favor of the self-centered pursuit of material interests. We may not be the only or even the most evolved form of life in the cosmos but, notwithstanding our faults and follies, we are one of the remarkably evolved ones. Our highly evolved brain and consciousness is an eye through which the universe is coming to know itself.

Possessing the human kind of consciousness is a unique privilege, and it confers a unique responsibility. It allows us to rediscover ourselves in the natural order of things, and gives us the moral obligation to do so. When we perceive our place in the universe we come to know our role and our mission: to be consciously coherent with the world of which we are an intrinsic part.

The eye of the cosmos that has opened through us cannot be allowed to close. It must remain open and gain in depth and clarity. We must live up to the true potentials of a species with a high level of consciousness: to create love and connection, coherence and oneness, in and with the world. We can, and now we must, come home to the universe.

Teil IV
Perspektiven

Die neue Arbeitswelt denken

Horst W. Opaschowski

1 Ausgangssituation: Atypische Beschäftigungsverhältnisse

Können wir uns überhaupt mit gutem Gewissen eine „schöne neue Arbeitswelt" vorstellen, wenn gleichzeitig der Arbeitsmarkt durch *Leiharbeiten, Teilzeitjobs* und *befristete Verträge* radikal verändert wird? Nur auf den ersten Blick muss dies wie ein Arbeitsschock erscheinen. In Wirklichkeit stellen die Veränderungen einen schleichenden Prozess dar, der schon im 20. Jahrhundert begonnen hat. In den neunziger Jahren veröffentlichte ich das Buch „Feierabend" und meinte es wörtlich: Feierabend in der Arbeitswelt? Gehen in der Industriegesellschaft die Lichter aus? Wird es Vollbeschäftigung nie wieder geben? Werden wir zu Job-Nomaden, für die der Berufswechsel zur Regel wird?

Unbequeme Wahrheiten und Prognosen fasste ich seinerzeit in fünf Thesen zusammen: 1) Das Industriezeitalter ist tot. 2) Das Leitbild der Vollbeschäftigung ist überholt. 3) Der Berufswechsel wird zur Regel. 4) Das Normalarbeitsverhältnis stirbt. 5) Die Rund-um-die-Uhr-Beschäftigung wird zur neuen Norm (Opaschowski 1998, S. 15 f.). Genauso ist es gekommen: Jeder zweite neue Arbeitsvertrag wird nur noch befristet abgeschlossen: Atypische Beschäftigungsverhältnisse breiten sich aus.

Prognose und Wirklichkeit stimmen überein: Heute und in Zukunft gibt es so viele *Zeitverträge* wie noch nie. Gebrochene *Erwerbsbiographien* werden Normalität: Full-time-Job, Elternzeit, Teilzeitarbeit, Arbeitslosigkeit, Pflegezeit, Zweite Karriere, Berufswechsel, Rente mit 70 oder lebenslang – mal mehr, mal weniger – beschäftigt bleiben. Das wird die Zukunftswirklichkeit sein. Natürlich geht dabei wertvolle *Sozial- und Familienzeit* verloren. Die vielen Job- und Berufswechsel werden die Familien und Freunde zu spüren bekommen. Andererseits wird die Zukunft der Arbeit auch eine Arbeit mit Zukunft sein: Die neue Arbeitswelt verändert die Unternehmenskultur grundlegend.

H. W. Opaschowski (✉)
Hellholzkamp 1, 21039 Börnsen, Deutschland
E-Mail: Horst@Opaschowski.de

A. Papmehl, H. J. Tümmers (Hrsg.), *Die Arbeitswelt im 21. Jahrhundert*,
DOI 10.1007/978-3-658-01416-2_15, © Springer Fachmedien Wiesbaden 2013

2   Zukunftsperspektive 1: Die Arbeitswelt wird weiblicher

Frauen bekommen zunehmend größere Berufschancen, weil sie immer besser qualifiziert sind und die Männer teilweise übertreffen. Bundesweit erzielen Mädchen und junge Frauen bessere Schulabschlüsse als ihre männlichen Kollegen. *Die männlichen „Helden der Arbeit" verlieren ihre Privilegien.* Das höhere Qualifikationsniveau der Frauen führt langfristig zum Wegbrechen männlich dominierter Berufszweige und Führungspositionen.

Noch 1970 waren gerade einmal ein gutes Drittel der Erwerbstätigen in Deutschland Frauen. 2030 können die Männer im Erwerbsprozess erstmals zur Minderheit werden, wenn die Qualifizierungsoffensive der Frauen weiter anhält. Ein solcher Strukturwandel in der Arbeitswelt kommt einem Wertewandel gleich. Die Einstellungen zu Berufs- und Privatleben ändern sich, die Vorstellungen zur beruflichen Karriere auch. Denn für Frauen heißt *berufliche Karriereplanung auch persönliche Lebensplanung.* Frauen arbeiten in erster Linie für sich und ihre Erfolgserlebnisse und „messen" ihre Erfolge deutlich weniger als Männer an Einkommens „höhen", Aufstiegs „stufen" oder Führungs „positionen". Sie wollen Karriere erleben und nicht nur machen. Sie wollen im Beruf Erfolgserlebnisse haben. In ihrer Einstellung zum Beruf zeigen sie sich weniger materialistisch: Geldverdienen ist wichtig, aber „viel Geld verdienen" nur für ein Drittel der berufstätigen Frauen erstrebenswert.

Frauen gelingt der *Rollen-Mix von Berufs- und Privatleben* besser. Männer sind schnell bereit, um des beruflichen Erfolges willen die Verantwortung für Familie und Kinder – fast wie den Mantel an der Garderobe – zu Hause abzugeben. Frauen hingegen wollen auch bei Erwerbstätigkeit im Gleichgewicht leben und favorisieren ein zwischen Berufs- und Privatleben ausbalanciertes Lebenskonzept, in dem kein Lebensbereich dem anderen einfach geopfert wird. Sie gehen bewusst mehr auf Distanz zu ausschließlich erwerbsorientierten Lebenskonzepten: Familie und Freunde halten sie für genauso wichtig wie Arbeiten im Beruf. Sie setzen Zeichen für eine neue Lebensqualität: Arbeitsfreude ist wichtig, aber Lebensfreude auch. Erst Job, dann Geld – und dann erst Leben? Das gilt für viele Frauen nicht. Das „ganze" Leben haben sie im Blick.

3   Zukunftsperspektive 2: Re-Start mit 50

Jede Fähigkeit hat ein optimales Lebensalter: Fußballspieler zeigen ihre besten Leistungen mit Ende 20. Mathematiker vollbringen ihre größten Denkleistungen mit etwa 30. Schachspieler sind mit 35 Jahren auf der Höhe ihrer Leistungsfähigkeit und Schriftsteller, Publizisten und Journalisten mit etwa 50 Jahren. Und was kommt nach 50? *Mit Mitte 50 ist der Mensch am klügsten – was das Haushalten mit Geld angeht.* Diese 50plus-Generation hat genügend Erfahrungen gesammelt, ist von der Vielzahl der Möglichkeiten nicht überfordert und schätzt finanzielle Risiken im beruflichen und im privaten Bereich am besten ein.

Der demographische Wandel in Deutschland wird schon bald einen grundlegenden Beschäftigungswandel in der Arbeitswelt zur Folge haben. Dann heißt es nicht mehr: „Mit

50 zum alten Eisen", sondern: „Re-Start mit 50!" Die Wirtschaft braucht wieder ältere Arbeitnehmer. Vier von zehn Erwerbspersonen werden im Jahr 2030 älter als 50 Jahre alt sein. *Die Wirtschaft bekommt ihr Langzeitgedächtnis wieder.*

Die 50plus-Generation bekommt ihre zweite Chance. Berufserfahrung hält wieder Einzug in die Arbeitswelt von morgen. Direkte Lebenserfahrung, selbst erlebt und nicht indirekt vermittelt aus zweiter Hand – das macht die emotionale Kompetenz und geistige Altersstärke der älteren Generation aus. Gemeint ist das, was die moderne Alternsforschung *Erfahrungs- und Weisheitswissen* nennt: Eine sozial-emotionale Intelligenz, die im Übrigen die großartigen Alterswerke von Dichtern und Denkern, Künstlern und Philosophen, Komponisten und Dirigenten erklärt.

Zur *Verbesserung der Generationenbeziehungen* werden die Unternehmen vor allem zwei Forderungen erfüllen: Mehr Flexibilität und mehr Verantwortung. Mehr Flexibilität schließt flexiblere Arbeitszeiten (z. B. Teilzeitarbeiten/Job-Sharing) ebenso ein wie einen flexibleren Ruhestand, der den Übergang vom Erwerbsleben in den Ruhestand nach individuellen Bedürfnissen erleichtert. *Mehr Verantwortung* für die Beschäftigten soll gesündere und stressfreiere Arbeitsbedingungen ermöglichen. Erforderlich wird ein soziales Verantwortungsbewusstsein, das mehr Menschlichkeit zeigt und um ein ausgewogenes Verhältnis von Shareholder-Value und Jobholder-Value bemüht ist. Gewinnstreben und moralisches Gewissen dürfen sich nicht gegenseitig ausschließen. Unternehmen müssen offener gegenüber einer Neuorganisation der Lebensarbeitszeit werden und im Zuge der demographischen Entwicklung den persönlichen Wünschen der Beschäftigten nach Pflegeurlauben genauso wie nach gleitenden Übergängen in den Ruhestand (Altersteilzeiten) mehr entgegenkommen.

4 Zukunftsperspektive 3: Comeback mit 65

Im Jahr 1900 wurde das „Jahrhundert des Kindes" (Ellen Key 1900) ausgerufen – kommt nun das *Jahrhundert der Senioren*? Der demographische Wandel hat die Altersgrenze verschoben: Alt ist man erst mit 72 Jahren. Das geht aus meiner Repräsentativbefragung hervor, in der ich danach gefragt habe, „ab wann man heute wirklich alt" ist. Die offizielle Altersgrenze von 65 Jahren steht also nur noch auf dem Papier. Wenn die Lebenserwartung weiter so kontinuierlich ansteigt, gilt man im Jahr 2030 vielleicht erst mit 81 oder 83 Jahren als alt.

Die Bevölkerung altert dramatisch. Die Lebenserwartung steigt weiter an. Bis zum Jahre 2040 wird sich der *Anteil der über 60-jährigen Bevölkerung in Deutschland verdoppeln.* Diese demographische Revolution bleibt nicht allein auf Deutschland beschränkt. Nach Berechnungen des UN-Bevölkerungsfonds (unfpa) wird die allgemeine Lebenserwartung in den westlichen Industrieländern bis Ende des Jahrhunderts auf 87,5 Jahre (bei Männern) und 92,5 (bei Frauen) steigen. Selbst ein Leben über 100 könnte mit Hilfe der Genforschung

Wirklichkeit werden. Bedrückende Aussichten für die arme Erbengeneration, die so lange warten muss.

Die gesetzliche Altersgrenze wird von immer mehr Menschen als Zwangsrente mit Fallbeilcharakter empfunden. Die Bürger wollen in Zukunft ihre Altersgrenze selbst bestimmen und *den Übergang in den Ruhestand flexibel gestalten*. Fast drei Viertel (73 %) aller Berufstätigen in Deutschland sind heute schon bereit, freiwillig über das 65. Lebensjahr hinaus zu arbeiten oder wieder zu arbeiten, wenn sie dadurch ihre *Rente aufstocken* können. Dieser Wunsch nach Rentenerhöhung und Zuverdienst wird von allen Berufsgruppen gleichermaßen geäußert. Die Beschäftigten wollen einerseits mehr Geld zum Leben haben, aber auch im Alter weiter gebraucht werden, also gesellschaftlich *wichtig bleiben*.

Um es deutlich zu sagen: Die gesetzliche Rente reicht in Zukunft nicht mehr aus, um *Altersarmut* zu verhindern. Die politische Konsequenz ist klar: Der beste Weg zur Bekämpfung von Altersarmut ist eine *möglichst lange Beschäftigung*, weil aus der gesetzlichen Rente allein der gewohnte Lebensstandard nicht mehr gehalten werden kann. Bei einem tendenziell sinkenden Rentenniveau in den nächsten dreißig Jahren wird eine wachsende Zahl von Älteren weiter arbeiten müssen und wollen.

Weil bisher *keine Rücklagen zur Finanzierung der alternden Gesellschaft* gebildet wurden, wird die geplante „Rente mit 67" nicht lange Bestand haben können. Die steigende Lebenserwartung macht langfristig weitere Anhebungen erforderlich:

- Stufe um 2040: *Rente mit 69*
- Stufe um 2050: *Rente mit 70* (wie schon Ende des 19. Jahrhunderts)
- Stufe um 2060: *Flexible Altersgrenze* (Einführung der Flexibilisierung des Renteneintritts mit Zu- oder Abschlägen). Jeder entscheidet am Ende selbst über „seine Lebensarbeitszeit".

Die Lebenserwartung der Deutschen nahm in den letzten fünf Jahrzehnten um zehn Jahre von durchschnittlich 70 (1960) auf etwa 80 Jahre (2010) zu. In den nächsten fünfzig Jahren wird die Lebenserwartung um weitere 7 Jahre zunehmen. Sie liegt dann 2060 bei etwa 87 Jahren (Männer: ca. 84 – Frauen: ca. 90). Weil die Beschäftigten bis dahin *gesünder altern*, können sie auch *länger arbeiten*.

5 Zukunftsperspektive 4: Die Zuwanderung als Zukunftspotential

Nach einer Vorausberechnung der Vereinten Nationen wird der Anteil der zugewanderten Bevölkerung in Deutschland einschließlich der bereits hier lebenden Menschen ohne deutschen Pass bis zum Jahr 2050 rund ein Drittel im Bundesdurchschnitt und in den Großstädten über 50 % erreichen (in Hamburg gibt es schon heute mehr Muslime als Katholiken) – und trotzdem wird die Bevölkerungszahl zurückgehen. Ohne Zuwanderung würde es Mitte des Jahrhunderts nicht mehr wie heute 82 Mio., sondern nur noch 51 Mio.

in Deutschland geben. Eine solche „Nullzuwanderung" bzw. ein „Nullszenario" ist aber unrealistisch. Dies bedeutet: *Das demografische Defizit* kann *durch Zuwanderung gemildert, aber nicht ausgeglichen werden.*

Nach EU-Angaben geht der Strom gut ausgebildeter Zuwanderer an Deutschland vorbei. Die meisten Migranten, die einen Hochschulabschluss haben, gehen in die USA, nach Kanada oder Australien. *Gebildete zieht es nach Übersee in die USA, Ungebildete nach Deutschland.* Daraus folgt: Das Manko der Migranten liegt nicht in der Quantität, sondern in der Qualität. Bei den schlecht oder gar nicht ausgebildeten Zuwanderern lag Deutschland bisher unangefochten an der Spitze.

In Deutschland hätte es doch keine Migrationsprobleme geben müssen, wenn wir mit der ehemals propagierten *„Strategie der besten Köpfe"* wirklich ernst gemacht und uns um bestens ausgebildete Zuwanderer bemüht hätten. Genau das Gegenteil ist der Fall: Kanada hat unter seinen Einwanderern 99 % Hochqualifizierte, Australien 85 Prozent, die USA 55 % und Deutschland als Schlusslicht – knapp 10 Prozent. In keinem anderen Land der Welt liegen Migrantenkinder tiefer unter dem einheimischen Leistungsniveau als in Deutschland.

Was also passiert, wenn nichts passiert? Ein Großteil der künftigen *Integrationsprobleme* werden im Kern *Generationskonflikte* sein. Denn bei den Zu- und Einwanderern handelt es sich meist um „junge Männer, dynamisch, ehrgeizig, erlebnishungrig. Sie treffen dann – wenn sich nichts ändert – auf eine einheimische Bevölkerung, die zum großen Teil aus alten Frauen besteht" (Fukuyama 2002, S. 128). Bei der Frage, was uns in Zukunft zusammenhält, muss die Integrationspolitik auch Antworten darauf geben, wie sie auf so unterschiedliche Bedürfnisse angemessen reagieren soll.

Vieles deutet jetzt darauf hin, dass Regionen, Städte und Kommunen umdenken und immer mehr um junge qualifizierte und motivierte Nachwuchskräfte aus dem Ausland wetteifern. Dazu bieten sie mehr als „harte" Standortfaktoren wie z. B. hohe Einkommen und Karrieremöglichkeiten. Als *neuer Standortfaktor* kommt die *örtliche Toleranz für ethnische Minderheiten* hinzu.

Dazu trägt auch die sogenannte „Blaue Karte EU" bei, die Deutschland für Studenten und Hochqualifizierte aus Drittländern attraktiver macht. Voraussetzung dafür allerdings ist, dass wir uns bis 2030 wirklich *vom Gastarbeiter- zum Einwanderungsland wandeln.* Wir können es uns nicht länger leisten, die Frage bis zum Jahre 2030 unbeantwortet zu lassen: Was passiert mit den Hochqualifizierten, wenn die Unternehmen sie eines Tages nicht mehr brauchen? Es kann nur eine Antwort geben: Zuwanderungstalente müssen in Zukunft für immer in Deutschland bleiben können.

6   Ausblick: Wirtschaft braucht Werte. Die Arbeitswelt der Zukunft neu denken

Die Unternehmenskultur wird sich grundlegend verändern. Statt nur nach außen durch „Corporate Social Responsibility" (CSR) Verantwortung, Gesicht und Flagge zu „zeigen", müssen in Zukunft mehr Werte „im" Unternehmen gelebt und „für" die Gesellschaft geschaffen werden. Es geht um *„Shared Value"* (Snower 2010, S. 2), also um Unternehmenswerte im öffentlichen Interesse, die weit über kurzfristige Gewinnziele hinausreichen. Langfristig wirtschaftlich erfolgreich können nur Unternehmen sein, die auf Nachhaltigkeit – ökonomisch, ökologisch und sozial – angelegt sind und so *dem Gemeinwohl dienen.*

Wer im Jahr 2030 im Beruf dauerhaft oben ankommen will, braucht einen *sozialen Kompass*. Denn: Wirtschaft braucht Werte: Wertorientierte Unternehmensführung wird in der nächsten Zeit verstärkt gelehrt und trainiert werden müssen. Eine solche Werte-Diskussion geht weit über das kurzfristige Renditedenken von Aktienwerten hinaus. Es ist allerdings noch ein langer Weg bis zu dem Tag, an dem der *soziale Ertrag* eines Unternehmens gleichwertig neben dem ökonomischen Gewinn steht. 2030 wird es vermehrt „Ethikbanker" geben, die „Social Banking" und „Social Finance" propagieren und auch realisieren.

Darüber hinaus gilt: Für die nächsten zwanzig Jahre zeichnet sich eine „zweite Ökonomie" des Unentgeltlichen ab. Der Wohlstand einer Gesellschaft lässt sich dann nicht länger nur in Geld messen. Produktive unbezahlte Tätigkeiten für sich (z. B. häusliche Arbeiten) und für die Mitmenschen (z. B. Familie, Nachbarschaft, soziales Engagement) müssen auch von der volkswirtschaftlichen Gesamtrechnung erfasst werden. Wohlstand und Wohlfahrt einer Gesellschaft können nicht mehr nur in einer Vermehrung von Gütern oder einer Steigerung des Lebensstandards gemessen werden. Ein höheres Brutto-„sozial" produkt kann auch qualitativ in der Abwendung von sozialen Missständen gesehen werden.

Unter Arbeit kann nicht nur bezahlte Tätigkeit verstanden werden. In der internationalen Forschung spricht man zu Recht von *„économie sociale"*, einer Ökonomie des Sozialen – von der Selbsthilfe über die Kooperation bis zur sozialen Vernetzung und Solidarität. Hier werden neue Ressourcen erschlossen, die ökonomisch relevant sind, obwohl sie unentgeltlich (z. B. durch „Zeitwährung") realisiert werden. Die Entstehung und Verbreitung einer sozialen Ökonomie 2030 zwingt zum volkswirtschaftlichen Umdenken: Das Soziale hört auf, nur als der unproduktive, d. h. der kostenverursachende Bereich zu gelten. Es wird in Zukunft eine doppelte Produktivität geben – eine Produktivität des Ökonomischen und eine Produktivität des Sozialen.

Bisher dominierte die vermeintliche moralische Überlegenheit der Marktwerte gegenüber kulturellen Werten, die eher abqualifiziert wurden. Geld und Geldeinkommen galten geradezu als Maßstab für den Wert eines Menschen und als Beweis für seine gesellschaftliche Nützlichkeit. Da sich demgegenüber *Dienste für die Familie* oder für die Gemeinschaft nur selten in Geldeinheiten ausdrücken ließen, hatten sie traditionell einen geringeren gesellschaftlichen Wert.

Bis zum Jahr 2030 wird die Ökonomie der Waren und Dienstleistungen um eine Ökonomie des Sozialen erweitert werden müssen. Produktive unbezahlte Tätigkeiten für sich (z. B. häusliche Arbeiten) und für die Mitmenschen (z. B. Eltern- und Pflegezeit, Nachbarschaftshilfen und soziales Engagement) müssen auch bei der volkswirtschaftlichen Gesamtrechnung berücksichtigt werden. Nachweislich „erwirtschaftet" das soziale Engagement der Bürger einen hohen ökonomischen Nutzwert, der der Arbeitskraft von über drei Mio. Vollzeitbeschäftigten in Deutschland entspricht (vgl. Prognos 2008). Mit dem Mehrwert des Sozialen für Wirtschaft und Gesellschaft geht auch eine *Steigerung des Gemeinwohls* einher. Der Arbeitnehmer des Jahres 2030 wird doppelt produktiv sein – materiell und sozial. Er wird über Geld- und Zeitkonten verfügen. Und zur Lebensarbeitszeit werden auch Elternzeiten, Vätermonate und Elternpflegezeiten gehören.

Literatur

Opaschowski HW (1989) Feierabend? Von der Zukunft ohne Arbeit zur Arbeit mit Zukunft. leske und budrich, Opladen
Opaschowski HW (2009) Deutschland 2030. Wie wir in Zukunft leben. 2. Aufl., Gütersloh, Hamburg
Opaschowski HW (2011) Der DeutschlandPlan. Was in Politik und Gesellschaft getan werden muss. Gütersloh, Hamburg
Prognos AG (2008) (Hrsg) Engagementatlas 2009, Berlin
Snower DJ (2010) Rückbesinnung auf Unternehmenswerte. In: missler (Januar 2010), S 2

Die Schließung der Lücke zwischen Strategie und Umsetzung

Hans H. Hinterhuber

> *Wie kann man ein Buch über Strategie schreiben? Darüber lässt sich überhaupt nicht schreiben. Die Strategie ist nichts weiter als die Anwendung des gesunden Menschenverstandes, und der lässt sich nicht lehren.*
>
> Helmuth von Moltke

1 Einleitung

1.1 Die Neuorientierung eines Unternehmens

Ein süddeutsches Medizintechnik-Unternehmen braucht eine neue strategische Ausrichtung. Eine Reihe wichtiger Patente läuft in den nächsten drei Jahren aus, die Pipeline mit neuen Produkten ist für profitables Wachstum schlecht gefüllt. Der Geschäftsführer und Eigentümer, ein innovativer Querdenker und hemdsärmeliger Unternehmer, der fast täglich die Werke an den beiden Standorten besucht, erkennt die zunehmende Unsicherheit und Frustration, die unter den Abteilungsleitern herrscht. Es sind, so seine Erkenntnis, nicht nur die ungenügende Führungseffektivität seiner leitenden Mitarbeiter, sondern wohl auch eigene Führungsschwächen schuld an der abnehmenden Innovationskraft seines Unternehmens. Es wird ihm aber auch klar, dass die Hauptgründe für die kritische Situation seines Unternehmens die mangelnde Zusammenarbeit, auf einander nicht abgestimmte Aktionspläne in den Bereichen Forschung und Entwicklung, Marketing, Produktion sowie Vertrieb, Service und Wartung sind. Die leitenden Mitarbeiter lassen durchblicken, dass dem Unternehmen sowohl eine klare Strategie wie auch die notwendige Struktur und operative Flexibilität fehlen, die eine Zusammenarbeit erschweren. Nur eine Änderung im Führungsverhalten, so das Ergebnis einer dramatischen Sitzung, von oben nach unten, vor allem aber eine klare strategische Ausrichtung, an der sich die Aktionspläne orientieren,

---

Die Ausführungen beruhen auf meinem Buch: Ergebnisorientiertes Führen mit strategischen Absichten, das im Herbst 2012 im Erich Schmidt Verlag in Berlin erscheinen wird.

H. H. Hinterhuber (✉)
Hinterhuber & Partners, Falkstrasse 16, 6020 Innsbruck, Österreich
E-Mail: hans@hinterhuber.com

A. Papmehl, H. J. Tümmers (Hrsg.), *Die Arbeitswelt im 21. Jahrhundert*, 211
DOI 10.1007/978-3-658-01416-2_16, © Springer Fachmedien Wiesbaden 2013

können das nachhaltige Überleben des Unternehmens sichern. Es müsse jedem leitenden Mitarbeiter die Strategie, zu der er in seinem Bereiche einen Beitrag leistet, klar sein, damit er einen Aktionsplan ausarbeiten kann, der die Energien der Mitarbeiter mobilisiert und auf das Wohl der Kunden, der Mitarbeiter und des Unternehmens ausgerichtet ist. Wenn der Leiter der F&E-Abteilung A und der Leiter der Marketing-Abteilung B zwischen einer Aktionslinie 1 und einer Aktionslinie 2 wählen können, muss die Strategie sicherstellen, dass, wenn A die Linie 1 wählt, auch B sich für die Linie 1 entscheidet oder zumindest weiß, dass A sich auf der Linie 1 und nicht auf der Linie 2 bewegt.

1.2   Der Lösungsansatz: Führen mit strategischen Absichten

Je rascher und tiefrechender die Veränderungen sind, desto weniger lässt sich ein Unternehmen mit dem Top-down-Ansatz, mit Anordnungen und Kontrollen von oben und ausführenden Befehlsempfängern unten, führen. Mit Anordnung und Kontrolle lässt sich kein Unternehmen erfolgreich in die Zukunft führen.

Diese Art der Führung ist durch die Schnelligkeit und Unvorhersehbarkeit des Wandels überholt. Unternehmen müssen offen und flexibel sein, zukünftige Entwicklungen vorwegnehmen, neue Möglichkeiten rechtzeitig erkennen und nutzen, Probleme kreativ zu lösen und schlecht kalkulierte Risiken abwenden. Innovation, Produktivität und Anpassung lassen sich nicht in einem Top-down-Ansatz erzwingen, sie können nur ermutigt und in einer innovationsorientierten Unternehmenskultur angeregt und gefördert werden, und zwar dadurch, dass die Unternehmensleitung den Führungskräften Einsicht in ihre strategischen Absichten gibt; die Führungskräfte sind dann in der Lage, ihren Mitarbeitern die Ausschnitte aus den strategischen Absichten zu geben, die sie für die Ausarbeitung und Umsetzung der entsprechenden Aktionspläne benötigen.

2   Führen mit strategischen Absichten

Je größer ein Unternehmen oder eine Strategische Geschäftseinheit sind und je globaler die Wettbewerbsarena ist, desto schwieriger werden Planung und Umsetzung aller Einzelheiten durch den Unternehmer oder Leiter der Strategischen Geschäftseinheit, umso mehr tritt auch der unmittelbare Einfluss der Führenden zurück. Napoleon hat einmal gesagt, er habe niemals einen Feldzugsplan gehabt. In der Tat trat er oft in eine Schlacht ein ohne einen bestimmten Plan, ohne auch nur eine genauere Vorstellung von der Position und den Absichten des Gegners. „Man engagiert sich", sagt er, „und sieht dann, was zu tun ist". Natürlich hatte er bei dem Aufmarsch der Truppen eine sehr bestimmte Idee und erwog mit Sorgsamkeit die Möglichkeiten, die sich daraus ergaben, ohne sich aber für diese oder jene im Voraus zu entscheiden. Napoleon betrachtete seine Generäle nur als Vollzieher seines Willens und räumte ihnen kein selbständiges, initiatives Handeln ein.

Er überschaute persönlich das ganze Schlachtfeld und griff an jedem Ort persönlich ein. Die Kriegsschauplätze wurden aber immer größer und zahlreicher, so dass er nicht auf allen persönlich eingreifen und dort sein konnte, wo es zu siegen galt. Napoleon scheiterte an seiner Methode der direkten Führung; sein übergroßes Selbstvertrauen, d. h. seine Vermessenheit, führte schließlich seinen Sturz herbei.

Unserem Willen begegnet sehr bald der unabhängige Wille des Gegners

Kein Operationsplan reicht mit einiger Sicherheit über das erste Zusammentreffen mit der feindlichen Hauptmacht hinaus … Gewiss wird der Feldherr seine großen Ziele stetig im Auge behalten, unbeirrt darin durch die Wechselfälle der Begebenheiten, aber die Wege, auf welchen er sie zu erreichen hofft, lassen sich auf weit hinaus nie mit Sicherheit feststellen. (Helmuth von Moltke)

Helmuth von Moltke erkannte als erster die Grenzen von zentraler Führung, von Regeln und Systemen. Diese helfen in einer unsicheren Umwelt nicht weiter. Auf ihn geht die systematische Erziehung der Unterführer zu Eigeninitiative im Rahmen von Strategien zurück, deren Sinn und Zweck ihnen vermittelt wurde. Von seinen Unterführern erwartete er, dass sie seine strategischen Absichten erkannten, richtig interpretierten und in der Lage waren, selbständig, intelligent und ohne höhere Befehle abzuwarten, so zu handeln, wie die wechselnden Verhältnisse es erforderten.

Die zentrale Führung – die direkte Methode – ist vom Misstrauen gegenüber den Mitarbeitern und Zuständigen geprägt; sie zeigt aber auch, dass Unternehmer und Führungskräfte, die einen bedeutenden Teil ihrer Zeit mit Aktionsplänen und operativen Entscheidungen verbringen, keine Strategen, sondern Taktiker mit Leitungsbefugnis sind.

Führen mit strategischen Absichten: „Gib deinen Führungskräften einen Ausschnitt aus deinen strategischen Absichten und Gedankengängen, erkläre den Sinn und das Ziel deiner strategischen Absichten, fordere sie zur kreativen Mitarbeit und Weiterentwicklung der Ziele und Strategien auf, und überlasse es ihnen, mit den verfügbaren Ressourcen die Aktionspläne auszuarbeiten und umsetzen zu lassen, mit denen die angestrebten Ziele unter den sich ändernden Wettbewerbsbedingungen erreicht werden können."

Erfolge werden erzielt, wenn die Fähigkeit und Autorität der Führungskräfte gestärkt wird, aus eigener Initiative zu handeln. Dieser Führungsgrundsatz geht auf Helmuth von Moltke zurück, der ihn theoretisch untermauert und in seinen Feldzügen mit Erfolg umgesetzt hat; er nannte diesen Grundsatz „Führen mit Direktiven". Direktiven sind nach Moltke allgemeine Weisungen, nach denen die Unterführer freihandeln können. „Direktiven" sind Mitteilungen der oberen an die untere Stelle, in denen nicht sowohl bestimmte Befehle für deren augenblickliches Verhalten erteilt, als vielmehr nur leitende Gedanken aufgestellt werden. Letztere dienen dann als Richtschnur bei den übrigen selbständig zu treffenden Entschlüssen. Durch die Methode der Führung mit Direktiven, aus der später die Auftragstaktik entstand, war die preußische Armee in ihrer Struktur und Befehlsführung nicht nur fortschrittlicher als alle Armeen ihrer Zeit; sie war auch fortschrittlicher als viele Unternehmen unserer Zeit.

2.1   Die Grenzen der Strategie-Planung

Die traditionelle Strategie-Planung geht von der Analyse der Umwelt („Marktattraktivität") aus und richtet die Ressourcen des Unternehmens („Wettbewerbsvorteile") an der Nutzung der Marktmöglichkeiten aus. Diese Vorgehensweise bewährt sich in einem Umfeld, in dem Märkte vorhersehbar und die entsprechenden Pläne umsetzbar sind. In einer dynamischen, volatilen und schwer interpretierbaren Welt sind die Pläne häufig bereits in dem Zeitpunkt überholt, in dem sie verabschiedet werden. Die für die Formulierung der Pläne aufgewandte Zeit ist dann verschwendet, die Umsetzung der Pläne sinnlos.

Was heute zählt, ist die Fähigkeit, den Wandel vorwegzunehmen und das Unternehmen oder die Strategische Geschäftseinheit rasch neuen Möglichkeiten und Herausforderungen anzupassen. Die alte Geschichte von den beiden Männern, die vom Bär verfolgt werden, zeigt dies: Der eine sagt zum anderen: „Wir können nicht schneller als der Bär laufen!" Der andere antwortet: „Ich versuche nicht, schneller als der Bär zu sein; ich versuche, schneller als du zu laufen."

Diese Strategie funktioniert, wenn wir es nur mit einem „Bären" zu tun haben und wenn wir sicher sein können, schneller als der Konkurrent zu sein. Sie funktioniert nicht, wenn wir uns nicht umsehen, welche Konkurrenten aus welchen Bereichen und Regionen der Welt unsere Pläne und Aktionen obsolet machen könnten. Wenn sich die Marktbedingungen rasch ändern, laufen wir nicht von einem Bären davon, wir laufen über eine schmelzende Eisdecke, auf der sich eine ganze Reihe hungriger Tiere tummelt. Es genügt dann nicht, eine Route zu planen und zu laufen; wir müssen wachsam sein und unverzüglich so antworten, wie sich die Dinge um uns herum ändern.[1]

Führen mit Direktiven verbindet Disziplin und Handlungsfreiheit der Führungskräfte. Dieser Ansatz ist zeitgemäßer dann je; Gary Hamel schreibt: „Whatever the rhetoric to the contrary, control is the principal preoccupation of most managers and management systems". Tony Hayward, der frühere, unglücklich agierende CEO von BP, sagte: „We have a leadership style that is too directive and doesn't listen sufficiently well. The top of the organization doesn't listen to what the bottom is saying". Dies trifft für viele Unternehmen zu. Ich bezeichne diese Verbindung von Leitung und Gewährenlassen von Strategie und Einbindung der Führungskräfte und Mitarbeiter, als Führen mit strategischen Absichten.

Von dieser wirksamen Verbindung von Leitung und Gewährenlassen gewinnt die Unternehmensleitung die Überzeugung, dass die von ihr verabschiedeten Strategien in entsprechenden Aktionsplänen ihren Niederschlag finden und in wirksamen Maßnahmen umgesetzt werden, um die angestrebten Ergebnisse zu erzielen. Sie kann Aufgaben stellen, deren Erfüllung auf jeden Fall in die richtige Richtung geht, mag sie auch unter Umständen nicht ganz das treffen, was sie sich gedacht hat. Persönlich fühlt sie sich durch das Führen mit strategischen Absichten auch immer imstande, nötigenfalls durch unmittelbares Eingreifen,

---

[1] D. Ulrich, St. Kerr u. R. Ashkenas, The GE Work-Out: How to Implement GE's Revolutionary Method for Busting Bureaucracy and Attacking Organizational Problems – Fast!, New York 2002, S. 266–267.

Abb. 1 Führen mit strategischen Absichten verbindet die Klarheit der strategischen Ausrichtung des Unternehmens mit der Selbständigkeit und Eigeninitiative der Führungskräfte. (Modifiziert nach Bungay 2011)

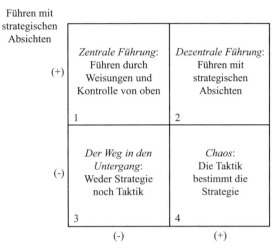

Führen mit strategischen Absichten

(+)

	Zentrale Führung: Führen durch Weisungen und Kontrolle von oben	Dezentrale Führung: Führen mit strategischen Absichten
	1	2

(-)

	Der Weg in den Untergang: Weder Strategie noch Taktik	Chaos: Die Taktik bestimmt die Strategie
	3	4

(-)   (+)

Eigeninitiative der Führungskräfte: WIE

für den erforderlichen Ausgleich zu sorgen, neue Möglichkeiten zu erschließen, begangene Fehler wieder gut zu machen und Abhilfe zu schaffen, je nachdem die unternehmensinterne und –externe Situation Geplantes unausführbar macht oder neue Möglichkeiten eröffnet.

2.2 Was Führen mit strategischen Absichten nicht ist

> Man umgebe aber den Feldherrn mit einer Anzahl voneinander unabhängigen Männern – je mehr, je vornehmer, je gescheiter, umso schlimmer –, er höre bald den Rat des einen, bald des anderen; er führe eine an sich zweckmäßige Maßregel bis zu einem gewissen Punkt, eine noch zweckmäßigere in einer anderen Richtung aus, erkenne dann die durchaus berechtigten Einwürfe eines dritten an und die Abhilfevorschläge eines vierten, so ist hundert gegen eins zu wetten, dass er mit vielleicht lauter wohlmotivierten Maßregeln seinen Feldzug verlieren würde. (Helmuth von Moltke)

Diese Führungskonzeption ist in Abb. 1 veranschaulicht. Die Unternehmensleitung gibt den Führungskräften einen Ausschnitt aus den strategischen Absichten und setzt sie dadurch in die Lage, je nach Situation, selbständig und initiativ Aktionspläne zu entwickeln und mit den Aktionsplänen der anderen Bereiche abzustimmen, und zwar im Einklang mit der Strategie. Gleichzeitig können die Führungskräfte externe Möglichkeiten in ihren Aktionsplänen berücksichtigen, die in die gewünschte Richtung gehen oder zu einem Neudurchdenken der Strategie führen. Die leitenden Gedanken der Strategien von Jack Welch:

- Nr. 1, Nr. 2 oder Nr. 3 in jedem Marktsegment,
- Six Sigma,
- Destroy-your-business-dot-com,

sind Beispiele für strategische Absichten, die Anregungen für dezentrales Weiterdenken und Handeln bieten.

Führen mit strategischen Absichten heißt, dass die Führungskräfte und Mitarbeiter die leitenden Gedanken der Strategie der Unternehmensleitung kennen, um nach diesen selbst dann zu streben, wenn die Umstände es erfordern sollten, anders zu handeln als angeordnet war. Die Kunst der Führung mit strategischen Absichten besteht deshalb darin, ihnen eine *anregende Kraft* zu geben; sie muss *vieldeutig* sein und den Führungskräften erlauben, die von der strategischen Absicht ausgehende Energie gerade auf ihre Mühlen zu leiten, ohne das Gesamtinteresse des Unternehmens aus den Augen zu verlieren. Die strategische Absicht verbindet die Strategie mit der Initiative und Kreativität des Einzelnen. Fragebogen 1 zeigt ein Modell wie beurteilt werden kann, ob die Voraussetzungen für das Führen mit strategischen Absichten gegeben sind.

Die Voraussetzungen für die Führung mit strategischen Absichten …	Trifft zu Trifft nicht zu
… 1. eine gemeinsame Grundanschauung über die Strategie des Unternehmens.	1 2 3 4 5
… 2. die richtigen Führungskräfte in den richtigen Positionen.	1 2 3 4 5
… 3. Mitverantwortungsbewusstsein, Eigeninitiative und Selbständigkeit in abgestufter Folge auf allen Verantwortungsebenen.	1 2 3 4 5
… 4. Leadership-Ausbildung für die Führung mit strategischen Absichten.	1 2 3 4 5
… 5. gegenseitiges Vertrauen zwischen Vorgesetzten und Mitarbeitern.	1 2 3 4 5
… 6. Vertrauen der Führungskräfte und Mitarbeiter auf ihre Fähigkeit, mit dem Unvorhersehbaren und Unerwarteten erfolgreich im Sinn der Strategien fertig zu werden.	1 2 3 4 5
… 7. die Einzelheiten der Durchführung werden den Führungskräften und Mitarbeitern überlassen	1 2 3 4 5
… 8. eine Lernkultur auf den Verantwortungsebenen.	1 2 3 4 5
Wenn die Unternehmensleitung nicht alle Fragen mit „1" beantworten kann, sollte sie nicht mit strategischen Absichten führen.	

Fragebogen 1 Die Beurteilung der Voraussetzungen für das Führen mit strategischen Absichten

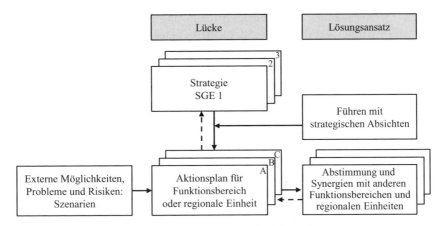

Abb. 2 Die Schließung der Lücke zwischen Strategie und Aktionsplänen

3   Die Unternehmensleitung gibt den Führungskräften einen Ausschnitt aus ihren strategischen Absichten

Führen mit strategischen Absichten ist, wie erwähnt, eine Methode, mit der die Unternehmensleitung den Führungskräften in den Funktionsbereichen und regionalen Einheiten einen Ausschnitt aus den eigenen strategischen Absichten und Gedankengängen gibt, durch den diese zur geistigen Mitarbeit bei der „Fortbildung des ursprünglich leitenden Gedankens" der Strategie „entsprechend den stets sich ändernden Verhältnissen" und bei der Entwicklung der entsprechenden Aktionspläne aufgefordert werden. Das Ziel ist, die Führungskräfte in die Lage zu versetzen, dass sie das Ganze vor den Teilen sehen und zur erfolgreichen Gestaltung sowohl der Teile als auch das Ganzen mit wirksamen und kohärenten Aktionsplänen initiativ und kreativ beitragen (Abb. 2). Die Unternehmen sind zu komplex geworden und das Wettbewerbsumfeld ändert sich zu rasch, so dass die obersten Führungskräfte immer weniger in der Lage sind, die Vielzahl der widersprüchlichen und oft trügerischen Informationen zu verarbeiten, die für strategische Entscheidungen benötigt werden; ihre Rolle als „peak decision maker" ändert sich nach Maßgabe der Führung mit strategischen Absichten.

Die Einbindung der Leiter der Funktionsbereiche und regionalen Einheiten ist von entscheidender Bedeutung, weil die Führungskräfte die Aktionspläne auf der Grundlage von Elementen formulieren werden, die die Unternehmensleitung nicht nur nicht kennt, sondern häufig nicht einmal beurteilen könnte. Darüber hinaus verfügen die Führungskräfte über Eigenschaften, die ihre Vorgesetzten nicht haben und die die Strategie und die damit verbundenen Aufgaben auf eine Art interpretieren, die von der verschieden sein kann, die die Vorgesetzten annehmen. Schließlich können die Aktionspläne Initiativen enthalten, deren Auswirkungen auf und Übereinstimmung mit den Strategien nur mit Approximation und Verspätung gemessen werden können.

Die Unternehmensleitung muss deshalb den Führungskräften einen Ausschnitt aus der Strategie geben, damit diese wissen, *was* das Unternehmen will und *warum* es das will.

Die übergeordneten Stellen halten sich vor jedem Eingehen in Details fern, bestimmten Kernauftrag und Kernelemente der Strategie und überlassen die Ausarbeitung und Abstimmung der entsprechenden Aktionspläne den Führungskräften. Von diesen wird verlangt, dass sie den Sinn eines Zieles erkennen und in eigener Verantwortung diesem Sinn nach handeln und das auch dann, wenn eine Änderung der Wettbewerbssituation und der Kundenbedürfnisse ein Abweichen vom Ziel richtig erscheinen lässt. Dadurch lassen sich eventuelle, schwerwiegende Fehlerbeurteilungen beim Denkansatz der Strategie vermeiden, neue, unerwartet auftretende Möglichkeiten berücksichtigen und schlecht kalkulierte Risiken abwenden.

Diese Methode setzt eine hohe strategische und operative Kompetenz sowohl der Unternehmensleitung als auch der Leiter der Funktionsbereiche und regionalen Einheiten voraus. Sie muss unter Berücksichtigung der Persönlichkeiten und Verhältnisse mit Maß, Verständnis und ohne jede Schematisierung geübt sein. Nur dann führt sie zur *geistigen* Zusammenarbeit und zur gegenseitigen Unterstützung der Führungskräfte.

Diese Methode darf die Unternehmensleitung aber nicht abhalten, da, wo die Situation es erfordert, wo es an Ressourcen oder an Zeit fehlt oder wo das Verhalten der Führungskräfte die Erreichung der Ziele gefährdet, Weisungen an die Führungskräfte zu geben. Die Unternehmensleitung hat das Recht und die Pflicht zum Eingreifen, sobald die Gefahr besteht, dass die Aktionspläne die Strategie in unbeabsichtigte Bahnen ziehen.

Sie soll aber von diesem Recht so wenig Gebrauch machen als nur irgendwie möglich ist; die Aufgabe der Unternehmensleitung ist, eine offene, innovationsorientierte Unternehmenskultur vorzuleben und die Führungskräfte zu der in richtigen Grenzen sich entfaltenden Selbsttätigkeit und Initiative zu erziehen.

Die Unternehmensleitung muss den Dingen oft ihren Lauf lassen, um feststellen zu können, ob die eingeräumte Selbständigkeit von den Führungskräften nicht zur Willkür missbraucht wird, sie muss aber die Überzeugung gewinnen, dass die Führungskräfte so viel Professionalität und Vertrauen in die eigenen Fähigkeiten besitzen, dass sie jeder Lage, für die wenig oder kein Wissen existiert, gewachsen sind.

3.1 Über Koalitionen

> Die Koalition ist vortrefflich, solange alle Interessen jedes Mitgliedes dieselben sind. Bei allen Koalitionen gehen indes die Interessen der Verbündeten nur bis zu einem gewissen Punkt zusammen. Sobald es nämlich darauf ankommt, dass zur Erreichung des großen gemeinsamen Zweckes einer der Teilnehmer ein Opfer bringen soll, ist auf Wirkung der Koalition meist nicht zu rechnen. (Helmuth von Moltke)

Die Führungskräfte haben die Pflicht, die mit den Vorgesetzten vereinbarten Ziele weiter zu entwickeln und zu ergänzen; sehen sie sich einer neuen, nicht vorgesehenen Lage gegenüber, haben sie das Recht, gleichermaßen als Stellvertreter oder in ihrem Namen zu handeln, immer aber in den Grenzen der Strategie oder in ihrem Sinne, an deren Entwicklung sie beteiligt waren. Diese Pflicht schließt auch die Verantwortung ein, unvorhergesehene Möglichkeiten selbständig zu entdecken, sie richtig zu bewerten, darauf aufbauend eigenständige Entscheidungen im Sinne der Strategie zu treffen und diese in Aktionsplänen umzusetzen. Dazu muss zwischen der Unternehmensleitung und den Führungskräften bezüglich der Auffassungen und Überzeugungen Einvernehmen herrschen – was eine gemeinsame, von oben vorgelebte Unternehmenskultur sowie Vertrauen zwischen Vorgesetzten und Führungskräften voraussetzt. Ein solches Einvernehmen ist somit nicht eine Sache des Zufalls; es ist das Ergebnis: a) einer sinngebenden und richtungsweisenden Vision und eines herausfordernden Leitbildes, das gemeinsam mit den Führungskräften erarbeitet wurde, b) einer hinreichenden Einbindung der Führungskräfte in die Ziele, Strategien und Beweggründe der Vorgesetzten, und c) eines richtigen Verständnisses der Lage des Unternehmens und seiner Entwicklungskorridore. Für die Führungskräfte ist es eine Notwendigkeit und daher auch eine Pflicht, sich ein Verständnis für die allgemeine Lage des Unternehmens, für die Trends, die sich abzeichnen, für die Entwicklung des Marktes und der Technologie, für gesellschaftliche Zusammenhänge zu verschaffen und sie im Auge zu behalten, soweit sie zu ihren Aufgaben in Beziehung stehen.

Die Führungsleitung muss überzeugt sein, dass in der überwiegenden Mehrzahl der Fälle Offenheit gegenüber neuen Möglichkeiten und unternehmerische Initiative seitens der Führungskräfte günstige Folgen nach sich ziehen werden; sie muss aber bereit sein, auch die weniger glücklichen Initiativen der Führungskräfte in Kauf zu nehmen und nicht zu bestrafen.

Erfolgreiche Unternehmen zeichnen sich dadurch aus, dass die Leiter der Funktionsbereiche und regionalen Einheiten die Handlungsfreiheit, über die sie verfügen, kreativ und im Interesse der Strategien nutzen und dabei die Möglichkeit der Zusammenarbeit mit den anderen Funktionsbereichen und regionalen Einheiten sowie mit Lieferanten und Partnerunternehmen bis zur Grenze der Machbarkeit ausschöpfen.

4   Fazit

Führen mit strategischen Absichten dient zusammenfassend folgenden Zwecken:

1. Sie stellt sicher, dass alle Führungskräfte in den verschiedenen Funktionsbereichen und regionalen Einheiten die verabschiedeten Strategien im Sinne der Unternehmensleitung *interpretieren*. Die Führungskräfte reagieren nicht direkt auf eine bestimmte Strategie, sondern immer nur auf ihre Interpretation der Strategie selbst. Und ihre Interpretation der Strategie ist davon abhängig, was sie vorher in sie hineingelegt haben. Bei einer Desinvestitionsstrategie z. B., für die ein Abbau von Arbeitsplätzen vorgesehen ist, reagieren die Mitarbeiter nicht auf die Situation selbst, denn sie haben ja keine Chance, ja oder nein zu sagen, sondern nur auf ihre Befürchtungen. Eine sorgfältig

Abb. 3 Die Verbindung von
Top-down- und
Bottom-up-Ansatz durch
Führung mit strategischen
Absichten

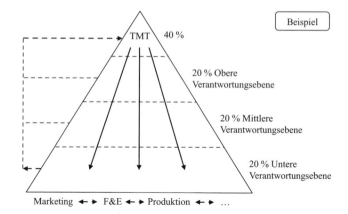

ausgearbeitete Produktionspolitik z. B. macht die Schwerpunkte der Strategie im technischen Bereich deutlich und orientiert die spezifischen Entscheidungen in eine Richtung,
die mit der Strategie übereinstimmt.

2. Sie löst *spezifische, mit den Strategien kohärente Aktionspläne* in den einzelnen Funktionsbereichen und regionalen Einheiten aus. Die Strategie ist kein Aktionsplan und kann
auch nicht über weit Strecken und längere Zeiträume geplant werden; die Konsequenzen der Strategie in den Funktionsbereichen und regionalen Einheiten müssen jedoch
im Einzelnen erfasst und geprüft werden. Die Kenntnis der strategischen Absichten der
Unternehmensleitung bildet den Rahmen, innerhalb dessen die Leiter der Funktionsbereiche und regionalen Einheiten selbständig und initiativ im Sinne der Strategien
entscheiden und handeln.

3. Sie dient der *Koordination* der einzelnen Funktionsbereiche und regionalen Einheiten
im Hinblick auf die verabschiedeten Strategien. Wenn der Produktionsleiter A und der
Leiter der F&E-Abteilung B zwischen einer Aktionslinie 1 einer Aktionslinie 2 wählen
können, muss sichergestellt sein, dass, wenn A die Linie 1 wählt, auch B sich für die
Linie 1 entscheidet oder zumindest weiß, dass A sich auf der Linie 1 und nicht auf
der Linie 2 bewegt. Die fehlende Abstimmung der Funktionsbereiche und regionalen
Einheiten hat umso schwerwiegendere Folgen, je höher die hierarchische Ebene ist,
auf der sich die Entscheidungsträger befinden und je länger die Kette der abhängigen
Entscheidungsträger ist.

4. Sie bezweckt ein *Controlling* und eine *Revision* der Strategien, wenn nicht vorgesehe-
ne oder vorhersehbare unternehmungsinterne und/oder externe Ereignisse Geplantes
unausführbar machen oder neue Möglichkeiten eröffnen.

Führen mit strategischen Absichten verbindet in abgestufter Form den Top-down- mit
dem Bottom-up-Ansatz (Abb. 3). Das Top Management Team (TMT), trägt die Letzt-
verantwortung für die Strategie, in deren Formulierung sind jedoch auch die unteren
Verantwortungsebenen eingebunden. Persönliche Erfahrungen und Beispiele erfolgreicher Unternehmen zeigen, dass die Beiträge zur Strategieentwicklung zu etwa 40 % beim

TMT liegen, die restlichen sich etwa gleichmäßig auf die anderen Verantwortungsebenen verteilen. Es ist also nicht so, dass das TMT die Strategie bestimmt und die anderen Ebenen lediglich Ausführungsorgane und Befehlsempfänger sind.

Literatur

Bungay St (2011) The art of action: how leaders close the gaps between plans, actions and results. Nicholas Brealey, London

Grant RM, Jordan J (2012) Foundations of strategy. Wiley, Chichester

Hamel G (2012) What matters now. How to win a world of relentless change, ferocious competition, and unstoppable innovation. Jossey-Bass, San Francisco

Hinterhuber HH (2012) Ergebnisorientiertes Führen mit strategischen Absichten. Berlin

Innovative Personalarbeit in Deutschland gestalten: Perspektiven und Praxis

André Papmehl

Success is going from failure to failure without loss of enthusiasm.
Winston Churchill

1 Ausgangslage

Seit Beginn des neuen Jahrhunderts scheint die ganze Welt „aus den Fugen" geraten zu sein. Es wirkt so, als würde alles immer schwieriger, unberechenbarerund gefährlicher werden. So verkürzen sich die Abstände zwischen Wirtschaftskrisen deutlich und die Reaktionen der Märkte werden immer volatiler: Der „Internetblase" folgte die „Immobilienkrise", dann die „Finanzkrise" wiederum gefolgt von der „Eurokrise"; weitere Krisen sind zu erwarten. Gleichzeitig werden die Risikosummen immer größer, mit welchen heute „hantiert" wird: Millionen waren einmal, heute sprechen wir mindestens über Milliarden – wenn nicht gar über Billionen. Also Größenordnungen, die sich der normale Mensch gar nicht mehr richtig vorstellen kann. Gleichzeitig scheint es so, als hätten wir nicht einmal mehr die Zeit, zwischendurch einmal „durchzuatmen", wie dies früher möglich schien. Und hier ist lediglich die Rede von der Wirtschaft und nicht von Themen wie Umwelt, Sicherheit oder Geopolitik.

Dies alles hat Auswirkungen auf unsere tagtägliche Arbeit, welche ein fundamentaler Bestandteil unserer menschlichen Existenz ist (s. a. Artikel Papmehl/Tümmers in diesem Buch). Denn Arbeit ist „eine zentrale Voraussetzung sozialer Anerkennung und damit für Selbstwert, persönliche Identität und gesellschaftliche Teilhabe"[1] maßgeblich. Deshalb haben Veränderungen in der Arbeitswelt ganz entscheidende Auswirkungen auf unsere Existenz. Im nachfolgenden Artikel wird beschrieben, welche Rolle das deutsche Personalmanagement in diesem Kontext übernehmen könnte.

---

[1] Jürgen Kocka, Thesen zur Geschichte und Zukunft der Arbeit, in: Aus Politik und Zeitgeschichte, B21/2001, S. 8 ff.

A. Papmehl (✉)
Papmehl Management Consulting, Haselweg 7, 72178 Waldachtal, Deutschland
E-Mail: info@papmehl.com

A. Papmehl, H. J. Tümmers (Hrsg.), *Die Arbeitswelt im 21. Jahrhundert*,
DOI 10.1007/978-3-658-01416-2_17, © Springer Fachmedien Wiesbaden 2013

2 „20 Years After"

Während die britische Rockband „Ten Years After" auch im 21. Jahrhundert noch als durchaus anerkannt bezeichnet werden darf, mag die Frage erlaubt sein, warum dies nicht gleichermaßen für das deutsche Personalmanagement zutrifft? Denn die Rahmenbedingungen und Handlungsnotwendigkeiten zur Gestaltung einer innovativen Personalarbeit sind seit mehr als zwanzig Jahren bekannt.[2]

1. Ungewissheit wie nie zuvor: Unternehmen und Mitarbeiter müssen wie noch nie zuvor mit Unsicherheiten leben. Veränderungen der Märkten, neue Wettbewerber, technologischer Wandel sowie verkürzte Zeithorizonte schaffen Widersprüche, wie die zeitgleiche Konkurrenz und Zusammenarbeit von Wettbewerbern: Gleichzeitig verkürzt sich der strategische Zeitrahmen fortlaufend. Diese Situation verlangt andere Führungsqualitäten und ein ständiges Lernen: Organisationen und Mitarbeiter sollten sich als lebende Symbiose und „lernendes System" verstehen. Diese Herausforderung wurde zwar vom Personalbereich erkannt, es bleibt aber weiterhin viel zu tun.

2. Zeit wird zum kritischen Wettbewerbsfaktor: Die Erfolgsformel lautet heute nicht mehr Kosten/Nutzen, sondern Kosten/Nutzen/Zeit: „Speed Management" verlangt eine produktivere Zusammenarbeit, Flexibilität in der Arbeit sowie veränderte Personalsysteme; eine weitere Herausforderung für die Personalleitungen.

3. Zunehmend fragmentierte Märkte: Der Erfolgsfaktor Kundenorientierung führt zu einer Feinsegmentierung von Märkten: Unternehmen fokussieren sich immer stärker auf eine genau definierte Kundenbasis, in der man Wettbewerbsvorteile realisieren kann. Die „maßgeschneiderte Massenproduktion" ist insofern heute keine Utopie mehr. Durch geeignete Organisationsformen und einen beständigen kulturellen Wandel, gilt es den diesen Prozess zu flankieren.

4. Qualität, Design, Service als Kernleistungen: Es ist leider immer noch keine besonders ausgeprägte „Servicekultur" in deutschen Unternehmen erkennbar, obschon der Nutzen einer kundenzentrierten Unternehmenskultur unstrittig ist. Firmen müssen heute immer noch die Kernkompetenz „Dienstleistungsfähigkeit" erlernen und wir wissen, wieviel Zeit für nachhaltige Verhaltensänderungen benötigt wird. Die Beschleunigung dieser Prozesse sollten Personalleiter deshalb zur „Chefsache" erklären.

5. Verfall des Nutzen von Größenvorteilen: Aufgrund der flexiblen Fertigung und einer vergrößerten Differenzierung von Kundenwünschen, welche manchmal den Eindruck erweckt, es gebe nur noch „Nischenmärkte", wird es immer schwieriger, wirkliche Größenvorteile („Economys of Scale") zu realisieren. Die Frage lautet nicht mehr: Wie groß müssen wir werden, um im Wettbewerb konkurrieren zu können, sondern wie groß müssen wir sein, um die – Nr. 1 – in unserem Marktsegment auf Dauer zu bleiben? Welchen

---

[2] André Papmehl/Ian Walsh, Personalentwicklung im Wandel, Gabler-Verlag 1991, S. 13 ff.

wertschöpfenden Beitrag hat das Personalmanagement hierzu in den letzten Jahren geleistet?

6. Flexibilität durch Dezentralisierung: Nicht nur Großunternehmen müssen deutlich flexibler werden oder, um mit den Worten von Rosabeth Moss Kantor zu sagen, geht es darum „dem Elefanten das Tanzen beizubringen."[3] In diesem Bereich ist positiv zu konstatieren, dass vom Personalmanagement in den letzten Jahren einige geeignete Lösungen auf den Weg gebracht wurden. In vielen Unternehmen müssen aber die Führungssysteme überdacht und neu gestaltet werden.

7. Wertschöpfungspartnerschaften statt Abschottung: Kreative Wege in der Zusammenarbeit mit Mitarbeitern, Kunden, Lieferanten sind zeitnah zu realisieren, oder wie es Moss Kantor sagt: Es gilt die „Inside-Out-Organisation" zu verwirklichen. In dieser werden bisher selbst-wahrgenommene Aufgaben nach außen vergeben, während gleichzeitig durch Wertschöpfungs-Partnerschaften das bisher „Externe" in das Unternehmen integriert wird. Solche „Netzwerk-Organisationen" beinhalten eine Vielzahl von Lernchancen für die Führung und die Mitarbeiter. Auch liegen hierzu durchaus sinnvolle Lösungen (z. B. Outsourcing, Interim Management oder Shared Services) vor, welche aber in Deutschland eher zögerlich genutzt werden.[4]

8. Internationale Chancen für alle: Internationale Chancen sind für Unternehmen (unabhängig von Ihrer Größe) weltweit gegeben. Aber deutsche Personalentwickler scheinen sich schwer damit zu tun, strategische Lösungen bzgl. der Entwicklung von internationalen Führungskräften zu realisieren, weshalb dieses Feld weiterhin intensiver Arbeit bedarf. So sind im Jahr 2012 immer noch 72,2 % aller DAX-Vorstände deutscher Nationalität.[5] um nur ein Beispiel mangelnder internationaler Personalentwicklung zu nennen.

9. Abbau von hierarchischen Strukturen: Führungskräfte und Mitarbeiter werden umdenken müssen: Horizontale statt vertikale Karrierewege; Koordinations- statt Kontrollspanne; das mittlere Management wird überflüssig; die Teamleistung wird wichtiger als die Individualleistung; Methoden wie Projektmanagement müssen zum Basiswissen gehören. Es bleibt einiges an Arbeit zu tun, auch weil in den letzten zwei Jahrzehnten diesbzgl. zu wenig vom Personalmanagement auf den Weg gebracht worden ist.

10. Die Notwendigkeit, ständig weiterzulernen: Das heutige Wissen veraltet immer schneller, unser gegenwärtiges Know-how wird morgen teilweise schon wieder irrelevant sein (s. a. Artikel Papmehl/Tümmers in diesem Buch); es ist zu einem „Instantprodukt"

---

[3] R. Moss Kantor, When giants learn to dance, Schuster + Schuster-Verlag 1990.

[4] André Papmehl, Pressemitteilung Outsourcing + Interm Management http://www.fair-news.de/pressemitteilung-477280.html.

[5] Vgl. http://www.handelsblatt.com/unternehmen/management/strategie/internationalisierung-die-zahl-auslaendischer-dax-manager-stockt/6882760.html.

geworden. Zwar können Basisfähigkeiten (z. B. funktionales Wissen wie Marketing, strategische Planung, Rechnungswesen) sowie Managementwissen (wie Konfliktmanagement, Verhandlungstechnik oder Delegation) „gelehrt werden". Unternehmerische Qualitäten, Persönlichkeitsentwicklung oder Verhaltensänderungen können aber nur „gelernt werden". Dementsprechend wird Personalentwicklung zukünftig vor allem Hilfe zur Selbsthilfe, bzw. Unterstützung beim Lernen sowie das Schaffen eines „Lernklimas" bedeuten.

Wir müssen „den Wandel lieben lernen!" Das Neue akzeptieren reicht heute nicht mehr aus. Wir müssen vielmehr den Wandel proaktiv suchen und konsequent vorantreiben! Sind sich CEO und Personalleiter der notwendigen Konsequenzen bewusst? Handeln Sie auch danach? Die Antworten auf diese Fragen werden maßgeblich darüber entscheidenden, wie gut deutsche Unternehmen auf die Zukunft gut vorbereitet sind!

11. Vom Arbeitnehmer zum Arbeitgeber: Unternehmen wären gut beraten der Tatsache ins Auge zu sehen, dass sich der deutsche Arbeitsmarkt in den nächsten Jahren „umkehren" wird: Und zwar von einem Arbeitgeber-, hin zu einem Arbeitnehmer-Markt (vgl. auch Artikel Papmehl/Tümmers in diesem Buch). Zukünftig werden sich Firmen bei ihren potenziellen Mitarbeitern „bewerben" müssen. Aus „Arbeitnehmern" werden somit „Arbeitgeber". Wurden frühzeitig und gewissenhaft mit den notwenigen personalpolitischen Vorbereitungen begonnen?

12. Internationaler Wettbewerb um Talente: Die aufstrebenden Wirtschaftsmächte, wie China, Indien, Mexico oder Brasilien werden verstärkt mit Deutschland um die besten Talente international konkurrieren. Auch die sogenannten „Old Economys" (USA, UK oder Kanada) werden sich im Wettbewerb – um die besten Talente – sicher nicht „die Butter vom Brot" nehmen lassen. Hinzu kommt die Abwanderung von Fachkräften aus Deutschland, welche bereits heute als sehr problematisch bezeichnet werden muss, denn es sind in der Regel gut qualifizierte Menschen die dem deutschen Arbeitsmarkt verloren gehen.[6]

Einen solchen „Brain Drain" (Verlust an Wissen, der bereits seit Jahren erfolgt) wird sich Deutschland auf Dauer nicht leisten können. Geeignete Lösungen zur Verbesserung der Rahmenbedingungen sollten deshalb durch Politik, Wirtschaft, Wissenschaft und Gewerkschaften erarbeitet werden.

3   Selbstbild versus Fremdbild der Personalabteilung

Diese strategie-relevanten Themen dürften den deutschen Personalchefs hinlänglich bekannt sein: Auch mangelt es nicht an geeigneten Ideen bzw. Instrumenten (vgl. „Benchmarks" in diesem Artikel) zur Umsetzung einer innovativen Personalarbeit. Ganz im Gegenteil: Jedes Jahr wird „eine neue Sau durchs Dorf getrieben" und die Anzahl an

---

[6] http://www.spiegel.de/wirtschaft/abwanderung-fachkraefte-schwund-in-deutschland-verschaerft-sich-drastisch-a-626988.html.

„Personal-Modethemen" ist kaum noch überschaubar. Außer Lippenbekenntnissen (Motto: „Bei uns steht der Mensch im Mittelpunkt") scheint sich doch eher wenig bewegt zu haben. Ein Sachverhalt, der auch Rückschlüsse auf das Selbstverständnis, den Stellenwert sowie das Engagement dieser Funktion zulässt.

Die Personalabteilung wird von vielen Mitarbeitern nicht selten als „Monopolbetrieb" mit angeschlossener „Verwaltungs-, Rechts- und Polizeibehörde" wahrgenommen. Mitarbeiter reagieren zunehmend enttäuscht, wenn Sie als „Bittsteller" und nicht als „interne Kunden" behandelt werden. Kundenorientierung ist im Vokabular vieler deutscher Personalchefs heute immer noch ein Fremdwort. Auch im 21. Jahrhundert gibt es tatsächlich noch Personalabteilungen, welche ihren internen Kunden „Sprechzeiten diktieren": Nur in bestimmen Zeiten dürfen in diesen Firmen die Mitarbeiter in ihrer Personalabteilung „vorsprechen". Zu Kundenbegeisterung bzw. einer Steigerung des Ansehens der Personalfunktion trägt dies sicherlich nur bedingt bei.

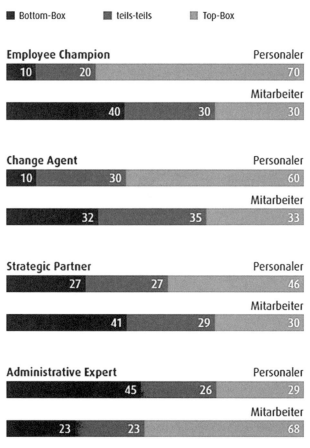

Quelle: www.hs-koblenz.de

Die Darstellung zeigt, dass die Personaler zwar in den oberen Gremien häufig vertreten sind, aber ihnen trotzdem
nicht viel Einfluss auf Entscheidungen zugetraut wird.

(Angaben in Prozent)

■ Bottom-Box   ■ teils-teils   ■ Top-Box

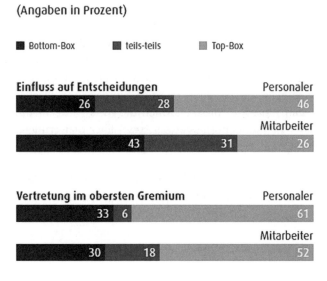

Einfluss auf Entscheidungen   Personaler
26   28   46

                                                              Mitarbeiter
43   31   26

Vertretung im obersten Gremium   Personaler
33 6   61

                                                              Mitarbeiter
30   18   52

Quelle: www.hs-kobelnz.de

Nichtsdestotrotz verfügen viele Personalleiter über ein durchaus positives Selbstbild bzw. Selbstbewusstsein[7] – während sich die Kundenwahrnehmung dann doch deutlich anders darstellt:

Quelle: eigene Darstellung

---

[7] Vgl. http://www.hs-koblenz.de/fileadmin/medien/Koblenz/Betriebswirtschaft/Prof._Dr._Beck/HR-Image-Studie_2011.pdf.

Denn 33 % der befragten Mitarbeiter sind von der Notwendigkeit einer Personalabteilung nicht überzeugt. Es muss als „bedauerlich" (um es diplomatisch zu formulieren) für unsere „Berufszunft" bezeichnet werden, wenn ein Drittel der Belegschaft die Existenzberechtigung der Personalfunktion prinzipiell in Frage stellt. Insofern ist es verblüffend, wenn sich Personalleiter selbst, als „Employee-Champions" mit einem „hohem Einfluss" auf das Unternehmensgeschehen wahrnehmen: Gleichzeitig aber von ihren internen Kunden als „Verwalter" mit „wenig Einfluss auf Entscheidungen" bezeichnet werden. Folgende Handlungsoptionen (s. a. Studie) sollten insofern auf der „kurzfristigen Agenda" deutscher Personalleiter stehen:

1. Richtige Positionierung der Personalabteilung: Die eigenen Kompetenzen sind auszubauen, fachübergreifende und betriebswirtschaftliche Zusammenhänge des Unternehmens müssen den Personalleitern bekannt und auch von ihnen verstanden worden sein, um als „Business-Partner" tatsächlich akzeptiert zu werden.

2. Fokussierung auf die Marktorientierung: Das eigene „Leistungs-Portfolio" ist (gemeinsam mit den Kunden) zu überdenken bzw. kritisch in Frage zu stellen: Beispielsweise ob sich die heute angebotenen Produkte und Dienstleistungen des Personalbereichs tatsächlich mit den Kundenerwartungen decken?

3. Ausbau der Marketingorientierung: Regelmäßig und zeitnahe sollte über laufende HR-Projekte, Neuerungen und Änderungen mit den eigenen Kunden kommunizieren werden: Positive Leistungen der Personalabteilung sind publik zu machen, auch um so eine verstärkte Akzeptanz bei den Kunden zu gewinnen.

4. Ein gutes Image realisieren: Eine klare Positionierung der Personalabteilung ist zu realisieren und Kunden des Personalbereiches sollten von der Notwendigkeit bzw. Qualität der Personalfunktion tatsächlich überzeugt sein.

Mit einer schnellen „HR-Image-Kampagne" wird es folglich nicht getan sein. Vielmehr ist es unsere Pflicht als Personalmanager, einen nachhaltigen Zusatznutzen („added value") für unsere Kunden zu generieren. Dies setzt allerdings voraus, die Anforderungen und Probleme der Kunden – nicht nur zu verstehen – sondern ihnen auch maßgeschneiderte Lösungen anbieten zu können. Ob geeignete Schritte in diese Richtung nunmehr zeitnah erfolgen werden, bleibt abzuwarten:

Der deutsche „Personaler" sieht sich gerne als bevorzugter „HR-Business Partner" der Geschäftsführung und des Management; spricht aber oft nicht deren Sprache: Auch weil er nur rudimentär mit Themen wie Unternehmensplanung oder wirtschaftlichen Kennzahlen tatsächlich vertraut ist. Insofern war die altmodische Bezeichnung „Personalreferent" vielleicht doch eine zutreffendere Wortwahl?

4   Und wo bleibt das Positive?

Und immer wieder schickt ihr mir Briefe,
in denen ihr, dick unterstrichen, schreibt:
„Herr Kästner, wo bleibt das Positive?"
Ja, weiß der Teufel, wo das bleibt.

Dennoch gibt es auch „Positives" zu berichten: Denn innovative Unternehmen haben
erkannt, dass Personalarbeit zu einem kritischen Erfolgsfaktor geworden ist: Zumal unternehmerische Lösungen, welche Themen wie Unternehmenskultur, Personalmanagement
oder Führung betreffen nicht (bzw. nur mit deutlichem Zeitabstand) vom Wettbewerb
kopiert werden können: Es existiert so zu sagen – ein „Imitationsschutz von Know-how".[8]

Quelle: In Anlehnung an T. Sattelberger / eigene Darstellung

Nachfolgend soll anhand von drei ausgewählten Praxisbeispielen (eine breitere Darstellung würde den Rahmen dieses Artikels sprengen) dargestellt werden, dass eine innovative
Personalarbeit in Deutschland durchaus möglich ist und in der Praxis auch stattfindet:

5   Flexible Arbeitszeiten bei BMW

Während andere Autohersteller in Europa (im Jahr 2012) ihre Produktionsstandorte schließen müssen, geht es der BMW AG so gut, wie nie zuvor. Als strategisch agierendes
Unternehmen bereitet sich BMW bereits heute auf zukünftige Krisen vorbildlich vor. Statt
wie in der Vergangenheit angesammelte Überstunden auszuzahlen, werden diese zukünftig

---

[8] Thomas Sattelberger, Human Resources Management im Umbruch, Gabler-Verlag 1996.

den bestehenden Arbeitszeitguthaben zufließen. So wird ein solides „Stunden-Polster" für schlechte Zeiten aufgebaut. Ebenfalls wird die Gewinnbeteiligung der Mitarbeiter (monetär) um ca. 20 % gekürzt und diese Summe, in Form von Stunden, den Arbeitszeitguthaben zugeschrieben werden.

Last but not least, wird es BMW in schweren Krisen möglich sein (in Abstimmung mit dem Betriebsrat) seine Werke – bis zu fünf Wochen – zu schließen: Die Mitarbeiter werden in dieser Zeit ihren Jahresurlaub nehmen „müssen". Mit diesen Maßnahmen, die übrigens auch für die Leiharbeiter gelten, wird der Autohersteller in der Lange sein, auf Kurzarbeit gänzlich zu verzichten und dennoch einen Absatzrückgang von bis zu 30 % – ohne in die roten Zahlen zu geraten – meistern zu können. Dieser Ansatz ist für Deutschland wegweisend und der Betriebsrat von BMW hat die anstehenden Herausforderungen der Zukunft nicht nur richtig interpretiert, sondern vielmehr Arbeitsplätze in Deutschland durch diese innovative Lösung nachhaltig gesichert!

Auch in anderen deutschen Unternehmen wird seit geraumer Zeit an solchen innovativen Lösungsansätzen gearbeitet. BMW ist es aber gelungen, als erstes Unternehmen in Deutschland, ein solches Konzept tatsächlich in die Tat umzusetzen. Insofern kann BMW aktuell mit Recht (in diesem Bereich) für sich in Anspruch nehmen – die innovativste Personalarbeit in Deutschland – verwirklicht zu haben![9]

6   Das FESTO Lernzentrum

Aber auch mittelständische Konzerne sind seit geraumer Zeit bspw. im Bereich der Personalentwicklung „kreative unterwegs". Das gemeinnützige FESTO-Lernzentrum nahm bereits in den 1990er Jahren seine Tätigkeit auf und hat sich seitdem zu einem der größten regionalen Weiterbildungsanbieter entwickelt. Ausgangspunkt war eine strategische Initiative der Unternehmerfamilie – im Hinblick auf die Gestaltung von Innovationen in den Bereichen Qualifizierung, Aus- und Weiterbildung.

Dieses Konzept wurde im Jahr 2012 als Vorreiter für Europäische Bildung mit dem – Leonardo-European Corporate Learning Award – ausgezeichnet. Durch eine enge Anbindung des Lernzentrums an Produktion und Logistik des Unternehmens, können bundesweit „solide" Lernchancen bzw. die pragmatische Verbindung von „Theorie + Praxis" in der beruflichen Aus- und Weiterbildung realisiert werden. Neben Seminaren und Lehrgängen, stehen aber auch Lernangebote wie Prozessbegleitung oder Ausbildung für die FESTO-Kunden zur Verfügung; auch beteiligt sich das Lernzentrum regelmäßig an öffentlich geförderten Projekten. Weitere interessante Lern-Schwerpunkte sind in diesem Zusammenhang:

---

[9] s. a. Der Spiegel: Krise light, Krise heavy, Seite 79, 44/2012.

- Maßnahmen zu Qualifizierung während der Kurzarbeit (z. B. in den Jahren 2009/2010).
- Entwicklung des Fachkräftenachwuchses durch Betreiben einer Privaten Fachschule für Technik: ca. 100 Absolventen pro Jahr (Stand 2012: rund 300 Teilnehmer).
- Kooperationspartner der IHK bzgl. Durchführung von diversen Prüfungslehrgängen zum Industriemeister IHK: ca. 100 Absolventen pro Jahr (Stand: 2012 rund 300 Teilnehmer).
- Zielgerichtete Bildungsinitiativen für „ungelernte Mitarbeitern" in Form von Lehrgängen zur beruflichen Entwicklung mit dem Ziel der Reintegration in „den ersten Arbeitsmarkt".

Die Zielsetzung des FESTO-Lernzentrums lautet, ein ganzheitliches „Bildungs-Portfolio" zum Nutzen seiner Kunden durch geeignete Maßnahmen (bis hin zur Finanzierung von Qualifizierungsmaßnahmen) permanent auszubauen.[10] In Verbindung mit dem innovativen Konzept „Bildungsfonds" (s. a. Artikel Speck, in diesem Buch) ist FESTO als „Benchmark" im Bereich der Personalentwicklung zu bezeichnen.

7   BROSE – Generation 45 plus

Wie im einführenden Artikel (Papmehl/Tümmers in diesem Buch) beschrieben, sollten deutsche Personalchefs endlich von ihrem „Jugendlichkeitswahn" Abschied nehmen; wie dies die Personalleitungen in anderen Ländern bereits seit den 1980er Jahren getan haben. Das Unternehmen BROSE, obschon ein Vertreter der sogenannten „Old Economy", kann was seine Personalpolitik zur Thematik „Generation 45 plus" – in der Tat als ein „jugendlicher Vorreiter" und „Benchmark" für Deutschland bezeichnet werden. Denn in diesem Unternehmen werden (bereits seit geraumer Zeit) proaktiv ältere Mitarbeiter für den Angestelltenbereich gesucht und eingestellt. Als kleiner „Wehrmutstropfen" bleibt anzumerken, dass diese Initiative nicht für den gewerblichen Bereich gilt; wie die IG-Metall (Coburg) zu Recht beanstandet.

Allerdings sagt uns der gesunde Menschenverstand ebenfalls, dass für gewerbliche Arbeiten in Bereichen wie Produktion oder Logistik, die persönliche Leistungsfähigkeit und Energien (mit steigendem Alter) abnehmen: Dies ist eine altersbedingte Gesetzmäßigkeit. Dennoch wären Management und Personalleitung bundesweit gut beraten, hierzu geeignete, kreative Lösungen zu finden, denn wir können die „Generation 50 plus" nicht auf Dauer aus der gewerblichen Arbeitswelt ausklammern.

BROSE hat übrigens mit älteren Mitarbeitern durchaus gut Erfahrungen in der Praxis gemacht und die Aussage des Firmenchefs „Innovation trifft Erfahrung" – zeugt von der strategische Weitsicht dieses deutschen Unternehmens.

---

[10] www.festo-lernzentrum.de.

8   Notwendig Konsequenzen: Vom Mitarbeiter zu Mitunternehmer

Menschen gestalten die Zukunft ihres Unternehmens – oder auch nicht! Anders ausgedrückt haben Unternehmen genau die Mitarbeiter, welche sie auch „verdienen". Es ist bezeichnend, dass einige Mitarbeiter im Unternehmen nur das wirklich „Nötigste" tun – sich dann aber in der Freizeit als „Vollblut-Unternehmer" entpuppen:

- Vorsitzende von Vereinen und soziales Engagement;
- ehrenamtliche Tätigkeiten oder wirtschaftliche Projekte;
- anspruchsvolle kulturelle Tätigkeiten bzw. Hobbys;
- u. v. m.

Ursache für eine derartige Verschwendung von „menschlichem Potenzial" ist in der Regel eine schlechte Führung im Unternehmen. Zukünftig wird sich die deutsche Wirtschaft eine solche Verschwendung nicht mehr leisten können. Denn die wirtschaftlichen Rahmenbedingungen sind hierfür zu ernst: Gesättigte Märkte, Verdrängungswettbewerb, Innovationsdruck, Globalisierung, um nur einige der Herausforderungen zu nennen. Diese gilt es zu erfolgreich meistern, um am Markt weiterhin erfolgreich „mitspielen" zu dürfen. Unternehmen, die in Zukunft überleben wollen, müssen heute einen ganz entscheidenden Paradigmenwechsel schnell und konsequent vollziehen: Sie sollten sich vom „Prinzip Mitarbeiter" verabschieden und den Gedanken des „Mitunternehmers" nachhaltig im eigenen Unternehmen verwirklichen.

Denn die „schlummernden" menschlichen Potenzial ein Organisationen sind der „letzte Schlüssel", um uns die Tore zu neuen, aber auch hart umkämpften Märkten sowie profitablem Wachstum zu erschließen.[11]

Zukünftig sollten die in der Firma arbeitenden Menschen den Unternehmenserfolg aktiv gestalten wollen, können und dürfen. Folglich müssen Führung und Personalmanagement „neu gedacht" werden, denn Mitunternehmer:

- erhalten keinen Lohn, sondern ein Unternehmergehalt;
- entscheiden selbst (im Team), wie Prämien (im definierten Kontext) zu verteilen sind;
- sollten nicht auf Seminare geschickt werden, sondern definieren die notwendigen, eigenen Bildungsbedarfe (in Abstimmung mit den Vorgesetzten);
- werden nicht mit Incentives „beglückt", vielmehr steuern sie ihre eigenen Vergütungsstruktur (z. B. im Rahmen von „Cafeteria-Systemen");
- treffen selbstverantwortlich, unternehmerische Entscheidungen und übernehmen persönliche Verantwortung.

Dies dürfte für viele Führungskräfte in Deutschland „Neuland" sein, da ganz neue Führungskompetenzen erforderlich werden. Manager sollten zukünftig in der Lage sein ihre

---

[11] Papmehl et al., Die kreative Organisation, Gabler-Verlag 2009.

Teams wie ein Trainer bzw. Coach effektiv lenken bzw. koordinieren (Arbeitsanweisungen gehören bspw. der Vergangenheit an) zu können. Noch eine Herausforderung für Personalleiter, aber kein wirklich neuer Punkt (vg. Papmehl/Walsh a. a. O.). Der Alltag in deutschen Unternehmen sieht dann doch oft ganz anders aus:

Statt Mitarbeiter zu „entfesseln" werden diese nicht selten „entmündigt". Denn Führungskräfte tun oft nicht, wofür sie (laut Berufsbezeichnung) eigentlich primär bezahlt werden: Menschen darin zu unterstützen und zu fördern, ihre Potenzial bestmöglich zu ihrem sowie zum Wohle des Unternehmens einzubringen: *„Gelänge es, Mitarbeiter so einzusetzen, dass sie sich in ihrer Arbeit selbstverwirklichen könnten – so würden klassische Unternehmensziele, wie profitables Wachstum oder Kundenorientierung, zu Abfallprodukten dieser Strategie."*[12]

Wenn wir dieser Vision nur etwas näher kommen könnten, würden Organisationen und die in ihr arbeitenden Menschen – Krisen zukünftig ggfs. als herausfordernde Chancen sehen und entsprechend positiver agieren.

Denn heute reagieren Menschen noch auf Krisen oft mit Ängsten, Aggressionen oder auch mit persönlicher Resignation bzw. „innerer Immigration". Die immer gleichen Antworten von Personalleitern greifen insofern zu kurz, denn sie lauten: „Kurzarbeit" oder, (wenn es dann ganz schlimm kommt): „Interessenausgleich und Sozialplan".

Nicht wirklich zeitgemäße Antworten, wenn man die Lösungen innovativer Unternehmen (z. B. BMW AG in diesem Artikel) zu Rate ziehen würde. Auch das Management sollte sich viel intensiver damit beschäftigen in diesem Zusammenhang „bessere" Botschaften zu formulieren; eine solche Botschaft könnte beispielsweise lauten: *„Wir lernen und handeln schneller & besser, als dies unseren Wettbewerbern gelingt. Wir nutzen jede Krise als eine positive Chance für unser Unternehmen, um unsere Wettbewerbsvorteile nachhaltig auszubauen!"*

9 Ausblick: Mit den Strukturen von Gestern werden wir die Herausforderungen von Morgen nicht meistern

Germany has a problem with services. Services are regarded as second-class products and are generally under-developed. In 2000–07, value added in marketed services grew by 2.2 % a year, compared with an average of 3.1 % overall in the OECD. In business services, productivity grew by 0.9 % a year in Germany in 2000–08, against 1.7 % in the OECD. It is not often that Germany is at the bottom of the class. What makes it even worse is that the weakness in services is holding back the economy. Germany has deficits in education, immigration and finance. (vgl. Artikel von Walsh und Papmehl/Tümmers in diesem Buch).

Sollte in Deutschland diese Problematik nicht zeitnah zur „Chefsache" gemacht werden, laufen wir Gefahr, weltweit abgeschlagen auf „den hinteren Plätzen" im globalen Wettbewerb zu landen: Bereits im Jahr 2016 könnten wir von unserem aktuellen Platz 5 (Jahr:

---

[12] André Papmehl, Personal-Controlling, 2. Aufl. Sauerverlag 1999.

2011) auf den Platz 10 verwiesen zu werden; (Anteil am globalen Bruttosozialprodukt; vgl. Ian Walsh, a. a. O.).

Folglich wären Politik und Wirtschaft gut beraten die Rahmenbedingungen so zu gestalten, dass sich unsere aktuellen Stärken nicht in potenzielle Schwächen umkehren: Denn in den „modernen" Wirtschaftsbranchen, wie Internet, Dienstleistung oder Kreativität (z. B. Kunst, Film, Musik) ist Deutschland heute „eher schwach aufgestellt". Als erfolgsverwöhnter „Export-Champion" in unseren traditionellen Branchen (Automobil- und Maschinenbau) könnten wir Deutsche ggfs. etwas „betriebsblind" geworden sein? Insbesondere, was zukünftigen Wachstumsmärkte betrifft, die nicht unserem traditionellen Muster entsprechen – als Nation unbedingt etwas „ganz Handfestes" herstellen und exportieren zu müssen. Gleichzeitig sollten wir von unseren tradierten Organisations-Modellen Abschied nehmen und unsere Unternehmensstrukturen an den globalen Notwendigkeiten ausrichten bzw. entsprechend (fein-) justieren.

Wenn Änderungen im System nur noch marginale Verbesserungen beinhalten, liegt es nahe, das System selbst zu verändern. Die klassische Pyramide hat „eigentlich" schon seit Jahren ausgedient; ist aber immer noch oft als Organisationsmodell anzutreffen. Eine Netzwerk-Organisation[13], (siehe Grafik) wäre eine der möglichen Handlungsalternativen, um beispielsweise das Schlüsselthema Kundenorientierung im Unternehmen zu forcieren:

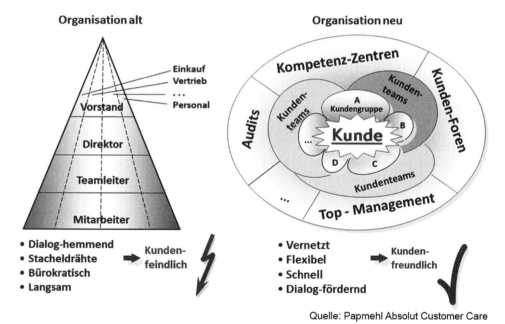

Quelle: Papmehl Absolut Customer Care

Als „neuen Königsweg" haben sich viele Unternehmen für die „Matrix-Organisation" entschieden, obschon die Nachteile dieser Organisationsform für sich selbst sprechen: Kom-

---

[13] André Papmehl, Absolute Customer Care, 2. Aufl. Signum-Verlag 2002.

petenzkonflikte, Machtkämpfe, schwerfällige Entscheidungsfindungen, Doppel-Arbeiten, hoher Kommunikations- bzw. Koordinierungsaufwand, höhere Organisationskosten, Verunsicherung der Mitarbeiter uvm. Um es auf den Punkt zu bringen: Wenn man die Komplexität in Organisationen steigern und die Schnelligkeit von Entscheidungen deutlich verringern will, sollte man sich unbedingt für das Matrix-Modell entscheiden.

Eine Alternative wäre es, sich mit ganz neuen Organisations-Modellen intensiver zu beschäftigen. Unternehmen könnten sich beispielsweise nach dem Prinzip des „Crowdsourcing" organisieren. Dieses (heute noch primär in der „Internet-Wirtschaft" praktizierte) Arbeitsmodell beinhaltet interaktive, flexible Formen der Arbeitserbringung: Entsprechend bestehender Leistungsbedarfe werden von einem (im Wettbewerb stehenden) Netzwerk geeignete Lösungsansätze vorausschauend gestaltet. Überträgt man diesen Gedanken auf unsere heutige „Real-Wirtschaft" werden Handlungsoptionen deutlich, welche die heute bestehenden Strukturen von Unternehmen allerdings radikal verändern würden.

Denn zukünftig würden Unternehmen im Management nur noch über ein Kernteam verfügen, welches für die Unternehmensstrategie und deren Umsetzung verantwortlich zeichnet. In den Fachbereichen blieben ebenfalls lediglich Kernmannschaften bestehen, welche über ein unabdingbares Funktions- bzw. Prozesswissen verfügen. Last but not least – würde diese neue Organisationsstruktur auch auf Funktionen wie Produktion oder Vertrieb angewendet werden.

Entsprechend der „Lebensphasen" von Unternehmens (Einführung, Wachstum, Reife, Auslaufen) sowie der Wirtschaftslage (positiv, neutral oder negativ) würden die „richtigen Menschen auf Zeit" in die Unternehmen integriert werden: Mithin eine „atmende Organisation" verwirklicht werden, welche eine jederzeit optimale Personalstruktur abbildet. Wie alle Organisationsformen beinhaltet auch dieses Modell potenzielle Nachteile: So müsste eine sehr differenzierte, strategische Personalplanung und -steuerung implementiert werden. Auch wären personalpolitische Themen wie Rekrutierung, Vertragsgestaltung oder Personalentwicklung grundsätzlich zu überdenken. Dennoch scheint es angeraten, die Vor- und Nachteile solcher alternativer Lösungswege, zumindest einer kritischen Prüfung zu unterziehen.

Nach „grober" fachlicher Einschätzung, würde sich die Stammbelegschaft von deutschen Unternehmen (bei einer solchen Organisationsform) um ca.15 – 35 % (auf Dauer) reduzieren. Diese Arbeitsplätze würden allerdings nicht entfallen, sondern zukünftig mit „prädestinierten Menschen auf Zeit"(aus dem Arbeitsmarkt) besetzt werden. Eine strategische Überlegung, die bei den Kollegen aus Gewerkschaften bzw. Betriebsräten (ad hoc) keinerlei „Begeisterungs-Stürme" auslösen wird. Dennoch sollten wir gemeinsam überlegen, wie hierzu bspw. neue Tarifverträge bzw. Vereinbarungen gestaltet werden könnten.

Denn es gilt einvernehmliche Lösungen zu finden, zumal die deutsche Wirtschaft mit einer differenzierten Mitbestimmung in der Vergangenheit durchaus „gut gefahren" ist. Im globalen Wettbewerb lautet unsere heutige gemeinsame Verantwortung: Arbeitsplätze in Deutschland durch – sehr intelligente Personalkonzepte – auf Dauer zu sichern. Ansonsten laufen wir hohe Gefahr im Wettbewerb mit den aufstrebenden Wirtschaftsnationen, nicht nur ins „Hintertreffen" zu geraten, sondern ggfs. sogar im „Abseits" zu landen.

Lucius Annaeus Seneca (geboren im Jahr 1 n. Chr.) hat „den Finger auf die Wunde gelegt" – warum wir Menschen uns mit notwendigen Veränderungen nicht selten so schwer tun: *„Nicht weil die Dinge schwierig sind, wagen wir sie nicht, sondern weil wir sie nicht wagen, sind sie schwierig."*

Soviel zu Perspektiven und Praxis einer innovativen Personalarbeit in Deutschland – nun gilt es eine Wahl zu treffen.

Ausblick/Outlook

Ian Walsh

In many ways, the world of work 12 years into the 21st century has not changed much from that 12 years before the end of the 20th, especially in Germany. There are some new tools to work with – in 1988 the internet was still just a scientific instrument – and there are new competitors in the market place, but the old rules still generally apply.

This is the world of the social market economy, co-determination, high-end manufacturing and exports – a model that has served Germany well since the 1970s notwithstanding such upheavals as reunification and globalisation. As the previous contributors to this book have shown, this world is now changing and the question arises as to what comes next.

1 What Comes Next?

Forecasts are nearly always wrong but we still believe in them, cheerfully extrapolating from the past into the future. And there are always those who claim, retrospectively, to have seen terrible things coming for a long time, for instance the financial crisis which began in 2007. Most of these self-styled prophets are not very credible, especially the professional doomsayers – the people and organisations that continuously predict disasters and who, with statistical probability, will occasionally be right but mostly wrong.

On the other hand complacency is equally dangerous. Things will not stand still. The historian Niall Ferguson has written of the complacency of the last golden age of globalisation a 100 years ago[1]:

> From around 1870 until World War I, the world economy thrived in ways that look familiar today. The mobility of commodities, capital, and labour reached record levels; the sea lanes

---

[1] Niall Ferguson. Sinking Globalisation. Foreign Affairs, Vol. 84, No. 2, March/April 2005

I. Walsh (✉)
Ian Walsh Consulting Network, Nerotal 69, 65193 Wiesbaden, Deutschland
e-mail: ian@walsh-net.com

A. Papmehl, H. J. Tümmers (Hrsg.), *Die Arbeitswelt im 21. Jahrhundert*,
DOI 10.1007/978-3-658-01416-2_18, © Springer Fachmedien Wiesbaden 2013

and telegraphs across the Atlantic had never been busier, as capital and migrants travelled west and raw materials and manufactures travelled east. In relation to output, exports of both merchandise and capital reached volumes not seen again until the 1980s. Total immigration from Europe between 1880 and 1910 was in excess of 25 million. People spoke euphorically of 'the annihilation of distance.'

Soon the world was engulfed by war. In the following 25 years there came the Great Depression and the Second World War. As Ferguson points out, there was no shortage of voices predicting Armageddon but nonetheless many were surprised when the crisis actually came. There are parallels to the current age:

> The last age of globalization resembled the current one in numerous ways. It was characterized by relatively free trade, limited restrictions on migration, and hardly any regulation of capital flows. Inflation was low. A wave of technological innovation was revolutionizing the communications and energy sectors; the world first discovered the joys of the telephone, the radio, the internal combustion engine, and paved roads. The US economy was the biggest of the world, and the development of its massive internal market had become the principal source of business innovation. China was opening up, raising all kinds of expectations in the West, and Russia was growing rapidly.[2]

2 The Wrong Forecasts – and the Right Ones

Whilst perspicacious (Ferguson foresaw both the US debt and the Euro crises) these parallels with the current age do not tell the whole story. We have in fact learnt some things from history. But sometimes the lessons become garbled. Here is an example. Many have heard the famous quotation of former US Secretary of Education Richard Riley that the top ten jobs in demand in 2010 didn't exist in 2004. This canard has been re-quoted often, even on university websites as an argument in favour of their services.[3]

Unfortunately, the top ten jobs in demand in the USA in 2009 (and therefore possibly also in 2010) happened to be the following[4]:

1. Registered nurses
2. General and operations managers
3. Physicians and surgeons
4. Elementary school teachers
5. Accountants and auditors
6. Computer software engineers

---

[2] Ibid.

[3] See, for instance, the presentation by Dr. G.P. "Bud" Peterson, President of the Georgia Institute of Technology on 7 October 2009. http://www.gatech.edu/president/speeches/changingworld.html

[4] HR Magazine, March 2009, cited in: RILA Report: Asset Protection Vol. 3, April 2009. http://www.rila.org/news/newsletters/assetprotection/april2009/Pages/FactorFictionMaintainingCredibility.aspx

7. Sales representatives and managers
8. Computer systems analysts
9. Management analysts
10. Secondary school teachers

There are no new or unusual career paths here, it seems. Yet Riley's prediction is still cited: why? The explanation comes from Walter E. Palmer, Chief Executive Officer and President, PCG Solutions, Inc. who took the trouble to research the matter. His findings are given in a newsletter of the US Retail Industry Leaders Association.[5] As it happens, Riley did indeed make this statement and was quoted in a book entitled *The Jobs Revolution: Changing How America Works*.[6] But the book was published in 2004 and Riley was merely making a point about the pace of change. It was not a statement of fact in the year 2010.

Let us not draw the wrong lesson from this mistake (one that is becoming increasingly common as googling replaces serious research). Things are indeed changing very fast. For instance, some large and influential companies – now household names – did not even exist before 2004. Facebook was started in that year, YouTube in 2005 and Twitter in 2006. Google itself has only been around since 1998. So Dr. Peterson of the Georgia Institute of Technology was right when he concluded from his misquotation that his university's new Burdell Center should take on the following role: "we are currently preparing students for jobs that do not yet exist using technologies that have not yet been invented in order to solve problems we have not yet identified."[7]

3   The Rules of the Game are Changing

What is clear is that many of the old rules of the game are changing.[8] A new type of multinational company is appearing in the rapidly emerging markets. Innovative and re-volutionary, these companies no longer just follow American or European ways but are developing their own business models. The result is that the former globalisation deal is no longer valid. The deal was this: standard manufacturing goes offshore to countries with a huge labour-cost advantage. In the West, consumers profit from cheap gadgets whilst most of the added value remains at home anyway. The well-known Apple iPod formula is an example of this. Just 4 % of the value added stays in China where the product is made. Much of the rest returns to the USA in the form of design, transport and retailing (see Fig. 1).

---

[5] Ibid.

[6] Gunerson, Steve et al. Copywriters Inc., 2004.

[7] Cf. http://designenaction.gatech.edu/?p = 32231.

[8] Ian Walsh. The new challenge for HR – learning from emerging markets. In: Personal. Manager 3/2010, pp. 44–46.

Abb. 1 Value capture for an
iPod. (Source: Kraemer,
Kenenth L. et al. Capturing
Value in a Global Innovation
Network: Comparing the iPod
and Notebook PCs. Personal
Computing Industry Center,
University of California, Irvine)

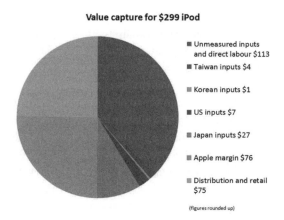

Value capture for $299 iPod

- Unmeasured inputs and direct labour $113
- Taiwan inputs $4
- Korean inputs $1
- US inputs $7
- Japan inputs $27
- Apple margin $76
- Distribution and retail $75

(figures rounded up)

Chinese companies earn only $ 4 because their contribution is mainly assembly, a low-value activity. Understandably, the developing countries no longer like this deal. They want, and are getting, more of the action. So much so that, according to an Economist survey, "the new masters of management" are not from the USA and certainly not from Europe but from developing countries.[9] World-class companies from China, India, Brazil or Mexico no longer compete just on cost but on innovation.

The Chinese car manufacturer Geely came to prominence when it launched a gold version of the famous black London taxi cab at the 2007 Shanghai motor show. Geely has a 23 % ownership stake in Manganese Bronze, the British company which has been making the black cab since 1948. Geely also bought Volvo from Ford and the first model under new Chinese ownership has been launched. The Indian car company, Tata Motors, bought Jaguar and Land Rover from Ford and revived these brands whilst launching the revolutionary Nano small car.

The innovation revolution developing in emerging markets has been called "frugal innovation". There are no fancy gadgets, just simple products that are cheap but do the job. It is also called reverse innovation because the poor consumer is the starting point for developing suitable products and services that he or she can afford. General Electric's healthcare laboratory in Bangalore has developed a hand-held electrocardiogram which is small enough to fit into a shopping bag and can run on batteries. It costs $ 800 and is important because 5 million people in India die of heart diseases every year.[10] Tata Consultancy Services has found a solution to the second of India's major healthcare problems, contaminated water, which causes about 1 million deaths per year. Tata's water filter uses rice husks, a common waste product.

Frugal does not mean cheap and shoddy. It means fit for purpose. Nokia's cheapest phones have flashlights because of frequent power cuts and several address books, because the phones are often used by more than one person.

---

[9] The new masters of management. The Economist. 15 April 2010.
[10] Ibid.

Besides making hardware, emerging market companies are making innovative use of existing management techniques to improve processes. One remarkable example is the use of Henry Ford's mass-production methods in healthcare. Dr. Devi Prasad Shetty is India's most famous heart surgeon his hospital in Bangalore has 1,000 beds – a typical American heart hospital has 160 – and he and his team perform around 600 operations per week. The hospital has amassed a wealth of experience and the success rate is as good as the best American hospitals at a fraction of the cost: $ 2,000 for open heart surgery compared with $ 20,000 – 100,000 in the USA. Poor people are treated at very low, subsidised rates. Yet the hospital is still more profitable than its American peers – 7.7 % after tax as opposed to an average of 6.9 % in the USA.[11]

The reasons for this progress are easy to define: emerging economy companies have the same access to capital and talent as their western competitors, the size of the emerging market economies is vast, growth rates are higher than in the west and the middle class in the BRIC nations is rapidly increasing. The new middle class (i.e. those earning $ 5 – 30 k p.a.) is now growing world-wide by 70 million yearly. According to Goldman Sachs there will be 2 billion more in this category by 2030.

As economic power shifts from the developed to the emerging world German and other western companies must adapt to be able to access the new opportunities. In the coming years the following phenomena are likely to be observed:

- Emerging world companies will acquire western ones to gain access to know-how, technology and talent.
- Emerging economies will challenge western economies by seeking to retain more of the value added.
- Accordingly, innovation will increasingly come from emerging markets.
- Frugal innovations from the emerging world will be transferred to the developed world.
- Emerging world companies will intensify the war for talent.
- Creative re-engineering of service production will revolutionise some services, making them cheaper and marketable to western customers.

All these will be a challenge to traditional German strengths. What is to be done?

4   The Wrong Jobs – and the Right Ones

Germany has a problem with services. Services are regarded as second-class products and are generally under-developed. In 2000 – 2007, value added in marketed services grew by 2.2 % a year, compared with an average of 3.1 % overall in the OECD. In business services, productivity grew by 0.9 % a year in Germany in 2000 – 2008, against 1.7 % in the OECD.[12]

---

[11] Ibid.
[12] Protected and inefficient. The Economist,18.02.2012.

It is not often that Germany is at the bottom of the class. What makes it even worse is that the weakness in services is holding back the economy. Germany has deficits in education, immigration and finance, but regulation of services is a particular problem. "What sticks out is protection of the liberal professions," according to Andreas Wörgötter of the OECD, cited by the Economist.[13] In Germany liberal professions such as pharmacies, law and medicine account for a tenth of GDP and employ 4.2 million people.[14]

Regulation of professional services is stricter in Germany than in all but five of 27 countries ranked by the OECD.[15] According to a study for the European Commission of three sectors in 13 countries, Germany has more reserved professions than all but one. If Germany were to reduce services regulation to the level of the most liberal countries, it could boost annual productivity growth by 1 % per year over 10 years; wages and domestic demand would rise and the unhealthy current-account surplus would fall.[16]

What Professor John Kay calls "manufacturing fetishism – the idea that manufacturing is the central economic activity and everything else is somehow subordinate"[17] is deeply embedded in the German psyche. This has long been a virtue and a huge competitive advantage for German industry. It has resulted in large export surpluses for the automobile and machine tool industries. However, manufacturing is small in comparison with services. In 2011 services constituted about 71 % of gross domestic product and employed 74 % of the workforce.[18]

As we have seen above in relation to Apple, manufacturing is not usually the biggest value creator in a product. Only 4 % of the added value of the iPod, which is made in China, remains in that country. Of the $ 700 for which an iPhone sells, around $ 200 represents the costs of the components (many of which are made by Samsung, Apple's most important competitor). The cost of manufacturing – in China – is $ 20.[19] Much of the rest is the value added by Apple in design and marketing.

There are few today who believe that Germany will starve despite the agricultural sector making up less than 1 % of GDP and employing less than 2 % of the workforce. But many still believe that good jobs – especially unskilled ones – can only come from manufacturing. In fact, the opposite is true. The skills required in German manufacturing are higher than ever and rising. Low qualified jobs have long been outsourced to Asia. In developing economies the biggest source of jobs for the unskilled is services. As Prof. Kay puts it: "workers in China can assemble your iPhone but they cannot serve you lunch, collect your refuse or bathe your grandmother".[20] But skilled service jobs are also growing in importance. The so-called "creative industries" – comprising advertising, architecture, art

---

[13] Ibid.

[14] Ibid.

[15] OECD Economic Survey of Germany. February 2012.

[16] Protected and inefficient. The Economist, 18.02.2012.

[17] Fetish for making things ignores real work. Financial Times, 13.11.2012.

[18] CIA Factbookwww.cia.gov/library/publications/the-world-factbook/geos/gm.html

[19] Fetish for making things ignores real work. Financial Times, 13.11.2012.

[20] Ibid.

and antiques, crafts, design, designer fashion, film, music, visual and performing arts, publishing and software including computer games – are becoming vital components of advanced economies. In the UK they contributed nearly 2 million jobs and $ 87 billion – over 6.2 % – to gross value added in 2007, not far short of financial services at 8.3 %. The UK has the world's largest creative sector as a share of the economy.[21]

The internet economy is also gaining in importance. [22] According to the Boston Consulting Group the UK, Korea and Japan are the nations with the biggest internet contributions to GNP. China and India have large internet-related exports in goods and services respectively. The USA also benefits from a vibrant internet economy "while Germany and France tend to lag".[23]

5   Will the Winner Become the Loser?

Germany (with China) has been globalisation's biggest winner. Globalisation has resulted in increased trade, particularly in manufacturing exports. Similarly, according to the Indian writer and financial specialist Satyajit Das, German exporters have benefitted from a cheap Euro with a significant subsidy due to the inclusion of weaker economies such as Italy, Spain, Portugal and Greece in the common currency.[24] Das submits that Germany's strengths are now weaknesses:

> The country's strengths, especially its export fetish, are weaknesses. Exports are over 40 % of its gross domestic product, compared with less than 20 % in Japan and about 13 % in the US. Germany is heavily reliant on a narrowly based industrial sector, focused on investment goods. Germany's service sector is weak. Its fragmented banking system is fragile.[25]

A new OECD report underlines this message.[26] By 2016 Germany's share of world GDP will shrink from around 5 % today to less than 2 %, dropping from 5th to 10th place in the list of the world's largest economies (see Fig. 2). According to the OECD, Germany will be overtaken by Indonesia, Mexico, the UK and Russia. One of the major reasons for Germany's decline is demographic, as discussed in previous chapters of this book. Others are weak productivity growth and deficits in education.

Of course, returning to the beginning of this chapter, the next 50 years are impossible to predict accurately and the above scenario is just one of many possible ones. At the moment, however, the greater danger is complacency rather than fear-mongering. Too many leading

---

[21] Star performer needs a broader stage. Financial Times, 25.05.2012.

[22] The Internet Economy in the G-20. The Boston Consulting Group, March 2012.

[23] Ibid, p. 8.

[24] Germany is no haven from Euro zone crisis. Satyajit Das. Financial Times, 31.05.2012.

[25] Ibid.

[26] Looking to 2060: Long-term global growth prospects. OECD Economic Policy Papers No. 3, November 2012.

Abb. 2 Ranking of leading economies 2011 and 2016. (Adapted from Die Welt, 10.11.12 and OECD (op. cit.))

2011		2016	
Country	% of world GNP	Country	% of world GNP
1. USA	22.7	1. China	27.8
2. China	17.0	2. India	18.2
3. Japan	6.7	3. USA	16.3
4. India	6.6	4. Brazil	3.3
5. Germany	4.8	5. Japan	3.3
6. Russia	3.6	6. Indonesia	3.0
7. UK	3.5	7. Mexico	2.7
8. Brazil	3.5	8. UK	2.4
9. France	3.3	9. Russia	2.3
10. Italy	2.8	10. Germany	2.0

figures in the German establishment think that being "Vize-Weltmeister" in exports is a distinction. It is not. The economy is not a football match and an over-dependence on exports is damaging the country's prospects. Too many still believe that the only "real" jobs are the various forms of metal-bashing; that services means shoe-shining and waiting-on at table.

A second mind-set problem is the wide-spread attitude that economics is a branch of moral philosophy. In the words of Professor Peter Bofinger of Würzburg University and a member of the Council of Economic Experts: "The German approach is principles first. We may get Götterdämmerung but it doesn't matter, we stuck to our principles".[27]

As long as these attitudes remains entrenched new jobs will not be created and existing employment will be squeezed. One of globalisation's main winners will become a loser.

References

Anon (2012) Deutschland wird zum größten Verlierer der Welt. Die Welt, 10.11.2012. http://www.welt.de/wirtschaft/article110874514/Deutschland-wird-zum-groessten-Verlierer-der-Welt.html. Accessed 10 Nov 2012

Ralph Atkins (2011) Germany and the Euro zone: marked by a miracle. Financial Times, 20.09.2011

Boston Consulting Group (2012) The Internet Economy in the G-20. March 2012. https://www.bcgperspectives.com/content/articles/media_entertainment_strategic_planning_4_2_trillion_opportunity_internet_economy_g20/. Accessed 12 Nov 2012

CIA (2012) Factbookwww.cia.gov/library/publications/the-world-factbook/geos/gm.html. Accessed 12 Nov 2012

---

[27] Cited in: Ralph Atkins, Germany and the Eurozone: marked by a miracle. Financial Times, 20.09.2011.

Das Satyajit (2012) Germany is no haven from euro zone crisis. Financial Times, 31.05.2012. http://www.ft.com/intl/cms/s/0/99587c52-aa57-11e1-899d-00144feabdc0.html#axzz2Bwv9IWxw. Accessed 12 Nov 2012

Ferguson Niall (2005) Sinking Globalisation. Foreign Affairs, Vol. 84, No. 2, March/April 2005

Groom Brian (2012) Star performer needs a broader stage. Financial Times, 25.05.2012

Kay John (2012) Fetish for making things ignores real work. Financial Times, 13.11.2012

Kraemer et al (2007) Capturing Value in a Global Innovation Network: Comparing the iPod and Notebook PCs. Personal Computing Industry Center, University of California, Irvine

OECD (2012a) Economic Survey of Germany. February 2012

OECD (2012b) Looking to 2060: Long-term global growth prospects. OECD Economic Policy Papers No. 3, November 2012

The Economist (2010) The new masters of management. 15 April 2010

The Economist (2012) Protected and inefficient. 18.02.2012. http://www.economist.com/node/21547837. Accessed 12 Nov 2012

Walsh Ian (2010) The new challenge for HR – learning from emerging markets. In: Personal Manager 3/2010, pp. 44–46

Anhang

Christian Abegglen ist Mitbegründer, Gründungsdirektor sowie Geschäftsführer der St. Galler Business School und hat die Institution zu einer der renommiertesten Vertreterinnen der Management-Ausbildung für Führungskräfte im deutschen Sprachraum entwickelt. Christian Abegglen ist zudem Mitbegründer der Forschungsverbundes St. Gallen, des Forschungsverbundes Business Books & Tools St. Gallen und der St. Galler Gesellschaft für Integriertes Management, in welcher er als Herausgeber die Buchreihe „Meilensteine eines Integrierten Managements" federführend betreut. Christian Abegglen verfügt des weiteren über mehr als 25 Jahre Erfahrung in der Durchführung und Leitung von Beratungsprojekten zur Erarbeitung von Strategien, Corporate Dynamics-, Vertriebskonzepten sowie Reorganisationen und ist Lehrbeauftragter der Universitäten St. Gallen und Klagenfurt.

Klaus Armbrüster Dr. jur., lehrt als Honorarprofessor u. a. an der Universität Erlangen-Nürnberg Recht. Er hat mehrjährige Praxiserfahrung als Europa-Referent der Bayerischen Staatsregierung und als Vertreter der Bundesrepublik Deutschland in verschiedenen EU – Gremien in Brüssel und in Luxemburg. Seine Aufgaben umfassten hier z. B. Verhandlungen zu den Richtlinien der Arbeitszeit, Teilzeit, Befristungen, Betriebsübergang, Nachweis über Arbeitsbedingungen und zur Gemeinschaftscharta der sozialen Grundrechte der Arbeitnehmer. Er war 16 Jahre als Richter am Bundesarbeitsgericht in Kassel/Erfurt tätig und Präsident des Deutschen Führungskräfteverbandes a. D. in Berlin. Er ist langjähriger Referent insbesondere zum Arbeitsrecht und Europäischen Unionsrecht im In- und Ausland sowie Autor zahlreicher Veröffentlichungen.

Gaudenz Assenza ist Direktor der „School for Transformative Leadership" an der Palacky University, Tschechische Republik, und Initiator der University for the Future. Nach dem Studium an der ESB Business School in Reutlingen und London erwarb er einen M.A. der Harvard Universität und ein Ph.D. der Universität Oxford. Von 1994 bis 2002 war er Senior Research Fellow und Project Manager am Fridtjof Nansen Institute in Norwegen. Seit 2004 leitete er mehrere Projekte zu den Themen Leadership und Persönlichkeitsentwicklung. Er arbeitete beratend für internationale Unternehmen und Organisationen wie die Weltbank

A. Papmehl, H. J. Tümmers (Hrsg.), *Die Arbeitswelt im 21. Jahrhundert*,
DOI 10.1007/978-3-658-01416-2, © Springer Fachmedien Wiesbaden 2013

und die Vereinten Nationen und lehrte als Gastprofessor u. a. an der IE University Madrid, dem King's College in London und der Friedrich Schiller Universität Jena.

Stefan Becker ist Dipl.-Volkswirt sozialwissenschaftlicher Richtung. Nach Tätigkeiten beim Europäischen Forschungsinstitut Königswinter der Stiftung Christlich-Soziale Politik e. V. (1992–1996), bei empirica – Gesellschaft für Kommunikations- und Technologieforschung mbH, Bonn (1997–1998) ist er seit 1998 Geschäftsführer der „berufundfamilie gGmbH – eine Initiative der Gemeinnützigen Hertie-Stiftung" und wurde im Jahr 2010 Gründungsgeschäftsführer der „berufundfamilie Service GmbH". Stefan Becker war u. a. berichtender Experte für den Siebten Familienbericht (2004) und den Achten Familienbericht der Bundesregierung (2012) und ist seit 2006 Mitglied des Präsidiums des Familienbunds der Katholiken.

Prof. Dr. Dres. h.c. Knut Bleicher erkannte schon früh den Stellenwert einer ganzheitlichen integrierten Unternehmensführung. Aus diesem Grund folgte er 1985 dem Ruf als Nachfolger von Prof. Dr. Dres. h.c. Hans Ulrich – dem Begründer des „St. Galler Managementmodells" – an die Universität St. Gallen (HSG) und erweiterte zusammen mit Kollegen das St. Galler Modell um wesentliche Aspekte, baute es dann zum ganzheitlichintegrierten St. Galler Management Konzept (8. Auflage 2011) aus. Das Denken unzähliger Manager ist heute von diesem Standardwerk der Managementliteratur nachhaltig beeinflusst. Daneben übernahm Knut Bleicher zahlreiche Gastprofessuren an internationalen Universitäten. Nach seiner Emeritierung 1995 begleitete Knut Bleicher zahlreiche Veränderungsprozesse großer internationaler Unternehmen und war Beiratsvorsitzender und Wissenschaftlicher Leiter der renommierten privatrechtlich organisierten St. Galler Business School (SGBS) in St. Gallen. Die gesammelten Schriften von Knut Bleicher finden sich im sechsbändigen Werk „Meilensteine der Entwicklung eines Integrierten Managements", herausgegeben von Christian Abegglen. Knut Bleicher wurde für seine Lebensarbeit durch insgesamt 3 Ehrendoktorate geehrt.

Stephan Dahrendorf begann seine Laufbahn nach dem zweiten juristischen Examen bei der Philipp Morris GmbH, wo er Stationen vom Personaltrainee bis zum Werkspersonalleiter durchlief. In weiteren Stationen war er Leiter der zentralen Personalentwicklung des Axel Springer Verlages, HR Director von AOL Deutschland und HR Director von Aon. Zuletzt war er Vice President Human Resources der XING AG. Seit 2012 ist er Geschäftsführer der Inplace Personalmanagement GmbH, die die Personalarbeit kleinerer Unternehmen übernimmt und in ganz Deutschland Outplacement-Dienstleistungen anbietet.

Silke Eilers ist wissenschaftliche Mitarbeiterin am Institut für Beschäftigung und Employability IBE. Zuvor war sie während ihres berufsintegrierenden Studiums der Betriebswirtschaftslehre an der Hochschule Ludwigshafen als Sachbearbeiterin und Übersetzerin in der internationalen Vertriebsabteilung der Koenig & Bauer AG in Frankenthal tätig. Nach ihrem Abschluss als Diplom-Betriebswirtin (FH) übernahm sie im gleichen Unternehmen

Aufgaben in den Bereichen Personalentwicklung und Personalbetreuung, Hochschulmarketing und Nachwuchskräfteförderung. 2003 wechselte sie an das Institut für Beschäftigung und Employability IBE.

Manfred Faber gründete 1998 das Unternehmen Faber Consult GmbH und ist im Bereich Interim Management für den Personalbereich tätig. Mit dem Finanzspezialisten Thomas Till gründete er 2011 außerdem das Unternehmen Till & Faber – einen Provider, spezialisiert auf erfahrene Interim Manager für den Finanzbereich. Nach seinem Abschluss als Diplom-Kaufmann an der Universität Saarbrücken war Manfred Faber als Personalleiter für strategische und operative HR-Themen in nationalen und internationalen Unternehmen tätig.

Kamil Gregor ist Forschungsassistent an der for Transformative Leadership, Palacky University, und am International Institute of Political Science, Masaryk University, Tschechische Republik. Er erwarb einen Master of Arts an er Masaryk Universität, veröffentlichte Artikel zu quantitativen Methoden in den Sozialwissenschaften und ist auch als Journalist tätig.

Gary P. Hampson ist Senior Research Fellow an der School for Transformative Leadership an der Palacky University und einer der Mit-Initiatoren der University For The Future. Er hat zahlreiche Artikel zum globalen Mentalitätswandel, der Geschichte integrativen Denkens, der ökologischen Bildung und der menschlichen Identität veröffentlicht. Er promovierte an der Southern Cross University in Australien und erhielt eine nationale Auszeichnung für seine Doktorarbeit. Er ist Mitherausgeber der *Integral Review*, Fellow of the Global Dialogue Institute, Philadelphia, und war 2009 Preisträger des IAU/Palgrave Essay Prize for social inclusion in higher education.

Hans H. Hinterhuber ist Chairman von Hinterhuber&Partners, Strategy/Pricing/Leadership Consultants, einer international tätigen Unternehmensberatung. Bis 2006 war er Direktor des Instituts für Strategisches Management der Universität Innsbruck. Heute ist er „Trusted Advisor" für Unternehmer und oberste Führungskräfte und berät weltweit Unternehmen zu Fragen der Strategie und des Leadership. Er ist der Verfasser von über 400 wissenschaftlichen Arbeiten und 40 Büchern im Bereich der Strategischen Unternehmensführung, des Führungsverhaltens und des Innovationsmanagements. Seine Bücher „Strategische Unternehmensführung", „Leadership" und „Die 5 Gebote für exzellente Führung" haben Generationen von Führungskräften und Studierenden inspiriert und sind in viele Sprachen übersetzt worden.

Jörg Hofmann Nach Abitur und Ausbildung Studium der Ökonomie und Soziologie an den Universitäten Stuttgart-Hohenheim, Paris und Bremen. Im Anschluss an die Diplomarbeit bei der AEG in Winnenden mehrere Jahre als wissenschaftlicher Mitarbeiter an der Universität Hohenheim tätig. Seit 1987 in den Diensten der IG Metall, ab 2000 als Tarifsekretär der Bezirksleitung Baden-Württemberg. Im September 2003 folgte Jörg Hofmann als Bezirksleiter der IG Metall Baden-Württemberg auf Berthold Huber. Mitwirkung an zahlreichen wegweisenden Tarifabschlüssen der bundesdeutschen Metall- und Elektroindustrie.

Prof. Dr. Jens-Mogens Holm ist Gründungspräsident der Europäischen Fernhochschule Hamburg. Sein beruflicher Werdegang begann als Außenhandelskaufmann. Nach dem Studium der Betriebswirtschaftslehre und Promotion an der Universität Hamburg war er als Marktforscher, als Kontakter in einer Werbeagentur sowie als Projektleiter bei McKinsey & Company Management Consultants tätig. Er war Professor für Marketing und Personal Skills an der ESB Business School der Hochschule Reutlingen und hat Führungskräfte in namhaften Unternehmen (u. a. Microsoft, Volkswagen, Lufthansa, Roland Berger Strategy Consultants) trainiert.

Ronald Ivancic, Mag. mult. ist Direktor der Internationalen Programme, Trainer und Consultant an der St. Galler Business School sowie der Management Academy St. Gallen. Seine Schwerpunkte in Forschung und Praxis liegen in den Bereichen normatives und strategisches Management, International Business, Marketing und Verkauf sowie (Corporate) Brand Management. Dabei vertritt er einen Integrierten Systemischen Ansatz, der in verschiedenste Monographien, Sammelbände und Zeitschriften zu unterschiedlichen Themenstellungen Eingang gefunden hat.

Michael Knoll leitet seit 2006 das Berliner Büro der Gemeinnützigen Hertie-Stiftung. Zur „Familie" der Hertie-Stiftung gehören heute das Hertie-Institut für klinische Hirnforschung in Tübingen, die Hertie School of Governance in Berlin sowie die berufundfamilie gGmbH und die START-Stiftung in Frankfurt/M. In der Reihe „Hertie Forum Berlin" beschäftigt sich das Berliner Büro der Hertie-Stiftung mit Fragen der Digitalisierung und ihre vielfältigen, oft nicht intendierten Auswirkungen auf die Gesellschaft. Die Zukunftsfähigkeit Berliner Kultureinrichtungen wird in der Reihe „Be Berlin – Be diverse: Wie gehen wir mit unserer kulturellen Vielfalt um?" diskutiert. Davor arbeitete Michael Knoll als Wissenschaftlicher Referent im Bundestagsbüro von Joschka Fischer, wo er sich mit außen- und europapolitischen Themen beschäftigte. Michael Knoll ist Diplom-Frankreichexperte der Universität Freiburg und studierte an der Universität Konstanz Geschichte und Soziologie.

Ervin László ist Gründer und Präsident des Club of Budapest, Chancellor der Giordano Bruno University, Gründer der General Evolution Research Group, Fellow der World Academy of Arts and Sciences, Mitglied der Ungarischen Akademie der Wissenschaften und der International Academy of Philosophy of Science, Senator der International Medici Academy, und Herausgeber der Zeitschrift *World Futures: The Journal of Global Education*. László erhielt den Friedenspreis Japans, the Goi Award, den International Mandir of Peace Prize in Assisi in 2005, den Conacreis Holistic Culture Prize in 2009 und wurde 2004 und 2005 für den Nobelpreis nominiert. Er ist Autor und Mit-Autor von 54 Büchern, die in zahlreiche Sprachen übersetzt wurden. Er ist ferner Herausgeber der World Encyclopedia of Peace. László hatte an der Universität Sorbonne promoviert und ist Ehrendoktor mehrerer Universitäten in den USA, in Kanada, Finnland und Ungarn.

Prof. Dr. Horst W. Opaschowski Zukunftswissenschaftler und Berater für Politik und Wirtschaft, gründete und leitete von 1979 bis 2010 die Stiftung für Zukunftsfragen (ehem. Freizeit-Forschungsinstitut). Er gilt international als „Mr. Zukunft" (dpa) und ist Autor des Standardwerks der Zukunftsforschung „Deutschland 2030".

André Papmehl, geboren 1958, studierte an der ESB Business School in London und Reutlingen. Gründung des Beratungsunternehmens Papmehl Management Consulting im Jahr 2010, welches auf die Schwerpunkte Interim Management, Personal- und Organisationsberatung spezialisiert ist. Zuvor hat er als Führungskraft mehr als zwei Jahrzehnte im Personalmanagement bzw. Marketing für angesehene Unternehmen wie Daimler und Robert Bosch gearbeitet; zuletzt als Personalchef für Amazon in Deutschland. Fundierte Praxiserfahrung in den Bereichen Change Management, Human Resources und Kundenorientierung. Sein Arbeitsschwerpunkt ist die Gestaltung von Veränderungsprozessen an der Schnittstelle zwischen Geschäftsführung, Betriebsrat, Mitarbeitern und Kunden. Zahlreiche Publikationen, u. a. die Bücher: *Personal-Controlling*; *Personalentwicklung im Wandel*; *Interkulturelles Management*; *Wird Arbeit zum Luxus?*; *Wissen im Wandel*; *Absolute Customer Care*; *Die kreative Organisation*.

Jutta Rump promovierte an der Universität Jena zum Dr. rer. pol. und ist Professorin für Allgemeine Betriebswirtschaftslehre, insbesondere Internationales Personalmanagement und Organisationsentwicklung an der Hochschule Ludwigshafen. Daneben leitet sie das Institut für Beschäftigung und Employability, das den Schwerpunkt seiner Forschungsarbeit auf personalwirtschaftliche, arbeitsmarktpolitische und beschäftigungsrelevante Fragestellungen legt. Seit 2007 gehört sie zu den 7 wichtigsten Professoren für Personalmanagement im deutschsprachigen Raum. In zahlreichen Unternehmen ist sie als Projekt- und Prozessbegleiterin tätig; hinzu kommen Mandate aus Wirtschaft, Politik, Stiftungen und Verbänden.

Univ.-Prof. Dr. Christian Scholz ist seit 1986 an der Universität des Saarlandes und erforscht „unter realistischen Annahmen" die heutige Arbeitswelt. Sein wichtigstes Ergebnis: Die Trendstudie „Spieler ohne Stammplatzgarantie – Darwiportunismus in der neuen Arbeitswelt" (2003). Zusammen mit der Deutschen Kammerphilharmonie Bremen entwickelte er ferner das „5-Sekunden-Modell", das inzwischen als allgemeingültiger Denkansatz für Hochleistungsteams in Buchform vorliegt („Hochleistung braucht Dissonanz"). Seit 2001 beschäftigt er sich zudem mit Human Capital Measurement („Saarbrücker Formel") und sorgte 2008 mit seiner Studie zur Humankapitalvernichtung von DAX30-Unternehmen für Aufsehen. Seine jeweils aktuellen Erkenntnisse finden sich im Reiseführer „Per Anhalter durch die Arbeitswelt".

Peter Speck ist technisch-orientierter Diplom-Kaufmann und war von 1980 bis 1985 Assistent am Lehrstuhl für Allgemeine Betriebswirtschaftslehre und Personalmanagement der Universität Stuttgart, wo er zum Dr.rer.pol. promovierte. Von 1985 bis 1992 war er bei der Landesgirokasse Stuttgart in verschiedenen Positionen des Personalbereichs tätig. Danach war er bis 2006 Personalleiter der Festo AG & Co. KG, Esslingen und der Festo Gruppe, sowie Geschäftsführer der Festo Lernzentrum Saar GmbH, St. Ingbert-Rohrbach. Er ist ferner Verantwortlicher für den Festo Bildungsfonds der Festo AG & Co. KG, Esslingen. Seit Juni 2010 ist Dr. Speck Honorarprofessor der Universität Stuttgart, sowie als Referent und Berater zu personalwirtschaftlichen Themen und Employability tätig. Er ist ferner in verschiedenen Beiräten aktiv und wurde mehrfach für seine Aktivitäten ausgezeichnet.

Christian Steffen Nach Abitur folgte ein Studium der Politikwissenschaft und Amerikanistik an der Universität Tübingen und der University of Arizona, USA und der University of Stirling, Schottland. Im Anschluss war Christian Steffen mehrere Jahre als wissenschaftlicher Angestellter an der Universität Tübingen beschäftigt. 2004 trat er eine Stelle als wissenschaftlicher Referent der Otto Brenner Stiftung an. Dieser folgten Stationen im Bereich Sozialpolitik und Grundsatzfragen/Gesellschaftspolitik beim Vorstand der IG Metall in Frankfurt. Seit 2011 ist er Gewerkschaftssekretär bei der IG Metall Bezirksleitung Baden-Württemberg.

Prof. Dr. Hans J. Tümmers studierte Betriebswirtschaft sowie Politikwissenschaft und lehrte als Professor Europa-Studien an der Hochschule Reutlingen und der Universität Straßburg. Er ist Diplom-Kaufmann (Universität Erlangen-Nürnberg) und promovierte an der Universität Augsburg mit einer Arbeit über den Gaullismus der IV. Republik. 1979 gründete er die ESB Reutlingen, deren Dekan er acht Jahre lang war. Später wurde er Europabeauftragter des Wirtschaftsministers von Baden-Württemberg, dann Direktor der Ecole de Management (EM) der Universität von Straßburg und schließlich Präsident der Privatuniversität SIMT in Stuttgart. Zuletzt lehrte er als Gastprofessor an der Universität Hohenheim und an der HEC (Ecole des Hautes Etudes Commerciales) Paris. Ferner nahm er Lehraufträge am IAE (Institut d'Administration des Entreprises) der Universität Paris 1 Panthéon-Sorbonne wahr.

Ian Walsh President, Ian Walsh Consulting Network, Wiesbaden. Beratungserfahrung bei über 100 Klientenunternehmen in den USA, in China, Japan und in den meisten europäischen Ländern. Seit 2003 ist er außerdem Director of Studies im internationalen MBA-Programm der FOM Hochschule für Oekonomie und Management, Essen und Frankfurt. Seit 2008 Gastdozent für Corporate Management an der Shandong Agricultural University, Tai'an, China. Studium (MA) der Geschichte und der Germanistik an der Oxford University, England. Studium der Betriebs- und Volkswirtschaft (MBA) mit Auszeichnung am INSEAD, Fontainebleau, Frankreich.

Artur Wollert studierte nach der Siemens-Stammhauslehre an der Ludwig-Maximilians-Universität Volkswirtschaftslehre und promovierte dort zum Dr. oec. publ. Danach war er in der Finanzabteilung der Alfred C. Toepfer International GmbH tätig, wurde dann Leiter des Hauptpersonalbüro der Siemens AG, Personalchef der Deutschen Babcock, Leiter Zentrales Personal- und Sozialwesen der BMW AG und schließlich Arbeitsdirektor der Hertie Waren- und Kaufhaus GmbH. Er wurde Professur für Internationale Betriebswirtschaft im Praxisverbund an der FH Ludwigshafen und Honorarprofessor am Karlsruher Institut für Technologie (KIT). Seine Arbeitsschwerpunkte sind: Vereinbarkeit von Beruf und Familie, Werte, Führung, Unternehmenskultur, Personalmanagement, Unternehmensethik, Zukunft der Arbeit. Er ist Herausgeber der digitalen Fachbibliothek „HRM – Neue Formen betrieblicher Arbeitsorganisation und Mitarbeiterführung" und Verfasser des Buches „Führen – Verantworten – Werte schaffen".